민사소송법

제2판

민사소송법

정혁진 · 유주선 공저

씨
아이
알

제2판 머리말

민사소송법을 출간한 지 벌써 1년이 지났다. 민사소송 절차를 그리 복잡하지 않게, 일반인들도 쉽게 접근할 수 있도록 하자는 정 변호사와의 약속과 함께 출간된 본 민사소송법이 독자들의 성원으로 제2판을 제공하게 되었다. 이번 작업은 제1판에 대한 보완작업에 해당된다.

금번 작업에는 다음과 같은 사항을 유의하였다. 우선 본 작업에서는 민사소송법 제1판의 틀을 크게 벗어나지 않기로 하였다. 그래서 기존에 있는 내용을 토대로 하여 오탈자를 수정하는 작업에 초점을 맞추었다. 그리고 일정 부분에 대하여 보완과 독자들의 이해를 돕기 위한 보충 내용을 일부 삽입하였다. 둘째, 상고제도의 보완에 역점을 두었다. 제1판의 경우 제1심과 관련된 민사소송 절차에 중점을 두면서, 실체법과의 비교를 하면서 민사소송의 흐름을 이해시키고자 노력하였다. 금번에도 이러한 의도는 그대로 유지되었다. 다만, 당시 상고절차를 설명하지 않은 관계로, 강의시간에 이 부분에 대한 내용이 배제되고 강의가 종료되는 상황이 발생하였다. 이 점을 고려하여 금번 개정판에서는 상고절차를 간략하게 보완하게 되었다. 셋째, 판례 내용에 대한 보완 작업이 이루어졌다. 본문 내용을 설명하면서 관련 판례에 대한 내용에서 일부 불일치한 사항들이 발견되었다. 이에 대한 수정작업을 하게 되었다.

본 교재는 대학교에서 강의를 하기 위한 목적으로 이루어진 것임을 다시 한번 밝힌다. 민사소송법에 대한 보다 깊이 있는 내용을 숙지하고자 한다면, 시중 유명서점에 비치된 민사소송법 교재를 이용해주기 바란다. 이 작업은 실제 소송을 담당하고 있는 법무법인 정진의 정혁진 변호사와 함께 이루어졌다. 소송 업무와 함께 자문 활동, 더 나아가 텔레비전에 출연하여 대중을 위한 법률지식을 전해주고 있는 탓에 항상 시간에 쫓긴 정 변호사는 이번에도 본 교재에 많은 힘을 보태주었다. 그럼에도 불구하고 아직 미진하고 보완해야 할 부분이 뇌리를 벗어나지 않고 있다. 다음에 보다 나은 작품으로 출간하겠다는 약속과 함께 독자들의 조언을 기다릴 것이다. 금번 작업에도 심려를 기울여준 씨아이알 출판사 박영지 편집장에게 감사를 표한다. 몸과 마음을 무겁게 하면서 움직임을 둔하게 하였던 동장군이 지나가고, 따스한 봄의 햇살이 기다려진다.

2018년 2월 17일

정혁진 변호사
유주선 교　수

대학에 입학하면 민법총칙을 포함하여 헌법, 형법 등 법학의 기본과목을 학습하게 된다. 어느 정도 실체법을 접하고 나면, 소송이 어떻게 제기되고 또 소송이 어떻게 진행되는가에 대한 궁금함이 생긴다. 3학년이나 4학년이 되면 사법의 절차법인 민사소송법을 자연스럽게 접하게 된다. 그러나 학생들에게 있어서 법학과목 가운데 가장 어려운 분야 중에 하나가 바로 민사소송법이다. 민사소송을 아직까지 한 번도 접해 보지 못한 학생이라면 민사소송에 대하여 이해하기란 쉽지 않을 것이다. 그런 학생들을 가르치는 입장에서 느끼는 것은, 민사소송법의 이해는 학생들에게 흥미로우면서도 또 이해하기 쉬워야 한다는 것이다.

민사소송을 어떻게 하면 흥미로우면서도, 또 쉽게 학생들에게 전달해야 하는가의 고민에서 민사소송법의 집필이 시작되었다. 대학에서 민사소송을 한 학기에 모두 가르치기에는 무리가 있다. 시중에 출간된 교재들을 보면, 모두 두툼하면서 방대한 내용을 담고 있고, 그 내용을 이해하기가 그리 쉬운 일이 아니다. 정혁진 변호사와 함께 학생들에게 민사소송을 전달할 수 있는 방법을 논의하던 차에 기존의 교재들과 다른 간편한 민사소송법을 집필해 보고자 하였다. 우리는 주기적으로 법무법인 정진에 모여서, 민사소송의 이론적인 면에 대하여는 많은 부분 배제하면서, 실무에 대한 사항을 비교적 많이 포함시키고자 하였다. 그러나 변호사의 일이라고 하는 것이 항상 바쁘고 여유가 없는 생활의 지속이다. 우리는 1주일에 한 번씩은 반드시 모이자는 약속을 이행하기로 하면서, 매주 수요일 저녁에 모여서 민사소송법 작업을 진행하였다.

동 교재는 제4편으로 이루어져 있다. 제1편은 민사소송을 처음으로 접하는 학생들을 위하여 민사소송의 기초사항을 다루고 있다. 민사소송의 기초사항을 익히고 난 후 민사소송의 주체에 관한 학습이 시작된다. 민사소송의 주체에서는 법원에 대한 사항이 설명되고, 원고와 피고에 대한 내용이 다루어진다. 제3편은 민사소송의 절차이다. 동 교재가 가장 초점을 두고서 기술하고자 한 사항이다. 민사소송이 어떻게 시작되고, 어떠한 절차 속에서 민사소송이 진행되고 있는가를 볼 수 있다. 제4편은 민사소송이 종결되는 내용을 볼 수 있다.

양서를 세상에 내놓는다는 것은 참으로 어려운 일이라는 것을 다시금 깨닫는 계기가 되었다. 본 교재는 단지 민사소송법에 대한 가벼운 이해를 하고자 하는 이들을 위해서, 민사소송에 대한 간략한 절차의 설명이라는 점을 다시 한번 언급하고 싶다. 민사소송에 대하여 보다 깊이 있는 지식을 습득하고자 하는 이들은 이미 서점에 제공되고 있는 유명 민사소송법 책을 통하여 얻어야 할 것이다. 부족하고 미진한 것이 많아, 출판에 송구스러운 부분이 없지 않으나 빠른 시간에 다시 재정비하여 출간할 것을 다짐해본다. 독자들의 질책은 달게 받을 것이다.

이 책이 편찬될 수 있도록 세심한 배려를 해주신 박영지 편집장, 그리고 이해타산을 생각지 않고 오직 독자들의 사랑만을 생각하면서 출판해주신 김성배 사장께도 감사의 말씀을 드린다.

2016년 2월 5일

정혁진 변호사
유주선 교 수

목차

제2편 민사소송의 절차와 주체

제1장 민사소송의 절차

제2장 민사소송의 주체

제3장 소송상의 대리인

제3편 변론

제1장 심리의 제 원칙

제1편

민사소송의 기초

제**1**장
The Civil Proceedings Act
민사소송의 의의

I. 민사소송의 개념

1. 자력구제와 국가구제

인간은 사회적 동물이다. 이는 인간이 인간의 틀을 떠나서는 존재할 수 없다는 의미이다. 인간이 사회생활을 하다보면 구성원들 사이에 다툼을 피할 수 없다. 다툼을 해결하고자 하는 방법은 여러 가지가 있겠지만, 가장 손쉬운 방법은 개인의 힘에 의한 자력구제Selbsthilfe일 것이다. 그러나 자력구제는 잘못을 자행했다 할지라도 힘이 있는 자가 힘이 없는 자를 정당화할 수 있다는 점에서 합리적인 방법이라 할 수 없다. 오로지 개인의 힘에 의하여 분쟁을 해결하고자 하는 방법은 오히려 더 큰 혼란을 야기할 수 있다. 분쟁의 발생에 대하여, 혼란을 야기하지 않으면서 이성적인 해결방법을 찾아야 하는데, 이때 등장하는 것이 바로 소송Prozess이다. 일반적으로 소송은 국가구제Staatshilfe제도로서 분쟁에 대하여 국가가 맡아 평화적으로 법에 따라 분쟁을 해결하는 방안이다. 국가구제로서 소송은 비록 비용이나 시간 또는 불확실성의 문제가 발생하지만, 힘이나 권력에 의한 지배가 아니라 법에 의한 지배를 받는다는 점에서 법치사회의 구현에 이바지하게 된다. 그러므로 소송은 개인의 권리보호에 치중하고 있다고 하겠다.

2. 민사소송의 정의

민사소송Zivilprozess은 법원이 사회에서 일어난 분쟁을 공정하게 처리하기 위하여 서로 대립되는 사건을 대상으로 한다. 민사라 함은 민법이나 상법 등 사법에 의하여 규율되는 대등한 주체 사이의 신분상이나 경제상 생활관계에 관한 사건을 말한다. 분쟁이 있는 사건을 대상으로 한다는 점에서 서로 다투는 분쟁을 본질로 하므로, 다툼이 없는 사안에 대하여는 민사소송제도가 작동할 필요가 없으며 사권보호에 대한 필요성도 존재하지 않을 것이다. 그러므로 인간의 사회성으로부터 발생할 수밖에 없는 분쟁을 해결하고, 사회질서를 유지하기 위하여 불가피하게 등장한 것이 바로 민사소송제도라 하겠다.[1]

3. 민사소송의 구분

민사소송은 우선적으로 사권의 존재를 확정하여 사권을 보호하고자 하고, 또 다른 측면에서 사법질서의 유지를 목적으로 하는 재판절차이다. 이러한 민사소송은 사법상의 권리관계를 그 대상으로 한다는 점에 유의해야 할 필요성이 있다. 민사소송은 광의의 민사소송과 협의의 민사소송으로 구분할 수 있다.[2] 전자는 사법상의 권리관계를 확정Feststellung하는 절차로서 판결절차, 확정된 권리의 실현을 대비하여 미리 확실하게 하고자 하는 가압류와 가처분의 보전Versicherung절차 및 권리의 강제적인 실현Durchsetzung인 강제집행절차를 의미하고, 후자는 판결절차만을 의미한다.

II. 민사소송의 목적

1. 의의

민사소송의 목적에 대하여는 다양한 학자들의 다툼이 제기되고 있다. 개인의 권리가 침해되고 있을 경우에 그 권리를 침해로부터 지키기 위하여 민사소송의 목적이 있다는 견해, 혹

---

1) 강현중, 민사소송법, 박영사 제6판, 2004, 3면 이하.
2) 이시윤, 신민사소송법, 박영사 제8판, 2014, 4면.

은 현재 사회에는 그물의 눈과 같이 둘러싸인 사법의 질서가 있기 때문에 이러한 사법의 질서를 유지하기 위하여 민사소송의 제도가 마련되어 있다는 견해, 사인私人 간에 분쟁이 발생한 경우에 그 분쟁의 해결이라는 역할·임무를 담당하기 위한 것으로서 민사소송제도가 있다는 견해 등이 있다.

2. 사권보호설

민사소송의 목적에 대하여 개인주의의 입장에서 개인의 사법상 권리보호와 의무준수의 보장에 두는 입장이다. 근대적 민사소송제도가 성립한 시기는 19세기이다. 당시 사회는 자유주의와 개인주의가 팽배하던 시대였고, 이 시기에는 개인의 권리보호가 매우 중요한 가치를 가지고 있었다. 이러한 흐름 속에서 민사소송도 개인의 권리를 보호하기 위한 제도로 인식되었다. 제도권에서 법에 의한 권리실현이 바로 사권보호설의 입장이라 하겠다. 1877년 독일 민사소송법에 제정되면서 독일의 통설이 되었다.

3. 사법질서보호설

사법질서보호설은 전체주의의 입장에서 법질서유지가 목적이라고 하면서, 민사소송은 국가가 제정한 사법질서를 유지하고 그 실효성을 보장하기 위하여 존재한다는 입장이 사법질서보호설이다. 19세기 중반 등장하여 개인의 권리를 보호하고자 하는 사권보호설이 소송절차의 당사자주의 우월성으로 인하여 소송지연의 문제점 등이 발생하자, 그 반성으로 국가에 의한 법질서 유지가 민사소송의 목적으로 보아야 한다는 주장이 제기된 것이다. 제2차 세계대전 이전의 독일과 군국주의 일본에서 통설적 견해였다.

4. 분쟁해결설

민사소송의 목적을 분쟁의 해결에 두고 있는 입장이 분쟁해결설이다. 분쟁해결설에 따르면, 국가권력에 의하여 사인 간의 분쟁이나 이익충돌을 해결함으로써 사인의 생활상의 장애나 위험을 제거하고자 하는 목적을 갖게 된다. 제2차 세계대전 이후 일본의 통설이다. 그러나 당장 분쟁해결의 방법은 민사소송 외에도 화해, 조정 및 중재 등이 존재하여 분쟁을 해결하고 있는데, 민사소송의 목적을 막연하게 분쟁해결이라고 한다면, 다른 분쟁수단과 구별할 수 없다는 비판에 직면하게 된다.

5. 절차보장설

민사소송의 목적을 판결이라고 하는 소송의 결말에서 찾는 방법을 택하지 않고, 소송의 과정을 중시하여 소송과정에서 당사자 사이의 공격과 방어가 이루어져야 할 가치를 정당하게 평가하고 그것으로부터 소송의 목적을 찾고자 하는 입장이 절차보장설이다. 그러나 소송의 목적을 절차보장에만 두고자 하는 것이 타당한가에 대한 의문이 제기된다. 소송절차에서 당사자의 대등변론 등은 소송에서 중요한 이념에 속하기는 하지만, 절차를 보장한다는 것이 소송의 목적이 될 수는 없다는 비판[3]이 제기될 수 있다.

6. 결론

분쟁이 없어도 소송이 있을 수 있고, 소송 없이도 분쟁이 해결될 수 있는 점에서 민사소송의 목적으로 분쟁해결에 초점을 두는 입장은 한계가 있다. 분쟁해결설과 달리, 민사소송의 목적은 개인의 입장에서 본다면 사권의 보호에 있는 것이고, 국가의 관점에서 본다면 사법질서의 유지에 있다는 점을 고려하여 '사권보호 및 사법질서유지설'이 타당하다는 주장[4]은 설득력을 갖게 된다. 그러나 보다 더 엄밀하게 말한다면, 민사소송의 최우선의 목적은 개인의 사권보호에 있다. 민사소송제도는 개인의 자력구제를 대신하여 국가가 개인의 권리를 실현할 수 있는 수단으로 존재하는 것이고, 이러한 국가구제는 사회공동체의 질서를 유지하는 결과를 가져오는 동시에 구성원 사이에 발생하는 분쟁을 해결하게 된다고 하겠다. 그러므로 민사소송의 목적은 개인의 권리보호에 최우선의 목적이 있는 것으로 보아야 할 것이다.

III. 민사소송의 이념

1. 민사소송의 이상

민사소송법(이하 '민소법'이라 한다) 제1조 제1항은 "법원은 소송절차가 공정하고 신속하

---

3) 강현중, 민사소송법, 박영사 제6판, 2004, 10면.
4) 이시윤, 신민사소송법, 박영사 제8판, 2014, 4면.

며 경제적으로 진행되도록 노력하여야 한다."고 하면서 민사소송의 이상을 규정하고 있다. 법문에 따른다면, 민사소송은 재판의 적정성·대립하는 당사자의 공평한 취급·신속한 진행 및 소송경제성을 이념으로 하고 있다.

2. 재판의 적정성

재판의 적정성이라 함은 정의에 합당한 올바른 소송 및 재판이 되어야 한다는 의미이다.[5] 적정성이라는 이상에 따라 법원은 사실을 인정할 때 정확성을 기하여 실체적 진실을 발견해야 한다. 그리고 법원은 타당하게 법률을 적용하여 권리가 있는 자는 그 권리를 행사할 수 있도록 해야 하고, 권리가 없거나 의무가 있는 자에 대하여는 반드시 패소하거나 의무를 부담하도록 하여 올바른 재판이 이루어지도록 해야 한다. 민사소송법상 재판의 적정성은 변호사대리인의 원칙(제87조), 구술주의(제134조), 직접주의(제204조), 석명권 행사(제136조), 직권증거조사(제292조) 및 교호신문제도(제327조) 등에서 볼 수 있다.

3. 공평한 취급

당사자의 공평한 취급은 민사소송의 양 당사자를 공평하게 대우해야 하며, 어느 한쪽에게 치우치는 재판이 되어서는 아니 된다는 의미이다.[6] 이를 '무기평등의 원칙'이라고도 한다. 공평한 취급은 '법관에 의한 공평한 재판'과 '평등의 제도적 보장'으로 구분될 수 있다.[7] 전자는 법관의 중립성에 관한 사항이다. 법관은 양 당사자에게 대등한 기회를 부여해야 하며, 일방 당사자의 주장이나 입증만으로 판결을 해서는 아니 될 것이다. 이러한 재판은 공평하다고 볼 수 없으며, 이 경우 국민으로부터 재판에 대한 불신을 야기하게 될 것이다. 법원조직법과 민사소송법은 공평한 재판이 이루어질 수 있도록 쌍방심문주의를 전제로 하여 공개주의(법원조직법 제57조), 법관의 제척·기피·회피(민소법 제41조 이하) 등을 규정하고 있다. 후자는 양 당사자가 제도적으로 평등이 보장되어야 함을 의미한다. 이를 위하여 민소법은 절차의 중단·중지(제233조 이하), 법정대리인(제55조 이하), 준비서면에 예고하지 않은 사실의 진술 금지(제276조) 등을 두고 있다.

---

5) 호문혁, 민사소송법, 법문사 제12판, 2014, 39면.
6) 강현중, 민사소송법, 박영사 제6판, 2004, 11면.
7) 호문혁, 민사소송법, 법문사 제12판, 2014, 40면.

4. 재판의 신속성

신속한 진행도 재판에서 매우 중요한 요소이다. 헌법은 "모든 국민은 신속한 재판을 받을 권리를 가진다."고 하면서 국민의 기본권으로서 이를 명시적으로 규정하고 있다(헌법 제27조 제3항 제1문). 권리구제가 가능한 한 빨리 이루어져야 한다는 신속성에 관한 사항은 소송절차 내에서 변론준비절차를 마련하고 적시제출주의를 원칙으로 하고 있다(민소법 제146조). 또한 '소송의 이송제도(민소법 제34조)', '기일연장의 제한' 제도 등을 두고 있으며, 당사자가 기일에 결석한 경우에 자백간주(민소법 제150조), 진술간주(민소법 제148조), 쌍불취하(민소법 제268조) 등을 인정하고 있다.

5. 소송의 경제성

소송경제성이란 민사소송이 비용이 많이 들지 않아야 하는 의미를 가지고 있다. 그러나 동시에 아주 저비용으로도 행사되지 말아야 한다는 의미도 가지고 있다. 비용이 너무 많이 들면 소송제기자의 권리를 구제함에 어려움이 있고, 비용이 전혀 들지 않게 되면 남소의 가능성이 제기되기 때문이다. 소송의 경제성과 관련하여 청구병합(민소법 제253조), 공동소송(민소법 제65조 이하), 사물관할(법원조직법 제32조, 제7조 제4항) 및 소송이송(민소법 제34조) 등을 두고 있다.

IV. 신의성실의 원칙

1. 의의

1) 민법의 경우

신의성실의 원칙은 그 기원은 로마법에 두고 있고, 근대사법에서 이 원칙을 처음으로 규정한 것은 "계약은 신의에 따라서 이행하여야 한다."고 규정한 프랑스 민법 제1134조이다.[8] 한편, 독일은 "계약은 거래의 관행을 고려하여 신의성실의 요구에 좇아서 해석하여야 한다."는 민법 제157조나 채무의 이행과 관련하여 "채무자는 거래상의 관행을 고려하여 신의성실에

---

8) 곽윤직, 민법총칙(민법강의 I), 박영사 제7판, 2002, 60면; 이영준, 민법총칙, 박영사, 2007, 60면 이하.

따라 급부를 하여야 할 의무를 부담한다."고 규정한 민법 제242조에서 볼 수 있다. 우리 민법 역시 신의성실의 원칙을 규정하고 있다(민법 제2조 제1항). 동 원칙은 사법이념의 일반적·추상적 내용으로서 '일반조항'에 해당하지만, 민법·상법 등 사법 분야에서 출발하여 노동법·경제법 등 다양한 실체법 영역에서 판결을 통하여 구체적인 내용이 실현되고 있다.

2) 민소법의 경우

실체법상 인정되고 있던 신의성실의 원칙이 절차법에서도 인정되어야 하는가에 대한 물음이 제기되었다. 19세기에는 소송법에 신의성실의 원칙을 적용할 수 없다는 것이 일반적인 주류였다.[9] 왜냐하면 소송은 당사자들의 투쟁이기 때문에 실정법이 인정하는 모든 공격이나 방어방법이 동원될 수 있다는 점을 고려한 것이었다. 그러나 오늘날 소송은 절차법상 인정되고 있는 여러 가지 권능이나 가능성 등이 악용되어서는 아니 된다는 점을 고려하여 민사소송에도 신의성실의 원칙이 적용되어야 한다는 견해가 통설이 되었다. 이 점을 근간으로 하여 1990년 민소법 개정 시에 '당사자와 소송관계인은 신의에 따라 성실하게 소송을 수행하여야 한다.'는 신의성실의 원칙을 민소법에 명문으로 규정하게 되었다. 다만, 민사소송이 투쟁적 성격을 가지고 있다는 점에서, 신의칙의 적용은 실체법에서도 매우 신중하게 적용되어야 하겠지만[10] 절차법에서는 실체법에서 적용되는 것보다 더 신중함이 요구된다고 하겠다.

〈대법원 2004. 1. 27. 선고 2003다45410 판결〉

대법원은 "채권자와 채무자 사이에 계속적인 거래관계에서 발생하는 불확정한 채무를 보증하는 이른바 계속적 보증의 경우뿐만 아니라 특정채무를 보증하는 일반보증의 경우에 있어서도, 채권자의 권리행사가 신의칙에 비추어 용납할 수 없는 성질의 것인 때에는 보증인의 책임을 제한하는 것이 예외적으로 허용될 수 있을 것이나, 일단 유효하게 성립된 보증계약에 따른 책임을 신의칙과 같은 일반원칙에 의하여 제한하는 것은 자칫 잘못하면 사적 자치의 원칙이나 법적 안정성에 대한 중대한 위협이 될 수 있으므로 신중을 기하여 극히 예외적으로 인정하여야 한다."고 판시하고 있다.

---

9) 호문혁, 민사소송법, 법문사 제12판, 2014, 43면.
10) 대법원 2004. 1. 27. 선고 2003다45410 판결.

2. 선행행위와 모순되는 후행행위의 금지

1) 민법

선행행위와 모순되는 후행행위의 금지는 다른 말로 이율배반적인 행위의 금지라고도 한다. 실체법인 민법에서 강행법규를 스스로 위반한 자가 후에 그 무효를 주장하는 경우가 있다. 대법원은 점포의 수분양자들이 분양회사와 분양계약 체결에 따라 일정기간 동안 업종제한 등의 의무를 수인하기로 약정한 후 약정과 다른 의사표시를 하는 경우는 이율배반적인 행위에 해당하는 것으로 보고 있다.

〈대법원 2002. 12. 27. 선고 2002다45284 판결〉

대법원은 "건축회사가 상가를 건축하여 각 점포별로 업종을 지정하여 분양한 경우 그 수분양자나 점포에 관한 수분양자의 지위를 양수한 자는 특별한 사정이 없는 한 그 상가의 점포 입주자들에 대한 관계에서 상호간에 명시적이거나 또는 묵시적으로 분양계약에서 약정한 업종제한 등의 의무를 수인하기로 동의하였다고 봄이 상당하므로, 상호간의 업종제한에 관한 약정을 준수할 의무가 있고, 따라서 점포 수분양자나 그 지위를 양수한 자 등이 분양계약에서 정한 업종제한약정을 위반할 경우, 이로 인하여 영업상의 이익을 침해당할 처지에 있는 자는 침해 배제를 위하여 동종 업종의 영업금지를 청구할 권리가 있으며, 일단 위와 같은 동의를 한 이후 나중에 이와 다른 명시적 의사표시나 행위를 하는 것은 신의칙에 위배되어 허용될 수 없다."고 판시하고 있다.

2) 민사소송법

민사소송은 구술변론 일체의 원칙이 적용된다. 그러므로 소송당사자들은 변론종결 시까지 소송상의 태도를 변경할 수 있고, 소송 중에도 증거조사의 결과에 따라 진술이나 주장을 변경할 필요성이 발생한다. 그러므로 당사자는 이전에 주장했던 사항과 모순되거나 반대되는 주장을 하는 것은 가능할 것이다.[11]

---

11) 대법원 2010. 6. 24. 선고 2010다2107 판결.

〈대법원 2010. 6. 24. 선고 2010다2107 판결〉

대법원은 "당사자는 신의에 따라 성실하게 소송을 수행하여야 하는 것이나(민사소송법 제1조 제2항), 어떤 사실에 관한 법률적 평가를 달리하여 주장하는 것만으로는 금반언의 원칙이나 신의성실의 원칙에 반한다고 할 수 없다. 따라서 이 사건에서 원고가 제1심에서는 이 사건 제1차 이사회의 소집절차가 적법함을 전제로 한 주장을 하였다가 원심에 이르러서는 그 소집절차에 하자가 있었다고 주장하였다고 하더라도, 그러한 주장이 금반언의 원칙이나 신의성실의 원칙에 반한다고 할 수 없다."고 판시하고 있다.

그러나 대법원은 항소심이 추완항소를 받아들여 심리 결과 본안판단에서 그 항소가 이유 없다고 기각하자,[12] 추완항소를 신청했던 당사자 자신이 상고이유에서 그 부적법을 스스로 주장하는 것은 신의칙상 인정될 수 없다고 판시하였다.[13]

〈대법원 1995. 1. 24. 선고 93다25875 판결〉

'피고 김태종의 동서인 소외 김한웅이 1992년 1월 25일 위 피고의 주소지인 광주 서구 월산동 27의 23에서 이 사건 제1심판결 정본을 수령한 사실, 위 김한웅은 광주 북구 유동 105의14에 거주하면서 위 피고 경영의 광주 서구 양2동 39 소재 철물 등 도소매업체인 삼일상회의 종업원으로 근무하는데, 위 피고의 주소지에 일시 방문차 들렀다가 위 판결정본을 수령한 사실을 인정한 다음 소외 김한웅은 위 피고의 영업소인 삼일상회의 고용인으로서 같은 영업소 소재지에서는 위 피고를 수송달자로 한 판결정본을 적법하게 송달받을 수 있으나, 일시적으로 방문한 위 피고의 주거지에서는 이를 적법하게 송달받을 수 없었다. 이에 대하여 피고 김태종은 제1심판결 정본의 송달이 부적법하다고 주장하면서 추완항소를 하였고, 원심이 이를 받아들여 심리결과 피고의 추완항소는 적법하나 본안판단에서 피고의 항소가 이유가 없다고 피고의 항소를 기각하자 피고가 상고한 사안'에서 대법원은 "민사소송의 당사자 및 관계인은 소송절차가 공정 신속하고, 경제적으로 진행되도록 신의에 쫓아 성실하게 소송절차에 협력해야 할 의무가 있으므로, 당사자 일방이 과거에 일정 방향의 태도를 취하여 상대방이 이를 신뢰하고 자기의 소송상의 지위를 구축하였는데, 그 신뢰를 저버리고 종전의 태도와 지극히 모순되는 소송행위를 하는 것은 신의법칙상 허용되지 않고, 따라서 원심에서 피

---

12) 제173조는 소송행위의 추후보완의 내용을 규정하고 있다. 당사자가 책임질 수 없는 사유로 인하여 불변기간을 준수할 수 없었던 경우에는 그 사유가 없어진 후 2주일 내에 게을리 한 소송행위를 보완하는 것으로 하고 있다. 이를 '추후보완항소'라고도 한다. 천재지변이나 피고 자신도 모르게 판결이 선고되는 경우 등 항소인이 책임질 수 없는 사유로 인하여 항소기간을 준수할 수 없었을 경우에 허용된다.
13) 대법원 1995. 1. 24. 선고 93다25875 판결.

고의 추완항소를 받아들여 심리 결과 본안판단에서 피고의 항소가 이유 없다고 기각하자 추완항소를 신청했던 피고 자신이 이제 상고이유에서 그 부적법을 스스로 주장하는 것은 허용될 수 없다.”고 판시하였다.

〈대법원 1992. 7. 28. 선고 92다7726 판결〉

“소외 임경윤이 집행채무자를 원고로 한 그 판시의 약속어음 공정증서(이하 이 사건 집행증서라고 한다)의 집행력 있는 정본에 기하여 원고 소유이던 이 사건 부동산에 대하여 강제경매신청을 함에 따라 피고가 그 강제경매절차에서 이 사건 부동산을 경락받은 사실과 이 사건 집행증서는 원고의 모인 소외 1이 원고 명의의 약속어음과 위임장을 위조하여 원고의 대리인으로서 위 약속어음의 공증을 촉탁함에 따라 작성된 사실을 인정한 다음, 이 사건 집행증서는 원고를 대리할 권한이 없는자의 촉탁에 의하여 작성된 것으로서 무효이므로 이를 채무명의로 하여 이루어진 위 강제경매는 집행채무자인 원고에 대한 관계에서는 그 효력이 생기지 아니하여 그 경락인인 피고는 이 사건 부동산의 소유권을 취득하지 못한다고 할 것이어서, 특별한 사정이 없는 한 피고는 원고에게 피고 명의로 경료된 이 사건 부동산에 관한 소유권이전등기의 말소등기절차를 이행할 의무가 있다고 원심은 판단하였다.”

그러나 대법원은 “무효인 공정증서상에 집행채무자로 표시된 자가 그 공정증서를 채무명의로 한 경매절차가 진행되고 있는 동안에 공정증서의 무효를 주장하여 경매절차를 저지할 수 있었음에도 불구하고 그러한 주장을 일체 하지 않고 이를 방치하였을 뿐 아니라, 오히려 공정증서가 유효임을 전제로 변제를 주장하여 경락허가결정에 대한 항고절차를 취하였고 경락허가결정확정 후에 경락대금까지 배당받았다면, 특별한 사정이 없는 한 집행채무자로 표시된 자는 경락인에 대하여 그 공정증서가 유효하다는 신뢰를 부여한 것으로서 객관적으로 보아 경락인으로서는 이와 같은 신뢰를 갖는 것이 상당하다고 할 것이므로, 그 후 집행채무자로 표시된 자가 경락인에 대하여 공정증서의 무효임을 이유로 이에 기하여 이루어진 강제경매도 무효라고 주장하는 것은 금반언 및 신의칙에 위반되는 것이라고 보아야 할 것이다.”[14]

3. 권리남용의 금지

1) 민법

근대 초기에는 권리행사의 자유가 인정되었으며 권리남용이라는 사고는 받아들이기 어려웠다. 19세기 중엽부터 프랑스에서 권리행사의 자유에 대한 반성이 대두되었고, 권리남용금

---

14) 대법원 1973. 6. 5. 선고 69다1228 판결 참조.

지의 원칙이 차츰 판례를 통하여 인정하게 되었다. 권리행사 자유의 원칙을 수정하는 권리남용금지는 권리의 공공성과 사회성의 인정에서부터이다.[15] 권리남용이라 함은 외형상 권리자가 권리를 행사하는 것은 틀림이 없지만 그 권리의 행사가 사회적 목적을 벗어나서 정당한 권리의 행사로 볼 수 없는 행위를 의미한다. 민법 제2조 제2항은 권리는 남용하지 못함을 규정하고 있다. 신의성실에 위반되는 권리의 행사는 허용되지 않는다. 권리남용금지의 원칙은 이미 로마법에서 신의성실원칙의 하나로서 발현되어 시작되었고, 독일 민법은 '가해의 악의'라고 하는 주관적 요건으로 하는 '쉬카네Schikane 금지'의 원칙을 명문으로 규정하고 있다.[16] 반면에 스위스 민법은 '방해목적'이라고 하는 주관적 요건을 배제하는 권리남용금지의 원칙을 규정하고 있고,[17] 우리 민법은 스위스 민법을 받아들인 것이다. 대법원은 송전선로철거소송에 이르게 된 과정, 계쟁 토지가 51m^{2}에 불과한 점, 위 송전선을 철거하여 이설하기 위하여는 막대한 비용과 손실이 예상되는 반면 송전선이 철거되지 않더라도 토지를 이용함에 별다른 지장이 없는 점 등에 비추어 농로 위로 지나가는 송전선의 철거를 구하는 청구가 권리남용에 해당한다고 판단하였다.[18]

〈대법원 2003. 11. 27. 선고 2003다40422 판결〉

송전로 철거소송과 관련하여, 대법원은 "원고는 피고의 위와 같은 협의요청을 거부한 채 이 사건 토지 및 이에 접한 원고 소유의 위 교로리 839-1 잡종지 합계 약 8,600평의 시가가 이 사건 송전선 및 그 주변의 철탑 등으로 말미암아 하락하였다는 등의 막연한 이유를 들어, 피고에 대하여 7억 8,000만 원가량의 보상금을 요구하다가 피고가 이에 응하지 않자 이 사건 송전선의 철거 등을 구하는 이 사건 소송을 제기하였고, 원심 변론 종결일 무렵에는 최소한의 보상금으로 12억 원의 거액을 요구하고 있는 사실, 이 사건 송전선은 대전과 서해안 지역에 전원을 공급하는 국가기간시설의 일부로서 이를 철거하고 송전선을 이설하기 위해서는 막대한 비용과 손실이 예상되는 반면, 이 사건 송전선이 철거되지 않더라도 원고가 이 사건 토지를 이용함에 있어서 별다른 지장을 받지는 않는 사실을 알 수 있는바, 이러한 사정 아래에서는 앞서 본 법리에 비추어 원고의 이 사건 청구 중 송전선철거청구 부분은 권리남용에 해당한다고 볼 여지가 충분하다."고 판시하였다.

---

15) 곽윤직, 민법총칙(민법강의 I), 박영사 제7판, 2002, 64면.
16) 독일 민법 제226조(권리남용의 금지) 권리의 행사가 타인에게 손해를 가하는 것만을 목적으로 하는 경우에는 이는 허용되지 아니한다.
17) 스위스 민법 제2조 제2항 권리의 명백한 남용은 법의 보호를 받지 못한다.
18) 대법원 2003. 11. 27. 선고 2003다40422 판결.

2) 민사소송법

　민소법상 권리남용의 금지는 법률상 인정되는 소송상 권리를 행사하는 것이기는 하지만 실제로는 그 권리의 행사가 타인에게 불이익만을 야기하는 소송행위가 대표적인 예시가 될 수 있다.[19] 그 외에도 '단지 법원의 부담만을 가중시키는 행위'[20]라든가 '소송목적에 위반되는 소송행위' 또는 '오로지 소송지연이 목적인 소송행위'[21] 등은 민소법상 권리남용의 금지에 해당된다.[22]

〈대법원 1984. 7. 24. 선고 84다카572 판결〉

대법원은 "확정판결에 의한 권리라 하더라도 그것이 신의에 좇아 성실히 행사되어야 하고 권리남용이 되는 경우에는 이는 허용되지 않는다 할 것인바, 피고들이 확정판결의 변론종결 이전에 부진정연대채무자 중의 1인으로부터 금원을 수령하고 더 이상 손해배상을 청구하지 않는다고 합의함으로써 원고의 손해배상채무도 소멸한 사실을 스스로 알고 있으면서도 이를 모르는 원고에게 이미 소멸한 채권의 존재를 주장 유지하여 위의 확정판결을 받은 것이라면, 위 확정판결을 채무명의로 하는 강제집행을 용인함은 이미 변제, 소멸된 채권을 이중으로 지급받고자 하는 불법행위를 허용하는 결과가 된다 할 것이므로 이와 같은 피고들의 집행행위는 자기의 불법한 이득을 꾀하여 상대방에게 손해를 줄 목적이 내재한 사회생활상 용인되지 아니하는 행위라 할 것이어서 그것이 신의에 좇은 성실한 권리의 행사라 할 수 없고 그 확정판결에 의한 권리를 남용한 경우에 해당한다 할 것이므로 이는 허용되지 아니한다."고 판시하고 있다.

　최종심인 대법원에서 수회에 걸쳐 같은 이유를 들어 재심 청구를 기각하였음에도 다시 같은 이유를 들어 최종 재심판결에 대해 재심을 청구하는 것이 소권의 남용에 해당하는가에 대하여, 대법원은 이를 남용으로 보았다.[23]

---

19) 대법원 1984. 7. 24. 선고 84다카572 판결.
20) 대법원 2005. 11. 10. 선고 2005재다303 판결.
21) 대법원 1997. 12. 23. 선고 96재다226 판결.
22) 이시윤, 신민사소송법, 박영사 제8판, 2014, 33면; 호문혁, 민사소송법, 법문사 제12판, 2014, 47면.
23) 대법원 1997. 12. 23. 선고 96재다226 판결.

<대법원 1997. 12. 23. 선고 96재다226 판결>

대법원은 "재판청구권의 행사도 상대방의 보호 및 사법 기능의 확보를 위하여 신의성실의 원칙에 의하여 규제된다고 볼 것이므로, 최종심인 대법원에서 수회에 걸쳐 같은 이유를 들어 재심 청구를 기각하였음에도 이미 배척된 이유를 들어 최종 재심판결에 대하여 다시 재심 청구를 거듭하는 것은 법률상 이유 없는 청구로 받아들일 수 없음이 명백한데도 계속 소송을 제기함으로써 상대방을 괴롭히는 결과가 되고, 나아가 사법 인력의 불필요한 소모와 사법 기능의 혼란과 마비를 조성하는 것으로서 소권을 남용하는 것에 해당되어 허용될 수 없다."고 판시하고 있다.

<대법원 2005. 11. 10. 선고 2005재다303 판결>

'원고(재심원고)는 동일한 두 개의 재심대상판결에 대하여 수회에 걸쳐 동일한 이유를 내세워 재심청구를 제기하였다가 대법원에서 기각되거나 각하되었음에도 배척된 그 이유를 재심사유로 삼아 다시 이 사건 소를 제기'한 사안에서, 대법원은 "법원에서 수회에 걸쳐 같은 이유로 재심청구가 기각당하여 확정되었음에도 불구하고, 법률상 받아들여질 수 없음이 명백한 이유를 들어 같은 내용의 재심청구를 거듭하는 것은 상대방을 괴롭히는 결과가 되고, 나아가 사법인력을 불필요하게 소모하게 하는 것이므로, 그러한 제소는 특별한 사정이 없는 한 소권을 남용하는 것으로서 허용될 수 없다."고 판시하고 있다.

4. 권리의 실효

1) 민법

실효이론 또는 실효의 원칙이라 함은 권리자가 상당한 기간 권리를 행사하지 아니하여 상대방에 대하여 앞으로도 그 권리를 행사하지 않는다는 확신을 주었고 상대방이 이에 따라 행동하였으므로 이제 권리자가 이 확신에 반하여 새삼스럽게 권리를 행사하는 것이 신의성실의 원칙에 반한다는 것을 말한다.[24] 이 실효의 원칙은 제1차 세계대전 이후 독일의 판례에서 등장하기 시작하였고, 우리나라도 1990년대에 들어서면서 대법원이 점차 실효의 원칙을 인정하고 있다.

---

24) 이영준, 민법총칙, 박영사, 2007, 789면.

〈대법원 1994. 11. 25. 선고 94다12234 판결〉

대법원은 "일반적으로 권리의 행사는 신의에 좇아 성실히 하여야 하고 권리는 남용하지 못하는 것이므로, 해제권을 갖는 자가 상당한 기간이 경과하도록 이를 행사하지 아니하여 상대방으로서도 이제는 그 권리가 행사되지 아니할 것이라고 신뢰할 만한 정당한 사유를 갖기에 이르러 그 후 새삼스럽게 이를 행사하는 것이 법질서 전체를 지배하는 신의성실의 원칙에 위반하는 것으로 인정되는 결과가 될 때에는 이른바 실효의 원칙에 따라 그 해제권의 행사가 허용되지 않는다."고 하면서, "해제의 의사표시가 있은 무렵을 기준으로 볼 때 무려 1년 4개월가량 전에 발생한 해제권을 장기간 행사하지 아니하고 오히려 매매계약이 여전히 유효함을 전제로 잔존채무의 이행을 최고함에 따라 상대방으로서는 그 해제권이 더 이상 행사되지 아니할 것으로 신뢰하였고 또 매매계약상의 매매대금 자체는 거의 전부가 지급된 점 등에 비추어 보면 그와 같이 신뢰한 데에는 정당한 사유도 있었다고 봄이 상당하다면, 그 후 새삼스럽게 그 해제권을 행사한다는 것은 신의성실의 원칙에 반하여 허용되지 아니한다 할 것이므로, 이제 와서 매매계약을 해제하기 위하여는 다시 이행제공을 하면서 최고를 할 필요가 있다."고 판시하였다.

〈대법원 1992. 11. 10. 선고 92다20170 판결〉

"이 사건 제1, 2, 3토지는 원래 전남 광산군 비아면 신가리 산 23의 1 임야 2정 1단 1무보로서, 1937년경 마을 유지들이 설립한 학교설립후원회가 주민들의 성금을 모아 이 사건 제3토지를 당시의 소유자인 박호현으로부터 매수하여 신가간이학교의 학교부지로 제공하였고, 이에 피고의 전신인 광산군(이하 피고라고 한다)이 같은 해 7월 18일 그 지상에 교실과 숙소 각 1동을 신축한 이래 1947년 2월경, 1956년 10월경, 그리고 1956년 2월경 증축을 하여 현재에는 이 사건 토지 위에 교실 5동, 화장실 4동, 숙직실 및 창고 각 1동, 사택 2동 및 운동장, 학교림 등의 시설이 설치되어 있고, 교사 29명과 광주 광산구 신창동, 신가동 일원 및 수완동, 산월동, 운남동의 일부 지역에 거주하는 학생 1,590여 명을 수용하여 2세들의 교육장소로 사용되고 있는데, 위 박호현은 1941년 6월 13일 사망하여 소외 박상기가 1965년 1월 26일 상속원인으로 한 소유권이전등기를 마치었고, 원고는 위 박상기의 처남으로서 그에게 채권이 있었으나 위 박상기가 다른 재산이 없자 이 사건 토지 위에 이미 학교가 설립되어 있는 사실을 알고 있으면서도 학교부지인 이 사건 토지라도 그 변제에 갈음하여 양도받기로 하여 1971년 12월 22일 원고 명의의 위 소유권이전등기를 마쳤으며, 위 소유권취득 당시는 물론 그 이후에도 별다른 권리행사를 하여 오지 않다가 1989년 12월 19일에야 비로소 이 사건 소송을 제기하였다." 이에 대하여 대법원은 "계쟁토지가 학교의 교사부지 등으로 사용되는 사정을 알면서 양수한 후 20년 가까이 인도청구를 하지 않았다면 부당이득반환청구는 몰라도 토지 자체의 인도청구는 신의성실의 원칙상 허용할 수 없다."고 판시하였다.

2) 민사소송법

실효의 원칙은 실체법인 민법에서 기간이 정해져 있지 않은 각종 권리행사나 주장에 적용되고, 소멸시효가 적용되는 부분에 대하여는 적용의 필요성이 없다. 이 점은 소송행위에 있어서도 동일하게 적용된다. 특히, 소송행위에 대하여는 민소법이 대부분 기간을 규정하고 있기 때문에 실효의 원칙을 적용할 필요성이 적지만, 기간이 정해져 있지 않은 소송행위에 대하여는 동 원칙이 적용될 필요성이 있다.[25] 실제로 대법원은 권리자가 장기간에 걸쳐 그 권리를 행사하지 아니함에 따라 그 의무자인 상대방이 더 이상 권리자가 권리를 행사하지 아니할 것으로 신뢰할 만한 정당한 기대를 가지게 된 경우에 새삼스럽게 권리자가 그 권리를 행사하는 것은 법질서 전체를 지배하는 신의성실의 원칙에 위반되어 허용되지 아니한다는 실효의 원칙을, 항소권과 같은 소송법상의 권리에 대하여도 이러한 원칙은 적용될 수 있다고 판시하고 있다.[26] 또한 실효의 원칙이 적용되기 위한 필요한 요건으로서의 실효기간(권리를 행사하지 아니한 기간)의 길이와 의무자인 상대방이 권리가 행사되지 아니하리라고 신뢰할 만한 정당한 사유가 있었는지의 여부는 일률적으로 판단할 수 있는 것이 아니라 구체적인 경우마다 권리를 행사하지 아니한 기간의 장단과 함께 권리자 측과 상대방 측 쌍방의 사정 및 객관적으로 존재한 사정 등을 모두 고려하여 사회통념에 따라 합리적으로 판단하여야 한다.[27]

〈대법원 1990. 11. 23. 선고 90다카25512 판결〉

해고당한 후 회사가 변제공탁한 퇴직금 등을 조건 없이 수령한 후 동종업체에 취업하여 3년 가까이 지나 제기한 해고무효확인청구의 금반언의 원칙 위배 여부에 대하여 대법원은 "회사가 근로자를 해고한 후 근로자가 퇴직금과 해고수당의 변제를 받지 아니하여 이를 공탁하자 근로자가 아무런 조건의 유보 없이 공탁금을 수령하여 간 경우 근로자가 공탁금을 수령할 때 회사의 해고처분을 유효한 것으로 인정하였다고 볼 수밖에 없고, 근로자가 해고당한 후 약 1개월이 지난 다음 동종업체에 취업하여 전 회사에 있어서와 유사한 봉급수준의 임금을 지급받으며 근무하고 있으면서 해고당한 때로부터 3년 가까이나 경과하여 해고무효확인청구소송을 제기한 경우라면 위 청구는 금반언의 원칙에 위배된다."고 판시하고 있다. 대법원이 금반언의 원칙을 제시하였지만, 일정한 권한을

---

25) 호문혁, 민사소송법, 법문사 제12판, 2014, 48면.
26) 대법원 1996. 7. 30. 선고 94다51840 판결.
27) 대법원 1992. 12. 11. 선고 92다23285 판결; 대법원 1992. 5. 26. 선고 92다3670 판결; 대법원 1992. 1. 21. 선고 91다30118 판결.

장기간 방치함으로써 더 이상 행사하지 않으리라는 기대가 생긴 이후에는 소송상 권능은 상실된다고 보아야 할 것이다.

상대방의 주소를 허위로 기재하여 자백간주로 판결을 편취한 경우를 생각해 볼 수 있다. 주소를 허위로 기재한 것으로서 판결정본의 송달이 이루어진 것이 아니므로 항소기간의 진행이 개시되지 않았다고 보아야 할 것이다. 이 경우 대법원은 다음과 같이 판시하고 있다.

〈1978. 5. 9. 선고 75다634 전원합의체 판결〉

대법원은 "종국 판결의 기판력은 판결의 형식적 확정을 전제로 하여 발생하는 것이므로 공시송달의 방법에 의하여 송달된 것이 아니고 허위로 표시한 주소로 송달하여 상대방 아닌 다른 사람이 그 소송서류를 받아 의제자백의 형식으로 판결이 선고되고 다른 사람이 판결정본을 수령하였을 때에는 상대방은 아직도 판결정본을 받지 않은 상태에 있는 것으로서 위 사위 판결은 확정 판결이 아니어서 기판력이 없다."고 판시하고 있다.

〈대법원 1972. 12. 12. 선고 72다1700 판결〉

대법원은 "제1심 판결이 부적법하게 송달되어 형식적 확정되어도 이는 송달의 효력이 없는 것이므로 패소한 상대방은 항소로써 다툴 수 있지만 이러한 제1심 판결에 의거하여 경료된 부동산소유권이전등기를 원인무효라고 다투다가 이를 기정사실로 시인하고 타협하였다고 한다면 위 소유권이전등기가 비록 미 확정판결을 바탕으로 해서 이루어진 것이라 하여도 이는 유효한 등기이다."라고 판시한다.

그러나 부정한 방법으로 판결을 받아 소유권을 넘겨간 것을 알고도 4년간 아무런 법적 조치를 취하지 않던 아들이 아버지의 그 부동산 처분 사실을 듣고 항소를 제기한 사건에서, 대법원은 항소권도 실효되는 것이 원칙이지만 예외적으로 실효의 원칙을 부정하였다.[28]

---

28) 대법원 1996. 7. 30. 선고 94다51840 판결.

<대법원 1996. 7. 30. 선고 94다51840 판결>

"피고(아들)는 이 사건 제1심판결이 있음을 알게 된 당시 원고에게 이의를 제기하고 법률사무소에 그 구제방법을 문의하였으나 소송비용도 없고 다른 사람도 아닌 아버지인 원고의 이름으로 해두었으니 설마 다른 사람에게 팔겠느냐 하는 생각에서 별다른 조치 없이 일단 피고가 살고 있는 미국으로 출국하였다는 것으로, 그 후 4년 남짓 동안 이 사건 제1심판결에 대한 항소나 원고에 대한 형사고소 등을 거론한 바 없었다 하여 원고의 입장에서 피고가 더 이상 위 판결에 대한 항소권을 행사하지 않으리라는 정당한 기대를 가지게 되었다고 단정할 수는 없고, 원고 보조참가인이 원고를 이 사건 부동산의 진정한 권리자라고 믿고 원고로부터 이를 매수한 사정이 인정된다 하여 달리 보기는 어렵다고 할 것이다. 뿐만 아니라, 피고는 이 사건 제1심판결이 있음을 알고 나서 곧바로 원고에게 항의하였고 이로 인하여 원고 등 가족들과 사이에 불화가 생겨 가족들을 떠나 친척집에서 거주하다가 미국으로 되돌아간 사실, 원고가 1992년 8월경 미국에 거주하는 피고를 방문한 적이 있는데 그때에도 원·피고 사이에 이 사건 부동산을 둘러싸고 언쟁이 있었던 사실, 원고는 그 후 얼마 되지 아니하여 피고에게는 별다른 말도 없이 이 사건 부동산을 원고 보조참가인에게 매도하였고, 피고는 같은 해 12월 6일경 원고가 이 사건 부동산을 원고 보조참가인에게 매도하였다는 것을 알고 나서 곧바로 귀국하여 이 사건 항소를 제기한 사실"을 들어 대법원은 피고에게 권리불행사의 신뢰가 발생하지 않았다고 하면서 실효를 부정하였다.

제2장

The Civil Proceedings Act

소송 외 분쟁해결

I. 의의

　국가는 권리자의 권리를 보호하고 분쟁을 정당하게 해결하며, 동시에 법질서를 유지하기 위하여 사적 분쟁의 해결방법으로서 민사소송제도를 마련하고 있다. 그러나 민사소송의 대상이 되는 사적인 권리관계는 본래 다른 사람의 관여 없이 자주적으로 이루어지는 것을 본질로 한다. 그런 측면에서 자주적으로 해결되어야 할 실체법상의 법률관계가 소송에 의하여 해결된다고 하여 당사자의 자주적인 분쟁해결권능이 소멸되는 것은 아니라 하겠다. 소송이 일정한 절차와 비용이 동반함에 따라 시간적·경제적인 측면에서 비효율성이 발생할 수 있는 반면에 자주적인 해결방법은 소송에 비하여 신속하면서도 소송비용을 들이지 않고도 분쟁을 해결할 수 있다는 점에서 효율성이 있다. 분쟁의 성격이나 형태에 따라서는 소송에 적합하지 않는 다툼들이 등장하고 있는 요즘은 소송을 이용하는 방법 대신에 당사자들이 사적 자치를 실현할 수 있도록 하는 방안이 바람직하다. 이러한 자주적 해결수단을 대체적 분쟁해결제도ADR; Alternative Dispute Resolution라고 한다. 대체적 분쟁해결제도는 소송에 의한 법적 해결의 대안으로서 현대 사회생활의 복잡화·다양화에 따른 다양한 민사상 분쟁을 해결하는 중요한 기능을 하고 있다.

II. 화해

1. 재판외 화해

화해는 당사자가 사적 분쟁을 자주적으로 해결하는 전형적인 방식이다. 화해에는 민법상 화해계약인 '재판외 화해'와 '재판상 화해'로 구분된다. '재판외 화해' 혹은 '화해계약'은 제3자의 개입 없이 당사자가 상호 양보하여 법적 권리와 의무 및 경제적·사회적·심리적 이익의 맞교환과 타협을 수단으로 하여 당사자에게 바람직스러운 법적 관계를 설정하기 위하여 기존에 일어난 다툼을 그만둘 것을 약속하는 과정이다. A와 B 사이에 택지의 경계선을 놓고 A는 울타리의 선이라고 주장하고, B는 도랑의 선이라고 주장하여 다툼이 벌어졌을 경우를 상상해 보자. 등기부상으로도 명확하지 아니하고 기타의 증거도 확실하지 아니한 경우가 있다고 하자. 이 경우 A와 B가 서로 양보하여 울타리와 도랑의 중간선을 경계로 정하고 다툼을 그만두자는 약속을 하는 것 등이 화해이다. 우리 민법 제731조가 화해계약을 규정하고 있다.[29]

〈대법원 2002. 3. 29. 선고 2001다41766 판결〉

대법원은 "지방자치단체와 분쟁이 있던 은행이 분쟁해결을 위하여 지방자치단체가 청구권을 행사하지 않는 대신 지방자치단체의 문화시설 건립비용을 부담하기로 하되 그 비용의 지급방법은 상호 협의에 의하여 정하기로 한 경우, 은행은 그 비용을 지방자치단체에 지급하되 그 이행시기를 지방자치단체와 협의가 성립한 때로 정한다는 의미로서 그 약정은 불확정기한부 화해계약"이라고 판시하고 있다.

화해계약은 쌍무계약, 유상계약에 속하지만 계약 자유의 원칙상 내용 및 방식에 있어 제약은 없다. 당사자는 화해에 의하여 정하여진 의무를 이행하고 권리를 승인하여 종전의 주장은 할 수 없게 된다. 뒷날 화해의 내용이 진실에 반하다는 증거가 나타나더라도 화해의 효력에

---

29) 민법 제731(화해의 의의) 화해는 당사자가 상호 양보하여 당사자간의 분쟁을 종지할 것을 약정함으로써 그 효력이 생긴다.

는 영향이 없다(민법 제732조). 화해는 제3자(조정인)가 개입하는 조정과 달리 중립적인 제3자의 개입이 없으며, 당사자는 분쟁내용, 대화방법, 협상기술 등 모든 문제를 스스로 결정하여야 한다.

2. 재판상 화해

재판상의 화해란 소송계속 중 소송물인 권리관계에 대하여 당사자 쌍방의 합의가 성립하여 이를 조서화하면 소송이 종결되는 것을 말한다. 민사소송의 대상은 사적 분쟁이고 당사자가 자유롭게 처분할 수 있는 이익이 대부분이다. 그러므로 소송이 개시되었다 할지라도 합의에 의한 해결의 길이 막혀서는 아니 된다. 소송의 어느 단계에서도 화해가 가능하도록 하고 있고, 그 성립에 법관이 조력하는 것이 타당하다(민소법 제145조).

〈대법원 2009. 12. 10. 선고 2008다78279 판결〉

대법원은 "민사소송절차에서 법원이 화해를 권고하거나 화해권고결정을 할 것인지 여부는 당사자의 이익, 그 밖의 모든 사정을 참작하여 직권으로 행하는 것이므로, 청구권의 발생 자체는 명백하지만 신의칙에 의하여 이를 배척하는 경우에 판결에 앞서 화해적 해결을 시도하지 않았다고 하여 위법이라고 할 수 없다."고 판시하고 있다.

재판상 화해는 '제소전 화해'와 '소송상 화해'로 구분된다. 소송이 개시되기 전에 당사자의 일방이 법원에 임의로 출석하여 화해를 하고 이를 조서에 기재하면 '소송상 화해'와 같은 효력이 발생하게 되는 것을 '제소전 화해'라고 한다(민소법 제385조 이하). '소송상 화해'라 함은 소송이 개시된 후에 당사자가 판결에 의하지 않고 상대방과 합의에 의하여 소송을 종료시키는 행위를 말한다. 소송계속 중에 당사자 쌍방이 소송물에 대하여 서로 양보하여 분쟁을 해결하는 것으로서, 조서로 기재되면 확정판결과 동일한 효과가 발생하게 된다(민소법 제220조). '소송상 화해'에는 화해조서를 집행권원으로 하여 강제집행을 할 수 있는 효력인 집행력이 인정된다.

III. 조정

1. 의의

   자주적으로 사적 분쟁을 해결하는 방식이 화해라고 한다면, 분쟁해결을 위하여 국가기관이 수동적으로 당사자의 협의만 기다리는 것이 아니라 적극적으로 그 성립에 협력하는 동시에 가능한 범위에서 화해를 촉진하는 방법이 '조정'이다. 조정은 법관이나 상임조정위원 또는 조정위원회가 분쟁관계인 사이에 개입하여 대화와 타협의 장을 마련하여 화해로 이끄는 절차에 해당한다. 조정위원이 법정절차에 따르지 않고 적당한 방법의 사실 또는 증거조사를 통해 당사자의 양보를 구함으로써 분쟁을 해결하는 비법률적·화해적 성격을 가진다는 점과 분쟁해결에 대한 양 당사자의 합의가 있어야 하는 비강제적인 성격을 가진다는 점에서 소송과 구별된다. 조정은 당사자의 상호 양보에 의한 분쟁해결을 본래의 취지로 하고 있기 때문에, 국가기관의 노력에도 불구하고 당사자 사이에 합의가 성립되지 아니하면 분쟁은 해결될 수 없다는 한계가 있지만, 소송에 비하여 비용이 저렴하다는 점과 간이·신속하게 처리할 수 있다는 장점도 있다.

2. 다양성

   민사조정 이외에도 가사분쟁의 사법적 해결과 인간관계의 조정을 목적으로 하는 가사소송법에 의한 가사조정이 1991년 1월 1일부터 시행되었다. 최근에는 소비자분쟁조정위원회(소비자보호법 제34조), 의료심사조정위원회(의료법 제54조의2), 환경분쟁조정위원회(환경오염피해분쟁조정법 제2조), 보험분쟁위원회(보험업법 제197조의2), 건설분쟁조정위원회(건설산업기본법 제69조), 저작권심의조정위원회(저작권법 제81조), 국가배상심의회(국가배상법 제10조), 언론중재위원회(정기간행물의 등록에 관한 법률 제17조) 등 각종의 행정위원회에 의한 조정이 증가하고 있는 추세이다. 한편, 건설산업과 관련해서는 새로운 분쟁해결방안의 하나로서 사전분쟁조정위원회DRB; Dispute Resolution Board가 대두되고 있기도 하다. 이러한 행정부 산하의 조정위원회에 의한 조정에 재판상 화해와 동일한 효력을 부여하는 경우가 많다는 지적[30]이 제기되고 있다. 대등변론이 보장되지 않는 조정에 판결과 동일한 효력이 인정됨으로써 당사자의 절차 보장권을 침해할 위험성이 커서 위헌문제에 직면할 우려

---

30) 강현중, 민사소송법, 박영사 제6판, 2004, 56면.

가 있다.[31]

3. 절차

1) 조정신청

민사조정은 당사자의 신청(민사조정법 제2조) 혹은 제1심 수소법원이 당사자 쌍방의 동의를 얻어 소송계속중인 사건을 조정에 회부(민사조정법 제6조)함으로써 개시되며, 민사소송 인지액의 1/5 정도를 첨부하게 하여 조정신청을 권장하고 있다. 조정사건은 원칙적으로는 조정담당판사가 처리하지만(민사조정법 제7조 제1항), 제1심 수소법원이 조정에 회부한 사건과 조정담당판사가 조정위원회에 회부한 사건은 조정위원회가 시행한다.

2) 조정의 구분

법원의 조정안을 당사자가 모두 동의하여 이의하지 않기로 하여 그 소를 종결하는 것을 '임의조정'이라고 한다. 민사조정법 제27조는 임의조정을 원칙으로 하고 있음을 알 수 있다. 한편, 민사조정법 제30조는 조정의 불성립에 관한 내용을 규정하고 있다. '당사자 사이에 합의가 성립되지 아니한 경우' 또는 '성립된 합의의 내용이 적당하지 아니하다고 인정되는 경우'에 법원은 민사조정법 제30조에 따라 직권으로 조정안을 제시하면서 강제적으로 조정하는 '강제조정'을 할 수 있다. 이를 민사조정법은 '조정에 갈음하는 결정'이라는 용어를 사용하고 있다. 그 강제조정이 성립되지 아니한 때에는 사건이 종결된다.

3) 조정방식의 순서

민사조정은 화해 권유에도 불구하고 화해가 성립되지 않은 경우에 조정불성립으로 사건을 종결하는 것이 원칙이지만(민사조정법 제27조), 당사자의 이익 등의 제반사정을 고려해 직권으로 공평한 해결을 위해 '조정에 갈음하는 결정'을 할 수도 있다(민사조정법 제30조). 이를 '강제조정'이라고 한다. 실무적으로는 별도의 조정기일을 열어, 조정실에서 판사와 당사자가 출석하여 조정을 모색하고 또 합의가 이루어지면 임의조정으로 조정조서를 작성하게 된다. 그러나 합의가 이루어지지 않으면 강제조정안을 작성하여 당사자에게 송부하게 된

---

31) 자세히는 이시윤, 신민사소송법, 박영사 제8판, 2014, 21면 이하.

다. 강제조정은 당사자 간의 합의를 기초로 하지 않으므로 본래 의미의 조정이라 할 수는 없다. 이 결정에 대해서는 2주일 이내에 이의신청이 가능하고, 이의신청에 의해 조정에 갈음하는 결정의 효력이 상실된다(민사조정법 제34조).

4) 효과

민사조정이 성립되면 재판상 화해와 동일한 효력(민사조정법 제29조)을 가지므로, 확정판결과 동일한 효력을 갖게 된다(민소법 제206조). 그 효력은 준재심의 절차에 의해서만 다툴 수 있다(민소법 제461조).

IV. 중재

1. 개념

당사자가 일정한 권리관계에 관한 분쟁에 대하여 제3자에 대하여 제3자인 중재인에게 그 해결을 맡겨 중재인의 판정에 복종할 것을 약정하고 그것을 근거로 하여 행하여지는 절차를 중재라 한다. 중재인의 판정에 복종해야 하는 강제적 해결방식이라는 점에서 화해나 조정과 차이가 있으나, 당사자 사이에 중재계약의 존재를 필요로 하고 있다는 점에서 자주적 분쟁해결방식에 해당한다. 중재판정은 확정판결과 동일한 효력이 있다(중재법 제35조). 중재계약이 있는 사건에 대하여는 법원의 심판권이 배제되므로, 중재계약이 있음에도 불구하고 소를 제기하면 그 소는 소의 이익이 없어 각하된다(중재법 제9조). 중재에 관한 기본법으로서 중재법이 있고, 상행위로 인하여 발생하는 법률관계에 관한 중재에 대하여는 대한상사중재원의 상사중재규칙에 의한다.

2. 중재계약

중재는 사법상司法上의 분쟁을 법원의 판결에 의하지 않고 중재인의 판정判定으로 신속하게 해결함을 목적으로 한다. 중재가 유효하려면 사전에 중재계약이 있어야 한다. 중재계약은 다음 두 가지 사항을 요건으로 한다. 첫째, 그 범위가 밝혀져 있어야 한다. 즉, 사법상의 법률관계에 관하여 이미 당사자 사이에 발생하고 있거나, 또는 장래에 발생할 분쟁의 전부 또는 일부를 중재에 의하여 해결하겠다는 합의가 있어야 한다. 둘째, 중재계약은 어떠한 모습으로든지 반드시 서면으로 하여야 한다. 분쟁을 피하고자 하는 목적이 있다.

3. 절차

한번 중재계약이 유효하게 존속되는 한 그 당사자는 그 분쟁에 관하여 법원에 제소하지 못하고, 반드시 중재판정에 승복하여야 한다. 중재계약의 이행이 불능일 때에는 당사자는 법원에 제소할 수 있다. 중재인의 수는 당사자 간의 합의로 정하고, 그 합의가 없으면 중재인의 수는 3인으로 한다(중재법 제11조 제1항, 제2항). 중재인 선정절차 역시 당사자 간의 합의로 정하지만, 합의가 이루어지지 아니하면 중재법에 따른다(중재법 제12조 제2항, 제3항). 그러나 상행위로 인하여 생기는 법률관계에 관한 중재(상사중재)에 있어서는 예외규정이 있다. 상사중재계약에 중재인의 선정이 분명하지 않으면 사단법인 대한상사중재원의 상사중재규칙에 따르는 것으로 추정한다. 중재인은 판정을 하기 전에 당사자를 심문해야 하고, 임의로 출석한 증인이나 감정인을 심문할 수도 있다. 필요하다고 인정할 때에는 법원의 협조도 요청할 수 있다. 중재인이 여러 사람일 때에는 그 과반수의 찬성으로써 중재판정을 한다. 중재판정에 관한 의견이 가부 동수일 때에는 그 중재계약은 효력을 상실한다. 중재판정은 서면으로 작성하되 중재인이 서명날인하고 주문主文과 이유의 요지 및 작성연월일을 기재해야 한다. 중재판정은 당사자에게 송달하고, 그 송달증서와 함께 그 원본原本을 관할법원에 보내어 보관하게 한다.

4. 특징

소송이나 다른 대체적 분쟁해결제도와 달리 중재는 다음과 같은 특징이 있다.[32] 중재는 절차가 탄력적이어서 국가적 재판제도와 결합이 용이하며 절차지연이나 과다한 경비지출을 피할 수 있다는 특징이 있다. 상관습이 지배적인 상거래 분야에서는 상관습을 깊이 알지 못하는 법관의 재판보다도 상관습의 전문가인 중재인의 판단이 보다 더 적절성을 가질 수 있는 점과 국제상거래나 외국기업투자 분쟁에 있어서 국제중재기구가 개입함에 따라 자국법원의 편파성을 피할 수 있다는 점도 특징이다.[33] 단심제, 비공개심리 등도 장점으로 제시될 수 있

---

32) 강현중, 민사소송법, 박영사 제6판, 2004, 57면.

지만, 당사자에 의하여 선정된 중재인이 중립성을 잃고 당사자의 이익대변인 역할을 할 수 있다는 점과 법적 문제에 대하여 법률가가 아닌 자가 중재인으로 선임될 수 있다는 점은 단점으로 제시될 수 있다.

5. 효과

중재판정은 약정된 기간이 없으면 중재개시일로부터 3월 이내에 마쳐야 한다. 한번 중재판정이 내려지면 당사자 사이에서는 법원의 확정판결과 동일한 효력이 있다(중재법 제35조). 중재판정의 판단에 따라 강제집행을 하고자 할 때에는 사전에 법원의 집행판결을 받아야 한다.

---

33) 이시윤, 신민사소송법, 박영사 제8판, 2014, 22면.

제3장
The Civil Proceedings Act
다른 소송과의 구별

I. 형사소송

1. 의의

형법은 추상적으로 범죄와 이에 대한 형벌을 규정하고 있다. 범죄가 현실적으로 발생하면 국가는 이를 수사하고 심판하며, 또 선고된 형벌을 집행해야만 한다. 즉, 국가는 범인에 대하여 형벌권을 행사하여야 한다. 이와 같이 국가형벌권의 구체화에 관한 전체의 과정을 통틀어서 광의의 의미의 형사소송이라 한다. 광의의 의미의 형사소송에서 심판절차인 심리와 판결의 과정이 바로 좁은 의미의 형사소송에 해당한다. 형사소송과 민사소송은 지향하는 바가 다르다. 형사소송은 사적 복수의 금지 대신에 국가의 형벌권의 발동을 전제로 한 범죄 유무의 확정을 목적으로 한다. 반면, 민사소송은 자력구제의 금지 대신에 국가구제를 위한 사법상 권리관계의 확정을 목적으로 한다. 양자는 추구하는 바가 차이가 있다는 사실을 알 수 있다. 또한 민사소송은 이익 조정을 추구하고자 한다면, 형사소송은 공동 질서의 파괴에 대한 응징을 목적으로 한다.

2. 차이

민사소송은 사법상의 권리의 구체화를 목적으로 하면서, 사적 자치私的自治의 원칙을 인정하며 자유와 평등을 그 지도원리로 한다. 그러므로 민사소송에서는 소송의 개시·진행·종료가 모두 당사자의 처분에 의하는 처분권주의 또는 변론주의가 인정된다. 또한 당사자의 의사에 의하여 인위적으로 진실로서 주장되는 형식적 진실을 재판의 기초로 삼을 수 있다. 반면, 형사소송은 국가형벌권의 구체화를 목적으로 하고 있기 때문에 무엇보다도 실체적인 진실을 추구하게 된다. 살인죄를 범하였다고 하여 그대로 피고인에 유죄판결을 내리고 사형에 처한다는 것은 허용되지 아니한다. 공판을 개시하여 사안을 심리하고 실체적인 진실을 발견하여 공정한 재판을 내리는 것이 형사소송에서 최고의 원리가 된다. 그러므로 원고와 피고인양 당사자가 공격과 방어를 행하는 당사자소송은 민사소송에서 심리의 원칙으로 중요한 의미를 갖지만, 형사소송에서는 민사소송과 달리 사안의 진상을 명확하게 하기 위한 한도에서만 인정된다. 또한 형사소송에서는 공소사실에 검사가 증명책임을 부담해야 하지만, 민사소송에 있어서는 권리발생사실에 대하여는 원고가 책임을 부담해야 한다. 자백과 관련하여 형사소송은 보강증거가 필요하지만 민사소송은 자백 그대로 사실을 확정해야 하며, 형사소송은 묵비권이 헌법상 보장되지만(헌법 제12조), 민사소송은 자백간주가 된다는 점에서 양자는 차이가 있다.

II. 행정소송

1. 의의

행정소송은 공법상의 권리나 법률관계를 대상으로 하고 있지만, 민사소송을 바탕으로 하는 절차이다. 행정소송의 특수성 때문에 여러 가지 특별규정을 행정소송법(이하 '행소법'이라 한다)에 두고 있다. 그리고 동 법에 규정되지 않은 사항에 대하여는 민사소송법 및 민사집행법을 준용하도록 하고 있다(행소법 제8조 제2항). 행정소송은 공법상의 권리에 관한 국민의 권리구제 차원에서 그 손실을 보상하기 위하여 규정한 것이고, 소송의 대상이 되는 것은 '행정청 또는 그 소속기관이나 법령에 의하여 행정권한의 위임 또는 위탁을 받은 공공단체 등이 국민의 권리·의무에 관계되는 사항에 관하여 직접 효력을 미치는 공권력의 발동으로써 하는 공법상의 행위'인 행정처분이다. 다만, 행정처분이 상대방의 권리를 제한하는 행위라 하더라도 행정청 또는 그 소속기관이나 권한을 위임받은 공공단체 등의 행위가 아닌 한 이를 행정처분이라고 할 수 없다.

2. 차이

사법상의 권리와 법률관계를 대상으로 하는 소송은 민사소송에 해당한다. 공법상의 법률 관계를 대상으로 하는 행정소송은 다음과 같은 점에서 민사소송과 차이가 있다.[34] 제1심 법 원은 지방법원급의 행정법원이라는 점(행소법 제9조), 피고가 처분행정청이라는 점(행소법 제13조 제1항), 제소기간을 제한하고 있다는 점(행소법 제20조), 법원의 직권증거조사 및 당 사자가 주장하지 아니한 사실에 대한 판단을 허용한 점(행소법 제26조) 및 원고의 청구가 이 유 있다고 할지라도 행정처분 등의 취소가 현저히 공공복리에 반할 때 청구를 기각할 수 있 도록 한 점(행소법 제28조) 등에서 민사소송과 차이가 있다.

3. 한계

실무에서 문제가 되고 있는 것은 민사소송과 행정소송 간의 구분에 대한 사항이다. 사법상 의 권리관계를 다루는 민법과 공법상의 법률관계를 다루는 공법이 얼핏 보면 구분이 될 것 같지만, 실무에서 발생하는 사건들을 보면 민법과 공법의 구분이 명확치 않을 뿐더러 재판제 도의 연혁과 당사자에게 사법적 구제를 보장하려는 정책적 고려 등의 혼용으로 인하여 구분 의 어려움을 가중시키고 있다.[35] '서울특별시 지하철공사 사장의 소속 직원에 대한 징계처분 이 행정소송의 대상이 되는지 여부'[36]와 '사립학교 교원에 대한 학교법인의 해임처분을 행정 소송의 대상이 되는 행정청의 처분으로 볼 수 있는지'[37]에 대한 대법원의 판결이 있었다.

---

34) 호문혁, 민사소송법, 법문사 제12판, 2014, 54면.
35) 이시윤, 신민사소송법, 박영사 제8판, 2014, 10면.
36) 대법원 1989. 9. 12. 선고 89누2103 판결.
37) 대법원 1993. 2. 12. 선고 92누13707 판결.

<대법원 1989. 9. 12. 선고 89누2103 판결>

대법원은 "서울특별시지하철공사의 임원과 직원의 근무관계의 성질은 지방공기업법의 모든 규정을 살펴 보아도 공법상의 특별권력관계라고는 볼 수 없고 사법관계에 속할 뿐만 아니라, 위 지하철공사의 사장이 그 이사회의 결의를 거쳐 제정된 인사규정에 의거하여 소속직원에 대한 징계처분을 한 경우 위 사장은 행정소송법 제13조 제1항 본문과 제2조 제2항 소정의 행정청에 해당되지 않으므로 공권력발동주체로서 위 징계처분을 행한 것으로 볼 수 없고, 따라서 이에 대한 불복절차는 민사소송에 의할 것이지 행정소송에 의할 수는 없다."고 판시하고 있다.

<대법원 1993. 2. 12. 선고 92누13707 판결>

대법원은 "사립학교 교원은 학교법인 또는 사립학교 경영자에 의하여 임면되는 것으로서 사립학교 교원과 학교법인의 관계를 공법상의 권력관계라고는 볼 수 없으므로 사립학교 교원에 대한 학교법인의 해임처분을 취소소송의 대상이 되는 행정청의 처분으로 볼 수 없고, 따라서 학교법인을 상대로 한 불복은 행정소송에 의할 수 없고 민사소송절차에 의할 것이다."라고 판시하고 있다.

III. 가사소송

1. 의의

  가사소송은 가정법원이 가정 내나 친족 간의 분쟁 등에 대하여 소송 절차에 의하지 않고 특례절차에 의해 심리 재판하는 제도를 말한다. 종전에 가사사건이 가사심판법과 인사소송법으로 구분하여 규율되던 것이 1991년부터 가사소송법(이하 '가소법'이라 한다)으로 규율하게 되었다. 혼인관계 소송, 부모와 자 관계, 친생자관계와 입양관계 소송, 호주 승계관계 소송 등이 가사소송에 속한다. 넓은 의미의 가사소송은 가정법원의 전속관할에 속하는 소송으로, 그 성질에 따라 가사 사건을 가사소송사건과 가사비송사건으로 구분된다. 가사소송사건은 판결로 하고, 가사비송사건은 심판에 의한다. 가사소송사건은 가·나·다류로 가사비송사건은 라류 및 마류로 세분하고 있다. 나류와 다류 가사소송사건과 마류 가사소송사건은 조정의 대상으로 한다.

2. 범위

가사소송법은 소송사건 가운데 동법에서 가사소송사건으로 열거한 사항만이 가정법원의 전속관할 사건이라고 규정하고 있다(가소법 제2조 제1항). 동법 동 규정을 충실하게 따른다면, 사법상 법률관계에 관한 소송사건 중 가사소송법에 열거하지 않은 것들은 일반 민사소송의 범위에 속하는 것으로 보아야 할 것이다. 그러나 '민법이나 가사소송법에 규정되지 아니한 유형의 신분관계존부확인소송의 허용 여부'와 관련하여, 대법원은 다음과 같은 입장을 취하고 있다.[38]

〈대법원 1993. 7. 16. 선고 92므372 판결〉

대법원은 "신분관계 존부의 확정에 관하여 민법이나 가사소송법 등에서 구체적으로 소송유형을 규정하고 있는 예가 많으나(가소법 제2조 제1항 가. 가사소송사건의 (1) 가류사건 중 1 내지 6호, (2) 나류사건 중 1 내지 3호, 5 내지 11호가 이에 속한다), 그와 같이 실정법상 소송유형이 규정되어 있는 경우에 한하여 신분관계존부확인에 관한 소송을 제기할 수 있는 것으로 볼 것은 아니며, 소송유형이 따로 규정되어 있지 아니하더라도 법률관계인 신분관계의 존부를 즉시 확정할 이익이 있는 경우라면 일반 소송법의 법리에 따라 그 신분관계존부확인의 소송을 제기할 수 있다."고 판시한다.

3. 특징

가사소송은 조정전치주의(나류 및 다류: 가소법 제50조), 본인출석주의(가소법 제7조), 직권조사(가류 및 나류: 가소법 제17조), 항소기간의 사정판결(가소법 제19조 제3항), 가사소송 사건과 가사비송 사건의 병합 인정(가소법 제14조) 등을 특징으로 들 수 있다. 한편, 가사소송법 제17조 직권조사는 직권탐지주의로 인정해야 한다는 견해[39]도 있지만, 대법원은 '이혼소송의 당사자가 주장하지 않고 심리과정에서 나타나지도 아니한 간통유서사실에 대한 법원의 직권심리 요부'에 대하여 다음과 같이 판시하고 있다.

---

38) 대법원 1993. 7. 16. 선고 92므372 판결.
39) 이시윤, 신민사소송법, 박영사 제8판, 2014, 12면.

<대법원 1990. 12. 21. 선고 90므897 판결>

대법원은 "인사소송법상 직권으로 증거를 조사하도록 규정되어 있다고 하여 이혼소송의 당사자가 주장하지도 않고 심리과정에서 나타나지도 아니한 독립한 공격방어방법에 대한 사실까지 법원이 조사하여야 하는 것은 아니므로 원심이, 청구인이 간통한 피청구인을 유서하였는지 여부를 조사, 심리하지 아니한 것이 위법하다고 할 수 없다."고 하면서, 민소법상 직권으로 증거를 조사하도록 규정되어 있다고 하여 이혼소송의 당사자가 주장하지도 않고 심리과정에서 나타나지도 아니한 독립한 공격방어방법에 대한 사실까지 법원이 조사하여야 하는 것은 아니라고 판시하였다. 이는 적어도 순수한 직권탐지주의는 아니라 할 것이다.

IV. 비송사건

1. 개념

법원이 사인 간의 생활관계에 관한 사항에 대하여 재판을 통하여 시비를 가리는 것을 민사소송이라고 한다면, 비송사건freiwillige Gerichtbarkeit은 민사소송과 함께 법원의 관할에 속하는 민사사건의 하나이기는 하지만, 분쟁을 전제로 하여 법원이 재판으로 시비를 가리는 것이 아니라 법률관계를 둘러싼 행정절차라고 할 수 있다. 즉, 법원의 관할에 속하는 민사사건 중 소송절차에 따라 처리하지 않고 간이한 절차로 처리하는 사건을 비송사건이라고 한다.

2. 특징

민사소송에서는 양 당사자가 대립하여 승소한 당사자와 패소한 당사자가 확연히 구별되는 특징이 있으나, 비송사건에서는 다음과 같은 특징이 있다.[40] 우선 양 당사자가 대립하는 대심의 구조가 아니라 양 당사자가 함께 법원에 일정한 내용의 재판을 신청하는 편면적 구조의 모습을 띤다. 법원에게 일방적으로 청구인의 신청을 받아들일지, 아니면 배척할지를 정하도록 하는 형식을 취한다. 둘째, 절차에 있어서도 소송사건에 비하여 대체로 간이하고 신속하다. 신청 없이 절차가 개시되는 경우도 많고, 입증도 자유로운 증명으로 충분하며 임의적 변론에 의한다(비송사건절차법 제13조). 셋째, 비송사건은 직권주의적 색채가 짙어 절차

---

40) 호문혁, 민사소송법, 법문사 제12판, 2014, 62면.

는 신청 또는 직권으로 개시되고, 직권탐지주의를 취하며(비송사건절차법 제11조), 심문은 비공개이고(비송사건절차법 제13조), 검사의 참여 및 의견진술이 인정된다(비송사건절차법 제15조). 넷째, 재판은 결정으로 하고(비송사건절차법 제17조), 판단된 권리나 법률관계에 관해서는 기판력이 발생하지 않기 때문에, 법원은 재판을 한 후에 그 재판이 위법 또는 부당하다고 인정한 때에는 이를 취소 또는 변경이 가능하다(비송사건절차법 제19조).

3. 범위

비송사건은 비송사건절차법에 정해진 사건, 그 총칙규정의 적용이나 준용을 받는 사건이 그 범위에 해당된다. 그 구체적인 사건에 대하여는 비송사건절차법이 규정하고 있다. 민사비송사건에 대하여는 제32조 이하에서(법인, 신탁, 재판상대위, 공탁, 감정, 법인등기, 부부재산약정등기 등), 상사비송사건에 대하여는 제72조 이하에서(회사의 경매, 사채, 회사의 청산, 상업등기 등), 과태료사건에 대하여는 제247조 이하에서 관할, 재판의 절차 등이 규정되어 있다. 민사비송사건으로는 파산면책사건을 들 수 있고, 상사비송사건으로는 주주총회 소집허가신청을 들 수 있다. 한편, 가사비송사건에 대하여는 가사소송법 제2조 제2호가 규정하고 있고, 상속포기 신청이나 한정승인신청 등을 들 수 있다.

제4장

The Civil Proceedings Act

소송절차의 종류

I. 통상소송절차

1. 판결절차

사인의 신청에 의하여 소가 제기되고 원칙적으로 권리 또는 법률관계의 존부를 판결로써 판단하는 것을 목적으로 하는 재판절차를 판결절차Urteilsverfahren라고 한다. 협의의 의미의 민사소송은 판결절차만을 의미한다. 판결절차는 소장을 법원에 제출함으로써 개시되고(민소법 제248조) 소장의 송달, 준비서면의 교환, 준비절차, 변론 및 증거조사를 거쳐서 판결을 확정함으로써 종결되는 것이 보통이다. 그러나 예외적으로 소송상의 화해, 청구의 포기·인낙조서의 효력(민소법 제220조), 소 또는 상소의 취하에 의하여서도 종료되기도 한다(민소법 제266조, 제393조, 제425조).

2. 집행절차

집행절차는 광의의 개념과 협의의 개념으로 구분된다. 전자의 개념에서 본다면, 행정법상의 대집행[41]이나 강제징수[42]도 강제집행의 일종으로 본다. 그러나 후자는 민사소송법상 사법상 청구권을 국가권력에 의하여 강제로 실현시키는 절차를 의미하게 된다. 국가가 공권력을 동원하여 그 강제실현에 앞서 권리가 있는지를 확정하는 절차가 판결절차라고 한다면, 확정된 권리를 실제로 실현시키는 절차를 강제집행절차라고 한다. 전자가 민사소송법의 영역이라고 한다면, 후자는 민사집행법(이하 '민집법'이라 한다)의 영역에 해당한다. 판결절차와 집행절차는 다른 별개의 독립된 절차이며, 집행절차는 판결절차에 필연적으로 부수되는 것이 아니라는 점에 유의해야 할 필요가 있다. 양자는 그 목적을 달리하는 것이다.

3. 부수절차

판결절차나 집행절차의 기능을 충분히 발휘하기 위한 절차로써 부수절차가 있다. 부수절차로는 증거보전절차, 보전처분절차 및 위헌법률심판절차 등이 있다.

1) 증거보전절차

판결절차에서 정식의 증거조사 시기까지 기다려야 되는 경우, 어떤 증거의 이용이 불가능하거나 곤란하게 될 염려가 있는 경우[43] 및 미리 그 증거를 조사하여서 그 결과를 보전해 두기 위한 판결절차를 의미한다(민소법 제375조 내지 제384조). 원칙적으로 증거보전절차는 당사자의 신청에 의하여 개시되지만(민소법 제375조), 소송계속 중에는 직권에 의해서도 행해질 수 있다(민소법 제379조).

2) 보전처분절차

(1) 의의

보전처분절차는 권리를 보전하기 위해 그 확정이나 실현까지의 사이에 법원이 명하는 잠정적인 처분을 의미한다. 채권자가 집행권원을 얻기까지는 많은 시간이 걸리게 된다. 그 사이에 채무자가 그 재산을 은닉하거나 처분해 버리면 채권자의 권리실현은 실효를 거둘 수 없게 된다. 이러한 장래의 강제집행의 불가능 또는 곤란을 예방하고, 책임재산·급부목적물을

---

41) 행정관청으로부터 명령받은 행위를 그 의무자가 이행하지 않을 때 행정관청이 직접 또는 제3자로 하여금 권리자를 대행하는 일(예: 건축법 철거 대집행).
42) 금전회부의무의 불이행에 대한 강제집행수단.
43) 증인이 중태인 경우라든가, 또는 검증물의 현상변경의 염려가 있는 경우 등이 여기에 해당될 수 있을 것이다.

보전하기 위한 목적으로 인정된 절차가 바로 보전처분절차이다. 또한 소송제기에 의한 권리관계의 확정이 있기까지 생기는 권리자의 손해를 방지할 필요가 있어, 그 위험을 즉시 제거해야만 하는 경우도 있다. 보전처분절차는 장래의 강제집행을 보전하거나 권리확정 시까지 현재의 위험을 제거하기 위해 잠정적으로 임시의 조치를 취하는 절차이다. 보전처분의 종류에는 가압류·계쟁물에 관한 가처분·임시지위를 정하는 가처분이 있다.

(2) 가압류

가압류는 금전채권이나 금전으로 환산할 수 있는 채권에 기초하여 동산, 부동산 및 채권에 대한 강제집행을 보전하기 위한 절차이다(민집법 제276조). 가압류채무자가 가압류에 반하는 처분행위를 한 경우, 가압류채권자가 그 처분행위의 효력을 긍정할 수 있는지에 대하여, 대법원은 '가압류채무자가 가압류에 반하는 처분행위를 한 경우 그 처분의 유효를 가압류채권자에게 주장할 수 없지만, 이러한 가압류의 처분제한의 효력은 가압류채권자의 이익보호를 위하여 인정되는 것이므로 가압류채권자는 그 처분행위의 효력'에 대하여 긍정하였다.[44]

〈대법원 2007. 1. 11. 선고 2005다47175 판결〉

대법원은 "준소비대차는 기존채무를 소멸하게 하고 신채무를 성립시키는 계약인 점에 있어서는 경개와 동일하지만 경개에 있어서는 기존채무와 신채무 사이에 동일성이 없는 반면, 준소비대차에 있어서는 원칙적으로 동일성이 인정된다는 점에서 차이가 있는 것인바,[45] 이때 신채무와 기존채무의 소멸은 서로 조건을 이루어, 기존채무가 부존재하거나 무효인 경우에는 신채무는 성립하지 않고 신채무가 무효이거나 취소된 때에는 기존채무는 소멸하지 않았던 것이 되는 것이고, 기존채무와 신채무의 동일성이란 기존채무에 동반한 담보권, 항변권 등이 당사자의 의사나 그 계약의 성질에 반하지 않는 한 신채무에도 그대로 존속한다는 의미라고 할 것이다."라고 판시하였다.

당해 사건과 관련하여 대법원은 "소외 회사들과 피고 사이의 준소비대차 약정에 의하여 일반분양 대금 정산채무(이하 '기존채무'라 한다)는 10억 원의 범위에서 소멸하고 대여금채무(이하 '신채무'라 한다)가 성립되었다고 할 것인데, 그에 앞서 원고가 기존채무에 대하여 채권가압류를 마친 이 사건에서 위 준소비대차 약정은 가압류된 채권을 소멸하게 하는 것으로서 원고의 채권가압류의 효력에 반한다고 할 것이므로, 가압류의 처분제한의 효력에 따라 소외 조합들과 피고는 위 준소비대

---

44) 대법원 2007. 1. 11. 선고 2005다47175 판결.
45) 대법원 1989. 6. 27. 선고 89다카2957 판결; 대법원 2003. 9. 26. 선고 2002다31803, 31810 판결.

차의 성립을 가압류채권자인 원고에게 주장할 수는 없고, 다만 소외 조합들과 피고 사이에서는 유효하다고 볼 수 있을 따름이라고 할 것이다."라고 적시하고 있다.

가압류의 청구금액으로 채권의 원금만을 기재한 경우, 가압류채권자가 이자 또는 지연손해금 채권에 대하여 가압류의 처분금지의 효력을 주장할 수 있는지에 대한 물음이 제기된 바 있다. 대법원은 이를 부정하였다.[46]

〈대법원 2006. 11. 24. 선고 2006다35223 판결〉

대법원은 "가압류의 처분금지의 효력이 미치는 객관적 범위는 가압류결정에 표시된 청구금액에 한정되므로 가압류의 청구금액으로 채권의 원금만이 기재되어 있다면 가압류채권자가 가압류채무자에 대하여 원금채권 외에 그에 부대하는 이자 또는 지연손해금 채권을 가지고 있다고 하더라도 가압류의 청구금액을 넘어서는 부분에 대하여는 가압류채권자가 처분금지의 효력을 주장할 수 없다."고 판시하고 있다.[47]

그러므로 대법원은 "이 사건에서 가압류의 청구금액은 약속어음금 275,000,000원일 뿐 그 지연손해금은 포함되어 있지 않게 된다. 피고가 본집행 이행에 의한 강제경매신청의 청구금액 중 지연손해금 652,352,738원을 이 사건 가압류 후에 이 사건 부동산의 소유권을 취득한 원고가 변제하여야 할 가압류의 피보전채권에 포함되지 아니하는 것"으로 보았다.

압류 후에 발생한 제3채무자의 자동채권에 의하여 피압류채권과 상계할 수 있는지에 대하여, 대법원은 이를 긍정하고 있다.[48]

〈대법원 2004. 8. 20. 선고 2001다70337 판결〉

대법원은 "수급인이 도급계약에 따른 의무를 제대로 이행하지 못함으로 말미암아 도급인의 신체 또는 재산에 손해가 발생한 경우 수급인에게 귀책사유가 없었다는 점을 스스로 입증하지 못하는 한 도급인에게 그 손해를 배상할 의무가 있다고 보아야 할 것이고,[49] 원래 동시이행의 항변권은 공

---

46) 대법원 2006. 11. 24. 선고 2006다35223 판결.
47) 대법원 1998. 11. 10. 선고 98다43441 판결.
48) 대법원 2005. 11. 10. 선고 2004다37676 판결.

평의 관념과 신의칙에 입각하여 각 당사자가 부담하는 채무가 서로 대가적 의미를 가지고 관련되어 있을 때 그 이행과정에서의 견련관계를 인정하여 당사자 일방은 상대방이 채무를 이행하거나 이행의 제공을 하지 아니한 채 당사자 일방의 채무의 이행을 청구할 때에는 자기의 채무이행을 거절할 수 있도록 하는 제도인데, 이러한 제도의 취지로 볼 때 비록 당사자가 부담하는 각 채무가 쌍무계약관계에서 고유의 대가관계가 있는 채무는 아니라고 하더라도 구체적인 계약관계에서 각 당사자가 부담하는 채무에 관한 약정내용 등에 따라 그것이 대가적 의미가 있어 이행상의 견련관계를 인정하여야 할 사정이 있는 경우에는 동시이행의 항변권이 인정되어야 하는 점,[50] 민법 제667조 제3항에 의하여 민법 제536조가 준용되는 결과 도급인이 수급인에 대하여 하자보수와 함께 청구할 수 있는 손해배상채권과 수급인의 공사대금채권은 서로 동시이행관계에 있는 점 등에 비추어 보면, 하자확대손해로 인한 수급인의 손해배상채무와 도급인의 공사대금채무도 동시이행관계에 있는 것으로 보아야 할 것이다."라고 판시하면서, "제3채무자의 압류채무자에 대한 자동채권이 수동채권인 피압류채권과 동시이행의 관계에 있는 경우에는, 비록 압류명령이 제3채무자에게 송달되어 압류의 효력이 생긴 후에 비로소 자동채권이 발생하였다고 하더라도 동시이행의 항변권을 주장할 수 있는 제3채무자로서는 그 채권에 의한 상계로써 압류채권자에게 대항할 수 있는 것으로서, 이 경우 자동채권이 발생한 기초가 되는 원인은 수동채권이 압류되기 전에 이미 성립하여 존재하고 있었던 것이므로 그 자동채권은 민법 제498조에 규정된 '지급을 금지하는 명령을 받은 제3채무자가 그 후에 취득한 채권'에 해당하지 않는 것이다."[51]라고 판시하고 있다.

(3) 가처분

가처분이라 함은 금전채권 이외의 권리 또는 법률관계에 의한 확정 판결의 강제집행을 보전하기 위한 집행보전절차를 말한다. 다툼의 대상에 관한 가처분과 임시의 지위를 정하기 위한 가처분으로 구분된다(민집법 제300조).

① 계쟁물에 대한 가처분

다툼의 대상에 대한 가처분인 계쟁물에 관한 가처분은 장래의 강제집행을 보전하는 데 그 목적이 있다(민집법 제300조 제1항). 기간을 정하여 서비스표의 사용을 금지하는 가처분과 함께 그 의무 위반에 대한 간접강제결정이 내려진 경우, 위 금지기간 경과 후에 채무자에게 이의신청으로 가처분의 취소를 구할 이익이 있는지에 대하여, 대법원은 이를 긍정하고 있다.[52]

---

49) 대법원 2004. 8. 20. 선고 2001다70337 판결.
50) 대법원 2004. 8. 30. 선고 2004다24236, 24243 판결.
51) 대법원 1993. 9. 28. 선고 92다55794 판결.

<대법원 2007. 6. 14. 자 2006마910 결정>

대법원은 "보전처분에 대한 이의신청은 그 보전처분이 유효하게 존재하고 취소나 변경을 구할 이익이 있는 경우에 한하여 허용되는 것이므로, 서비스표의 사용을 금지하는 가처분에서 금지기간을 정한 경우에 그 금지기간의 경과로 가처분의 효력이 상실되었다면 채무자로서는 일단 더 이상 이의신청으로 가처분의 취소나 변경을 구할 이익이 없다."는 판단을 하였지만, "위 가처분결정과 함께 그 의무 위반에 대한 간접강제결정이 내려진 경우에는 채무자는 위 금지기간 경과 후에도 간접강제결정에 기하여 집행당할 위험이 존재하므로 그 배제를 위하여 이의신청으로 가처분의 취소를 구할 이익이 있고, 또 위 이의신청에 따른 재판에 대하여 항고할 이익도 있다."고 판시하고 있다.

민사집행법 제300조 제1항이 정한 다툼의 대상에 관한 가처분의 경우, 피보전권리에 관한 소명이 인정된다면 보전의 필요성도 인정되는지 여부에 대하여, 대법원을 이를 긍정하고 있다.[53]

<대법원 2005. 10. 17. 자 2005마814 결정>

대법원은 "다툼의 대상에 관한 가처분은 현상이 바뀌면 당사자가 권리를 실행하지 못하거나 이를 실행하는 것이 매우 곤란할 염려가 있을 경우에 허용되는 것으로서(민사집행법 제300조 제1항), 이른바 만족적 가처분의 경우와는 달리 보전처분의 잠정성·신속성 등에 비추어 피보전권리에 관한 소명이 인정된다면 다른 특별한 사정이 없는 한 보전의 필요성도 인정되는 것으로 보아야 하고, 비록 동일한 피보전권리에 관하여 다른 채권자에 의하여 동종의 가처분집행이 이미 마쳐졌다거나, 선행 가처분에 따른 본안소송에 공동피고로 관여할 수 있다거나 또는 나아가 장차 후행 가처분신청에 따른 본안소송이 중복소송에 해당될 여지가 있다는 등의 사정이 있다고 하더라도 그러한 사정만으로 곧바로 보전의 필요성이 없다고 섣불리 단정하여서는 아니 될 것이다."라고 판시하고 있다. 왜냐하면, 이러한 경우 후행 가처분신청을 배척하게 되면, 장차 후행 가처분신청채권자가 모르는 사이에 선행 가처분신청이 취하되고 그사이에 채무자에 의한 처분행위가 이루어지게 되는 경우 후행 가처분신청채권자에게 예측 못한 손해를 입게 할 염려가 있는 등 매우 부당한 결과가 초래될 수 있기 때문이다.

당해 사건과 관련하여 대법원은 "채무자가 채권자의 이 사건 피보전권리의 존재에 대하여 다투지 않고 있는 이 사건에서, 대위채권자라고 자처하는 김해관의 신청에 따라 그 피보전권리에 관한 처분금지가처분 기입등기가 이미 마쳐졌다거나 또는 그 본안소송에서 채권자가 공동피고 중 1인으로

---

52) 대법원 2007. 6. 14. 자 2006마910 결정.
53) 대법원 2005. 10. 17. 자 2005마814 결정.

서 적법하게 소송행위를 할 수 있다는 등 원심이 내세우는 사정들만으로 이 사건 가처분신청의 보전의 필요성이 없다고 할 수는 없을 것이다."라고 판시하고 있다.

② 임시의 지위를 정하는 가처분

임시의 지위를 정하는 가처분은 본안판결이 날 때까지의 권리관계에 관한 불안정을 배제하고 현재의 급박한 위험을 방지하기 위한 목적을 가지고 있다(민집법 제300조 제2항). 동종영업의 금지를 구하는 가처분에 있어서 보전의 필요성과 관련하여, 대법원은 다음과 같은 기준으로 판단해야 할 것이라고 하였다.[54]

〈대법원 2006. 7. 4. 자 2006마164 결정〉

대법원은 "동종영업의 금지를 구하는 가처분은 민사집행법 제300조 제2항에서 규정하고 있는 임시의 지위를 정하기 위한 가처분의 일종으로서, 이러한 가처분은 그 다툼 있는 권리관계가 본안소송에 의하여 확정되기 전까지 가처분권리자에게 끼칠 현저한 손해를 피하거나 급박한 위험을 막기 위하여 또는 기타 필요한 이유가 있을 경우에 한하여 응급적·잠정적 처분으로 허용되는 것인바, 본안판결 전에 채권자에게 만족을 주는 경우도 있어 채무자의 고통이 크다고 볼 수 있으므로 그 필요성의 인정에 신중을 기해야 한다."[55]고 하면서, "이 사건 건물 내 상가동의 현황, 신청인 이성우 등이 운영하는 '티파니' 점포와 '스타홈스' 점포의 각 위치와 영업 형태 및 영업 상황, 이 사건 점포에서 피신청인 스타벅스가 운영하였던 커피숍 영업의 형태 및 영업 상황, 피신청인 스타벅스가 운영하는 커피숍(스타벅스)의 인지도, 기타 제반 사정 등에 비추어 볼 때, 원심이, 피신청인 스타벅스가 이 사건 점포에서 '스타벅스'라는 상호로 커피숍을 계속 운영할 경우 그로 인하여 '티파니' 점포 및 '스타홈스' 점포에는 상당한 매출 감소와 고정 고객의 이탈, 인지도 하락 등의 구체적이고 즉각적인 손해가 지속될 것으로 보이고, 이러한 손해는 피신청인 스타벅스가 이 사건 점포에서의 영업을 중단함으로 인하여 피신청인들이 입게 되는 손해에 비하여 미미하다거나 추후 금전적 보상에 의하여 모두 만족을 얻을 수 있는 것으로 단정할 수도 없다고 할 것이므로, 신청인 이성우 등은 이 사건 피보전권리에 관한 본안소송이 확정되기까지 사이에 이 사건 점포에서 피신청인들이 커피숍 영업을 계속함으로써 현저한 손해나 급박한 위험이 발생할 가능성이 커 보전의 필요성에 대하여 그 소명이 충분하다고 판단한 것은 앞서 본 법리에 따른 것으로 수긍할 수 있으므로, 거기에 채증법칙 위반 내지 보전의 필요성에 관한 법리오해 등의 위법이 있다는 재항고이유는 받아들일 수 없다."고 판시하고 있다.

---

54) 대법원 2006. 7. 4. 자 2006마164 결정.

가처분결정에 의하여 선임된 학교법인 이사직무대행자의 법적 지위 및 권한 범위와 관련하여, 대법원은 가처분결정에 의하여 선임된 학교법인 이사직무대행자가 그 가처분의 본안소송의 제1심판결에 대한 항소권을 포기하는 행위가 위 법인의 통상업무에 속하는 행위에 해당하지 않는다고 보았다.[56]

〈대법원 2006. 1. 26. 선고 2003다36225 판결〉

대법원은 "민사집행법 제300조 제2항의 임시의 지위를 정하는 가처분은 권리관계에 다툼이 있는 경우에 권리자가 당하는 위험을 제거하거나 방지하기 위한 잠정적이고 임시적인 조치로서 그 분쟁의 종국적인 판단을 받을 때까지 잠정적으로 법적 평화를 유지하기 위한 비상수단에 불과한 것으로, 가처분결정에 의하여 학교법인의 이사의 직무를 대행하는 자를 선임한 경우에 그 직무대행자는 단지 피대행자의 직무를 대행할 수 있는 임시의 지위에 놓여 있음에 불과하므로, 가처분명령에 다른 정함이 있는 경우 외에는 학교법인을 종전과 같이 그대로 유지하면서 관리하는 한도 내의 학교법인의 통상업무에 속하는 사무만을 행할 수 있다고 하여야 할 것이다."[57]라고 판시하면서, "가처분결정에 의하여 선임된 직무대행자가 그 가처분의 본안소송인 이사회결의무효확인의 제1심판결에 대하여 항소권을 포기하는 행위는 학교법인의 통상업무에 속하지 않는다고 보아야 할 것이므로,[58] 그 가처분결정에 다른 정함이 있거나 관할법원의 허가를 얻지 아니하고서는 이를 할 수 없다고 보아야 할 것이다."[59]라고 판시하고 있다.

이미 사망한 자를 채무자로 한 처분금지가처분결정의 효력을 인정할 수 있는가에 대하여, 대법원은 이를 인정하지 않았다.[60]

〈대법원 2004. 12. 10. 선고 2004다38921 판결〉

대법원은 "보전처분명령이 결정으로 이루어지는 경우에는 당사자대립주의는 통상의 판결절차에서와 같이 전면적이고 완전한 형태로 나타나지 않다가 보전처분에 대한 이의나 불복신청의 절차에

---

55) 대법원 1997. 10. 14. 자 97마1473 결정; 대법원 2005. 8. 19. 자 2003마482 결정.
56) 대법원 2006. 1. 26. 선고 2003다36225 판결.
57) 민법 제60조의2 제1항 본문, 대법원 1995. 4. 14. 선고 94다12371 판결.
58) 대법원 1982. 4. 27. 선고 81다358 판결.
59) 민법 제60조의2 제1항 단서.
60) 대법원 2004. 12. 10. 선고 2004다38921 판결.

서 비로소 분명한 형태로 나타나게 된다고 하더라도 보전소송도 민사소송절차의 일환으로서 대립당사자의 존재를 전제로 하는 것이므로, 이미 사망한 자를 채무자로 한 처분금지가처분신청은 부적법하고 그 신청에 따른 처분금지가처분결정이 있었다고 하여도 그 결정은 당연무효로서 그 효력이 상속인에게 미치지 아니한다."[61]고 판시하면서, "같은 취지에서 원심은, 그 판시 사실들을 인정한 다음, 피고 정환호, 진상식이 안성진의 피상속인들을 상대로 한 본안소송의 승소확정판결에 따라 지분이전등기를 하는 과정에서 이미 사망한 안성진을 상대로 한 처분금지가처분등기 이후에 이루어졌음을 이유로 한 8595.80/69117 지분에 관한 소유권이전등기와 그중 297.51/69117 지분에 관한 처분금지가처분등기의 말소등기는 위법하므로, 말소된 위 각 등기 중 원고들에 대한 부분은 회복되어야 하고, 피고 정환호, 진상식 명의의 지분이전등기 중 위와 같이 회복되는 지분이전등기와 양립할 수 없는 부분은 원인무효의 등기이며, 그에 기초하여 이루어진 피고 동작개발 주식회사 명의의 가등기 중 양립할 수 없는 부분도 원인무효의 등기로서 모두 말소되어야 한다고 판단하였는바, 기록에 비추어 살펴 보면, 원심의 위와 같은 판단은 정당한 것으로 수긍할 수 있고, 거기에 상고이유로 주장하는 바와 같은 사망자를 상대로 한 부동산처분금지가처분명령과 그 집행의 효력에 관한 법령위반의 위법이 없다."고 판시하고 있다.

3) 위헌법률심판절차

(1) 의의

위헌법률심판은 국회가 만든 법률이 헌법에 위반되는지를 심사하고 헌법에 위반된다고 판단되는 경우에 그 법률에 대해 효력을 잃게 하거나 적용하지 못하게 한다. 법원이 헌법재판소에 위헌법률심판제청을 하여 그 심판결과에 따라 재판하게 된다(헌법 제107조 제1항, 헌법재판소법 제41조). 위헌법률심판은 첫째, 심판대상이 법률 또는 법률조항이어야 한다. 둘째, 재판의 전제성이 있어야 한다. 셋째, 법원의 제청이 있어야 한다. 이 세 가지 요건이 갖추어지면 헌법재판소는 제청된 법률 또는 법률조항에 대하여 위헌 여부를 결정하게 된다(헌법재판소법 제45조).

(2) 실례

단체보험과 관련하여 헌법재판소의 위헌법률심판사건이 있었다. 당해사건의 피고는 여러 명의 종업원을 두고 있는 고용주로서 그 자신을 보험수익자로 하고 종업원들을 피보험자로

---

61) 대법원 2002. 4. 26. 선고 2000다30578 판결.

하는 단체보험을 체결해두고 있었다. 피보험자들 중 1인인 당해사건 원고가 부상을 당하여 피고가 보험금을 수령하였으나 그중 일부만 원고에게 지급하자 원고가 나머지 금원의 지급을 구하는 민사소송을 제기하였다. 그러자 법원에서는 피보험자의 개별적 동의를 효력발생요건으로 정하지 않은 위 법률조항이 인간의 존엄과 가치, 행복추구권 등에 관한 헌법 제10조에 위반되는지 여부의 의심이 있다고 하여 직권으로 위헌제청신청을 하였다.[62]

개인의 생사를 보험사고로 하는 단체보험에서는 타인의 생명보험에서 일반적으로 요구되는 피보험자의 개별적 동의를 요건으로 하지 않도록 한 상법 제735조의 3 제1항에 대하여, 헌법재판소는 합헌결정을 하였다. 위 법률조항에서는 단체가 규약에 따라 구성원의 전부 또는 일부를 피보험자로 하는 생명보험계약을 체결하는 경우에는, 타인의 사망을 보험사고로 하는 보험계약체결 시 그 타인의 서면에 의한 동의를 얻어야 한다고 규정한 제731조를 적용하지 아니한다고 규정하여 단체생명보험에 있어서는 피보험자의 개별적 동의를 계약의 효력발생요건으로 정하지 않았다.

헌법재판소는 6인 재판관의 다수의견으로 "위 법률조항이 단체가 규약에 따라 그 구성원을 피보험자로 하는 생명보험계약을 체결하는 경우 피보험자의 개별적 동의를 요하지 않도록 한 것은, 타인의 생명보험에서 요구되는 피보험자의 동의를 개별적 동의가 아닌 집단적 동의로 대체한 것으로서, 규약의 성립에 단체구성원들의 의사가 반영된다는 것을 전제로 하고 있다. 단체보험이 타인의 생명보험으로서 가지는 도덕적 위험은 이와 같은 단체를 단위로 한 통제에 의하여 방지되는 것이며 규약의 성립과정에서 단체구성원들의 보험계약에 관한 이익이 보장되는 것이다. 위 법률조항은 단체구성원들의 복리증진에 기여하는 바가 있고, 단체보험의 특성에 따라 피보험자의 동의방법을 집단적 동의로 대체한 것은 합리성을 가지고 있으므로, 위 법률조항이 인간의 존엄성과 가치를 훼손하고 행복추구권을 침해하는 것이라거나 국가의 기본권 보장의무에 위배되는 것이라고는 할 수 없다."고 하면서, 상법 제735조의3 제1항이 헌법에 위반되지 않는다는 결정을 내렸다.[63]

---

62) 헌법재판소 1999. 9. 16. 98헌가6 전원재판부(상법 제735조의3 제1항 위헌제청).
63) 반대 의견의 제시한 자들의 타당성도 무시할 수 없었다. 그들은 위 법률조항은 단체생명보험이 개인의 생사를 보험사고로 한다는 점에서는 개별보험과 아무런 차이가 없음에도 불구하고 타인의 생명보험의 피보험자가 되는 개인의 동의라는 제약을 포기한 것으로서, 경제적 장점만을 고려하여 단체원리를 적용함으로써 개인의 의사와 결정권을 무시하였다고 보았으며, 위와 같은 제약을 두지 않음으로써 단체생명보험에서의 도덕적 위험이 증가하고 각종 산업현장에서 재해방지대책이 소홀해질 우려가 있음을 들어 위 법률조항이 헌법 제10조에 위반된다는 반대의견을 표명하였다. 이 문제는 2014년 3월 11일 상법 보험편의 개정을 통하여 해결되었다. 상법 제735조의3(단체보험) ③ 제1항의 보험계약에서 보험계

II. 특별소송절차

1. 간이소송절차

간이소송절차에는 소액사건 심판제도와 독촉절차가 있다. 금전 기타 대체물이나 유가증권의 일정 수량의 지급을 목적으로 하는 청구에 대하여, 채권자로 하여금 통상의 판결절차에 비하여 간이하면서도 신속하게 집행권원을 얻게 하는 절차이다.

1) 소액사건심판절차

소액사건은 소가 3,000만 원 이하의 금전 기타 대체물, 유가증권의 일정수량의 지급을 청구하는 사건을 대상으로 한다(2016년 11월 29일 개정, 소액사건심판규칙 제1조의2). 하지만 임대차보증금 반환청구소송은 그 소가와 관계없이 소액사건심판절차에 따라 하게 된다. 소액사건의 신속한 처리를 위하여 소장이 접수되면 즉시 변론기일을 지정하여 원고에게 소환장을 교부하고, 되도록 1회의 변론기일로 심리를 마치고 즉시 선고할 수 있도록 하고 있다. 그런데 소액사건의 소가 제기된 때에 법원은 결정으로 소장부본이나 소제기조서등본을 첨부하여 피고에게 청구취지대로 이행할 것을 권고할 수 있고, 이에 대하여 피고가 이행권고결정을 송달받은 후 14일 이내에 이의신청을 하지 않으면 확정판결과 같은 효력을 부여하며, 원고는 집행문을 부여받지 않고도 이행권고결정정본으로 강제집행할 수 있다. 따라서 법원이 이행권고결정을 하는 경우에는 즉시 변론기일을 지정하지 않고, 일단 피고에게 이행권고결정등본을 송달한 후 이의가 있을 경우에만 변론기일을 즉시 지정하여 재판을 진행하게 된다.

2) 독촉절차
(1) 의의

금전 기타 대체물 또는 유가증권의 일정 수량의 지급을 목적으로 하는 청구권에 대하여 채권자의 일방적인 신청이 있으면 채무자를 신문하지 않고 채무자에게 그 지급을 명하는 집행권원을 얻게 하는 절차를 독촉절차Mahnverfahren라고 한다(민소법 제462조, 제466조). 채무자의 보통재판적이 있는 곳의 지방법원이나 민사소송법 제7조 내지 제9조, 제12조 또는 제

약자가 피보험자 또는 그 상속인이 아닌 자를 보험수익자로 지정할 때에는 단체의 규약에서 명시적으로 정하는 경우 외에는 그 피보험자의 서면 동의를 받아야 한다.

18조의 규정에 의한 관할법원의 전속관할로 한다(민소법 제463조).

(2) 목적

판결절차 외에 이 독촉절차를 둔 것은 채무자의 자발적 이행을 촉구하는 동시에 채권자를 위하여 수고와 비용의 부담을 덜어 주고 간이·신속하게 채무명의債務名義를 얻게 하기 위해서이다.

(3) 절차

지급명령의 신청은 원칙적으로 서면에 의한다. 신청이 관할위반이거나 적용요건이 흠결되거나 청구의 이유 없음이 명백한 경우에는 결정으로 신청을 각하하며(민소법 제465조 제1항), 이에 대해서는 불복신청을 할 수 없다(민소법 제465조 제2항). 채무자는 지급명령이 송달된 날로부터 2주일 내에 이의신청을 할 수 있고, 채무자가 이의신청을 한 때에는 이의의 범위 내에서 지급명령이 실효된다(민소법 제470조). 법원은 이의신청이 적법하지 않다고 인정한 때에는 결정으로 이를 각하하여야 하며, 이 결정에 대해서는 즉시 항고를 할 수 있다(민소법 제471조 제2항). 적법한 이의신청이 있는 때에는 소송으로 이행하게 되는데, 지급명령을 신청한 때에 소를 제기한 것으로 본다(민소법 제464조). 지급명령에 대하여 이의신청이 없거나 이의신청을 취하하거나 각하결정이 확정된 때에는 지급명령이 확정된다(민소법 제474조).

2. 가사소송절차

가사소송은 그 성질에 따라 가사 사건을 가사소송사건과 가사비송사건으로 구분하고, 가사소송사건은 판결로 하고 가사비송사건은 심판에 의한다.

1) 가사소송사건

가사소송은 가사사건을 대상으로 하는 소송으로서 가정법원에서 재판이 이루어진다. 약혼·혼인·이혼·사실혼 등이 있고, 자기 자식임을 법적으로 인정하는 인지와 친자식이 아닌 사람과 법률상 친자관계를 맺는 입양 등과 관련된 사건들을 다룬다. 또한 친자식 여부를 가리는 소송인 친생자관계 확인의 소송 역시 가사소송의 영역에 속한다. 가사소송절차에 대하여는 특별한 규정이 있는 경우를 제외하고는 민사소송법의 규정에 의한다.

2) 가사비송사건

가사비송사건에는 가사소송법상 라류·마류 사건이 있다. 가사비송절차에 관하여는 이 법에 특별한 규정이 있는 경우를 제외하고는 비송사건절차법 제1편의 규정을 준용한다.[64] 가사소송법과 대법원규칙으로 관할법원을 정하지 아니한 가사비송사건은 대법원소재지의 가정법원의 관할로 하며, 가사소송법 제13조 제2항 내지 제5항의 규정(가사소송관할)은 가사비송사건에 준용한다(가소법 제35조). 가사비송사건의 청구는 가정법원에 심판청구를 함으로써 하며, 심판의 청구는 서면 또는 구술로 할 수 있다.[65] 구술로 심판청구를 할 때에는 가정법원의 법원서기관·법원사무관·법원주사 또는 법원주사보 앞에서 진술하여야 한다. 이경우에 법원사무관등은 위 각호의 사항을 기재한 조서를 작성하고 이에 기명날인 하여야 한다(가소법 제36조).

3. 도산절차

1) 일반 파산절차

(1) 의의

파산절차는 채무자에게 파산의 원인이 있을 때 파산선고를 하고 채권조사 절차를 통하여 채권자의 권리를 확정한 다음에, 채무자의 재산을 환가하여 권리의 우선순위를 채권액에 따라 환가된 금원을 분배하는 과정이다.[66] 파산절차는 파산선고에 의하여 개시되고 폐지결정 또는 종결결정에 의하여 종료되는 것이 원칙이다.

---

64) 다만, 비송사건절차법 제15조의 규정은 이를 준용하지 아니한다(가사소송법 34조).
65) 심판청구서에는 (1) 당사자의 본적·주소·성명·생년월일, 대리인이 청구할 때에는 대리인의 주소와 성명, (2) 청구의 취지와 원인, (3) 청구의 연월일, (4) 가정법원의 표시등을 기재하고 청구인 또는 대리인이 기명날인 하여야 한다.
66) 서울중앙지방법원 파산부 실무연구회, 법인파산실무 제3판(개정증보), 박영사, 2011, 3면.

(2) 파산선고와 채권자집회

① 파산선고

파산선고는 채권자 또는 채무자의 신청이 있고 채무자가 지급불능 또는 채무초과의 상태에 있다고 인정되는 경우에 발생하게 된다. 다만, 회생절차폐지의 결정이 확정된 경우 직권으로 파산선고를 하는 경우도 발생한다.

② 채권자집회

파산선고일로부터 4개월 이내에 제1회 채권자집회를 개최하여 파산관재인의 업무보고를 받고 감사위원의 설치가 필요하다는 제안이 있는 경우에는 그 설치 여부 및 감사위원의 수를 의결할 수 있다. 또한 영업의 폐지 또는 계속, 고가품의 보관방법에 관하여 결의를 할 수 있다.

(3) 파산관재인

① 권한 및 자격

파산관재인은 구체적 절차를 수행하기 위하여 필수적이고 가장 중요한 기관에 해당한다. 파산관재인은 파산선고와 동시에 선임된다. 법원의 감독을 받으며 파산재단을 관리하고 처분할 권한을 가지고 있다. 파산관재인은 통상 변호사 자격을 가지고 있는 자가 선임된다.

② 업무

파산관재인은 취임 직후 압류금지물건 이외의 재산을 점유 관리하고, 필요한 경우 봉인을 하며, 채무자로부터 장부, 등기권리증 등을 인도받아 검토하고, 재산목록 및 재무상태표 등을 작성한다. 또한 파산관재인은 채무자로부터 설명, 채권자와의 협의, 채무자의 우편물 관리 등을 통하여 파산관재 업무에 필요한 정보를 얻는다. 점유 관리에 의하여 재단의 현상을 파악한 후 즉시 환가에 착수하게 된다.

(4) 채권조사

장래 배당의 기초로 될 채권액을 확정하는 절차가 채권조사이다. 채권신고기간 내에 신고된 채권 및 그 이후 신고된 것이라도 채권조사기일에서 함께 조사하는 데 이의가 없는 채권은 모두 채권조사의 일반기일에서 조사하고, 일반기일 이후 신고된 채권은 특별기일을 정하여 조사한다.

조사기일에서 파산관재인 또는 채권자가 이의를 하면 채권은 확정되지 않고 별도의 확정 절차를 거쳐야 하지만, 이의를 하지 아니하면 채권은 즉시 확정되고 파산채권자표에 그 결과가 기재됨으로써 파산채권자 전원에 대하여 확정판결과 같은 동일한 효력을 갖게 된다.

(5) 환가

파산관재인은 파산재단의 현상을 파악한 후 즉시 파산재단 소속 재산의 환가에 착수하여야 한다. 환가는 일반적으로 임의매각의 방법에 의한다. 동산은 가격 하락의 우려가 많으므로 신속하게 매각하여야 한다. 부동산은 대부분 담보가 설정되어 있다. 그러므로 담보권자와 협의하여 임의매각을 하는 방안을 강구하여야 할 것이다.

(6) 배당과 종결

환가와 채권조사를 마치면 환가대금을 채권자에게 배당하게 된다. 최후배당을 마치면 채권자집회를 열어 계산보고를 하고, 이 집회에서 채권자의 이의가 없으면 법원이 파산종결 결정을 한다. 법인은 종결에 의하여 소멸하게 된다.

(7) 폐지 및 면책

절차비용이 없는 경우와 채권자의 동의가 있는 경우에 폐지를 한다. 파산선고와 동시에 폐지결정이 되면 그것으로 파산절차는 종료한다. 개인인 채무자의 경제적 재기를 지원하기 위하여 파산채무에 관하여 책임을 면제하는 절차가 면책절차이다.

2) 금융기관 파산절차

일반 파산절차에서 파산관재인으로 변호사를 선임하는 것과는 달리, 금융기관의 파산절차에서는 예보의 파산신청을 받아 법원은 해당 금융기관의 파산재단을 설립하고 예보를 파산관재인으로 선임한다.[67] 이후 신고된 채권금액에 대해 법원 주도하에 시부인 절차를 통해 파산채권을 확정하게 된다. 자산매각 등 환가업무는 예보가 주도적으로 수행하고, 소송이나

---

67) 유주선·권은지, 예금보험공사의 파산관재업무에 대한 법적 쟁점과 성과분석, 2015년 외부연구지원 공모논문집 통권 제12, 2015, 61면 이하.

비용집행 및 배당 등의 업무는 법원의 관리·감독 하에 진행된다.

예보는 파산절차에 참여하여 파산배당금을 수령함으로써 부실금융기관 정리과정에서 투입된 자금을 회수하게 된다. 장기간 매각되지 않은 자산은 옛 정리금융공사인 KR&C**Korea Resolution & Collection Corporation**로 매각한다.[68] 자산환가 및 관련 소송이 종료되면 최후 배당을 통해 파산절차가 종결된다. 세부적인 절차는 다음과 같다.

금융기관 파산 절차 및 관련 법

3) 파산재단 관리의 문제점

(1) 파산재단 직원의 도덕적 해이 문제

파산재단의 특성상 효율적인 재단관리에 적지 않은 어려움이 발생한다. 기존의 경영진이 물러난 상황에서 파산재단에 남게 된 직원들이 신속한 자산회수와 비용절감에 노력할 유인

---

68) KR & C는 예금보험공사의 자회사에 해당하고, 옛 정리금융공사에서 상호명이 변경된 것이다.

이 적다는 점이 문제점으로 지적된다. 파산재단 직원은 파산절차가 조기에 종결되면 될수록 자신의 고용을 단축시키는 결과를 초래하게 되므로 자산회수를 신속하게 진행해야 할 이유가 없는 것이다.

(2) 파산관재인의 업무 전문성 필요

파산재단에 잔류되는 자산은 모두 부실자산으로 파산선고 후 자산의 가치가 급격히 하락하게 되며, 시장성이 없어 매각하기 곤란한 경우가 대부분이다. 이에 따라, 금융지식과 관련 업무 경험이 부족한 파산관재인이 선임되는 경우 자산환가 실적이 저조하여 파산채권자 배당률 하락으로 이어질 우려가 있다.

(3) 효율적 업무처리 마련 필요

파산절차가 진행 중임에 따라 효율적인 자산 환가 및 비용 절감 등을 위하여 기존 부실금융기관의 업무지침을 그대로 이행하기보다는 파산재단 업무에 효과적인 업무기준을 마련하여 이행할 필요가 있다.

4) 파산재단 관리제도의 개선
(1) 의의

IMF 당시 예보는 파산절차를 효율적으로 진행할 수 있는 수단이 현실적으로 결여되어 있었다. 당시 파산관재인은 변호사 등 법률전문가들이 주로 선임되어, 파산법 하에서 예보는 최대 채권자로서 배당에 참여하는 것 외에는 적극적인 채권회수를 할 수 있는 제도적 장치나 권한이 없었다. 이 문제를 해결하기 위하여 예보(법인)나 예보의 임직원이 파산재단의 파산관재인으로 선임되는 것이 바람직하다는 의견이 개진되었고, 예보는 파산법상 감사위원 제도를 활용하여 파산재단의 채권회수 활동의 지도 및 감독에 주력하게 되었다.

(2) 예보직원의 파산재단 감사위원 선임
① 파산법 제187조, 제172조 활용

금융기관 파산절차의 효율성을 향상시키기 위한 노력은 예보 직원의 감사위원으로 선임으로부터 시작되었다. 예보는 파산법 제187조와 제172조의 내용인 '감사위원의 업무동의권'

과 '재단조사권'을 활용하였다. 법원과 파산관재인 등을 설득하여 최초로 1998년 12월 대구 한영신협 등 8개 신협 파산재단의 감사위원으로 예보 직원이 선임되었다. 이후 일부 파산관 재인들의 강한 반대에도 불구하고 예보는 직원의 감사위원 선임을 계속 추진하였고, 1999년 12월 말 기준으로는 채권자집회가 개최된 143개 파산재단 중 140개 파산재단의 감사위원에 예보직원이 선임되었다. 감사위원으로 예보직원은 자산처분 등에 있어서 동의 업무와 파산 관재업무의 적정성을 감사하는 업무를 담당하였다.

② 예보의 파산재단 관리에 간접적 참여

예보는 이러한 장치들을 통하여 파산재단의 관리에 '간접적으로' 참여하여 보유자산의 적 정가 처분과 경비절감을 유도하였고, 특히 기업채무 구조조정과 관련하여 동의 요청사항을 재조정토록 하여 1999년 약 29억 원, 2000년 약 41억 원의 추가적인 채권회수의 효과를 시 현하였다.

(3) 파산관재인 선임제도 개선

① 금산법상 예보직원의 파산관재인 선임

예보직원의 감사위원제도에 의한 파산절차 참여가 상당한 성과를 가져왔음에도 불구하 고, 수동적 감시자 역할에 지나지 않는 동의와 감사업무만으로는 자금회수의 효율성을 높이 는 데 한계가 있었다. 이러한 한계를 개선하기 위하여 예보가 경영관리 단계에서 파산절차에 이르기까지 일관되면서도 주도적으로 채권회수업무를 수행할 수 있는 방안이 요구되었다. 2000년 1월 21일 '금융산업의 구조개선에 관한 법률(이하 '금산법'이라 한다)' 제15조 제1항 의 개정에 의하여, 예보소속 임직원의 파산관재인 선임이 가능하게 되었다. 예보는 감사위 원제도라는 간접적 장치가 아니라 직접적인 방법에 의한 파산제도의 자금회수를 효율적으 로 추진할 수 있게 된 것이다.

② 공적자금특별법상 예보의 파산관재인

금산법의 개정에도 불구하고 법원이 계속 변호사를 파산관재인으로 선임하였다. 2000년 말 기준 전체 229개 파산재단 중 예보소속 직원이 파산관재인으로 선임된 곳은 42개 재단에 그쳤던 것을 보면, 파산관재인으로서 변호사의 수에 비하여 상당히 낮은 비율에 속한다고 하겠다. 이후 2000년 12월 20일 제정된 '공적자금특별법'의 시행으로 공적자금이 투입된 파산 재단에 대해 공적자금의 효율적인 회수가 필요한 때에는 기타 법령의 규정에도 불구하고 예보 또는 그 임직원을 파산관재인으로 선임토록 하는 개정이 이루어졌다. 이제부터는 예보에 의한 효율적인 파산재단 관리의 길이 열린 것이라 하겠다.

(4) 제도개선

공적자금이 투입된 파산 금융기관에 대해서는 예보(법인)나 그 임직원을 파산관재인으로 선임토록 한 2000년 12월에 제정된 '공적자금관리특별법'은 예보가 금융기관의 파산절차에 직접적으로 참여할 수 있는 계기가 마련된 것이었다. 파산관재인으로서 파산금융기관에 직접 참여하게 된 예보는 파산재단의 자금회수를 극대화하기 위한 다양한 방안을 추진하였다. 동시에 파산재단의 경비절감을 위해 파산 후 일정기간이 경과한 재단 중 상대적으로 자산회 수가 정체된 재단을 조기에 종결함으로써 관리비용을 절감하는 시스템을 구축하고 추진하 는 작업을 하였다. 투입된 공적자금의 자금회수를 극대화하기 위하여 예보는 '파산재단 관리 제도'를 하나하나 개선하였음을 알 수 있다.

5) 금융기관 파산관재인으로서 예보의 선임에 대한 논쟁
(1) 의의

파산관재인의 피선임자격에 대하여는 종래 자연인이어야 한다는 것이 통설이다. 또한 다음과 같은 이유로서 파산관재인은 변호사가 되어야 한다는 것이 일반적인 견해였다. 첫째, 파산재단과 관련하여 필연적으로 많은 법적 분쟁이 발생할 수밖에 없기 때문에 법률전문가의 필요성을 든다. 둘째, 파산절차를 진행함에 있어서 실무능력을 갖춘 변호사가 해당절차를 원활하게 풀어나갈 수 있다는 점을 든다. 셋째, 파산절차는 회생절차가 아닌 청산절차로 서 경영능력이 크게 필요하지 않다는 점을 든다. 파산관재업무는 공정하고 중립적으로 처리 되어야 한다. 그러므로 파산자나 이에 준하는 자, 파산채권자 기타 파산법상의 이해관계인 이나 그 친족 및 대리인 등은 파산관재인으로 선임되는 것이 적합하지 않은 것으로 보았다. 예보는 금융기관이 파산되어 예금자들에게 보험금 및 가지급금을 지급한 경우 그 지급한 범 위에서 부실금융기관에 대한 예금자 등의 권리를 취득한다. 예보는 이러한 경우 파산된 금융 기관의 채권자, 그것도 대부분의 경우 최대채권자의 지위에 있다. 최대채권자의 지위를 가지고 있는 예보가 파산재단의 파산관재인의 지위를 동시에 가질 수 있는가에 대한 다툼이 발생하였다.

(2) 서울지방법원의 위헌법률심판 제청

① 이해상충 가능성

파산관재인은 파산법에 따라 관리위원회의 의견을 들어 법원에서 선임하고 있으나, 공적자금특별법은 동 규정에도 불구하고 공적자금이 지원된 금융기관의 파산관재인은 예보로 선임한다고 규정하고 있다. 동 규정을 근거로 하여 예보는 파산 금융기관의 파산관재인으로 지위를 갖게 되었다. 그런데 파산재단의 최대 채권자로서 예보는 동 파산재단과 직접적인 이해관계가 있으며, 다른 채권자와의 사이에 이해상충 문제가 발생한다는 주장이 제기되었다.

② 법원의 파산관재인 감독권 무력화 가능성

채권자의 지위를 가지고 있는 예보가 다른 채권자에게 불리한 업무를 처리한다고 할지라도 파산법원은 그 시정을 요구할 수 없다는 점에 문제점을 제기하였다. 이는 파산법상 법원에게 인정하고 있는 파산관재인에 대한 감독권을 무력하게 만드는 결과를 초래하는 것이라고 주장하였다. 파산채권자 중 하나인 예금보험공사를 파산관재인으로 임명하여 파산절차를 주재하도록 하고, 더욱이 법원의 감독 없이 자산환가 등 일부 업무를 처리하도록 허용하는 등 막대한 권한을 부여하는 것은 부당하다는 이유를 제시하였다.

③ 다른 파산채권자와 불평등 가능성

채권자의 지위를 가지고 있는 예보가 파산절차에 관여하게 되고, 다른 채권자에게 불리한 업무를 처리할 수 있도록 한 사항은 다른 채권자들을 불평등하게 한다는 문제점을 제기하였다. 파산관재인으로서의 예보의 지위는 파산채권자들의 파산절차에의 참여를 감사위원이나 법원의 감독권 행사를 통하여 보장하려는 파산법의 취지를 몰각하고 있다고 한다. 이는 예보와 예보가 아닌 파산관재인을 불평등하게 취급하는 것이고, 이러한 불평등한 차별에 합리적 근거가 없다고 주장하였다.

④ 위헌제청

서울지방법원 파산부 등은 파산된 금융기관의 최대채권자인 예보가 그 파산관재인으로 선임되도록 한 위 공적자금관리특별법의 규정이 위헌이 아닌지 여부에 대하여 위헌법률심판을 제청하였다. 공적자금관리특별법의 규정이 사법권 침해의 소지가 있고, 파산법의 체계에도 부합하지 않는다는 등의 논거로 들어 서울지방법원 파산부 등은 헌법재판소에 위헌법률심판을 제청하게 된 것이었다.

(3) 헌법재판소의 판단

① 공적자금특별법 규정의 입법목적 합리성

헌법재판소는 파산관재인의 선임 및 직무감독에 관한 사항은 대립 당사자 간의 법적 분쟁을 사법적 절차를 통하여 해결하는 전형적인 사법권의 본질에 속하는 사항이 아니고, 따라서 입법자에 의한 개입여지가 넓다는 점을 밝혔다. 그러므로 그러한 입법형성권 행사가 자의적이거나 비합리적이 아닌 한 사법권을 침해한다고 할 수 없다고 하였다. 실제로 공적자금관리특별법의 조항은 현재의 경제상황에서 금융기관 도산이 갖는 경제적 파급효과의 심각성 및 금융기관에 투입된 국민의 부담이거나 부담으로 귀결될 수 있는 수많은 공적자금의 신속하고 효율적인 회수의 필요성이 인정된다. 헌법재판소는 이 점에서 동 규정은 정당한 입법목적을 지니며, 예보를 금융기관에 대한 파산관재인으로 선임하면 예보가 지닌 금융경제 질서의 안정을 위한 공적 기능의 과제와 그 의사결정과 업무수행에 관한 정부의 참여와 감독을 고려할 때보다 효율적이고 신속한 공적자금의 회수에 기여할 것이라고 하였다. 그러므로 이 사건 조항은 객관적으로 자의적인 것이라거나 비합리적인 것이라 볼 수 없다고 한다.

② 감독권 배제의 사법권 제한 가능성 배제

입법자는 입법과정에서 '공적자금의 효율적 회수가 필요한 때'라는 요건을 추가하여 법원의 재량여지를 두었을 뿐만 아니라 5년간 한시적으로 적용하게 하였다. 또한 이 사건 조항이 예금보험공사가 파산관재인이 될 경우 파산법상 법원의 해임권 등을 배제하고 있으나, 예금자보호법상 예금보험공사의 의사결정과정, 파산관리 절차에 대한 지휘체계, 예금보험공사에 대한 국가기관의 감독 장치, 이 사건 조항의 입법목적과 내용 등을 고려할 때, 그러한 감독권 배제가 자의적이거나 불합리하게 법원의 사법권을 제한한 것이라고 보기 어렵다고 하였다.

③ 다른 채권자들 사이의 불평등성 및 차별성 부재

공적자금관리특별법의 조항이 채권자간 혹은 파산관재인간에 차별을 가져왔다고 하더라도 이는 헌법이 금지하고 있거나 관련 기본권에 대한 중대한 제한을 초래하는 차별이라고 할 수 없으므로, 그 차별을 정당화할 수 있는 합리적인 이유가 있다면 위헌으로 선언할 수 없다고 하였다. 예금보험공사의 법적 지위 내지 공적 기능을 볼 때, 예금보험공사는 금융기관에 대한 채권자이면서 동시에 금융경제 질서의 안정을 위한 적극적인 공공복리를 위한 역할을 수행하며, 파산관재인으로서 그 역할을 공정하게 수행하도록 하기 위한 파산법과 예금자보호법 등에 의한 절차적 장치가 마련되어 있다고 볼 것이므로, 채권자의 1인인 예금보험공사를 파산관재인으로 선임하도록 하였다고 해서 다른 채권자와의 관계에서 비합리적인 차별 취급을 한 것이라 볼 수 없다. 예보가 파산관재인인 경우 파산법상의 감독규정을 일부 배제한 것은 공적자금을 보다 효율적이고 신속하게 회수하기 위한 것이고 그러한 배제에도 불구하고 파산관재인으로서 공정한 역할을 수행하기 위한 법적 장치가 마련되어 있다고 보는 이상, 다른 파산관재인과의 관계에서 차별을 가져온다고 해도 자의적이라거나 불합리한 것이라 할 수 없다고 하였다.

④ 적법절차원칙의 위반 부재

적법절차의 원칙은 형식적인 절차뿐만 아니라 실체적 법률내용이 합리성과 정당성을 갖춘 것이어야 한다는 실질적 의미를 포함한다. 그런데 위 조항들은 그 입법목적과 그 실현수단의 적정성, 부보금융기관과 관련한 예보의 법적 지위와 전문성, 공적 지위 등을 고려할 때, 합리성과 정당성을 갖춘 것이라 할 것이므로 적법절차의 원칙에 위배되지 않는다고 하였다.

제2편
민사소송의 절차와 주체

제**1**장

The Civil Proceedings Act

민사소송의 절차

I. 소송절차의 기초

민사소송에서 소의 제기는 소장의 제출, 소장의 심사, 소장의 송달·답변서 제출의무의 고지, 변론준비절차, 변론·증거조사, 판결로 이어진다. 소장의 제출로부터 소의 제기가 시작된다. 먼저 소송에 대한 기본적 사항을 살펴본다.

1. 소의 의의

소는 판결절차의 개시를 요구하는 당사자의 신청, 즉 원고가 피고를 상대로 하는 특정 청구의 당부에 관하여 일정한 법원에 심판을 요구하는 소송행위를 말한다.[1] 소를 개념적으로 분석하면 다음과 같다.[2] 첫째, 소는 판결을 목적으로 하는 소송절차의 개시행위이다. 재판절차는 소에 의하여 개시되고 판결로써 종료된다. 둘째, 소는 심리와 판결인 심판의 요구이기 때문에 '무엇에 대하여 심판을 구하는 가를 밝히는 의미에서 소송물의 특정'이 이루어져

---

1) 호문혁, 민사소송법, 법문사 제12판, 2014, 70면.
2) 이시윤, 신민사소송법, 박영사 제8판, 2014, 190면 이하.

야 하고, '누구에 대한 관계에서 어느 법원에 심판을 구하는 가를 명확히 하는 의미에서 법원과 피고의 특정'이 필요하다. 셋째, 소는 피고에 대하여 청구를 신청하는 것이 아니라 법원에 대하여 판결을 신청하는 것이다. 법원에 대하여 판결을 신청하는 행위 속에는 피고에 대한 청구가 내용상 포함되기는 하지만, 소 그 자체는 법원을 상대로 일정한 내용의 판결을 해달라고 신청하는 행위이다. 넷째, 소가 제기되면 접수거부가 되지 아니하면 법원은 각하·기각·인용 등의 판결을 해야 할 의무를 부담한다.

2. 소의 종류

1) 이행의 소

원고의 이행청구권에 기하여 피고에 대해 이행명령을 요구하는 소가 바로 이행의 소이다. 청구권의 내용에는 매매대금, 손해배상금, 대여금과 같은 금전의 지급, 물건의 인도, 등기의 이전 등 각종의 작위와 소음금지의무, 가옥출입금지의무, 일조방해금지의무, 이사의 유지의무 등 각종 부작위 이행도 이행의 소에 포함된다. 채권자가 부작위 약정을 위반한 채무자를 상대로 부작위의무 이행을 소구할 수 있는지에 대하여, 대법원은 "당사자 사이에 일정한 행위를 하지 않기로 하는 부작위 약정을 체결하였는데 채무자가 이러한 의무를 위반한 경우, 채권자는 채무자를 상대로 부작위의무의 이행을 소구할 수 있고, 부작위를 명하는 확정판결을 받아 이를 집행권원으로 하여 대체집행 또는 간접강제 결정을 받는 등으로 부작위의무 위반 상태를 중지시키거나 위반 결과를 제거할 수 있다."고 하면서 원칙적으로 이를 긍정하는 판단을 하였다.[3]

〈대법원 2012. 3. 29. 선고 2009다92883 판결〉

갑 골프클럽 운영사인 을 주식회사가 병 등과 골프회원권 분양계약을 체결하면서 갑 골프클럽을 소수회원제로 운영하기로 약정하였음에도 새로 설립한 정 골프클럽 회원들에게 갑 골프클럽의 주중 예약권 등을 부여하자, 병 등이 그 행위의 금지를 구한 사안에서, 대법원은 "위 약정에 따라 을 회사가 병 등에게 약정 회원 수를 초과하여 회원을 가입시키지 않을 의무를 부담하므로 병 등은 그러한 부작위의무의 이행을 확보하기 위해 이에 위배되는 행위의 금지를 청구할 수 있는데도, 골프

---

3) 대법원 2012. 3. 29. 선고 2009다92883 판결.

회원권이 배타성을 가진 권리가 아니라는 이유만으로 금지청구를 할 수 없다고 본 원심판단 부분에 잘못이 있으나, 제반 사정에 비추어 을 회사가 갑 골프클럽 정회원인 병 등에게 부담하는 소수회원 유지의무의 내용 속에 정회원의 우선적 시설이용권을 침해하는 회원의 모집행위나 그와 유사한 행위를 하지 않을 의무를 넘어 정회원의 우선적 시설이용권을 침해하지 않는 비회원의 갑 골프클럽 시설 이용 등도 일절 허용하지 말아야 할 의무까지 포함된다고 해석할 수 없는데, 정 골프클럽 회원들에게 갑 골프클럽의 정회원보다 뒤지는 주중 예약권 등 2차적 이용혜택을 부여한 사정만으로 을 회사가 병 등이 가지는 갑 골프클럽 회원으로서 우선적 시설이용권을 실질적으로 침해하여 소수회원 유지의무를 위반하였다고는 볼 수 없다는 이유로, 위 금지청구를 배척한 원심판단의 결론은 정당하다."고 판단하였다.

이행의 소는 변론종결 시를 기점으로 하여 이행기가 도래한 이행청구권인 현재의 이행의 소와 이행기가 아직 도래하지 않은 장래의 이행의 소가 있다. 본래 이행의 소는 청구권이 현실화된 뒤에 제기하는 것이 원칙이지만, 경우에 따라서는 아직 이행기가 도래하지 않았지만 미리 청구를 하여 확정판결을 받아 둘 필요가 있는 경우에 한하여 가능하도록 하고 있다(민소법 제251조). 이행기 미도래 내지 조건 미성취의 청구권에 있어 장래이행의 소를 제기할 수 있는 '미리 청구할 필요'가 무엇을 의미하는가에 대하여, 대법원은 다음과 같이 판시하고 있다.[4]

〈대법원 2004. 1. 15. 선고 2002다3891 판결〉

대법원은 "장래의 이행을 청구하는 소는 미리 청구할 필요가 있는 경우에 한하여 제기할 수 있는바, 여기서 미리 청구할 필요가 있는 경우라 함은 이행기가 도래하지 않았거나 조건 미성취의 청구권에 있어서는 채무자가 미리부터 채무의 존재를 다투기 때문에 이행기가 도래되거나 조건이 성취되었을 때에 임의의 이행을 기대할 수 없는 경우를 말한다."고 하면서, "이행보증보험계약에 있어서 구상금채권의 발생의 기초가 되는 법률상·사실상 관계가 변론종결 당시까지 존재하고 있고, 그러한 상태가 앞으로도 계속될 것으로 예상되며, 구상금채권의 존부에 대하여 다툼이 있어 보험자가 피보험자에게 보험금을 지급하더라도 보험계약자와 구상금채무의 연대보증인들의 채무이행을 기대할 수 없음이 명백한 경우 장래 이행보증보험금지급을 조건으로 미리 구상금지급을 구하는 장래이행의 소가 적법하다."고 판시하였다.

---

4) 대법원 2004. 1. 15. 선고 2002다3891 판결.

2) 확인의 소

당사자 사이에서 권리나 법률관계의 존재 또는 부존재에 관하여 다툼이 있어서 법적 불안이 존재할 때, 이를 제거하기 위하여 법원에 그 권리·법률관계의 존재나 부존재를 확정해 줄 것을 구하는 소가 바로 확인의 소다. 대법원 역시 원고의 법적 지위가 불안·위험할 때에 그 불안·위험을 제거함에 확인판결로 판단하는 것이 가장 유효·적절한 수단인 경우에 인정되는 것이라고 판단하고 있다.[5]

〈대법원 2005. 12. 22. 선고 2003다55059 판결〉

대법원은 "㈜코레트신탁(이하 '코레트신탁'이라 한다)은 1998. 7. 1. 원고 등 14개 금융기관과 사이에 25개 신탁사업과 관련하여 코레트신탁이 차입한 대출원리금 등을 피담보채권으로 하여 코레트신탁이 신탁종료 시에 관련 신탁사업의 신탁계약 및 신탁법 제42조에 의하여 신탁재산에 대하여 갖는 비용·손해보상청구권(이하 '비용상환청구권'이라 한다)에 관하여 근질권계약을 체결하였는데, 피고는 2001. 4.경 코레트신탁으로부터 위 신탁사업 중 7개의 신탁사업을 양수하면서 코레트신탁의 비용상환청구권을 함께 양수하였으나, 코레트신탁의 비용상환청구권과 관련된 원고 등의 채권을 무담보채권으로 분류하여 피고에게 이전하되 관련 신탁사업의 종료 후 정산방법은 법률적 해석에 따르기로 한 코레트신탁에 대한 제2차 기업개선계획 등에 근거하여 코레트신탁과 원고 사이의 위 근질권설정계약의 효력을 부인하고 있고, 피고가 양수한 위 신탁사업은 아직 종료되지 않은 상태이어서 원고로서는 당장 질권자로서 질권의 목적인 권리를 행사할 수도 없는 상황이므로, 원고의 이 사건 확인청구는 원고의 권리 또는 법률상의 지위에 현존하는 불안·위험을 제거하는 데 가장 유효·적절한 수단이 된다고 할 것이다."라고 판시하고 있다.

소송이 권리를 보호하기 위한 제도이기 때문에 단순히 사실관계의 확인을 구하는 소는 허용되지 않는다. 다만, 권리나 법률관계를 증명하는 서면인 증서가 진정 작성 명의인에 의하여 작성되었는지 여부를 확정하는 이른바 '증서진정여부 확인의 소'를 예외적으로 인정하고 있다(민소법 제250조). 그러므로 단지 과거의 사실관계를 증명하는 서면은 여기에 해당되지 않는다.[6]

---

5) 대법원 2005. 12. 22. 선고 2003다55059 판결.
6) 대법원 2001. 12. 14. 선고 2001다53714 판결.

<〈대법원 2001. 12. 14. 선고 2001다53714 판결〉

대법원은 "민사소송법 제228조에 의하여 법률관계를 증명하는 서면에 대하여 당해 서면의 진부라고 하는 사실의 확정을 구하는 소가 허용되는 것은 법률관계를 증명하는 서면의 진부가 확정되면 당사자가 그 서면의 진부에 관하여 더 이상 다툴 수 없게 되는 결과 법률관계에 관한 분쟁 그 자체가 해결되거나 적어도 분쟁 자체의 해결에 크게 도움이 된다는 이유에서이다. 따라서 증서진부확인의 소에 있어서 '법률관계를 증명하는 서면'은 그 기재 내용으로부터 직접 일정한 현재의 법률관계의 존부 여부가 증명될 수 있는 문서를 가리키므로 단지 과거의 사실관계를 증명하는 서면은 여기에 해당하지 아니하는 것이며, 또한 그 소가 적법하기 위하여는 그 증서의 진부 확인을 구할 이익이 인정되어야 한다."고 하면서, "납세의무자로 등록된 사업자가 재화 또는 용역을 공급하는 때에 공급받는 자에게 소정의 세금계산서를 교부하도록 되어 있는 부가가치세법 제16조의 규정에 비추어 볼 때 세금계산서는 일반적으로 부가가치세법에서 정한 사업자가 공급받는 자에게 재화 또는 용역을 공급한 과거의 사실을 증명하기 위하여 작성되는 보고문서에 불과하여 세금계산서에 의하여 직접 당사자 간의 현재의 법률관계의 존부 여부가 증명되는 것은 아니라 할 것이며, 따라서 그의 진부확인에 의하여 당사자 간의 법률관계상의 분쟁이 해결되는 데 도움이 될 것으로 판단되지 아니하므로 세금계산서의 진부 확인을 구하는 소는 증서진부확인의 소의 대상이 되지 아니하는 문서에 관하여 제기된 것으로 확인의 이익도 없는 부적법한 소에 해당한다."고 판시하였다.

이사회의 결의로써 대표이사직에서 해임된 사람이 그 이사회 결의가 있은 후에 개최된 유효한 주주총회 결의에 의하여 이사직에서 해임된 경우, 대표이사 해임에 관한 이사회 결의의 부존재나 무효확인 또는 그 결의의 취소를 구할 소의 이익이 있는지 여부에 대하여, 대법원은 다음과 같이 판시하고 있다.[7]

〈대법원 2007. 4. 26. 선고 2005다38348 판결〉

대법원은 "이사회의 결의로써 대표이사직에서 해임된 사람이 그 이사회 결의가 있은 후에 개최된 유효한 주주총회 결의에 의하여 이사직에서 해임된 경우, 그 주주총회가 무권리자에 의하여 소집된 총회라는 하자 이외의 다른 절차상, 내용상의 하자로 인하여 부존재 또는 무효임이 인정되거나 그 결의가 취소되는 등의 특별한 사정이 없는 한 대표이사 해임에 관한 이사회결의에 어떠한 하자가 있다고 할지라도, 그 결의의 부존재나 무효확인 또는 그 결의의 취소를 구하는 것은 과거의 법률관계 내지 권리관계의 확인을 구하는 것에 귀착되어 확인의 소로서 권리보호요건을 결여한 것으로

---

7) 대법원 2007. 4. 26. 선고 2005다38348 판결.

보아야 한다."[8]고 하면서, "원고를 공동대표이사직에서 해임하고 소외 3을 새로운 공동대표이사로 선임하는 내용의 피고회사의 2003. 5. 16. 이사회의 결의가 있은 후에 개최된 이 사건 주주총회에서 공동대표이사제도를 폐지하고, 원고를 이사직에서 해임하는 결의가 이루어졌음을 인정할 수 있는바, 이 사건 주주총회의 결의가 무권리자에 의하여 소집된 총회라는 하자 이외의 다른 절차상, 내용상의 하자로 인하여 부존재 또는 무효임이 인정되거나 그 결의가 취소되는 등의 특별한 사정이 있다고 볼 아무런 자료가 없을 뿐 아니라, 오히려 앞서 본 바와 같이 위 결의는 유효한 것으로 보이므로, 이 사건 이사회결의의 무효확인을 구하는 이 부분 소는 소의 이익이 없어 부적법하다." 라고 판시하고 있다.

소송당사자의 일방과 제3자 사이 또는 제3자 상호 간의 법률관계에 대한 확인의 소에 확인의 이익을 인정할 수 있는가에 대한 다툼이 발생할 수 있다. 대법원이 '온천관리대장에 온천발견신고자로 등재되어 있는 자를 상대로 하여 온천발견신고자의 지위확인을 구하는 소에 대한 확인의 이익이 인정될 수 없다.'고 판단하였다.[9]

〈대법원 2004. 8. 20. 선고 2002다20353 판결〉

대법원은 "확인의 소는 반드시 당사자 간의 법률관계에 한하지 아니하고, 당사자의 일방과 제3자 사이 또는 제3자 상호 간의 법률관계도 그 대상이 될 수 있지만, 그 법률관계의 확인이 확인의 이익이 있기 위하여는 그 법률관계에 따라 제소자의 권리 또는 법적 지위에 현존하는 위험·불안이 야기되어야 하고, 그 위험·불안을 제거하기 위하여 그 법률관계를 확인의 대상으로 한 확인판결에 의하여 즉시로 확정할 필요가 있고, 또한 그것이 가장 유효적절한 수단이 되어야 한다."고 하면서, "원고가 온천관리대장상의 온천발견신고자로 등재되어 있는 피고를 상대로 하여 온천공의 발견신고자의 지위에 있다는 확인을 받는다고 하더라도 원고 앞으로 온천공의 발견신고자의 명의변경이 이루어지는 것도 아니고, 또한 이를 근거로 온천법 제18조 소정의 온천발견신고자에게 부여되는 이익을 구할 수도 없으므로 피고를 상대로 온천발견신고자의 지위확인을 구하는 소는 확인의 이익이 없어 부적법하다."고 판시하고 있다.

3) 형성의 소

지금까지 존재하지 않았던 새로운 법률관계를 발생시키고, 기존의 법률관계를 변경이나

---

8) 대법원 1996. 10. 11. 선고 96다24309 판결.
9) 대법원 2004. 8. 20. 선고 2002다20353 판결.

소멸시키고자 제기하는 소가 바로 형성의 소이다. 이미 있는 법률관계를 확정하거나 실현시키는 선언적 효과나 목적을 가진 소가 확인의 소나 이행의 소라고 한다면, 형성의 소는 존재하지 않았던 것을 존재하고 발생하도록 한다는 점에서 창설적 효과를 가지고 있다.

대법원은 '조합의 이사장이나 이사에 대한 해임청구의 소를 본안으로 하는 직무집행정지 가처분이 허용되는지 여부'[10]와 '재판상 화해조항의 실현을 위하여 부동산을 경매하여 대금을 분배할 것을 구하는 소'의 경우 법률상 근거가 없다는 이유를 들어 이를 부정하였다.[11]

〈대법원 2001. 1. 16. 선고 2000다45020 판결〉

대법원은 "기존 법률관계의 변경·형성을 목적으로 하는 형성의 소는 법률에 명문의 규정이 있는 경우에 한하여 제기할 수 있는바, 조합의 이사장 및 이사가 조합업무에 관하여 위법행위 및 정관위배행위 등을 하였다는 이유로 그 해임을 청구하는 소송은 형성의 소에 해당하는데, 이를 제기할 수 있는 법적 근거가 없으므로, 조합의 이사장 및 이사 직무집행정지 가처분은 허용될 수 없다."고 판시하고 있다.

〈대법원 1993. 9. 14. 선고 92다35462 판결〉

원고들은 원고 정다선과 피고들이 부산지방법원 86가합1653호 소송에서 "원고 정다선과 소외 권기우 및 피고들은 이 사건 제1, 2, 4부동산 및 이 사건 제5부동산 중 소외 권원우가 점유하고 있는 부분을 제외한 나머지 부분을 처분하여 그 대금 중에서 원심판결 별첨 채무목록에 기재된 채무금 82,186,715원을 우선 변제하고 그 나머지를 2등분하여 그 1은 원고 정다선 및 소외 권기우의 것으로 하고, 그 나머지 1은 피고 박경자를 제외한 나머지 피고들의 것으로 한다."는 등의 내용으로 재판상 화해를 하였다고 주장하면서 위 화해조항의 실현을 위하여 이 사건 제1, 2, 4부동산을 경매에 붙여 그 경매대금에서 경매비용 등을 공제한 나머지 대금을 원고들 및 피고들에게 배당할 것을 구하는 이 사건 소를 제기하였다.

대법원은 "원고들의 이 사건 소는 그 청구의 성질상 형성의 소라 할 것인데 위와 같은 내용의 재판상 화해가 이루어졌다고 하더라도 그 화해의 실현을 위하여 부동산을 경매에 붙여 대금의 분배를 구하는 소를 제기할 수 있다는 아무런 법률상의 근거가 없으므로 원고들의 이 사건 소는 허용될 수 없다."고 판시하고 있다.

---

10) 대법원 2001. 1. 16. 선고 2000다45020 판결.
11) 대법원 1993. 9. 14. 선고 92다35462 판결.

3. 소송요건

1) 의의

소가 소송법상 적법한 취급을 받기 위해 구비하지 않으면 안 되는 사항들이 있다. 이를 소송요건Prozessvoraussetzung이라 한다. 소송요건의 흠이 있으면 법원은 본안판결이나 본안심리를 해서는 아니 된다. 그러므로 소송요건은 민사소송에서 청구의 당부에 관한 판단을 받기 위한 전제조건에 해당되는 것이다.

2) 종류

(1) 적극적 소송요건

일정한 사항의 존재를 필요로 하는 소송요건은 적극적 소송요건에 해당한다. 이에 해당하는 요건은 첫째, 소제기의 방식이 적법해야 한다. 둘째, 당사자가 실재하며 당사자능력이 있을 것을 요한다. 셋째, 당사자는 소송능력이 있어야 한다. 넷째, 대리인 소송의 경우에는 대리인에게 대리권이 있어야 한다. 다섯째, 당해 법원에 관할권이 있을 것을 요한다.

(2) 소극적 소송요건

일정한 사항이 존재하지 않아야 하는 요건이 소극적 소송요건에 해당한다. 이를 소송장애라고도 부른다. 이에 해당하는 요건은 첫째, 동일한 사건이 이중으로 소가 제기되지 않았어야 한다. 둘째, 제소금지에 해당하지 않아야 한다. 따라서 중재계약이 존재하는데도 불구하고 소를 제기하는 것은 부적법한 소가 된다.

3) 소송요건의 조사

소송요건의 존부는 직권으로 조사하는 것이 원칙이다. 피고의 항변 유무에 관계없이 의심이 갈 만한 사정이 엿보이면 법원은 이를 조사해야 한다. 그러므로 법인 또는 비법인사단이 당사자인 사건에서 그 대표자에게 적법한 대표권이 있는지 여부가 의심스러운 경우, 법원이 이에 관하여 심리·조사할 의무가 있다.[12]

---

12) 대법원 2009. 12. 10. 선고 2009다22846 판결.

〈대법원 2009. 12. 10. 선고 2009다22846 판결〉

대법원은 "법인이 당사자인 사건에 있어서 그 법인의 대표자에게 적법한 대표권이 있는지 여부는 소송 요건에 관한 것으로서 법원의 직권조사사항이므로, 법원으로서는 그 판단의 기초 자료인 사실과 증거를 직권으로 탐지할 의무까지는 없다 하더라도, 이미 제출된 자료들에 의하여 그 대표권의 적법성에 의심이 갈 만한 사정이 엿보인다면 상대방이 이를 구체적으로 지적하여 다투지 않더라도 이에 관하여 심리·조사할 의무가 있다 할 것이고, 이는 당사자가 비법인사단인 경우에도 마찬가지라 할 것이다."라고 하면서, 교회가 당사자인 소송에서 그 교회의 대표자로 표시된 사람이 단지 전도목사 또는 무임목사에 불과하여 교회를 대표할 적법한 권한이 없음에도 이에 관해 제대로 심리하지 않고 그 사람에게 대표권이 있음을 전제로 본안 판단을 한 원심판결을 파기하여 환송하였다.

소송요건에 하자가 발생하면 무변론판결을 할 수 없고(민소법 제257조 참조), 항변이 시기에 늦게 제출하여도 각하할 수 없으며(민소법 제149조 참조), 변론준비기일을 거친 경우에도 실권되지 아니한다(민소법 제285조 제1항 제3호 참조). 소송요건의 존부를 판정하는 시기에 대하여, 대법원은 사실심의 변론종결 시로 보고 있다.[13]

〈대법원 2013. 1. 10. 선고 2011다64607 판결〉

대법원은 "고유의 의미의 종중이란 공동선조의 후손들에 의하여 그 선조의 분묘수호 및 봉제사와 후손 상호 간의 친목을 목적으로 형성되는 자연발생적인 종족단체로서 특별한 조직행위가 없더라도 그 선조의 사망과 동시에 그 후손에 의하여 성립한다. 다만, 비법인사단이 민사소송에서 당사자능력을 가지려면 일정한 정도로 조직을 갖추고 지속적인 활동을 하는 단체성이 있어야 하고 또한 그 대표자가 있어야 하므로(민사소송법 제52조), 자연발생적으로 성립하는 고유한 의미의 종중이라도 그와 같은 비법인사단의 요건을 갖추어야 당사자능력이 인정된다 할 것이고 이는 소송요건에 관한 것으로서 사실심의 변론종결 시를 기준으로 판단하여야 한다."[14]라고 판시하고 있다.

---

13) 대법원 2013. 1. 10. 선고 2011다64607 판결.
14) 대법원 2010. 3. 25. 선고 2009다95387 판결.

4. 소송물

1) 의의

민사소송에 있어서 심판의 대상이 되는 기본단위를 소송물Streitgegenstand: Prozessgegenstand 이라고 한다. 소송의 객체에 해당한다. 민사소송은 원고의 소에 기하여 구체적 사건에 관하여 심리를 행하고 판결로서 응답을 하는 절차이므로, 소·심리 및 판결을 통하여 소송에는 항상 특정한 대상이 있기 마련이며, 이러한 소송의 객체가 바로 소송물이다. 민사소송법은 소송물을 표현하는 용어로서 '청구'라는 말을 자주 사용하고 있다. 이것은 실체법상의 청구와는 다른 개념으로 '소송상의 청구'라고 한다. 소송물은 소송의 객체이므로 소송에서 다투어지고 있는 권리관계의 목적물인 계쟁물과도 구별되어야 한다.

2) 실체법상 청구권과 소송의 객체로서 소송물

(1) 실체법상 청구권

당사자가 합의를 통하여 매매계약을 체결하게 되면, 채권자는 일반적으로 매매대금에 대한 지급청구권을 행사하거나(민법 제568조 제1항), 상대방이 채무를 이행하지 않을 시 계약에 대한 해제권(민법 제544조) 또는 원상회복청구권을 행사하게 될 것이다(민법 제548조). 어떤 권리를 행사할 것인가에 대하여는 권리자 자신이 갖게 된다.

(2) 소송의 객체로서 소송물

매매계약을 체결한 후 매도인이 매수인으로부터 매매대금을 받지 못하자, 그는 매매목적물을 반환할 것을 구하는 소송을 제기할 수도 있고, 매매대금의 지급을 구하는 소송을 제기할 수도 있다. 법원은 목적물반환청구권이나 매매대금지급청구권이 정당한 것인가를 심리하고 재판을 하게 될 것이다. 소송의 객체는 법원을 향한 청구의 근거인 목적물반환청구권이나 매매대금청구권이 아니라, 법원을 상대로 한 청구 그 자체이다.[15] 소송의 객체는 채무자를 상대로 한 실체법상 청구가 아니라 법원을 상대로 한 청구인 것이다. 이를 '소송상 청구'라고 하며, 소송의 대상이라는 의미에서 '소송물'이라고도 한다.

---

15) 호문혁, 민사소송법, 법문사 제12판, 2014, 109면.

3) 기능

소송물은 심판의 대상으로서 소송절차의 모든 국면에서 중요한 기능을 한다.[16] 첫째, 소송절차의 개시와 관련하여 권리절차의 선택, 관할의 결정 및 심판의 대상과 범위를 정한다. 둘째, 소송절차의 진행과정에서는 청구의 병합, 청구의 변경, 중복소송 등을 판단하는 기준이 된다. 셋째, 절차의 종결과정에서도 기판력의 범위, 재소금지(민소법 제267조 제2항)의 범위를 정함에 있어서 기준이 된다.

4) 제 견해

소송은 그 시작부터 끝날 때까지 소송상 청구인 소송물을 중심으로 전개되며 이를 기준으로 하여 여러 가지 절차문제가 획일적으로 처리된다. 소송의 전 과정에서 중요한 역할을 하는 소송물과 관련하여 다양한 학자들의 견해들이 등장한다.

(1) 구실체법설

소송물이란 소의 모습과 관계없이 실체법상의 권리 또는 법률관계의 주장으로 보는 입장이 구실체법설이다. 이 입장은 실체법상의 권리마다 각각 소송물이 별개로 존재하게 된다. 구소송물이론이라고도 한다. 소송물이 별개가 되므로 이를 별개의 소송에서 각각 주장하더라도 중복된 소재기의 금지에 저촉되지 않게 된다. 구실체법설은 같은 분쟁이라 하더라도 소송물이 실체법적으로 세분화됨으로써 법원의 심리가 단순, 분쟁의 신속을 꾀할 수 있다는 장점도 있지만, 비경제적인 소송제도의 이용이라는 단점이 제기된다.

(2) 신소송물이론

소송물을 실체법적인 권리의 주장으로 보지 않고 소송법적인 요소인 청구취지(신청)만으로 소송물을 구성하는 것으로 보거나 또는 청구취지(신청)와 사실관계로 소송물을 구성하는 것으로 보고자 하는 입장이 신소송물이론이고, 이분지설과 일분지설이 있다. 전자는 청구취지와 청구원인의 사실관계라는 두 가지 요소에 의하여 소송물이 구성된다는 견해이고, 후자는 원고가 소로써 달성하려는 목적이 청구취지에 선명하게 나타나기 때문에, 청구취지 그 한

---

16) 이시윤, 신민사소송법, 박영사 제8판, 2014, 231면.

가지가 분쟁의 진실한 대상이고 소송물의 구성요소라고 보는 입장이다.

(3) 신실체법설

실체법상 청구권의 개념을 수정하여 이를 소송상 주장하는 것을 소송물로 보는 입장이다. 청구법규라 함은 청구를 구할 수 있는 법적 지위 자체를 판단하는 하나의 도구개념에 불과한 것이고, 청구를 구할 수 있는 법적 지위 자체를 청구권으로 보고 이를 소송물의 구성요소로 보는 입장이다. 이 입장을 따르게 되면, 청구권경합의 경우 하나의 통일된 청구권만을 발생하게 되는데, 각 청구법규 상호 간의 증명책임의 문제·민법상 시효문제 등의 영역에서 어느 법규를 적용해야 할 것인가의 실체법상 어려운 문제가 발생하게 된다.

5) 판례의 입장

대법원은 구실체법설인 구소송물이론의 입장에서 청구원인에 의하여 특정되는 실체법상의 권리관계를 소송물로 본다. 청구원인에 의하여 동일성이 구별되는 것으로 보고 있다. 해고기간 동안의 임금청구와 복직거절로 인한 임금인상누락분의 손해금청구가 동일한 소송물인지에 대하여, 대법원은 이를 부정하고 있다.[17]

<대법원 1989. 3. 28. 선고 88다1936 판결>

대법원은 "두 개의 소의 소송물이 동일한 법률사실에 기하고 있더라도 청구원인이 다르다면 그 소송물은 서로 별개라고 할 것이므로 판결이 확정된 전소가 해고기간 동안의 임금을 종전임금에 따라 청구한 것인 데 대하여, 후소는 복직의무 불이행 또는 복직거절로 인한 임금상승 누락분을 손해금으로 청구하는 것이라면 양자는 청구취지와 청구원인을 전혀 달리하고 있어 소송물 또한 별개이다."라고 판시하고 있다.

부당이득반환청구권과 불법행위로 인한 손해배상청구권 중 어느 하나에 관한 소를 제기하여 승소 확정판결을 받았으나 채권의 만족을 얻지 못한 경우, 나머지 청구권에 관한 이행의 소를 제기할 수 있는지에 대법원은 이를 긍정하고 있다.[18]

---

17) 대법원 1989. 3. 28. 선고 88다1936 판결.
18) 대법원 2013. 9. 13. 선고 2013다45457 판결.

〈대법원 2013. 9. 13. 선고 2013다45457 판결〉

대법원은 "부당이득반환청구권과 불법행위로 인한 손해배상청구권은 서로 실체법상 별개의 청구권으로 존재하고 그 각 청구권에 기초하여 이행을 구하는 소는 소송법적으로도 소송물을 달리하므로, 채권자로서는 어느 하나의 청구권에 관한 소를 제기하여 승소 확정판결을 받았다고 하더라도 아직 채권의 만족을 얻지 못한 경우에는 다른 나머지 청구권에 관한 이행판결을 얻기 위하여 그에 관한 이행의 소를 제기할 수 있다."고 하면서, "피고는 원고와 체결한 2002. 2. 2.자 원고 소유 토지에 관한 매매계약에 의할 경우 아직 변제기가 도래하지 아니한 중도금 및 잔금을 그 뒤 원고와 다시 체결한 2003. 1. 30.자 매매계약이 유효한 것으로 믿고 원고에게 미리 지급함으로써 이자 상당의 손해를 입었다며 원고를 상대로 제기한 손해배상소송에서 손해액이 2,006,854,995원 및 그 지연손해금이라는 판결이 확정되었는바, 피고가 이 사건에서 주장하는 부당이득반환청구권과 위 손해배상청구권은 청구권경합의 관계에 있어 피고가 그중의 하나인 손해배상청구권을 행사하여 위와 같은 확정판결을 받은 이상 위 손해배상소송에서 인정되지 아니한 나머지 부분을 다시 부당이득으로 반환을 구하는 것은 허용되지 않는다는 주장을 배척한 것은 정당하고, 거기에 부당이득반환청구권과 손해배상청구권의 관계에 관한 법리를 오해한 잘못이 없다."고 하였다.

II. 소장의 제출

1. 의의

소장이라 함은 소를 제기하기 위하여 법원에 제출하여야 할 서면을 말한다. 소를 제기함에는 원칙적으로 소장을 제1심법원에 제출함을 요한다(민소법 제248조). 법원에 가서 단순하게 구술로 소제기의 의사표시를 하는 것만으로는 충분한 것이 아니다. 소장에는 소를 제기하는 원고가 누구인지, 또 누구를 피고로 어떠한 내용의 재판을 구하는 지를 명확하게 기재되어 있어야 한다. 소송의 주체인 당사자와 소송의 객체인 소송물 역시 분명히 기재되어 있어야 한다. 증권관련 집단소송을 제외하고 소의제기에는 법원의 허가를 요하지 않는다. 소장에는 소정의 필요적 기재사항(민소법 제249조) 이외에 원고 또는 대리인이 기명날인 또는 서명을 요한다(민소법 제249조 제2항, 제274조).

소장의 제출에 있어서는 민사소송 등 인지법 소정의 인지를 우선 납부해야 한다. 또한 소송서류(소장부본, 기일통지서 등)의 송달비용을 각각 예납하여야 한다. 선납주의의 원칙이 적용된다.

2. 예외

소가 3,000만 원 이하의 소액사건에서는 구술에 의하여 소의 제기를 할 수 있다(소액사건심판법 제4조). 소액사건에서는 양 당사자가 법원에 같이 임의출석하여 법관 앞에서 변론함으로써 간편하게 제소할 수 있는 임의출석을 인정하고 있다(소액사건심판법 제5조).

3. 소장 기재사항

소장은 간결한 문장으로 분명하게 작성되어야 한다. 보통 A4 용지를 사용한다(민사소송규칙 제4조).

1) 필요적 기재사항

소장으로서 효력을 갖기 위해서는 반드시 다음의 사항이 기재되어야 한다. 기재되어 있지 않으면 보정해야 하며, 만약 보정되지 않으면 재판장은 명령으로 소장을 각하하여야 한다(민소법 제254조).

(1) 원고와 피고

누가 원고이며 누가 피고인가를 명백하게 알 수 있도록 해야 한다. 자연인의 경우에는 이름과 주소, 법인의 경우에는 명칭이나 상호, 본점 또는 주된 사무소의 소재지를 표시하는 것으로 한다. 그 외에 전화번호, FAX 번호, E-메일 주소 등을 적게 하고 있다(민사소송규칙 제2조 제1항 제2호).

당사자가 미성년자일 경우에는 법정대리인의 기재가 필요하다. 당사자가 미성년자인 경우에는 친권자(민법 제909조), 그 외의 제한능력자의 경우에는 후견인을 기재하여야 한다. 당사자가 법인이거나 법인 아닌 사단, 재단일 경우에는 그 대표자를 기재한다.

(2) 청구의 취지

청구의 취지는 원고가 어떠한 내용과 종류의 판결을 구하는지를 밝히는 부분이다. 청구취지에는 원고가 바라는 판결주문을 기재한다. 이는 명료하면서도 간단하게 기재한다. 소장의 청구취지란에는 소송비용에 관한 사항과 가집행선고의 신청을 기재하기도 한다.

청구의 취지에 대한 기재방법은 소송의 종류인 이행의 소, 확인의 소 및 형성의 소에 따라 달라지다. ① 이행의 소의 예를 들면, "피고는 원고에게 금 100만 원을 지급하라."는 판결을 구하는 것과 같이 이행의 대상, 내용 및 이행판결을 구하는 취지를 기재해야 한다. ② 확인의 소의 경우는 "○○건물이 원고의 소유임을 확인한다."라는 판결을 구하는 것과 같이, 확인을 구하는 권리관계의 대상 및 내용과 함께 확인판결을 구하는 취지를 표시한다. ③ 형성의 소에서는 "원고와 피고는 이혼한다."라는 판결이 여기에 해당한다. 형성의 대상, 내용과 함께 형성판결을 구하는 취지를 명시해야 한다. 다만, 어떠한 내용의 판결을 할 것인가는 법관의 재량에 맡겨지기 때문에 통상의 소에서와 같은 청구취지를 반드시 명시할 필요는 없다.

(3) 청구의 원인

① 광의의 개념(청구의 이유): 소송물의 권리관계의 발생원인에 해당하는 사실관계를 말한다. 원고 측의 주장과 증명할 사실관계를 말한다. 즉, 청구를 이유 있게 하기 위하여 필요로 하는 사실관계에 해당한다.

② 협의의 개념(청구의 특정): 청구취지를 보충하여 청구(소송물)를 특정함에 있어서 필요한 사실관계를 말한다. 대여금 청구라고 한다면, 대여일, 당사자, 금액 등 청구를 특정 하는 구체적인 사실 등이 여기에 해당한다.

2) 임의적 기재사항

민사소송법 제249조 제2항에는 "소장에는 준비서면에 관한 규정을 준용한다."는 내용이 있다. 준비서면이라 함은 당사자가 변론기일에 진술하려는 사실을 기재한 서면을 말하는데, 준비서면(민소법 제274조)으로 제출하여도 될 사항을 소장을 이용하여 미리 기재하는 것이다. 기재하지 아니하여도 소각하명령을 받지 않는 사항이 임의적 기재사항이다.

[소장의 예]

이상의 내용을 기억하면서 소장을 작성해 보자.

소 장

원   고 : 유주선(주민등록번호 또는 생년월일)

        서울 서초구 서초동 123

        소송대리인 법무법인 정진

        담당변호사 정혁진, 조재현

        서울 서초구 서초대로 396 강남빌딩 20층

        전화 : 02)592-2224 팩스 : 02)593-2224

피   고 : 홍길동(주민등록번호)

        서울 동작구 흑석동 234

대여금 청구의 소

청구취지

1. 피고는 원고에게 금 1억 원 및 이에 대한 2015. 1. 1.부터 이 사건 소장 부본 송달일까지는 연 5%, 그 다음날로부터 다 갚는 날까지는 연 20%의 각 비율에 의한 금원을 지급하라.
2. 소송비용은 피고가 부담한다.
3. 제1항은 가집행할 수 있다.

라는 판결을 구합니다.

청구원인

1. 원고는 피고에게 2014. 1. 1. 변제기를 같은 해 12. 31.로 하여 금 1억 원을 빌려 주었습니다(갑 제1호증 차용증).

2. 그런데 피고는 변제기가 도래하였음에도 차용금을 갚지 않을 뿐더러 이를 갚을 의지도 보이지 않고 있습니다.

3. 그렇다면 피고는 원고에게 차용금 1억 원 및 이에 대한 변제기 다음날인 2015. 1. 1.부터 이 사건 소장부본 송달일까지는 연 5%, 그 다음날로부터 다 갚는 날까지는 '소송촉진 등에 관한 특례법' 소정의 연 20%의 각 비율에 의한 지연손해금을 지급하여야 할 것입니다.

4. 원고의 청구를 인용하여 주시기 바랍니다.

입증방법

1. 갑 제1호증   차용증

첨부서류

1. 위 입증방법	2통
2. 소송위임장	1통
3. 담당변호사 지정서	1통
4. 소장 부본	1통
5. 납부서	1통

2015. 2. 5.

원고 소송대리인 법무법인 정진

담당변호사 정혁진

서울중앙지방법원 귀중

4. 소제기의 효과

1) 소송계속

(1) 의의

소가 제기되면 소송법상 특정한 청구에 대하여 법원에 판결절차가 현실적으로 진행되고 있는 소송계속Rechtshängigkeit의 효과가 발생한다. 소송계속이라 함은 특정한 사건이 판결절차에서 심리·재판을 할 수 있는 상태를 말한다. 소가 제기되면 소송계속의 효과도 발생하지만 실체법상 권리의 시효중단과 소권행사의 법률상 기간준수 효과가 발생하게 된다. 강제집행이나 가압류, 가처분절차 등은 판결절차가 아니므로, 이들 절차가 있다고 하더라도 소송계속상태는 발생하지 아니한다.

(2) 발생

소송계속의 발생 시기에 대하여 우리 민사소송법은 명시적인 규정이 없지만, 소송의 법률관계가 피고에게 소장부본이 송달됨으로써 성립된다는 점에서 소장부본의 송달 시로 볼 수 있다. 채무자의 사망 사실을 모르고 채권자대위소송을 제기하였다가 그 채무자 표시를 상속인들로 정정한 경우, 언제 소송계속의 발생에 대한 시기로 볼 것인가에 대하여 대법원은 다음과 같이 판시하고 있다.[19]

〈대법원 1994. 11. 25. 선고 94다12517 판결〉

대법원은 "채권자가 채무자의 사망 사실을 모르고 제3채무자를 상대로 채무자에 대한 의무의 이행을 구하는 채권자대위소송을 제기하여 그 소장부본이 제3채무자에게 송달된 후에 채권자가 소장정정을 통하여 제3채무자의 의무이행 상대방을 채무자의 상속인들로 정정한 경우, 그 소송계속의 발생시기는 당초의 소장부본이 제3채무자에게 송달된 때로 보아야 하고 소장정정서부본 등이 제3채무자에게 송달된 때로 볼 것은 아니다."라고 판시하고 있다.

(3) 효과

소송계속의 효과로서 가장 중요한 것은 중복소제기금지이다(민소법 제259조). 이미 사건

---

19) 대법원 1994. 11. 25. 선고 94다12517 판결.

이 계속되어 있을 때는 그와 동일한 사건에 대하여 당사자는 다시 소를 제기할 수 없다. 둘째, 소송계속은 당사자 및 법원에게 일정한 소송행위를 하도록 한다. 즉, 소송계속은 법원으로 하여금 원칙적으로 사건을 변론준비절차에 부쳐야 하고(민소법 제279조), 피고는 답변서를 제출해야 하며(민소법 제256조), 원고는 준비서면을 제출해야 한다(민소법 제272조). 셋째, 소송참가, 소송고지, 소의 변경, 반소의 제기 등 일정한 소송행위를 할 수 있게 된다. 넷째, 소제기 시점이 관할을 결정하는 표준시가 된다.

2) 중복소송의 금지

(1) 의의

동일 사건에 다시 소를 제기할 수 있도록 하는 것은 피고의 입장에서 본다면 이중으로 응소하게 되고, 법원 역시 이중으로 재판을 해야 한다. 이는 소송경제에 반할 뿐만 아니라 같은 사건에 대하여 서로 모순되는 판결이 발생할 가능성도 있기 때문에, 중복제소를 금지하고 있다(민소법 제259조).

(2) 요건

중복된 소제기에 해당되려면 다음과 같은 요건이 충족되어야 한다.

첫째, 전소의 계속 중에 후소를 제기하였을 것이 요구된다. 전·후소가 동일한 사건이면 전소와 같은 법원에 제기되었든 다른 법원에 제기되었든 가리지 않는다. 전소에 소송요건의 흠이 있더라도 판결절차는 존재하므로 소송계속은 있는 것으로 취급된다. 다만, 후소제기 당시 전소가 계속 중이더라도 후소의 변론종결 시까지 전소가 취하나 각하되어 소송계속상태가 소멸하면 중복제소가 되지 아니한다.

둘째, 당사자의 동일성이 요구된다. 당사자가 동일하면 원고와 피고가 전소와 후소에서 서로 바뀌어도 무방하다. 전소가 소송담당자를 당사자로 하고, 후소가 그 실질적 이익귀속자(민소법 제218조 제3항)를 당사자로 하는 경우에도 상대방이 같으면 당사자가 동일한 것으로 본다.

셋째, 소송물의 동일성이 요구된다. 구소송물이론과 신소송물이론에 따라 적용이 달라진다.[20] 전자는 청구취지가 같아도 청구원인을 이루는 실체법상의 권리가 다르면 동일사건이 아니다. 불법행위로 인한 손해배상청구권과 계약불이행책임을 물을 수 있는 사안에서, 전소에서는 불법행위를, 후소에는 계약책임을 각 청구원인으로 하는 경우라면 중복소송에 해당되지 않는다. 후자는 실체법상의 권리를 소송물의 요소로 보지 않는다. 이 경우 공격방법 내지 법률적 관점만 달리할 뿐 청구의 동일성에는 변함이 없다고 하겠다. 중복소송에 해당하게 된다.

(3) 효과

중복소제기 여부는 직권조사사항에 해당한다. 중복제소에 해당하지 아니함이 직권조사사항인지에 대한 사항과 그에 관한 주장을 판단하지 아니함이 상고이유가 되는지에 대하여 대법원은 직권조사의 사항을 인정하지만 상고 이유는 삼을 수 있는 흠이 되지 않는다고 판단한다.[21] 중복소제기에 해당되면 피고의 항복을 기다릴 필요 없이 판결로서 후소를 부적법각하하게 된다. 권리보호 자격 없고 소의 이익이 없다. 만약 중복소제기임을 법원이 간과하고 본안판결을 하였을 때에는 상소로 다툴 수 있다.

〈대법원 1990. 4. 27. 선고 88다카25274 판결〉

대법원은 "소가 중복제소에 해당하지 아니한다는 것은 소극적 소송요건으로서 법원의 직권조사 사항이므로 이에 관한 당사자의 주장은 직권발동을 촉구하는 의미 밖에 없어 위 주장에 대하여 판단하지 아니하였다 하더라도 판단유탈의 상고이유로 삼을 수 있는 흠이 될 수 없다."고 판시하고 있다.

3) 효과

그 외에도 소제기는 시효중단의 효과(민법 제168조, 제170조), 기간준수의 효과(민소법 제265조)가 발생한다. 또한 법정이자의 증액, 선의점유자의 악의의제(민법 제197조 제2항)의 일정한 효과가 발생하게 된다.

---

20) 이시윤, 신민사소송법, 박영사 제8판, 2014, 276면.
21) 대법원 1990. 4. 27. 선고 88다카25274 판결.

III. 소장의 심사

1. 의의

소장이 접수되면 재판장은 소장을 심사하게 된다. 소장이 접수되어 소송기록화된 후에 행정적인 조치에 따라 사건이 배당된다. 배당 받은 재판장은 소장 형식의 타당성을 심사한다. 합의부에서는 재판장이 소장심사의 권한을 행사하고, 단독사건에서는 단독판사가 행한다. 수소법원이 변론에 들어가기 전에 소장의 명백한 하자를 미리 시정함으로써 법원이나 피고의 소송경제를 도모하기 위하여 소장심사가 진행되는 것이다. 재판의 소장심사권은 우리나라와 일본의 특징이다.

2. 대상

1) 필요적 기재대상과 인지

소장심사의 대상으로는 필요적 기재사항의 기재 여부와 소장에 소정인지가 붙어 있는지 여부이다(민소법 제254조 제1항). 소장에는 당사자와 법정대리인, 청구의 취지와 원인을 기재해야 한다(민소법 제249조 제1항). 당사자의 동일성이 제대로 특정되어 있는지, 청구취지나 청구원인이 제대로 기재되어 있는지, 날인 또는 서명 등이 제대로 되어 있는지 등이 심사대상에 해당한다. 소송요건이 구비되어 있는지 여부는 청구의 당부에 대한 심사대상이 아니라는 것이 대법원의 판단이다.[22]

〈대법원 1973. 3. 20. 자 70마103 결정〉

대법원은 "원고가 사자를 피고로 하는 소를 제기하였을 경우에 재판장의 소장심사권으로 그 보정을 명할 수는 없고 법원은 그 소를 부적합한 것으로 인정하여 판결로서 각하하는 것이 타당하다."고 판시하고 있다.

소장에 대표자의 표시가 되어 있으나 그 표시에 잘못이 있는 경우, 재판장이 보정명령을 하고 그에 대한 불응을 이유로 소장을 각하할 수 있는지에 대하여 대법원은 이를 부정적으로

---

22) 대법원 1973. 3. 20. 자 70마103 결정.

보고 있다.[23]

〈대법원 2013. 9. 9. 자 2013마1273 결정〉

대법원은 "민사소송법 제254조에 의한 재판장의 소장심사권은 소장이 같은 법 제249조 제1항의 규정에 어긋나거나 소장에 법률의 규정에 따른 인지를 붙이지 아니하였을 경우에 재판장이 원고에 대하여 상당한 기간을 정하여 그 흠결의 보정을 명할 수 있고, 원고가 그 기간 내에 이를 보정하지 않을 때에 명령으로써 그 소장을 각하한다는 것일 뿐이므로, 소장에 일응 대표자의 표시가 되어 있는 이상 설령 그 표시에 잘못이 있다고 하더라도 이를 정정 표시하라는 보정명령을 하고 그에 대한 불응을 이유로 소장을 각하하는 것은 허용되지 아니한다. 이러한 경우에는 오로지 판결로써 소를 각하할 수 있을 뿐이다."라고 판시하고 있다.

2) 보정명령

소장에 필요적 기재사항인 당사자와 법정대리인, 청구취지와 청구원인 등의 하자가 발생하면 재판장은 원고에게 일정한 기간을 부여하여 그 하자를 보정할 것을 명하여야 한다(민소법 제254조 제1항 본문). 소장에 인지가 붙어 있지 않는 경우 등도 동일하다(민소법 제254조 제1항 단서). 재판장의 보정명령에는 시간적인 제한을 두고 있지 않다. 대법원은 변론이 개시된 뒤라도 소장에 흠이 발견되면 그 흠을 보정할 것을 명할 수 있다고 판단하고 있다.[24]

3) 소각하명령과 즉시항고

(1) 소각하명령

원고의 소장에 대한 상당한 기간을 주었음에도 불구하고 흠이 보정되지 않으면 재판장은 명령으로 소장을 각하하여야 한다(민소법 제254조 제2항). 소장에 대한 각하명령은 소송이 종료된다는 점에서 소각하판결과 같은 효력을 발생한다. 소각하명령은 소장이 수리될 수 없다는 것을 의미하기 때문에 소장을 반환하게 된다. 소장반환을 하는 경우 원본을 반환해야 하는지, 아니면 부본을 반환해도 되는지에 대하여, 대법원은 소장원본을 반드시 반환할 필요는 없다고 한다.[25] 소장에 인지를 첨부하지 아니하고 소송상 구조신청을 한 경우, 소송상

---

23) 대법원 2013. 9. 9. 자 2013마1273 결정.
24) 대법원 1969. 12. 26. 선고 67다 1744 판결.

구조신청에 대한 기각결정 확정 전에 인지 미보정을 이유로 소장을 각하할 수 있는지에 대하여, 대법원은 각하명령을 해서는 안 된다고 판시한다.[26]

〈대법원 2002. 9. 27. 자 2002마3411 결정〉

대법원은 "원고가 소장을 제출하면서 소정의 인지를 첨부하지 아니하고 소송상 구조신청을 한 경우, 구 민사소송법(2002. 1. 26. 법률 제6626호로 전문 개정되기 전의 것) 제123조에서 소송상 구조신청에 대한 기각결정에 대하여도 즉시항고를 할 수 있도록 규정하고 있는 취지에 비추어 볼 때, 소송상 구조신청에 대한 기각결정이 확정되기 전에 소장의 인지가 첨부되어 있지 아니함을 이유로 소장을 각하하여서는 안 된다."고 판시하고 있다.

(2) 즉시항고

재판장의 소장각하명령에 대하여 원고는 즉시 항고할 수 있다(민소법 제254조 제3항). 소장의 적법 여부는 각하명령을 한 때를 기준으로 한다. 그러므로 판례는 각하명령 후에 즉시항고를 제기하고 항고심 계속 중에 흠을 보정하였다고 하여 그 하자가 치유되는 것은 아니라고 본다.[27] 적법 여부를 항고심 심시종결시를 기준으로 하여야 하고, 그때까지 보정하면 적법한 것으로 보는 것이 타당하다는 입장[28]도 있다.

〈대법원 1996. 1. 12. 자 95두61 결정〉

대법원은 "재항고인이 보호감호소에 수용되어 있어 부족한 인지금액을 마련할 수 없으니 그 납입기간을 연장해 주고 재판 전 비용의 납입기일 연기를 구하면서 원심 재판장의 이 사건 소장각하명령을 취소하여 달라는 취지이나, 기록에 의하면 원심 법원의 재판장이 소장을 심사한 결과 그 소장에 첨용할 인지의 부족액이 있음을 발견하고 그 소송을 제기한 재항고인에게 일정한 기간을 정하여 부족인지의 가첩을 명하였다가 재항고인이 소정 기간 내에 인지의 가첩을 하지 아니하였으므로, 그것을 이유로 하여 민사소송법 제231조 제1, 2항에 의거하여 그 소장을 각하하는 명령을 하였

---

25) 대법원 1975. 9. 23. 선고 75다1109 판결.
26) 대법원 2002. 9. 27. 자 2002마3411 결정.
27) 대법원 1968. 7. 29. 선고 68사49 판결; 대법원 1968. 7. 30. 선고 68마756 판결; 대법원 1996. 1. 12. 자 95두61 결정.
28) 이시윤, 신민사소송법, 박영사 제8판, 2014, 264면.

고, 그 명령이 재항고인에게 송달된 사실을 인정할 수 있는바, 이와 같이 소장각하 명령이 재항고인에게 송달된 후에는 설사 재항고인이 부족된 인지를 가첨하고 그 명령에 불복을 신청하였다 할지라도 원심 법원으로서는 재도의 고려에 의하여 그 각하명령을 취소할 수 없는 것이므로,[29] 재항고인이 주장한 사유만 가지고는 원심 법원의 소장각하명령을 취소할 수 없다 할 것이어서 위 재항고의 주장은 받아들일 수 없다."고 판시하고 있다.

IV. 소장부본의 송달

제출된 소장에 특별한 흠결이 없으면 재판장은 소장 심사 후 바로 피고에게 송달하여야 한다(민소법 제255조 제1항). 피고에 대한 소장부본의 송달은 소송계속의 효과를 발생시킨다. 즉, 소장에 기재된 최고, 해제, 해지 등 실체법상 의사표시의 효력이 발생하는 것이다. 대법원에 따르면, 어음금 지급을 구하는 소송부본의 송달은 어음의 지급제시와 같은 효력이 생긴다고 판단하고 있다.[30] 또한 계약의 존속과 양립할 수 없는 청구를 하는 소장의 송달은 해제권 행사로 보고 있다.[31]

〈대법원 1982. 5. 11. 선고 80다916 판결〉

대법원은 "원고는 1978. 5. 23 피고를 상대로 하여 서울지방법원 영등포지원에 피고가 잔금 수령을 거절하고 계약을 위약하였다 하여 이 사건 매매계약금의 배액인 금 300만 원 중 금 150만 원의 반환청구 소송을 제기하였음이 뚜렷하므로 원고의 위 소 제기로서 이 사건 매매계약 해제의 의사표시를 명시적으로 하지는 않았다 하더라도 원고가 피고에게 이 사건 매매계약의 존속과는 양립할 수 없는 위약금의 지급 청구를 하고, 그 소장이 피고에게 송달됨으로써 해제권을 행사하였다 할 것이고,[32] 해제권은 형성권이므로 비록 그 후에 원고가 그 소송을 취하하였다 하여 위 해제권 행사의 효력에 아무런 영향도 미치지 않는다 할 것이다."라고 판시하고 있다.

---

29) 대법원 69마684 결정, 68사49 결정 등.
30) 대법원 1960. 6. 6. 선고 4292민상 932 판결.
31) 대법원 1982. 5. 11. 선고 80다916 판결.
32) 대법원 1969. 1. 28. 선고 68다626 판결.

소장의 부본을 송달할 수 없는 경우에는 민소법 제254조 제1항을 준용하여 상당한 기간을 정하여 주소보정을 명령하고, 보정이 흠결되지 않으면 소장을 각하하게 된다(민소법 제254조 제2항). 항소장 부본이 송달된 후 피항소인의 주소보정명령의 가부에 대하여, 대법원은 이를 부정적으로 보고 있다. [33]

〈대법원 1981. 11. 26. 자 81마275 결정〉

대법원은 "항소심 재판장은 항소장의 송달이 불능하여 그 보정을 명하였음에도 항소인이 이에 응하지 아니한 경우에 항소장 각하명령을 할 수 있을 뿐이고, 항소장이 피항소인에게 송달되어 항소심의 변론이 개시된 후에는 피항소인에게의 변론기일 소환장 등이 송달불능된다는 이유로 그 보정을 명하고 항소인이 이에 응하지 않는다고 항소장 각하명령을 할 수 없다."고 판시하고 있다.

민사소송법 제371조 소정의 주소보정을 명하는 기한인 '상당한 기간'의 의미와 재판장이 상당한 기간을 주지 아니하고 주소보정을 명한 후 그 기간 내에 보정이 없다 하여 항소장을 각하한 조치의 적부에 대하여, 대법원은 다음과 같이 판시하고 있다. [34]

〈대법원 1991. 11. 20. 자 91마620 결정〉

대법원은 "민사소송법 제371조 제1, 2항에 의하면 항소장의 부본을 송달할 수 없을 때에는 항소심 재판장은 항소인에게 상당한 기간을 정하여 그 기간 내에 흠결을 보정할 것을 명하여야 하고, 그 흠결을 보정하지 아니한 때에는 항소장을 각하하는 명령을 하도록 규정하고 있는바, 여기에서 '상당한 기간'이라 함은 항소인이 상대방의 주소를 알아내어 보정하거나, 또는 상대방의 주소를 조사하여 보았으나 알 수 없어서 공시송달을 신청하는 데 필요한 적절하고도 합당한 기간을 가리킨다고 할 것이므로 항소심 재판장이 상당한 기간을 주지 아니하고 주소보정을 명하고 이와 같은 상당한 기간이 지나지 아니하였는데도 항소장을 각하하는 것은 위법하다고 보아야 할 것이다."라고 하면서, "이사불명으로 주소보정을 명령받은 항소인이 피고로서 본래 상대방인 원고의 주소를 알고 있었던 사람이라고 할 수 없고 상대방이 소장에 기재한 주소가 항소인의 주소와 멀리 떨어져 있는 사정 등에 비추어 보면 항소인이 상대방이 이사한 곳을 알아보는 데에는 상당히 긴 시간이 필요하여 재판장이 주소보정명령을 하면서 부여한 5일 정도의 기간으로는 부족하다."고 판시하였다.

---

33) 대법원 1981. 11. 26. 자 81마275 결정.
34) 대법원 1991. 11. 20. 자 91마620 결정.

대법원은 "공시송달 요건에 해당한다고 볼 여지가 충분한 데도 불구하고 공시송달신청에 대한 허부재판을 도외시한 채 주소보정 흠결을 이유로 소장각하명령을 한 것은 위법하다."고 판시하였다. [35]

〈대법원 2003. 12. 12. 자 2003마1694 결정〉

대법원은 "제1심에서 원고가 공시송달신청을 하면서 제출한 소명자료와 그 동안의 송달 결과, 특히 법정경위 작성의 송달불능보고서의 내용을 종합하면 민사소송법 제194조가 규정하는 공시송달의 요건인 '당사자의 주소 등 또는 근무장소를 알 수 없는 경우'에 해당한다고 볼 여지가 충분함에도 위 공시송달 신청에 대하여는 아무런 결정을 하지 아니한 채 주소보정 흠결을 이유로 소장각하명령을 한 경우, 항고심으로서는 소장 부본 송달상의 흠결 보정에 관하여 선결문제가 되는 공시송달 신청의 허부에 대하여도 함께 판단하여 제1심 재판장의 소장 각하명령의 당부를 판단하였어야 함에도 불구하고 이에 이르지 아니한 채 원고가 최종의 주소보정명령에 따른 주소보정조치를 취하지 아니한 이상 제1심 재판장의 소장각하명령에 위법이 있다고 할 수 없다는 이유 설시만으로 항고를 배척한 것은 위법하다."고 판시하였다.

V. 답변서 제출의무의 고지

1. 피고의 답변서 제출의무

법원은 피고에게 소장부본을 송달하면서 30일 이내에 답변서 제출의무가 있음을 알려야 한다(민소법 제256조 제2항). 공시송달 외의 방법으로 소장부본을 송달받은 피고가 원고의 청구를 다툴 의사가 있으면 그 송달받은 날부터 30일 이내에 답변서를 제출하도록 하고 있다(민소법 제256조 제1항 본문). 다만, 피고가 공시송달의 방법에 따라 소장의 부본을 송달받은 경우에는 그러하지 아니하다(민소법 제256조 제1항 단서).

2. 제출의무의 목적

피고의 응소기간 내에 피고가 제출의무를 불이행하면 원칙적으로 무변론판결을 선고한

---

35) 대법원 2003. 12. 12. 자 2003마1694 결정.

다. 답변서제출의무의 부과와 의무불이행 시의 제재는 소송을 촉진하고자 하는 목적과 소송자료를 수집하여 쟁점 명확화로 심리진행방향을 세우고 변론의 집중을 꾀하고자 하는 목적을 가지고 있다.

3. 답변서 내용

피고가 제출할 답변서에는 준비서면에 관한 규정을 준용한다(민소법 제256조 제4항). 답변서에는 우선 청구의 취지에 관한 답변이 담겨 있어야 한다. 그러므로 이 사건에 대하여 소각하나 청구기각에 대한 답변내용이 담겨 있을 수 있다. 두 번째는 청구의 원인에 관한 답변내용이다. 청구의 원인에 대하여는 첫째, 소장에 기재된 개개의 사실에 대한 인정 여부. 둘째, 항변과 이를 뒷받침하는 구체적 사실. 셋째, 증거방법 등이 기재되어야 한다. 답변이나 항변은 구체적이어야 한다. 원고의 주장사실에 대한 '전부부인' 또는 '전부부지' 등의 답변은 허용되지 아니한다.

[답변서의 예]

답 변 서

사　건　2015가합111 대여금
원　고　유주선
피　고　홍길동
　　　　소송대리인 변호사 정도전
　　　　서울 서초구 서초대로 78길 5 대각빌딩 5층
　　　　전화 592-0000, 팩스 593-0000

위 사건에 관하여 피고의 소송대리인은 다음과 같이 답변합니다.

청구취지에 대한 답변

1. 원고의 청구를 기각한다.
2. 소송비용은 원고의 부담으로 한다.

청구원인에 대한 답변

1. 피고가 원고에게 2014. 1. 1. 차용증(갑 제1호증)을 작성해 준 사실은 인정합니다.
2. 그러나 위 차용증은 피고가 장난으로 작성해 준 것이었으며, 피고는 원고로부터 실제로는 한 푼의 돈도 받지 않았습니다.
3. 그러므로 원고의 청구는 부당한 것으로서 기각되어야 할 것입니다.

첨부서류

1. 소송위임장   1통
2. 답변서 부본   1통

2015. 3. 25.

피고 소송대리인 변호사 정 도 전

서울중앙지방법원 제60민사부 귀중

4. 무변론판결

소장부본을 송달받은 날부터 30일 이내에 피고가 답변서를 제출하지 아니하면 원고의 청구의 원인사실에 대하여 자백한 것으로 간주하고 변론 없이 판결을 선고할 수 있다(민소법 제257조 제1항 본문). 피고의 방어의사가 없거나 피고가 다투지 않을 사건에 해당하는 경우, 소송의 비경제성을 반영하여 변론기일을 지정하여 피고를 출석하도록 하는 것을 피하고자 하는 목적을 가지고 있다. 피고가 답변서를 제출하였다 하더라도 청구의 원인사실에 대하여 모두 인정하는 취지이고 따로 항변을 제출하지 아니하는 경우라면, 역시 무변론판결을 할 수 있다(민소법 제257조 제2항). 다만, 직권으로 조사할 사항이 있거나 판결이 선고되기까지 피고가 원고의 청구를 다투는 취지의 답변서를 제출한 경우에는 그러하지 아니하다(민소법 제257조 제1항 단서). 공시송달 사건의 경우에도 마찬가지이다(민소법 제256조 제1항 단서).

5. 제1회 변론기일의 지정

우리 민사소송법은 답변서가 제출되면, 원칙적으로 바로 변론기일을 정하도록 하고 있다 (민소법 제258조 제1항 본문). 재판받는 날짜를 정해야 한다는 것이다. 현행 민사소송법으로 개정되기 전 민소법 제258조 제1항 본문을 보면, 피고의 답변서가 제출되었을 때에 재판장은 바로 사건을 변론준비절차에 부치는 것으로 하는 것을 원칙으로 하고 있었다. 변론준비절차에서는 변론에 있어서 양쪽 당사자의 주장내용이나 증거관계가 매우 복잡하여 별도의 준비과정을 통하여 주상과 증거를 정리하고 앞으로의 심리계획을 수립하는 것이 필요하다고 판단되는 경우에 행해지게 된다. 쟁점과 증거를 정리하는 차원에서 그 나름의 장점이 있었다. 그러나 현행법은 변론준비절차 대신에 원칙적으로 제1회 변론기일을 지정하도록 한 것이다. 다만, 사건을 변론준비절차에 부칠 필요가 있는 경우에는 변론기일의 지정 없이 변론준비절차에 회부할 수 있도록 하고 있고(민소법 제258조 제1항 단서), 재판장은 특별한 사정이 있는 경우라면 변론기일을 연 후에도 사건을 변론준비절차에 부칠 수 있다(민소법 제279조 제2항). 변론이 효율적이고 집중적으로 실시될 수 있도록 당사자의 주장이나 증거를 정리하기 위함이라 하겠다(민소법 제279조 제1항 참조). 한편 대법원은 변론준비기일에서 양쪽 당사자 불출석의 효과가 변론기일에 승계되는지 여부에 관하여, 양쪽 당사자가 변론준비기일에 한 번, 변론기일에 두 번 불출석하였다고 하더라도 소를 취하한 것으로 볼 수 없다고 하였다.[36]

---

36) 대법원 2006. 10. 27. 선고 2004다69581 판결.

<대법원 2006. 10. 27. 선고 2004다69581 판결>

"변론준비절차는 원칙적으로 변론기일에 앞서 주장과 증거를 정리하기 위하여 진행되는 변론 전 절차에 불과할 뿐이어서 변론준비기일을 변론기일의 일부라고 볼 수 없고 변론준비기일과 그 이후에 진행되는 변론기일이 일체성을 갖는다고 볼 수도 없는 점, 변론준비기일이 수소법원 아닌 재판장 등에 의하여 진행되며 변론기일과 달리 비공개로 진행될 수 있어서 직접주의와 공개주의가 후퇴하는 점, 변론준비기일에 있어서 양쪽 당사자의 불출석이 밝혀진 경우 재판장 등은 양쪽의 불출석으로 처리하여 새로운 변론준비기일을 지정하는 외에도 당사자 불출석을 이유로 변론준비절차를 종결할 수 있는 점, 나아가 양쪽 당사자 불출석으로 인한 취하간주제도는 적극적 당사자에게 불리한 제도로서 적극적 당사자의 소송유지의사 유무와 관계없이 일률적으로 법률적 효과가 발생한다는 점까지 고려할 때 변론준비기일에서 양쪽 당사자 불출석의 효과는 변론기일에 승계되지 않는다."

6. 소송구조

1) 의의

소송구조Armenrecht라 함은 민사소송법상 소송비용을 지급할 자력이 없는 사람에게 재판비용의 납입을 유예하고 소송비용의 담보를 면제하는 제도를 말한다. 당사자가 민사소송을 수행함에 있어서는 소장 그 밖의 신청서에 붙여야 할 인지, 증거조사비용 및 변호사 비용 등의 많은 비용을 필요로 한다. 그 일부는 소송비용으로서 패소한 자로부터 받을 수 있지만, 우선은 당사자가 자비로 지출하지 않으면 안 된다. 이와 같은 소송비용을 마련할 능력이 부족한 자의 곤란을 덜어 주기 위하여 소송구조제도를 도입하게 되었다.

2) 요건

소송상의 구조는 소송비용을 지출할 자금능력이 부족한 자가 패소할 것이 분명한 경우가 아닐 것을 요구한다(민소법 제128조). '자금능력이 부족한 자'라 함은 소송비용을 지출하게 되면 자기나 그 동거가족이 통상의 경제생활에 위협을 받게 될 경우를 말한다. '패소할 경우가 분명한 경우가 아닐 것'이라 용어는 1990년 개정 전 '승소勝訴의 가망이 있는 경우'라는 단어를 수정하여, 적용요건을 보다 더 완화하였다.

3) 효과

소송구조를 받게 되면 재판비용의 납입과 변호사 및 집행관의 보수와 체당금替當金의 지급 등이 유예되며, 소송비용의 담보 제공의무가 면제된다(민소법 제129조 제1항). 변호사나 집행관이 보수를 받지 못하는 때에는 상당한 금액을 국고에서 지급한다(민소법 제129조 제2항). 구조는 신청에 의하여 심급마다 부여되는데, 신청자는 비용을 지급할 자력이 없다는 것과 승소할 가망이 있다는 것을 소명하여야 한다(민소법 제128조). 구조를 받으면 구조를 받은 사람에 대해서만 효력이 있고(민소법 제130조), 구조를 받은 사람에게 납입을 유예한 비용은 소송의 결과 상대방이 소송비용의 부담명령을 받았을 때에는 직접 상대방으로부터 추심할 수 있다(민소법 제132조 제1항).

VI. 변론준비절차

1. 의의

민사소송법이 크게 개정된 시기가 2002년이다. 당시 개정법은 종래 이용률이 저조하던 준비절차를 크게 보강하여 변론준비절차 중심으로 개편하였다. 변론의 사전준비를 철저히 하여 법정변론의 횟수를 줄이고자 하는 목적이 있었다. 그러나 2008년 개정법은 2002년 개정이전의 체계로 다시 돌아가서 피고가 답변서를 제출하면 바로 변론기일이 들어가게 되는 변론기일제도 중심으로 변경을 가하였고, 변론준비절차는 필요한 경우에만 열리도록 하였다. 2008년에 개정된 현 민사소송법은 피고가 답변서를 제출하면, 원칙상 바로 변론기일에 들어가는 변론기일 중심제도로 운영되고 있다. 개정된 이유는 변론기일중심의 진행으로 사건의 신속화를 도모하고자 하는 것이다. 변론준비절차의 지나친 강조는 절차의 중심이 변론절차에서 변론준비절차로 이동한다는 문제점과 변론준비절차가 본인소송에는 실효성이 없음을 고려한 것이다.

2. 변론의 개념

변론이라 함은 소송 당사자가 법정에서 하는 진술Mündliche Verhandlung을 의미한다. 민사소송법상 좁은 뜻으로는 수소법원受訴法院의 변론기일에 당사자가 구술로써 신청 및 공격방어방법에 대하여 진술하는 것을 말하고, 넓은 뜻으로는 상기 당사자의 행위와 동시에 실시되는 수소법원의 소송지휘·증거조사 및 재판의 선고를 포함하는 절차를 말한다. 민사소송에 있어서의 소송의 대상은 당사자 간의 사권私權 또는 사권관계私權關係에 관한 분쟁이며, 당사자의 분쟁에 있어서 소송자료의 주장 및 제출은 각 당사자에게 일임하는 것이 진실을 가장 용이·신속하게 발견할 수 있는 방법이라 할 수 있다. 이러한 점을 고려하여 소송의 해결 혹은 심리자료의 수집을 당사자의 권능과 책임으로 할 것을 주장하는 주의를 변론주의라고 한다.

독일보통법 시대의 법언法諺으로 "소訴가 없으면 재판이 없다.", "신청 없는 사항에 대하여서는 재판하지 않는다."라는 말이 있는데, 이러한 말은 소송의 개시는 반드시 당사자의 재판 청구가 있어야 한다는 것과 청구의 범위를 넘어서 재판할 수 없다는 것을 의미하며 변론주의의 원칙을 설명한 것이다. 민사소송법 제203조에 "법원은 당사자가 신청하지 아니한 사항에 대하여는 판결하지 못한다."고 한 것은 변론주의를 채택하였음을 의미한다. 민사소송에서 변론주의를 채택하여 소송을 심리함에 있어 여러 가지 중요한 원칙들이 있다.

3. 변론준비절차의 기능

변론준비절차辯論準備節次라 함은 변론이 효율적이고 집중적으로 실시될 수 있도록 민사소송절차의 한 부분으로 답변서를 제출한 후 변론기일에 앞서 쟁점과 증거를 정리하는 절차를 말한다. 변론준비절차는 공개법정에서 할 필요는 없다. 재판장은 특별한 사정이 있는 때에는 변론 기일을 연 뒤에도 사건을 변론 준비 절차에 부칠 수 있다. 현 민사소송법은 공개법정에서 양쪽 당사자가 맞서는 변론을 열기 전에 준비된 재판을 위하여 당사자에 의한 변론예고를 뜻하는 준비서면과 법원에 의한 변론준비로서 쟁점 및 증거를 정리하는 변론준비절차를 두고 있다. 법정변론기일이 실질적인 소득 없이 공전하는 것을 예방하고 변론의 집중으로 소송촉진을 도모하고 효율적인 재판이 이루어지도록 한다(민소법 제279조 제1항). 쟁점정리 절차라고도 한다. 소장과 답변서, 준비서면 등을 토대로 법원의 석명과 당사자의 질의를 통하여 소송결과와 관계있는 사항과 관계없는 사항을 분리하는 업무가 이루어지게 된다.

4. 변론준비절차의 진행

재판장이 변론준비절차를 진행하는 것이 원칙이다(민소법 제280조 제2항). 다만, 합의사건의 경우 재판장은 합의부원을 수명법관으로 지정하여 담당하게 할 수 있고(동조 제3항), 합의사건과 단독사건을 불문하고 재판장은 필요하다고 인정할 때에 그 진행을 다른 판사에게 촉탁할 수 있다(동조 제4항). 변론준비절차에서 재판장 등은 변론의 준비를 위하여 증거채택 여부를 결정할 수 있다(민소법 제281조 제1항). 다만, 합의사건의 경우에는 증거결정에 있어서 당사자의 이의신청이 있는 경우에는 법원의 결정으로 그 이의신청에 대하여 재판한다(민소법 제281조 제2항, 제138조). 재판장 등은 필요한 범위 내에서 증거조사를 할 수 있다(동조 제3항). 그러나 증인신문 및 당사자신문은 1) 증인이 정당한 사유로 수소법원에 출석하지 못하는 때. 2) 증인이 수소법원에 출석하려면 지나치게 많은 비용 또는 시간을 필요로 하는 때. 3) 그 밖의 상당한 이유가 있는 경우로서 당사자가 이의를 제기하지 아니하는 때 등에만 가능하다(민소법 제281조 제3항 단서, 제313조).

5. 서면주의

변론준비절차에 부쳐지면 서면방식으로 한다. 변론준비절차에서는 기간을 정하여, 당사자로 하여금 준비서면이나 그 밖의 서류를 제출하게 하거나 당사자 사이에 이를 교환하게 하고 있다(민소법 제280조 제1항). 소장부본의 송달을 받은 피고가 답변서를 제출하면, 그 부본을 원고 측에 송부한다(민소법 제256조 제3항). 원고는 반박준비서면을 준비할 수 있고 피고는 재반박준비서면을 제출할 수 있다. 이러한 모든 사항들은 소장, 답변서, 준비서면 등과 함께 상대방에게 교부하게 된다.

6. 변론준비기일

1) 의의

변론준비절차를 진행하는 동안에 재판장 등은 주장 및 증거를 정리하기 위하여 필요하다고 인정되는 때에는 변론준비기일을 열어 당사자를 출석하게 할 수 있다(민소법 제282조 제1항). 양쪽 당사자를 출석하게 하여 최종적으로 쟁점과 증거를 정리하는 기일이 바로 변론준비기일이다. 쌍방의 주장이 명확히 정리되고 필요한 증거가 모두 신청되어 판단만이 남았거나 증인신문만이 남은 경우에는 바로 변론기일을 지정하게 된다. 그러나 쟁점이 많고 복잡한 사건의 경우 쟁점과 증거를 정리할 필요가 있는 경우에는 변론준비기일을 지정해야 할 필요가 있다. 당사자 본인의 대면이 필요한 사건이나 기일진행에 대한 협의가 필요한 사건 또는 화해나 조정이 필요한 사건의 경우에는 변론준비기일을 활용하게 된다.

2) 당사자 출석 여부

격식이 필요하지 않는 것이 바로 변론준비기일이다. 비공개로 진행되며, 심문실에서 재판장 등이 당사자와 마주 앉아 자유롭게 대화하면서 진행을 하게 된다. 반드시 출석을 요구하고 있는 것은 아니다. 다만, 재판장 등이 변론준비절차를 진행하는 동안에 주장 및 증거를 정리하기 위하여 필요하다고 인정하는 경우에는 당사자 본인 또는 그 법정대리인의 출석을 요구할 수 있다. 또한 그 소송대리인에게 당사자 본인 또는 그 법정대리인을 출석시키라고 요청할 수 있다(민소법 제282조 제1항; 민사소송규칙 제29조의2). 법원은 사건의 실체를 파악하는 데 도움이 되고, 당사자는 법관 앞에서 자신의 주장과 호소를 할 수 있는 기회를 부여받을 수 있다. 법관은 정리된 쟁점을 토대로 하여 당사자를 설득할 수 있는 가능성이 있을 뿐만 아니라 화해를 유도할 수 있는 기회도 제공된다.

3) 공개 여부

변론준비기일은 기일이 비공개로 한다. 변론준비기일에서는 변론의 준비에 그치는 것이 원칙이고, 변론기일에 변론준비기일의 결과를 진술하며, 변론에 상정된 주장만이 심판의 대상이 될 뿐만 아니라 법관의 심증형성에 결정적인 증인 등 조사는 공개된 법정에서 실시되므로 공개재판의 원칙에 어긋나지 않는다는 주장은 타당하다.

4) 조서작성

변론준비기일에서는 법원사무관 등이 원칙적으로 기일마다 조서를 작성하여야 한다. 변론준비의 결과를 포함하여 당사자의 공격방어방법과 상대방의 청구와 공격방어방법에 관한 진술을 기재해야 한다(민소법 제283조 제1항 본문, 제274조 제1항 제4호, 제5호). 특히 증거에 관한 진술은 명확해야 한다(민소법 제283조 제1항 단서). 쟁점정리결과의 서면화로 쟁점에 집중한 증거조사가 가능해지는 점과 변론준비기일 종결에 따른 실권효의 근거를 제공한다는 점이 장점으로 제공된다. 변론준비기일의 조서에는 민사소송법 제152조 내지 제159조의 규정을 준용하게 된다(민소법 제283조 제2항).

5) 당사자의 불출석

변론준비기일에 당사자가 출석하지 아니한 경우에는 원칙적으로 재판장 등은 변론준비절차를 종결하여야 한다. 그러나 변론준비절차를 지속해야 할 상당한 이유가 있을 때에는 그러하지 아니한다(민소법 제284조 제1항 제3호). 당사자의 불출석은 두 가지로 구분할 수 있다. 한쪽 당사자가 변론준비기일에 불출석하였으면, 진술간주(민소법 제286조, 제148조)와 자백간주(민소법 제286조, 제150조)의 법리를 준용한다. 양쪽 당사자가 불출석하였을 경우에는 변론준비기일을 종결할 수도 있고, 다시 기일을 정하여 양쪽 당사자에게 통지할 수 있다. 그러나 계속하여 출석하지 아니하면 변론기일에 양쪽 불출석의 경우처럼 소의 취하간주의 법리가 준용된다(민소법 제286조, 제268조).

7. 변론준비절차의 종결

변론준비절차에서 제기된 주장과 증거가 뚜렷하게 나타난 경우에는 변론준비절차를 종결하게 된다. 또한 ① 사건을 변론준비절차에 부친 뒤 6월이 지난 때, ② 당사자가 제280조 제1항의 규정에 따라 정한 기간 이내에 준비서면 등을 제출하지 아니하거나 증거의 신청을 하지 아니한 때, ③ 당사자가 변론준비기일에 출석하지 아니한 때에도 변론준비절차를 종결하여야 한다. 다만, 그러한 사유가 있음에도 불구하고 변론의 준비를 계속하여야 할 상당한 이유가 있는 경우에는 변론준비절차를 계속하여야 한다(민소법 제284조 제1항). 변론준비절차를 종결하는 경우에는 변론기일을 재판장은 미리 지정할 수 있다(민소법 제284조 제2항). 신속한 절차진행을 도모하기 위함이다.

VII. 변론·증거조사

1. 변론

1) 개념

변론이라 함은 기일에 수소법원의 공개법정에서 당사자 양쪽이 말로 판결의 기초가 될 소송자료를 제출하는 방법으로 소송을 심리하는 것을 말한다. 변론은 크게 세 가지의 의미로 구분된다. 광의의 의미에서 변론은 소송주체가 기일에 하는 일체의 소송행위를 포함하며, 신청·주장·증거신청 등 당사자의 소송행위만이 아니라 소송지휘·증거조사·판결의 선고 등 재판기관이 하는 소송행위 모두 포함하는 개념이다. 좁은 의미의 변론은 당사자의 소송행위와 증거조사만을 포함하는 개념이며, 가장 좁은 의미의 변론은 재판기관의 증거조사도 제외하고 당사자의 소송행위만을 의미한다(민소법 제134조, 제272조).

2) 종류

(1) 필요적 변론

판결절차에서는 반드시 변론을 열어야만 하고, 당사자의 구술진술만이 판결의 기초가 된다(민소법 제134조 제1항). 이를 필요적 변론의 원칙이라 한다. 서면상의 진술은 특별한 규정이 없는 한(민소법 제148조 참조), 곧바로 판결의 기초가 되지 못한다. 예외적으로 변론 없이 서면심리에 의하여 판결을 할 수 있는 경우가 있는데, 바로 무변론판결의 경우이다.

(2) 임의적 변론

법원이 변론을 거쳐서 원본을 작성하고, 공개한 법정에서 당사자에게 고지하는 재판이 판결이다. 반면 결정은 법원이 하는 판결 이외의 재판의 형식을 말한다. 결정으로 완결될 사건은 법원의 재량에 의하여 임의적으로 변론을 열 수 있는 임의적 변론에 의한다(민소법 제134조 제1항 단서). 관할의 지정(민소법 제28조)이라든가 특별대리인의 선임(민소법 제62조 제4항) 등을 들 수 있다. 재량으로 변론을 열지 않는 경우에는 소송기록에 의한 서면심리만으로 재판할 수 있다. 다만, 법원은 당사자, 이해관계인 및 그 밖의 참고인에게 적당한 방법으로 서면 또는 말로 개별적으로 진술할 기회를 부여하는 심문이 가능하다. 심문은 증인 등의 증거조사 시에 물어 보는 신문과 구별된다.

2. 증거조사

법정의 절차에 따라 오관의 작용으로 법관의 심증형성을 위한 법원의 소송행위에 해당하는 것이 증거조사이다. 당사자의 증거신청으로 시작된다. 증거신청은 일정한 사실을 증명하기 위하여 증거방법을 특정하여 법원에 그 조사를 청구하는 소송행위이다. 1) 증거신청은 서면 또는 구두로서 한다(민소법 제161조 제1항). 증명할 사실(민소법 제289조), 특정의 증거방법(민소법 제308조, 제346조, 제364조) 및 증명취지(민사소송규칙 제74조) 등이 표시되어야 한다. 2) 증거신청과 함께 증인 및 당사자신문의 경우에는 신문사항을 기재한 서면, 감정의 경우에는 감정사항을 적은 서면(민사소송규칙 제101조), 서증의 경우에는 그 사본(민사소송규칙 제105조)을 각각 제출하여야 한다. 3) 증거의 신청은 집중심리주의가 구현될 수 있도록 소송의 정도에 따라 적절한 시기에 제출되어야 한다. 집중심리주의와 적시제출주의을 채택하고 있는 민사소송법의 적용을 받게 된다.

VIII. 판결

1. 의의

소송에서 심리가 성숙되면 사실관계가 확정된다. 법원은 이 확정된 사실관계에 실체법을 적용하여 판결의 내용을 결정하고, 판결서를 작성하여 판결을 선고하게 된다. 법원이 변론辯論을 거쳐서 원본原本을 작성하고, 공개한 법정에서 당사자에게 고지하는 재판裁判이 판결이다(민소법 제206조, 제208조). 판결은 법원이 하는 판단인 재판의 하나로, 재판에는 판결 외에 절차상의 문제에 관한 결정과 명령이 있다. 판결원본에 의하여 당사자에게 고지하는 일을 선고宣告라고 한다. 판결로 재판할 사항은 원고청구의 적부, 원고청구의 당부에 관한 것이다. 즉, 소송의 결말은 이 형식으로 재판하는 것이 원칙이다. 가장 중요한 재판의 형식이다.

2. 절차

가압류·가처분·공시최고 등의 절차에서도 판결을 하는 일이 있다. 판결은 원칙적으로 변론을 거쳐야 하기 때문에, 판결하는 법원은 그 변론에 관여한 법관으로 구성되어야 한다(민소법 제204조). 판결이면서도 변론을 요구하지 않는 경우는 민소법 제124조(담보를 제공하지 아니한 효과), 제219조(변론 없이 하는 소의 각하), 제413조(변론 없이 하는 항소각하), 제430조(상고심의 변론절차) 등이 있다. 판결이 선고되면 재판장은 판결원본을 법원사무관 등에게 교부하고(민소법 제209조), 법원사무관 등은 그 정본正本을 작성하여 판결을 영수領

收한 날로부터 2주일 내에 당사자에게 송달한다(민소법 제210조). 이 판결에 오류가 있는 것이 명백한 때에는 법원은 경정결정更正決定을 할 수 있다(민소법 제211조).

3. 종류

1) 종국판결과 중간판결

일반적으로 판결이라 함은 종국판결을 의미한다. 종국판결이란 소송사건의 심리가 다 끝난 뒤에 선고하여 그 심급을 종결시키는 판결을 말한다. 종국판결과 구분해야 할 사항이 중간판결이다. 중간판결은 심리 중이라도 법원이 중간의 다툼이나 선결문제에 관하여 미리 판단해 둘 필요가 있을 때에 행하게 된다.

2) 소송판결과 본안판결

종국판결에는 소송판결과 본안판결로 구분된다. 소가 소송요건 불비임을 이유로 부적법하다고 하며 각하하는 판결을 소송판결이라 하고, 원고의 청구에 대하여 실체법적 내용에 관한 심리 끝에 그 법률관계에 관하여 하는 판결을 본안판결이라고 한다. 본안판결 가운데 청구에 대하여 이유가 있음을 받아들이는 판결을 청구인용판결이라고 하고, 원고의 청구를 받아들이지 않는 판결을 청구기각판결이라고 한다.

3) 이행판결·형성판결·확인판결

원고의 청구권을 인정하고 피고에게 의무의 이행을 명하는 것을 내용으로 하는 판결을 이행판결이라고 하고, 원고의 형성권이 존재한다거나 형성요건이 구비되었음을 확정하고 그에 따라 법률관계를 변동시키는 것을 내용으로 하는 판결을 형성판결이라고 하며, 권리나 법률관계의 존재나 부존재를 확정하는 것을 내용으로 하는 판결을 확인판결이라고 한다.

4. 판결·결정·명령

재판은 여러 가지 관점에서 분류할 수 있는데, 그 절차와 주체에서 본 형식적 분류로서는 판결·결정·명령命令이 있다. 즉, 주체의 면에서 보면 판결과 결정은 법원이 하는 재판이다. 명령은 재판장裁判長이나 수명법관受命法官 또는 수탁법관受託法官이 그 자격으로 하는 재판이다. 절차의 면에서 보면 판결은 매우 신중하게 다루어지는 반면에, 결정·명령은 보다 간단하게 다루어진다. 즉, 결정·명령의 경우는 변론을 거칠 것인지의 여부는 임의적이고, 또 고지방법도 상당하다고 인정하는 방법에 의하면 된다(민소법 제221조).

심판사항의 경중에 따라서도 판결, 결정 및 명령은 구별된다. 판결은 소송의 중요사항(본안)에 관하여 재판하는 형식이다. 결정은 명령과 더불어 중요사항 이외의 사항, 즉 소송지휘상의 처치 및 부수적 사항의 해결에 대하여 재판하는 형식이다. 또 판결에 대하여는 불복방법으로서 항소抗訴·상고上告가 허용되지만, 결정이나 명령에 대하여는 항고抗告와 재항고再抗告가 허용된다.

5. 판결문

판결문에는 당사자, 주문, 청구취지, 이유, 변론종결 날짜, 법원을 기재하여야 한다. 당사자가 소송무능력자인 경우에는 법정대리인도 기재하고, 상소심 판결의 경우에는 상소취지도 기재한다(민소법 제208조 제1항). 판결의 주문은 소장의 청구취지에 대한 대답이라고 할 수 있다. 판결의 이유는 주문이 도출된 근거를 기재하는 부분으로, 법원이 확정한 사실관계나 그를 뒷받침하는 증거원인 및 법률의 적용 등을 기재한다. 변론종결의 날짜는 판결 효력의 기준시점이 되기 때문에 판결문에 기재되어야 한다.

IX. 소송의 종료와 상소

1. 소송의 종료

소송은 종국판결에 의하여 확정되기도 하지만, 당사자의 행위에 의하여 종료하는 경우도 있다. 종국판결에 대하여 더 이상 다툴 방법이 남아 있지 않은 상태가 되면 확정되고 소송은 종료된다. 상소기간이 지나 상소하지 않은 경우라든가, 상고심판결이 선고되어 불복방법이 없으면 그 판결은 확정되고 소송계속은 소멸하게 된다. 이와 같이 판결의 취소가 변경될 가능성이 없어졌다는 효과를 형식적 확정력이라고 한다.

소송종료 단계에서 당사자가 더 이상 소송을 유지하기를 원하지 않으면 소송은 종료된다. 소취하, 청구의 포기·인낙, 및 재판상 화해가 있다. 원고가 더 이상 소송수행을 원하지 않아

소송물에 대하여 아무런 처분을 함이 없이 소급적으로 소송계속을 소멸시키는 행위를 소취하라고 한다(민소법 제266조 이하). 원고가 스스로 자기의 청구가 이유 없음을 진술하는 것은 청구포기라고 한다면, 피고가 스스로 원고의 청구가 이유 있다고 진술하는 것은 청구의 인낙이라고 한다(민소법 제220조). 한편, 양 당사자가 일부씩 양보하여 합의에 도달한 내용을 법원에 진술하여 조서를 작성하고 소송을 종료시키는 것을 재판상 화해라고 한다(민소법 제220조, 제385조 이하).

2. 상소

1) 의의

법원이 종국판결을 선고하면 그 심급은 종결된다. 법원은 판결을 선고한 후에 당사자에게 판결정본을 송달하게 된다. 송달받은 때부터 상소제기기간이 진행되고, 불복이 있는 당사자는 그 기간 안에 상소하여야 한다. 이처럼 상소란 재판의 확정 전에 상급법원에 대하여 재판이 잘못되었다고 하면서 그 취소나 변경을 구하는 불복신청방법Rechtsmittel을 말한다.[37]

2) 항소

제1심의 종국판결에 대한 불복신청을 항소Berufung라 하고, 제2심 항소법원의 종국판결에 대한 불복신청을 상고라 한다. 지방법원의 단독판사 또는 지방법원합의부가 한 제1심의 종국판결에 대하여 다시 유리한 판결을 구하기 위하여 항소법원에 하는 불복신청을 항소라고 한다(민소법 제390조). 불복신청에 대하여는 제한이 없다. 사실인정의 부당은 물론 법령위반도 항소이유가 된다. 항소심의 목적은 무엇보다도 당사자의 보호, 즉 권리실현의 적정을 담보함에 그 목적을 두고 있다.

3) 상고

종국판결에 대한 법률심에의 상소가 바로 상고이다. 원판결의 당부를 전적으로 법률적인 측면에서만 심사할 것을 구하는 불복신청이 바로 상고이다. 상고심은 원판결의 당부를 법률적인 측면에서만 심사한다. 상고심은 스스로 사건의 사실인정을 하지 않고 원심의 사실인정

---

37) 이시윤, 신민사소송법, 박영사 제8판, 2014, 816면.

을 전제로 재판하고, 원판결이 적법하게 확정한 사실은 상고법원을 기속하게 된다(민소법 제432조). 그러므로 항소와 달리 사후심적이다. 한편, 제1심 판결에 대하여 직접 상고심 법원에 불복신청을 하는 경우가 있는데, 이를 비약상고**Sprungrevision**라 한다(민소법 제390조 제1항 단서, 제422조 제2항).

4) 항고

결정과 명령에 대하여 독립한 불복방법이 인정된다. 이를 항고**Beschwerde**라 한다. 제1심에서 제2심으로 항고를, 제2심에서 제3심으로는 재항고를 한다. 항고는 상급법원에 원재판의 당부의 판단을 구하는 점에서 항소·상고와 같지만, 간이·신속한 결정절차에 의한다는 점과 원법원이 원결정을 변경할 기회를 갖는다는 점에서 차이가 있다.[38] 다만, 항고는 모든 결정·명령에 대하여 허용되는 것이 아니라 법률이 특히 허용하는 경우에 한하여 인정된다.

X. 강제집행

1. 의의

채무자가 판결이나 조서 등의 내용대로 채무를 이행하면 다행이지만, 그렇지 아니하면 강제로 이를 이행시킬 수밖에 없을 것이다. 확정판결이나 인낙·화해조서 등에서 확정된 권리실현을 확보하기 위한 절차가 강제집행제도**Vollstreckung**이다. 강제집행은 협의의 강제집행과 광의의 강제집행의 두 가지 의미로 구분될 수 있다. 전자는 채권자의 신청에 의하여, 채무명의에 표시된 사법상의 이행청구권을, 국가권력에 의하여 강제적으로 실현하는 법적 절차를 말한다. 후자는 전자를 포함하여 질권, 저당권 등 약정 담보권의 실행까지 포함하는 개념으로 이해한다.

---

38) 강현중, 민사소송법, 박영사 제6판, 2004, 765면.

2. 내용

1) 신청

　강제집행은 채권자의 신청이 있어야 한다. 이행청구권을 현실적으로 실시하는 강제집행권은 국가에게 있다. 그러나 채권자가 권리의 실현을 바라지 않는 데도, 국가가 직권으로 채무자를 강제하여 그 의무를 이행하도록 할 수 없다. 채권자의 신청에 의하여 국가가 정해진 법의 절차에 따라, 채권자를 대신하여 강제로 그 의무를 이행하는 것이 바로 강제집행이다.

2) 집행기관

　강제집행을 실시하는 기관은 집행관, 집행법원 및 수소법원이다. 집행관이 원칙적으로 집행을 실시한다(민집법 제2조). 동산 집행의 경우에 주로 집행관이 집행을 실시한다. 집행법원은 집행이 실시되는 지역을 관할하는 지방법원이나 그 지원의 단독판사를 말한다. 주로 부동산 집행이나 추심명령, 전부명령과 같이 법원의 판단이 필요한 집행조치를 할 때에 집행기관이 된다. 수소법원이 집행기관이 되는 것은 판결절차와 밀접한 관계가 있는 집행의 경우이다.

3) 집행권원

　강제집행에서 집행을 신청하는 적극적 당사자를 채권자, 집행을 당하는 소극적 당사자를 채무자라 한다. 일정한 실체법상 청구권의 존재와 범위를 표시하고 그 청구권에 집행력을 인정한 공증의 문서를 집행권원이라 한다. 2002년 7월 이전에는 이를 채무명의라고 하였다. 이 집행권원의 대표적인 것이 확정판결이다. 그 외에 가집행선고 있는 종국판결, 확정판결과 동일한 효력이 있는 조서, 외국판결에 대한 집행판결, 확정된 지급명령 및 집행증서 등이 집행권원이 된다.

4) 집행문

　강제집행은 집행문이 있는 판결정본이 있어야 한다(민집법 제28조). 법원사무관 등이 집행권원의 정본 말미에 부기하는 공증문서를 집행문이라 한다Vollstreckungsklausel. 집행문은 집행권원의 존재 및 그것이 강제집행에 적당하다는 것을 공증하는 기능을 하게 된다. 공증인이 작성한 증서의 집행문은 그 증서를 보존하는 공증인이 부여한다(민집법 제59조 제1항). 집행문의 방식은 '정기 정본은 피고 모 또는 원고 모에 대한 강제집행을 실시하기 위하여 원고 모 또는 피고 모에게 부여한다.'라고 기재하고, 법원사무관 등이 기명날인한 후 법원의 인을 압인하여야 한다(민집법 제29조).

5) 강제집행의 방법

강제집행은 집행할 채권이 무엇인지, 또는 집행대상이 어떠한 것인가에 따라 집행하는 방법에 차이가 있다. 금전채권의 강제집행과 금전채권 이외의 채권의 강제집행으로 구분할 수 있다.[39]

6) 채권자 보호

강제집행을 하는 이유는 채권자가 집행하는 재산으로부터 만족을 얻고자 함이다. 그러나 채권자가 만족을 얻고자 하여도 채무자가 미리 처분하거나 은닉하여 채무자의 재산이 별로 남아 있는 것이 별로 없다고 한다면, 채권자는 강제집행에 대한 실익이 없게 된다. 이러한 목적으로 사전에 집행할 재산을 확보하는 절차가 바로 보전소송이고, 집행에 당하여 확보하는 절차가 바로 압류이다. 압류가 직접적인 재산확보 수단이라고 한다면, 채무자의 재산 은닉이나 도피를 막는 방법으로 재산명시제도(민집법 제61조 이하)가 있다. 채무자가 채무의 이행을 하지 않는 경우에 채무자로 하여금 재산목록을 제출토록 하고 그 목록이 진실하다는 사실을 선서시키도록 하는 제도가 있고, 채무이행을 간접적으로 강제하는 방법으로 채무불이행자명부제도가 있다(민집법 제70조 이하). 채무불이행자명부제도는 채무 확정 후 6개월 내에 이행을 하지 않는 채무자를 본 명부에 등재하여 법원에 비치하고, 누구에게나 열람 또는 금융기관에 보내어 신용정보로 활용할 수 있게 하는 제도이다.

7) 채무자 보호

강제집행은 채무자에 대한 강제행사이기는 하지만 그와 그의 가족에 대한 인권을 침해해서는 아니 된다. 이 점을 고려하여 민사집행법은 채무자의 생존의 기반을 위협하지 않도록

---

39) 자세히는 호문혁, 민사소송법, 법문사 제12판, 2014, 33면 이하.

하기 위하여, 의복 등 생활에 필수적인 일정한 물건에 대하여는 압류를 금지하고 있다(민집법 제195조). 봉급의 반, 부양료 등 생계유지에 필수적인 일정한 채권도 압류를 금지한다(민집법 제246조). 집행과정에서 생길 수 있는 인권침해를 방지하기 위하여 증인의 참여(민집법 제6조), 야간·휴일의 집행 제한 등의 규정을 두고 있다(민집법 제8조).

제2장
The Civil Proceedings Act

민사소송의 주체

I. 법원

1. 개념

사법권을 행사하는 국가권력기관으로서 법원은 광의의 의미와 협의의 의미, 두 가지의 의미로 구분할 수 있다.

1) 광의의 의미에서 법원

광의의 의미에서 법원이라 함은 재판을 처리하는 재판기관뿐만 아니라 사법보좌관·법원사무관·집행관 등의 사법기관, 대법원장·각급법원장·대법관회의 등의 사법행정기관, 법원행정처·각급법원의 판사회의·사무국, 사법정책자문위원회·법관인사위원회 등 사법행정을 뒷받침해 주는 기관 등을 포함하는 개념을 말한다.

2) 협의의 의미에서 법원

사법권의 작용 가운데 가장 중요한 재판사무를 처리하기 위하여 1인 또는 수인의 법관으로 구성된 재판기관을 협의의 의미에서 법원이라 한다.

2. 수소법원과 집행법원

1) 수소법원

소송사건을 수리하고 심리하며 판단하는 기능을 하는 법원이 수소법원**Prozessgericht**이다. 어떤 사건에 관한 판결절차가 과거에 계속係屬되었거나, 현재 계속하고 있거나 장차 계속할 법원이다. 수소법원은 판결절차 이외에 증거보전(민소법 제376조), 증언거부에 대한 재판(민소법 제317조), 특수한 집행절차(대체집행·간접강제 등), 가압류·가처분(민집법 제278조, 제303조) 등에 관한 직무를 행한다.

2) 집행법원

강제집행의 실시, 집행관의 집행에 대한 협력 내지 감독 등을 직분으로 하는 소송법상의 법원이 집행법원**Vollstreckungsgericht**이다. 집행관이나 사법보좌관의 강제집행 실시의 감독과 스스로 집행기관으로서 강제집행을 수행하는 기능을 한다. 특정의 규정이 없는 한, 집행절차를 행하는 지역 또는 이를 행한 지역을 관할하는 지방법원이 이를 행한다(민집법 제3조 제1항). 집행법원이 직접 집행의 실시를 하는 경우로는 채권 기타 재산권에 대한 집행, 동산집행의 배당 절차, 부동산집행, 자동차·건설기계 및 항공기에 대한 집행 등이다. 집행법원의 재판은 변론 없이 할 수 있으며(민집법 제3조 제2항), 이 재판에 대하여는 특별한 규정이 있는 경우에 한하여 즉시항고가 가능하다(민집법 제15조).

3. 구성원의 수와 재판기관

재판기관은 1인의 법관으로 구성되는 경우와 수인으로 구성되는 경우가 있다. 전자를 단독제, 후자를 합의제라고 한다. 지방법원은 단독제를 원칙으로 하면서(법원조직법 제7조 제4항) 합의제를 병용하고 있다(법원조직법 제32조). 즉, 지방법원 및 가정법원과 그 지원, 가정지원 및 시·군 법원의 심판권은 단독판사가 행사하지만(법원조직법 제7조 제4항), 지방법원 및 가정법원과 그 지원 및 가정지원에서 합의심판을 하여야 하는 경우에는 판사 3명으로 구성된 합의부에서 심판권을 행사한다(법원조직법 제7조 제5항). 대법원과 고등법원 역시 언제나 합의제를 채택하고 있다.

4. 전원합의체와 부

대법원은 대법관 전원의 3분의 2 이상으로 구성되는 '전원합의체'와 대법관 3인으로 구성되는 '부部'라고 하는 심판기구를 두고 있다. 전원합의체는 1) 명령·규칙이 헌법에 위반함을 인정하는 경우, 2) 명령·규칙이 법률에 위반함을 인정하는 경우, 3) 종전의 판례를 변경할 필요가 있는 경우, 4) 부에서 재판함이 부적절한 경우, 5) 부구성 법관 사이에 의견대립이 있는 경우를 소관사항으로 한다(법원조직법 제7조 제1항). 이 경우 대법원장이 재판장이 된다. 그 밖의 대법원에 접수 계류되는 사건에 대한 심판은 부에서 관장하게 된다.

5. 합의체

합의체는 재판장과 합의부원으로 구성된다. 합의부원은 통상 배석판사라고 한다. 사건의 처리에 중요한 판단이나 결정을 해야 하는 경우 그 구성법관의 합의에 의한 과반수의 의견으로 한다(법원조직법 제66조 제1항). 심판의 합의는 공개하지 아니한다(법원조직법 제65조).

6. 법관(합의제의 경우)

1) 재판장

(1) 의의

구성법관 가운데 1인이 재판장이 된다. 대법원장이나 각급법원장이 합의체의 구성원인 경우에는 그가 재판장이 되고, 부장판사가 구성원인 경우에는 부장판사 자신이 재판장이 되며, 그 밖의 경우에는 구성원 가운데 선임자가 재판장이 되는 것이 관례로 되어 있다.

(2) 권한

합의체의 대표기관으로서 소송지휘권, 법정경찰권, 판결의 선고 및 석명권을 행사하고 합의를 주재하는 역할을 한다(민소법 제135조 내지 제137조). 변론의 지휘에 관한 재판장의 명령 또는 민소법 제136조(석명권이나 구문권 등)나 제137조(석명준비명령)의 규정에 따른 재판장의 조치에 대하여 당사자가 이의를 신청한 경우에는 합의부가 결정으로 재판을 하게 된다(민소법 제138조).

재판관 전원의 관여가 필요 없는 간단한 사항이나 급박한 사항에 대하여는 재판장이 단독으로 권한을 행사할 수 있다. 수명법관의 지정(민소법 제139조 제1항), 법원이 하는 각종의 촉탁(민소법 제139조 제2항), 기일지정(민소법 제165조), 공시송달명령(민소법 제194조 제3항, 제4항) 등이 있다. 재판장의 단독결정에 대하여 그 불복이 허용되는 한 상급법원에 즉시 항고가 가능하다. 예를 들면, 재판장의 소장각하 명령에 대하여 원고는 즉시 항고를 할 수 있다(민소법 제254조 제2항, 제3항).

2) 수명법관과 수탁판사

(1) 수명법관

수명법관Beauftragter Richter이라 함은 법원합의부法源合議部를 구성하는 인원으로서 법정된 일정사항에 관해 처리를 위임받은 법관法官을 말한다. 예컨대 수소법원受訴法院 외에서 증거조사時證據調査를 할 경우(민소법 제297조 제1항)라든가 당사자에게 재판상의 화해를 시키려고 시도하는 경우(민소법 제145조)에 그 합의제법원合議制法院의 구성원인 법관을 재판장이 지정하여(민소법 제139조) 직무를 행하게 한다. 그 수명법관受命法官은 위임된 사항을 처리하기 위해서는 법원이나 재판장과 같은 권한이 부여된다(민소법 제332조). 그러나 수명법관이 신문訊問할 때에 취한 조치에 대한 이의에 관하여는 합의부(합의부)가 재판한다. 또한 수명법관이 행한 재판에 대한 불복신청不服申請은 직접 상급심上級審으로의 항고抗告는 인정되지 않으며, 합의부에 대한 이의의 신청이 선행되어야만 한다(민소법 제441조).

(2) 수탁판사

소송의 계속 중係屬中에 있는 법원의 촉탁을 받아서 일정한 사항을 처리하는 판사가 수탁판사Ersuchter Richter이다. 예를 들면, 소송계속訴訟係屬 중인 법원보다도 먼 곳에 위치하는 장소에서 증거조사證據調査를 하는 경우(민소법 제297조 제1항) 및 당사자에게 재판상의 화해를 권고하는 경우(민소법 제145조)에 다른 지방법원판사地方法院判事에게 증거조사를 의뢰할 수 있는데, 이때 그 의뢰의 처리를 담당하는 판사를 말한다. 의뢰依賴는 소송계속 중 법원의 재판장이 하며(민소법 제139조 제2항), 그 위촉을 받은 수탁판사는 상황판단狀況判斷 후 재차 타지방법원판사他地方法院判事에게 촉탁할 수 있다(민소법 제297조 제2항). 수탁판사는 수소법원受訴法院을 구성하는 자는 아니지만 촉탁에 따라 일정사항을 처리하는 것은 수명법관의 경우와 같으므로 그 취급 또한 수명법관受命法官과 일치한다.

(3) 주심법관

합의부 사건의 경우 사건배당과정에서 합의부 구성원 중 1인을 정하여 운영토록 하는데, 그 운영자를 주심법관이라 한다. 주심법관이 주로 해야 할 일은 기록의 철저한 검토, 합의의 준비, 합의결과에 따른 판결문의 작성 등이다.

7. 그 밖의 사법기관

1) 법원사무관 등

법원서기관, 법원사무관, 법원주사, 법원주사보 등의 직에 있는 자를 법원사무관 등이라 통칭한다. 재판참여관이라고도 하며 다음과 같은 역할을 수행한다. 첫째, 법원사무관 등은 심판에 참여하여 변론조서를 비롯하여 증거조서를 작성하고(민소법 제152조 제1항), 재판장이 적도록 명한 사항에 대하여 법원사무관 등은 이를 명확히 기재해야 할 의무가 있다(민소법 제154조 제4호). 둘째, 소장이나 답변서 등의 적식(적절한 형식)에 관한 보조적 심사를 한다. 셋째, 법원사무관 등은 송달사무를 처리한다(민소법 제175조 제1항). 넷째, 법원사무관 등은 소송기록의 열람이나 정본이나 등본 또는 초본, 소송에 관한 사항의 증명서를 작성 및 교부해야 하며(민소법 제162조), 판결확정증명서의 작성교부를 해야 한다(민소법 제499조). 그 외에도 법원사무관 등은 소송기록의 보관과 송부(민소법 제400조, 제426조, 제438조), 집행문의 부여 업무를 수행한다.

2) 사법보좌관

사법보좌관 제도는 법원조직법(제54조)에 따라 법관의 업무를 소송 업무에 집중시키고, 경매 등 단순 업무·부수적 일부 업무·공증 업무를 사법보좌관으로 임명된 일반직 법원 공무원에게 맡기는 것으로 사법서비스의 질을 높이기 위한 목적을 가지고 있다. 사법보좌관은 법원사무관 이상 직급으로 5년 이상 근무하거나, 법원주사보 이상의 직급으로 10년 이상 근무한 현 법원사무관 중에서 선발되며 판사와 같이 독립적 지위가 부여된다. 사법보좌관에 선발된 자는 법원이사관, 법원부이사관, 법원서기관, 법원사무관 또는 등기사무관에 임명할 수 있다. 이들은 기존 판사업무 중 제소 전 화해, 협의이혼 의사확인, 소송비용 확정, 담보취소 및 담보물 반환, 집행문 부여명령 등 공증적 성격의 사무를 직접 처리하게 된다. 또 독촉절차, 공시최고절차, 재산관계 명시절차, 채권압류·추심·전부명령 및 배당절차, 부동산 경매, 민사조정 및 가사조정, 간단한 약식과태료 사건도 이의절차를 제외하고는 일체의 업무를 위임받게 되며, 사건처리에 필요한 조사업무도 수행한다. 다만, 사회적 주목의 대상이 되거나 고도의 법률적 판단이 필요하고 이해관계인의 다툼이 있는 업무일 경우에는 즉시 사건을 판사에게 송부, 처리한다. 또 법관의 감독을 받아 업무를 수행하며, 사법보좌관이 내린 처분에 대해 불복할 경우 법관에게 이의신청이 가능하다.

3) 집행관

지방법원 및 지원에 배치되어 재판의 집행과 서류의 송달 기타 법령에 의한 사무를 행하는 단독제의 독립기관(법원조직법 제55조)이 바로 집행관Gerichtsvollzieher이다. 종전에는 집달리執達吏 또는 집달관執達官이라고 불렀다. 사법기관의 하나로서 법원의 계열 내에 있으나, 법원이나 법관의 단순한 보조기관이 아니고 법정의 직권을 자기의 판단과 책임 하에 행사하는 기관이다. 즉, 집행관은 당사자의 위임에 의하여 고지告知 및 최고催告, 동산 및 부동산의 임의경매任意競賣, 거절증서拒絕證書의 작성 등 사무를 처리한다. 또한 법원 및 검찰청의 명령에 의하여 서류와 물품의 송달, 벌금·과료·과태료·추징금 또는 공소에 관한 소송비용의 재판의 집행 및 몰수물품의 회수 또는 매각, 영장의 집행 등 사무를 처리할 의무를 진다(집행관법 제4조, 제5조).

집행관은 10년 이상 법원주사보 또는 검찰주사보 이상의 직에 있던 자 중에서 지방법원장이 임명한다(제3조 제1항). 집행관은 국가로부터 봉급을 받지 않고 취급한 사건의 수수료와 체당금替當金을 받아서 수입으로 하므로, 보통 형식상의 공무원과 다르다. 그러나 집행관은 실질적 의미의 국가공무원에 속한다 할 수 있으므로 그의 불법행위에 대하여는 헌법 제29조에 비추어 국가배상책임이 인정된다.

4) 전문심리위원

법원이 건축, 의료, 지적재산권 등 분쟁해결을 위해 전문적인 지식과 경험을 필요로 하는 사건을 심리할 때, 지식과 경험이 풍부한 법원 외부의 관련 분야 전문가를 전문심리위원으로서 소송절차에 참여하게 하여, 설명 또는 의견을 기재한 서면을 제출하게 하거나 기일에 출석하여 설명이나 의견을 진술하게 함으로써 충실하고 신속한 심리를 하는 데 도움을 받는 제도이다(민소법 제164조의2 제2항). 기일에 재판장의 허가를 받아 증인이나 감정인 등에 직접 질문할 수 있고(동조 제3항), 법원은 전문심리위원제출의 설명이나 의견의 진술에 관하여 당사자에게 의견진술의 기회를 부여하게 된다(동조 제4항). 제척이나 기피제도가 준용되며(민소법 제164조의5), 벌칙적용에 있어서는 공무원으로 의제된다(민소법 제164조의8).

5) 재판연구관

대법원장의 명을 받아 대법원에서 사건의 심리 및 재판에 관한 조사연구를 하는 재판보조기관이다(법원조직법 제24조 제2항). 대법원 재판부의 구성원이 될 수 없으며 합의에 관여하는 것도 불가능하다. 각급 법원은 재판연구관과 유사한 재판연구원을 둘 수 있다.

II. 법원의 관할

1. 관할의 의의

재판권을 행사하는 여러 법원 사이에서 어떤 법원이 어떤 사건을 담당하고 처리하느냐 하는 재판권의 분담관계를 정해 놓은 것을 관할이라고 한다. 법원은 대법원과 각급법원으로 구성되어 있다(헌법 제101조 제2항). 민사재판권을 행사하는 각급법원으로는 고등법원 5개(서울, 부산, 대구, 광주 및 대전)와 서울지방법원을 비롯한 18개의 지방법원이 있다. 지방법원에는 단독판사, 시군법원 및 합의부가 있다. 법원 사이 또는 지방법원 내의 단독판사와 합의부 사이에 재판사무를 분장시키는 제도가 바로 관할이다.

2. 관할의 종류

1) 재판권분장의 표준에 따른 분류

(1) 직무관할

재판권의 여러 가지 작용에 따라 어느 법원에 어느 직무를 분담시킬 것인가를 정하는 관할이다. 첫째, 수소법원과 집행법원으로 구분할 수 있다. 판결절차는 수소법원의 직무관할에 속하고, 강제집행절차는 집행법원의 직무관할에 속한다. 둘째, 심급관할이다. 어느 심급을 어떤 법원이 관할하느냐의 문제이다. 심급관할은 비약상고의 경우를 제외하고 원칙적으로 전속관할이다.

제1심: 지방법원단독판사, 지원단독판사, 지방법원합의부, 지원합의부

제2심: 지방법원본원합의부 또는 일부지원합의부, 고등법원 또는 그 지부

제3심: 대법원

지방법원 본원 합의부가 단독판사의 판결에 대한 항소사건을 심판하는 도중에 지방법원 합의부의 관할에 속하는 소송이 새로 추가되거나 그러한 소송으로 청구가 변경된 경우 추가되거나 변경된 청구에 대하여 그대로 심판할 수 있는지 여부에 대하여, 대법원은 이를 긍정하고 있다.[40]

〈대법원 1992. 5. 12. 선고 92다2066 판결〉

대법원은 "지방법원 본원 합의부가 지방법원 단독판사의 판결에 대한 항소사건을 제2심(항소심)으로 심판하는 도중에 지방법원 합의부의 관할에 속하는 소송이 새로 추가되거나 그러한 소송으로 청구가 변경되었다고 하더라도, 심급관할은 제1심 법원의 존재에 의하여 결정되는 전속관할이어서 이미 정하여진 항소심의 관할에는 영향이 없는 것이므로, 추가되거나 변경된 청구에 대하여도 그대로 심판할 수 있다고 할 것이고,[41] 소론이 주장하는 바와 같이 지방법원 본원 합의부가 소송을 고등법원에 이송하든지, 제1심 법원으로 판결하여 다시 고등법원에 항소할 수 있도록 처리하여야만 되는 것은 아니다."라고 판시하고 있다.

---

40) 대법원 1992. 5. 12. 선고 92다2066 판결.
41) 대법원 1965. 9. 21. 선고 65다241 판결; 대법원 1970. 6. 30. 선고 70다743 판결.

(2) 사물관할

제1심 소송사건을 다루는 지방법원 단독판사(시군법원)와 지방법원 합의부 사이에서 재판권의 분담관계를 정해 놓은 것을 사물관할이라고 한다. 단독판사의 관할사항으로는 ① 소송목적의 값이 1억 원 이하의 사건, ② 사안이 단순한 사건으로 수표금·어음금 청구사건, ③ 재정단독사건(단독판사가 심판할 것을 합의부가 결정한 사건) 등을 들 수 있다. 합의부의 관할사항으로는 ① 소송목적의 값(소가)이 1억 원을 초과하는 민사사건, ② 재정합의사건(합의부에서 심판할 것을 합의부가 스스로 결정할 사건: 법원조직법 제32조 제1항 제6호), ③ 소송목적의 값을 산정하기 어려운 재산권에 관한 소 및 비재산권에 관한 소, ④ 지방법원 판사에 대한 제척·기피사건 등을 들 수 있다.

(3) 토지관할

소재지를 달리하는 같은 종류의 법원 사이에 재판권의 분담관계를 정해 놓은 것을 말한다. 특히 제1심 사건에서 어느 곳을 관할구역으로 할 것인가는 토지관할에 의하여 정해지게 된다. 다른 말로 재판적이라고 한다. 보통재판적, 특별재판적 및 관련재판적으로 구분된다.

① 보통재판적

모든 소송사건에 공통적으로 적용되는 재판적을 말한다. 피고와 관계있는 곳을 기준으로 하여 정한다(민소법 제2조: 일반관할). 관련조문은 민소법 제3조, 제5조 제1항, 제6조 등이다.

② 특별재판적

특별한 사건에 대하여 보통재판적과 다른 곳에 재판적을 두는 것을 말한다. 섭외사건에 관하여 국내의 재판관할을 인정할 수 있을 것인가에 대하여, 대법원은 "미합중국 하와이주의 법률에 의하여 설립된 외국법인의 서울 사무소에서 근무하던 외국인 직원들이 부당 해고되었음을 이유로 손해배상을 청구하는 소송에 관하여 민사소송법 제10조 소정의 재판적이 인정되므로 국내에 재판관할권이 있다."고 판시하였다.[42]

---

42) 대법원 1992. 7. 28. 선고 91다41897 판결.

<대법원 1992. 7. 28. 선고 91다41897 판결>

대법원은 "섭외사건에 관하여 국내의 재판관할을 인정할지의 여부는 국제재판관할에 관하여 조약이나 일반적으로 승인된 국제법상의 원칙이 아직 확립되어 있지 않고 이에 관한 우리나라의 성문 법규도 없는 이상 결국 당사자 간의 공평, 재판의 적정, 신속을 기한다는 기본이념에 따라 조리에 의하여 이를 결정함이 상당하다 할 것이고, 이 경우 우리나라의 민사소송법의 토지관할에 관한 규정 또한 위 기본이념에 따라 제정된 것이므로 위 규정에 의한 재판적이 국내에 있을 때에는 섭외사건에 관한 소송에 관하여도 우리나라에 재판관할권이 있다고 인정함이 상당하다고 할 것이다."고 판시하면서, "원심이 미합중국 하와이주의 법률에 의하여 설립된 외국법인인 피고 회사의 사무소가 서울에 있고 여기서 근무하던 외국인인 원고들이 피고 회사로부터 부당 해고되었음을 이유로 손해배상을 청구하는 이 사건 소송은 민사소송법 제10조 소정의 재판적이 인정되므로 국내에 재판관할권이 있다고 판단한 것은 정당하고 거기에 지적하는 바와 같은 법리오해의 위법이 있다 할 수 없다."고 판시하였다.

민사소송법 제7조 이하 제24조에 규정되어 있다. 보통재판적보다 특별재판적이 원고에게 유리한 경우가 많다. 근무지(제7조), 거소지(제8조 전단), 의무이행지(제8조 후단), 어음·수표 지급지(제9조), 재산이 있는 곳(제11조), 사무소·영업소가 있는 곳(제12조), 불법행위지(제18조 제1항), 부동산이 있는 곳(제20조) 및 고등법원이 있는 곳의 지방법원(제24조) 등을 들 수 있다. 관련된 판례들을 살펴 본다.

재산권에 관한 소는 의무이행지의 관할법원에 제기할 수 있다. 사해행위취소에 따른 원상회복으로서의 소유권이전등기 말소등기의무의 이행지를 어디로 보아야 할 것인가에 대하여 대법원은 다음과 같이 판시하고 있다. [43]

<대법원 2002. 5. 10. 자 2002마1156 결정>

대법원은 "부동산등기의 신청에 협조할 의무의 이행지는 성질상 등기지의 특별재판적에 관한 민사소송법 제19조에 규정된 '등기할 공무소 소재지'라고 할 것이므로, 원고가 사해행위취소의 소의 채권자라고 하더라도 사해행위취소에 따른 원상회복으로서의 소유권이전등기 말소등기의무의 이행지는 그 등기관서 소재지라고 볼 것이지, 원고의 주소지를 그 의무이행지로 볼 수는 없다."고 판시하고 있다.

---

43) 대법원 2002. 5. 10. 자 2002마1156 결정. 이 결정에 반대하는 의견으로는 이시윤, 신민사소송법, 박영사 제8판, 2014, 99면.

어음이나 수표에 관한 소는 그 지급지의 법원에 제기할 수 있다. 이 점 민사소송법 제9조가 명시적으로 규정하고 있다. 어음의 채권자가 어음의 주채무자나 배서인 등을 상대로 소를 제기하고자 하는 경우에, 지급지를 하나의 장소를 집중하여 소를 제기할 수 있도록 함으로써 편의를 도모하고자 하는 목적이 있다.[44] 약속어음금 지급청구 소송의 재판적과 관련하여, 대법원은 다음과 같이 판시하고 있다.[45]

<대법원 1980. 7. 22. 자 80마208 결정>

대법원은 "약속어음은 그 성질상 그 어음에 표시된 지급지가 의무이행지라 할 것이므로 그 의무이행을 구하는 소송의 토지관할권은 지급지를 관할하는 법원에 있고 채권자의 주소지를 관할하는 법원에 있는 것이 아니다.[46] 원심이 이 사건에서 원고의 청구가 문제된 어음을 피고가 발행한 것을 원인으로 하고 있으므로 그 관할법원은 그 어음에 지급지로 기재된 삼천포시를 관할하는 부산지방법원 진주지원이라고 본 것은 같은 취지로서 상당하다 할 것이다. 약속어음발행인의 어음금 지급채무와 배서양도인의 그것과 간에 성질상 차이가 있다고 해서 그 어음에 기재된 지급지를 표준으로 하여 관할법원을 정하는 데 차이가 있는 것이라고는 해석되지 아니하므로 논지 이유 없다."고 판시하고 있다.

사무소·영업소가 있는 사람에 대하여 그 사무소 또는 영업소의 업무와 관련이 있는 소를 제기하는 경우에는 그 사무소 또는 영업소가 있는 곳의 법원에 제기할 수 있다. 이 점 민사소송법 제12조가 규정하고 있다. 지점망을 거느린 대기업회사·외국회사를 피고로 하여 소를 제기하고자 하는 경우에는, 본점까지 갈 필요가 없이 가까운 소재지에서 쉽게 소제기를 할 수 있다.[47] 영업소가 있는 자가 원고인 경우에는, 이를 적용할 수 없다는 대법원 판결이 있다.[48]

---

44) 이시윤, 신민사소송법, 박영사 제8판, 2014, 100면.
45) 대법원 1980. 7. 22. 자 80마208 결정.
46) 대법원 1973. 11. 26. 선고 73마910 결정. 한편 본 사건은 "법원은 당사자 또는 분쟁이 된 사안이 대한민국과 실질적 관련이 있는 경우에 국제재판관할권을 가진다. 이 경우 법원은 실질적 관련의 유무를 판단함에 있어 국제재판관할 배분의 이념에 부합하는 합리적인 원칙에 따라야 한다."는 국제사법 제2조 제1항과 "법원은 국내법의 관할 규정을 참작하여 국제재판관할권의 유무를 판단하되, 제1항의 규정의 취지에 비추어 국제재판관할의 특수성을 충분히 고려하여야 한다."는 국제사법 제2조 제2항이 관련이 있다.
47) 이시윤, 신민사소송법, 박영사 제8판, 2014, 100면.
48) 대법원 1980. 6. 12. 자 80마158 결정.

대법원은 "고구마 매매계약서를 기록에 의하여 살펴 보면 위 매매계약은 농업협동조합중앙회와 재항고와 삼보산업주식회사 사이에 매도인 매수인으로서 체결된 것이요, 위 중앙회 전라남도 지부나 그 지부장이 매매당사자로 되어 체결된 것은 아니며 위 중앙회 전라남도지부장 황의선은 위 중앙회의 대리인의 자격으로 위 매매계약을 체결한 것으로 볼 것임이 분명하고 위 계약서 제20조에 정한 '갑의 주소지'라 함은 위 중앙회의 주소지를 말한다고 해석함이 상당하다 할 것이니 기록에 나타난 등기부초본의 기재와 아울러 고찰할 때 이 사건 관할합의에 의한 관할법원은 위 중앙회의 주소지, 즉 그 주된 사무소의 소재지인 '서울특별시 중구 충정로 1가 75'를 관할하는 법원인 서울민사지방법원이라 할 것이다. 그리고 농업협동조합중앙회 전라남도지부를 원심이 본 바와 같이 민사소송법 제4조에 규정된 법인의 영업소에 준하는 것이라 할지라도 동법 제10조에 의하면 사무소 또는 영업소가 있는 자에 대한 소는 그 사무소 또는 영업소의 업무에 관한 것에 한하여 그 소재지의 법원에 제기할 수 있다고 규정되어 있어 위 중앙회의 영업소의 업무에 관하여 위 중앙회를 상대로 소를 제기하는 때에 한하여 위 영업소 소재지의 법원에 관할이 있다고 할 것이므로 위 중앙회가 스스로 원고가 되어 재항고인을 상대로 소를 제기하는 이 사건의 경우 위 규정이 적용될 여지는 없다 할 것이다."라고 판시하였다.

2002년 김해공항 인근에서 발생한 중국 항공기 추락사고로 사망한 중국인 승무원의 유가족이 중국 항공사를 상대로 대한민국 법원에 손해배상청구소송을 제기한 사안에서, 대법원은 국제재판관할권 유무에 대한 판단기준을 제시하였다.[49]

---

49) 이 사건에서 제1심은 원고들의 이 사건 소는 국제재판관할권이 없는 대한민국 법원에 제기된 것으로서 모두 부적법하다고 판단하였고, 원심은 제1심판결을 유지하였다. 그러나 대법원은 원심 및 제1심의 판단은 다음과 같은 이유로 수긍하기 어렵다고 하면서 다음과 같은 이유를 제시하였다. 첫째, 원고들이 내세우고 있는 이 사건 소송의 청구원인은 피고 회사의 불법행위 또는 근로계약상 채무불이행으로 인한 손해배상청구이므로, 불법행위지(이 사건 사고의 행위지 및 결과발생지 또는 이 사건 항공기의 도착지) 및 피고 회사의 영업소 소재지가 속한 대한민국 법원에 민사소송법상 토지관할권이 존재한다고 봄이 상당한데, 당사자 또는 분쟁이 된 사안이 대한민국과 실질적 관련이 있는지를 판단하는 데 있어서 민사소송법상 토지관할권 유무가 여전히 중요한 요소가 됨을 부인할 수 없다. 둘째, 국제재판관할권은 배타적인 것이 아니라 병존할 수 있으므로, 지리상·언어상·통신상의 편의 측면에서 중국 법원이 대한민국 법원보다 피고 회사에 더 편리하다는 것만으로 대한민국 법원의 재판관할권을 쉽게 부정하여서는 곤란하고, 원고가 대한민국 법원에서 재판을 받겠다는 의사를 명백히 표명하여 재판을 청구하고 있는 점도 쉽사리 외면하여서는 아니 된다. 그리고 이 사건에서 피고 회사의 영업소가 대한민국에 존재하고 피고 회사 항공기가 대한민국에 취항하며 영리를 취득하고 있는 이상, 피고 회사가 그 영업 활동을 전개하는 과정에서 대한민국 영토에서 피고 회사 항공기가 추락하여 인신사고가 발생한 경우 피고 회사로서는 대한민국 법원의 재판관할권에 복속함이 상당하고, 피고 회사 자신도 이러한 경우 대한민국 법원에 피고 회사를 상대로 손해배상소송이 제기될 수 있다는 점을 충분히 예측할 수 있다고 보아야 한다. 따라서 개인적인 이익 측면에서도 대한민국 법원의 재판관할권이 배제된다고 볼 수 없다. 자세한

〈대법원 2010. 7. 15. 선고 2010다18355 판결〉

대법원은 "당사자 간의 공평, 재판의 적정, 신속 및 경제를 기한다는 기본이념에 따라 국제재판관할을 결정하여야 하고, 구체적으로는 소송당사자들의 공평, 편의 그리고 예측가능성과 같은 개인적인 이익뿐만 아니라 재판의 적정, 신속, 효율 및 판결의 실효성 등과 같은 법원 내지 국가의 이익도 함께 고려하여야 하며, 이러한 다양한 이익 중 어떠한 이익을 보호할 필요가 있을지 여부는 개별사건에서 법정지와 당사자의 실질적 관련성 및 법정지와 분쟁이 된 사안과의 실질적 관련성을 객관적인 기준으로 삼아 합리적으로 판단하여야 할 것이다."라고 제시하면서, "민사소송법상 토지관할권, 소송당사자들의 개인적인 이익, 법원의 이익, 다른 피해유가족들과의 형평성 등에 비추어 위 소송은 대한민국과 실질적 관련이 있다고 보기에 충분하므로, 대한민국 법원의 국제재판관할권이 있다."고 판시하였다.[50]

베트남전 참전군인 고엽제 피해 손해배상사건과 관련하여, '국제재판관할의 결정 기준 및 물품을 제조·판매하는 제조업자에 대한 제조물책임소송에서 손해발생지 법원에 국제재판관할권이 있는지 판단하는 방법'과 '구 섭외사법 제13조 제1항에서 정한 불법행위에서 '그 원인된 사실이 발생한 곳'에 손해의 결과발생지가 포함되는지 여부에 대한 대법원 판결이 있었다.[51]

〈대법원 2013. 7. 12. 선고 2006다17539 판결〉

대법원은 "특히 물품을 제조·판매하는 제조업자에 대한 제조물책임소송에서 손해발생지 법원에 국제재판관할권이 있는지를 판단하는 경우에는 제조업자가 손해발생지에서 사고가 발생하여 그 지역의 법원에 제소될 것임을 합리적으로 예견할 수 있을 정도로 제조업자와 손해발생지 사이에 실질적 관련성이 있는지를 고려하여야 한다."고 하면서, "구 섭외사법(2001. 4. 7. 법률 제6465호 국제사법으로 전부 개정되기 전의 것) 제13조 제1항에 의하면, 외국적 요소가 있는 섭외사건에서 불법행위로 인하여 생긴 채권의 성립 및 효력은 그 원인이 된 사실이 발생한 곳의 법에 의하여 판단하여야 하고, 불법행위에서 그 원인이 된 사실이 발생한 곳에는 불법행위를 한 행동지뿐만 아니라 손해의 결과발생지도 포함된다."고 판시하였다.

───────────
사항에 대하여는 대법원 2010. 7. 15. 선고 2010다18355 판결을 참조하기 바람.
50) 대법원 2005. 1. 27. 선고 2002다59788 판결; 대법원 2008. 5. 29. 선고 2006다71908, 71915 판결.
51) 대법원 2013. 7. 12. 선고 2006다17539 판결.

③ 관련재판적

원고가 하나의 소로써 여러 청구를 하는 경우에 그중 어느 하나의 청구에 관하여 토지관할권이 있으면 본래 그 법원에 법정관할권이 없는 나머지 청구도 그 곳에 재판적이 생기는 것을 말한다(민소법 제25조).

2) 관할법규의 강행성 정도에 따른 분류

(1) 전속관할

오로지 특정법원만이 배타적으로 관할권을 갖도록 한 것을 전속관할이라 한다. 법정관할 가운데 재판의 적정, 공평 등 고도의 공익적 견지에 정해 놓은 것이다. 전속관할은 법원의 직권조사사항이며, 당사자 간의 합의나 피고의 본안변론에 의하여 법정관할을 다른 법원으로 바꿀 수 없다.

민사집행법은 동법에 정한 재판적은 전속관할로 하고 있음을 주의하여야 한다(민집법 제21조).

〈서울동부지방법원 2011. 9. 30. 선고 2011나7286 판결〉

직권으로 살피건대, 원고의 피고 1, 2, 3, 4에 대한 집행문 부여의 소는 민사집행법 제21조의 규정에 의하여 제1심 판결 법원의 전속관할에 속하는 것인데, 그 제1심 판결 법원이 아닌 이 법원에 잘못 제기된 위 청구 부분에는 전속관할을 어긴 흠이 있다.

따라서 제1심 판결 중 원고의 피고 1, 2, 3, 4에 대한 청구 부분은 전속관할을 어긴 채 관할법원이 아닌 법원이 사건을 심리·판단한 위법이 있으므로 그 부분을 취소함과 아울러 민사소송법 제419조의 규정에 의하여 그 부분 사건을 관할법원인 의정부지방법원으로 이송한다.

(2) 임의관할

당사자 간의 합의나 피고의 본안변론에 의하여 다른 법원에 관할을 발생시킬 수 있는 것을 말한다.

3) 관할의 발생근거에 따른 분류

(1) 법정관할

법정관할은 법률에 의하여 직접 정해진 관할을 말한다. 직분관할, 사물관할, 토지관할 등이 여기에 속한다.

(2) 지정관할

재정관할이라고 하는데, 관할이 어디인지 불명한 경우에 관계법원의 바로 위 상급법원의 결정에 의하여 정해지는 관할을 의미한다(민소법 제28조). 법률에 관할에 관한 규정이 없어 재판권행사가 불가능하게 되었거나, 장애가 생긴 경우를 보충하기 위한 제도가 바로 지정관할제도이다.

(3) 합의관할

당사자의 합의에 의하여 발생하게 되는 관할을 말한다. 일정한 계약을 체결한 계약당사자에게 제소의 문제가 발생할 경우 특정법원을 관할법원으로 합의하는 경우를 들 수 있다. 회사와 소비자 사이에 회사에 의하여 작성되는 보통거래약관에 관할합의조항이 포함되어 있다. 관련된 대법원 판결이 다수 있다. 아파트 공급계약서상의 관할합의 조항이 약관의 규제에 관한 법률 제14조에 해당하여 무효인가에 대하여, 이를 무효로 본 대법원 판결이 있다.[52]

〈대법원 1998. 6. 29. 자 98마863 결정〉

대법원은 "대전에 주소를 둔 항고인과 서울에 주영업소를 둔 항고외 선경건설 주식회사 등과의 사이에 체결된 이 사건 아파트의 공급계약서 제15조 제6항은 "본 계약에 관한 소송은 서울민사지방법원을 관할법원으로 한다."고 정하고 있는바, 이와 같은 관할합의 조항은 약관의 규제에 관한 법률(이하 '약관규제법'이라 한다) 제2조 소정의 약관으로서 민사소송법상의 관할법원 규정보다 고객에게 불리한 관할법원을 규정한 것이어서 사업자에게는 유리할지언정 원거리에 사는 경제적 약자인 고객에게는 제소 및 응소에 큰 불편을 초래할 우려가 있으므로 약관규제법 제14조 소정의 '고객에 대하여 부당하게 불리한 재판관할의 합의조항'에 해당하여 무효라고 보아야 할 것이다."라고 판시하고 있다.

---

52) 대법원 1998. 6. 29. 자 98마863 결정.

주택분양보증약관에서 '대한주택보증 주식회사의 관할 영업점 소재지 법원'을 전속적 합의관할 법원으로 정한 사안에서, 대법원은 동 약관을 무효로 보면서 관할법원을 인정할 수 없다고 판단하고 있다.[53]

〈대법원 2009. 11. 13. 자 2009마1482 결정〉

대법원은 "약관의 규제에 관한 법률은 제6조에서 "신의성실의 원칙에 반하여 공정을 잃은 약관조항은 무효이다."라고 규정하고(제1항), 고객에 대하여 부당하게 불리한 약관조항은 공정을 잃은 것으로 추정된다고 규정한 다음(제2항 제1호), 제14조에서 "고객에 대하여 부당하게 불리한 소제기의 금지조항 또는 재판관할의 합의조항이나 상당한 이유 없이 고객에게 입증책임을 부담시키는 약관조항은 이를 무효로 한다."라고 규정하고 있는바, 그 약관조항에 의하여 고객에게 생길 수 있는 불이익의 내용과 불이익 발생의 개연성, 당사자들 사이의 거래과정에 미치는 영향, 관계 법령의 규정 등 제반 사정을 종합하여 볼 때, 당사자 중 일방이 지정하는 법원을 관할법원으로 한다는 것과 다를 바 없거나, 사업자가 그 거래상의 지위를 남용하여 사업자의 영업소를 관할하는 지방법원을 전속적 관할로 하는 약관조항을 작성하여 고객과 계약을 체결함으로써 건전한 거래질서를 훼손하는 등 고객에게 부당하게 불이익을 주었다고 인정되는 경우라면, 그 약관조항은 위 법조항에 위반되어 무효라고 볼 것이고,[54] 이에 이르지 아니하고 그 약관조항이 고객에게 다소 불이익한 것에 불과하다면 그 약관조항을 무효라고 할 수는 없을 것이나, 이 경우에도 그 약관은 신의성실의 원칙에 따라 공정하게 해석되어야 하며, 약관의 뜻이 명백하지 아니한 경우에는 고객에게 유리하게 해석되어야 한다(약관규제법 제5조). 원심 생략.

그러나 대법원은 다음과 같은 이유에서 원심의 판단을 그대로 받아들일 수 없다. "원심이 인정하였거나 기록에 의하여 알 수 있는 다음과 같은 사정, 즉 재항고인은 계약 당시부터 이 사건 소제기에 이르기까지 부산에서 거주하고 있고, 이 사건 분양계약목적물인 아파트의 소재지는 사천시인 점, 상대방은 서울 영등포구 여의도동(이하 지번 생략)을 본점소재지로 하고, 서울, 부산, 대구, 광주, 대전 등에 지점, 관리센터 등을 두고 있는 점, 위 주택분양보증계약이 체결될 당시 이를 관할하던 상대방의 영업점은 부산지점이었는데, 위 아파트의 분양자인 소외 주식회사에 대해 회생절차가 개시되어 위 약관의 규정에 따른 보증사고가 발생함에 따라 대구 수성구에 있는 상대방의 영남관리센터로 관련 업무가 이관되었다는 이유로 상대방이 그 소재지 법원인 대구지방법원에 이송신청을 하였던 점 등을 위 법리에 비추어 보면, 원심의 판단처럼 상대방의 내부적인 업무조정에 따라 위

---

53) 대법원 2009. 11. 13. 자 2009마1482 결정.
54) 대법원 1977. 11. 9. 자 77마284 결정; 대법원 1998. 6. 29. 자 98마863 결정; 대법원 2008. 12. 16. 자 2007마1328 결정.

약관조항에 의한 전속적 합의관할이 변경된다고 볼 경우에는 당사자 중 일방이 지정하는 법원에 관할권을 인정한다는 관할합의조항과 다를 바 없는 결과를 초래하게 되고, 사업자가 그 거래상의 지위를 남용하여 사업자의 영업소를 관할하는 지방법원을 전속적 관할로 하는 약관조항을 작성하여 고객과 계약을 체결함으로써 건전한 거래질서를 훼손하는 등 고객에게 부당하게 불이익을 주는 것으로서 무효인 약관조항이라고 볼 수밖에 없을 것이므로, 다른 특별한 사정이 없는 한 위 약관조항에서 말하는 '상대방의 관할 영업점 소재지 법원'은 위 주택분양보증계약이 체결될 당시 이를 관할하던 상대방의 영업점 소재지 법원을 의미하는 것으로 봄이 상당하다. 따라서 위 약관조항에 근거하여 대구지방법원을 이 사건 소송의 관할법원으로 볼 수는 없다."고 판단하고 있다.

사업자의 영업소를 관할하는 지방법원으로 전속적 관할합의를 하는 약관조항이 무효라고 보기 위한 요건 및 판단 기준과 관련하여, 대법원은 다음과 같이 판시하고 있다.

〈대법원 2008. 12. 16. 자 2007마1328 결정〉

대법원은 "약관규제법은 제6조에서 '신의성실의 원칙에 반하여 공정을 잃은 약관조항은 무효이다.'라고 규정하고(제1항), 고객에 대하여 부당하게 불리한 약관조항은 공정을 잃은 것으로 추정된다고 규정한 다음(제2항 제1호), 제14조에서 "고객에 대하여 부당하게 불리한 소제기의 금지조항 또는 재판관할의 합의조항이나 상당한 이유 없이 고객에게 입증책임을 부담시키는 약관조항은 이를 무효로 한다."라고 규정하고 있는바, 사업자와 고객 사이에서 사업자의 영업소를 관할하는 지방법원에 관하여 전속적 관할합의를 하는 내용의 약관조항이 고객에 대하여 부당하게 불리하다는 이유로 무효라고 보기 위해서는 그 약관조항이 고객에게 다소 불이익하다는 점만으로는 부족하고, 사업자가 그 거래상의 지위를 남용하여 이러한 약관조항을 작성·사용함으로써 건전한 거래질서를 훼손하는 등 고객에게 부당하게 불이익을 주었다는 점이 인정되어야 한다. 그리고 전속적 관할합의 약관조항이 고객에게 부당한 불이익을 주는 행위인지 여부는, 그 약관조항에 의하여 고객에게 생길 수 있는 불이익의 내용과 불이익 발생의 개연성, 당사자들 사이의 거래과정에 미치는 영향, 관계 법령의 규정 등 제반 사정을 종합하여 판단하여야 한다."라고 판시하고 있다.

(4) 변론관할

원고가 관할권 없는 법원에 소를 제기하였지만, 피고가 이의를 제기하지 않고 본안변론을 함으로써 발생하는 관할을 변론관할이라고 한다. 소송수행의 편의라는 당사자의 이익을 고려한 것이다. 변론관할은 '원고의 관할권 없는 제1심법원에의 제기'와 '피고의 이의 없는 본안판결'을 요건으로 하고 있다(민소법 제30조). 구법에서는 응소관할이라고 하였다. 전자와 관련하여 대법원은 다음과 같이 판시하고 있다.

〈대법원 1992. 5. 12. 선고 92다2066 판결〉

대법원은 "지방법원 본원 합의부가 지방법원 단독판사의 판결에 대한 항소사건을 제2심(항소심)으로 심판하는 도중에 지방법원 합의부의 관할에 속하는 소송이 새로 추가되거나 그러한 소송으로 청구가 변경되었다고 하더라도, 심급관할은 제1심 법원의 존재에 의하여 결정되는 전속관할이어서 이미 정하여진 항소심의 관할에는 영향이 없는 것이므로, 추가되거나 변경된 청구에 대하여도 그대로 심판할 수 있다."고 판시하고 있다.

변론관할이 발생하기 위해서는 피고의 이의 없는 본안변론이 있어야 한다. 피고가 원고의 청구에 대하여 이유가 있는가에 대한 사실상·법률상 진술이 본안에 관한 변론 또는 진술이다. 이러한 본안에 관한 변론은 변론기일 또는 변론준비기일에 출석하여 말로 적극적으로 해야 한다(민사소송규칙 제28조, 제70조의2). 그러므로 본안에 관하여 준비서면만 제출하고 출석하지 아니한 경우에는 변론관할이 생기지 않는다고 보아야 할 것이다. 대법원도 이를 명백하게 판시하고 있다.

〈대법원 1980. 9. 26. 자 80마403 결정〉

대법원은 "민사소송법 제22조가 규정하는 관련 재판적은 반드시 동일 피고에 대한 여러 개의 청구를 하는 이른바, 객관적 병합의 경우에 한하여 그 적용이 있는 것이지 1개의 소로써 여러 사람의 피고에 대한 청구를 병합하는 경우에는 적용될 수 없다고 해석되고,[55] 민사소송법 제27조의 응소관할이 생기려면 피고의 본안에 관한 변론이나 준비절차에서의 진술은 현실적인 것이어야 하므로 피고의 불출석에 의하여 답변서 등이 법률상 진술한 것으로 간주되는 경우는 이에 포함되지 아니한다고 할 것인바, 같은 취지에서 제1심의 이송결정을 유지한 원결정은 정당하고 거기에 민사소송법 제22조 및 제27조의 법리를 오해한 위법이 있다는 논지는 받아들일 수 없다."고 판시하고 있다.

---

55) 대법원 1977. 11. 9. 자 77마284 결정.

3. 관할권의 조사

소가 제기된 법원에 관할권이 있어야 하는 것은 소송요건에 해당한다. 만약 관할권에 흠이 있는 경우, 보정되지 않으면 본안의 심리에 들어가지 아니하고 소는 각하된다. 관할권의 유무는 직권조사사항에 해당한다. 법원의 관할은 소를 제기한 때를 표준으로 하여 정하게 된다 (민소법 제33조). 소 제기 시 관할이 인정되는 한 사정변경이 있다고 할지라도 관할은 바뀌지 않는다. 이를 관할항정의 원칙이라고 한다.

〈대법원 1993. 12. 6. 자 93마524 전원합의체 결정〉

대법원은 "재항고인은 관할위반을 이유로 제1심법원에 이송신청을 하였는데 제1심 수소법원은 이 신청이 이유 없다고 기각하였고, 재항고인이 이에 대하여 즉시항고를 제기하자 원심은 수소법원에 관할이 있다는 이유로 이를 기각하였음이 명백하다. 그러나 수소법원에 재판관할권이 있고 없음은 원래 법원의 직권조사사항으로서 법원은 그 관할에 속하지 아니함을 인정한 때에는 민사소송법 제31조 제1항에 의하여 직권으로 이송결정을 하는 것이고, 소송당사자에게 관할위반을 이유로 하는 이송신청권이 있는 것이 아니다. 그러므로 당사자가 관할위반을 이유로 한 이송신청을 한 경우에도 이는 단지 법원의 직권발동을 촉구하는 의미밖에 없는 것이고, 따라서 법원은 이 이송신청에 대하여서는 재판을 할 필요가 없고, 설사 법원이 이 이송신청을 거부하는 재판을 하였다고 하여도 항고가 허용될 수 없으므로 항고심에서는 이를 각하하여야 하고, 항고심에서 항고를 각하하지 아니하고 항고이유의 당부에 관한 판단을 하여 기각하는 결정을 하였다고 하여도 이 항고기각결정은 항고인에게 아무런 불이익을 주는 것이 아니므로 이 항고심결정에 대하여 재항고를 할 아무런 이익이 없는 것이어서 이에 대한 재항고는 부적법한 것이다.[56]"라고 하였다. 그러나 이러한 다수의견과 달리 소수의견으로는 "민사소송법 제31조 제1항은 법원은 소송의 전부 또는 일부가 그 관할에 속하지 아니함을 인정한 때에는 결정으로 관할법원에 이송하도록 규정하고 있는바, 이는 피고의 관할이익을 보호하는 법원의 책무(책무)를 규정한 것으로 볼 것이지 이것이 피고의 이송신청권을 부정하는 취지라고 해석할 것이 아니다. 다수의견은 재량 또는 손해나 지연을 피하기 위한 이송의 경우에는 같은법 제31조 제2항, 제32조가 당사자의 신청권을 명문으로 규정하였으나 관할위반에 의한 이송의 경우에는 제31조 제1항이 당사자의 신청권을 규정하고 있지 않고, 또 관할권의 유무는 원래 법원이 직권으로 조사할 사항임을 이유로 당사자의 이송신청권 자체를 부정하고 있으나, 이는 법원의 편의에 입각한 해석으로서 지양되고 변경되어야 한다고 생각한다. 재량 또는 손해나 지연을 피하기 위하여 하는 이송은 법의 명문규정이 없으면 할 수 없으므로 반드시 그 근거규정이 필요할 것이나, 관할위반이 있는 경우에는 피고가 관할을 다투고 있는 이상 응소관할이 생길 여지가 없으므로, 이와 같은 경우에는 피고의 별도의 이송신청 유무와는 상관없이 소송을 관할법원에 이송하여 피고의 관할이익을 보호하는 것이 법원의 책무일 것이고, 피고의 이송신청권을 인정하는 명시적인 규정이 없다고 하여 이것만 가지고 이송신청권 그 자체를 부정하는 근거로 삼아서는 안 될 것이다."라고 주장한다.

4. 소송의 이송

1) 의의

관할위반이 발생하면 소를 각하하기보다 관할권 있는 법원으로 이송하게 된다. 다시 소를 제기함으로써 발생하는 시간과 노력, 비용을 절감하고자 하는 목적이 있다. 항소심법원에 제기하여야 할 재심의 소를 제1심 법원에 제기한 사건이 있었다. 대법원은 이를 항소심법원에 이송하여야 한다는 판단을 하였다.

〈대법원 1984. 2. 28. 선고 83다카1981 전원합의체 판결〉

대법원은 "재심의 소가 재심제기기간 내에 제1심법원에 제기되었으나 재심사유 등에 비추어 항소심판결을 대상으로 한 것이라 인정되어 위 소를 항소심법원에 이송한 경우에 있어서 재심제기기간의 준수 여부는 민사소송법 제36조 제1항의 규정에 비추어 제1심법원에 제기된 때를 기준으로 할 것이지 항소법원에 이송된 때를 기준으로 할 것은 아니다."라고 판시하고 있다.

2) 이송의 원인

(1) 관할권 위반에 따른 이송

심급관할위반으로 소제기한 경우(상급법원을 제1심법원으로 하여 소제기한 경우), 관할위반의 상소(고등법원이 아닌 지법항소부에 항소한 경우), 민사소송사항으로 혼동하여 소제기한 경우(일반법원과 전문법원 간의 이송)에 이송의 적용요건에 해당한다.

---

56) 대법원 1970. 1. 21. 자 69마1191 결정; 대법원 1973. 2. 14. 자 72마1538 결정; 대법원 1978. 7. 20. 자 78마207 결정; 대법원 1980. 6. 23. 자 80마242 결정; 대법원 1985. 4. 30. 자 84그24 결정; 대법원 1987. 12. 30. 자 87마1010 결정.

(2) 심판의 편의에 따른 이송

현저한 손해나 지연을 피하기 위하여 이송하는 경우(민소법 제35조), 지법단독판사로부터 지법합의부로 이송하는 경우(민소법 제34조 제2항 등)를 들 수 있다. 지방법원 단독판사는 자기의 관할에 속하는 소송이라도 상당하다고 인정할 때에는 지방법원 합의부에 이송이 가능하다. 지식재산권 등에 관한 소송을 이송하는 경우(민소법 제36조), 반소제기에 의한 이송(민소법 제269조 제2항) 등도 있다.

3) 이송의 효과

이송결정이 확정되면 이송을 받은 법원은 이에 따라야 하고(민소법 제38조 제1항), 이송결정이 확정되면 소송은 처음부터 이송을 받은 법원에 계속된 것으로 본다(민소법 제40조 제1항). 이송결정이 확정되면 이에 따르는 사실상의 조치로서 그 결정의 정본을 소송기록에 붙여 이송받을 법원 등에게 송부해야 한다(민소법 제40조).

III. 당사자

1. 의의

민사소송에 있어서 당사자는 자기의 이름으로 판결을 요구하는 사람과 그 상대방을 말한다. 제1심 절차에서는 원고와 피고, 항소심 절차에서는 항소인과 피항소인, 상고심 절차에서는 상고인과 피상고인이라고 하며, 재심에서는 재심원고와 재심피고로 부른다.

2. 당사자의 확정

1) 의의

구체적인 소송에서 누가 당사자인가를 결정하는 문제가 바로 당사자의 확정이다. 당사자의 확정은 당사자의 능력이나 당사자적격의 유무를 판단함에 있어 중요한 의미를 갖는다. 당사자를 확정함에 있어 어떠한 기준이 타당한가에 대한 다툼이 제기된다.[57]

---

57) 이시윤, 신민사소송법, 박영사, 2014, 129면 이하.

2) 학설

의사설은 원고나 법원이 당사자로 삼으려는 사람이 당사자가 된다는 입장이고, 행위설은 소송상 당사자로 취급되거나 또는 당사자로 행동하는 사람이 당사자라고 하는 입장이며, 표시설은 소장에 나타난 당사자의 표시를 비롯하여 청구원인 그 밖의 기재 등 전취지를 기준으로 하여 객관적으로 당사자를 확정하여야 한다는 입장이다.

그러나 의사설, 행위설 및 표시설 등은 서로 대립하는 관계가 아니라 기본적으로 표시에 의하고 의사나 행위 등은 표시행위의 해석기준이 되어야 한다는 주장[58]이 제기되고 있다. 동 주장에 따르면, 법원과 상대방 당사자의 관점에서 당사자 표시행위가 객관적 의미를 갖는 것이고, 당사자를 확정함에 있어서 해석의 문제가 중요한 의미를 갖게 될 것이다.

3) 판례의 입장

당사자를 확정함에 있어서 객관적이면서 획일적인 기준을 위하여는 소장의 표시를 존중하지 않으면 아니 된다.

대법원은 이 점을 고려하여 "갑에 대하여 회생절차를 개시하면서 관리인을 선임하지 아니하고 갑을 관리인으로 본다는 내용의 회생절차개시결정이 있은 후 을 주식회사가 갑을 상대로 사해행위 취소의 소를 제기한 사안에서, 원심으로서는 을 회사에, 갑을 채무자 본인으로 본 것인지 아니면 관리인으로 본 것인지에 관하여 석명할 필요 없이 관리인의 지위에 있는 갑을 상대로 소를 제기한 것으로 보고 관리인으로서 갑의 지위를 표시하라는 취지로 당사자 표시 정정의 보정명령을 내렸어야 하는데도, 그와 같은 조치를 취하지 않고 갑이 당사자적격이 없다는 이유로 소를 각하한 원심판결에 법리오해 등의 잘못이 있다."고 판시하였다.[59] 그러므로 원고가 당사자를 정확히 표시하지 못하고 당사자능력이나 당사자적격이 없는 자를 당사자로 잘못 표시하였다면 법원은 당사자를 소장의 표시만에 의할 것이 아니고 청구의 내용과 원인사실을 종합하여 확정한 후 확정된 당사자가 소장의 표시와 다르거나 소장의 표시만으로 분명하지 아니한 때에는 당사자의 표시를 정정 보충시키는 조치를 취하여야 하고 이러한 조치를 취함이 없이 단지 원고에게 막연히 보정명령만을 명한 후 소를 각하하는 것은 위법하다고 할 것이다.

---

58) 호문혁, 민사소송법, 법문사 제12판, 2014, 219면.
59) 대법원 2013. 8. 22. 선고 2012다68279 판결.

채무자 갑의 을 은행에 대한 채무를 대위변제한 보증인 병이 채무자 갑의 사망사실을 알면서도 그를 피고로 기재하여 소를 제기한 사안에서, 대법원은 "소송에서 당사자가 누구인가는 당사자능력, 당사자적격 등에 관한 문제와 직결되는 중요한 사항이므로, 사건을 심리·판결하는 법원으로서는 직권으로 소송당사자가 누구인가를 확정하여 심리를 진행하여야 하며, 이때 당사자가 누구인가는 소장에 기재된 표시 및 청구의 내용과 원인 사실 등 소장의 전취지를 합리적으로 해석하여 확정하여야 한다. 따라서 소장에 표시된 피고에게 당사자능력이 인정되지 않는 경우에는 소장의 전취지를 합리적으로 해석한 결과 인정되는 올바른 당사자능력자로 표시를 정정하는 것이 허용된다."고 판시한 바 있다.[60]

4) 사견

대법원이 제시하고 있는 바와 같이 소장의 전취지를 합리적으로 해석하여 당사자를 확정하는 방법이 타당하다. 대법원 역시 표시설의 입장을 취하면서 당사자가 누구인지를 소장의 당사자란의 기재만이 아니라 청구의 취지, 원인 그 밖의 일체의 표시사항 등을 종합하여 합리적으로 해석하고자 한다.

3. 당사자의 정정

2011년 7월 28일 대법원은 당사자는 소장에 기재된 표시 및 청구의 내용과 원인사실 등 소장의 전취지를 합리적으로 해석하여 확정하여야 하고, 이와 같이 확정된 당사자와 동일성이 인정되는 범위 내에서라면 올바른 당사자로 그 표시를 정정하는 것은 허용된다는 기존의 판결을 참조하면서,[61] "이 사건 소장에는 사단법인 한국장애인부모회(이하 '중앙회'라 한다)가 원고로 기재되어 있었던 사실, 제1심은 1차 변론준비기일에서 사단법인 한국장애인부모회 전라북도지회(이하 '전북지회'라 한다)가 정관을 가지고 있다는 점 등을 확인한 다음 원고 대리인에게 석명권을 행사한 사실, 이후 원고가 중앙회를 전북지회로 정정하는 당사자표시정정신청을 하자, 제1심은 3차 변론준비기일부터 위 정정신청이 적법하다고 보아 변론 등을 진행하였고 그 판결문에도 원고를 전북지회로 기재한 사실을 알 수 있다. 그런데 원심 및 제1심이 적법하게 채택한 증거들과 기록에 의하여 알 수 있는 다음과 같은 사정, 즉 ① 소장 제출

---

60) 대법원 2011. 3. 10. 선고 2010다99040 판결.
61) 대법원 1996. 10. 11. 선고 96다3852 판결; 대법원 1999. 11. 26. 선고 98다19950 판결 등.

당시 중앙회를 원고로 표시하였던 것은 전북지회가 당사자능력이 있는지 여부가 확실하지 않았기 때문이었던 점, ② 이 사건 소장에는 비록 원고가 중앙회인 것처럼 기재되어 있기는 하나, 원고의 표시 중 '소관'란에는 전북지회를 의미하는 '전라북도 장애인부모회'를 함께 기재함으로써 실질적인 소송당사자가 전북지회라는 뜻을 표시한 바 있는 점, ③ 소장 기재 청구원인에서도 피고들이 전북지회에 대한 불법행위를 함으로써 전북지회가 손해를 입었음을 주장하는 한편 전북지회의 자산임대료 보증금 등을 기초로 청구취지 기재 손해액을 산정하였던 점, ④ 소장에 첨부하여 제출한 증거들 중 고소장에는 '전북지회'가 고소인으로 기재되어 있는 점 등을 종합하여 보면, 이 사건의 원고는 소장의 일부 기재에도 불구하고 전북지회로 확정되었다고 봄이 상당하다. 같은 취지에서 제1심이 당사자표시정정을 허용한 것은 적법하다."고 판시하고 있다.[62]

4. 당사자능력

1) 자연인

민사소송법은 당사자능력에 대하여 동법에 특별한 규정이 없으면 민법 그 밖의 법률에 따르는 것으로 하고 있다. 그렇다면 민법상 권리능력이 있는 자는 민사소송에 있어서 당사자능력을 갖는다고 보아야 할 것이다. 우리 민법은 자연인과 법인에 대하여 권리능력을 인정하고 있다. 자연인에 이르지 못한 태아는 권리능력이 없는 것이 원칙이다. 이 점에서 당사자능력을 인정하지 않는 것이 원칙일 것이다. 그러나 민법은 태아에 대하여 불법행위로 인한 손해배상청구권(민법 제762조), 상속(민법 제1000조 제3항), 유증(민법 제1064조) 및 사인증여(민법 제562조) 등의 경우에 권리능력을 인정하고 있다. 구 판례는 정지조건설의 입장에서 태아의 권리능력을 인정하지 않았고, 그에 따라 태아의 당사자능력을 인정하지 않는 것으로 보았다.[63]

---

62) 대법원 2011. 7. 28. 선고 2010다97044 판결.
63) 대법원 1976. 9. 14. 선고 76다1365 판결.

〈대법원 1976. 9. 14. 선고 76다1365 판결〉

대법원은 "사람은 생존하는 동안이라야 권리의무의 주체가 되나니 어머니 뱃속에 있는 태아는 권리능력이 있을 수 없다. 그러나 태아를 보호할 필요가 있음을 숨길 수 없어 실정법에 있어서는 보호의 규정을 두고 있다. (일반적 보호주의와 개별주의) 우리 민법도 특정한 중요관계에서만 보호하고 있는 터로서(민법 제762조 같은 것이 그런 것이다) 민법 제762조는 태아는 손해배상의 청구권에 관하여는 이미 출생한 것으로 본다고 규정하고 있다. 특정한 권리에 있어서 태아가 이미 태어난 것으로 본다는 것은 무엇을 말하나 설사 태아가 권리를 취득한다고 하더라도 현행법상 이를 대행할 기관이 없으니 태아로 있는 동안은 권리능력을 취득할 수 없으니 살아서 출생한 때에 출생시기가 문제의 사건의 시기까지 소급하여 그때에 태아가 출생한 것과 같이 법률상 보아 준다고 해석하여야 상당하므로(1949. 4. 9. 선고 4281민상197당원 판결 참조. 법정정지조건설, 인격소급설) 원심이 이와 같은 취지에서 원고의 처가 사고로 사망할 당시 임신 8개월 된 태아가 있었음과 그가 모체와 같이 사망하여 출생의 기회를 못 가진 사실을 인정하고 살아서 태어나지 않은 이상 배상청구권을 논할 여지없다는 취의로 판단하여 이 청구를 배척한 조치는 정당하다. 또 설사 태아를 위한 법률관계의 보존을 위한 목적에서 태아 중에도 출생한 것으로 인정되는 범위에서 제한적 권리능력을 주고 따라서 법정대리인에 의한 권리보전수단을 쓸 수 있으며 살아서 태어나지 않을 때엔 그 권리능력이 소급적으로 소멸한다고 보는 견해(법정해제조건설, 제한적인격설)에 따른다고 하더라도 태아가 사산과 같은 경우인 본건에 있어서는 결론은 달라지지 아니한다."고 판단하였다.

그러나 오늘날의 다수설은 해절조건설에 따라 당사자능력을 인정하고 있다. 이 점 타당하다고 하겠다.

2) 법인

(1) 사법상 법인

법인은 자연인과 마찬가지로 권리능력을 가지고 있다(민법 제34조). 그러므로 법인이면 비영리법인이든 영리법인, 사단법인과 재단법인을 구분하지 않는다. 권리능력을 가지고 있는 법인은 당사자능력을 갖는다. 법인은 비록 해산이나 파산되었다 할지라도 청산과 파산의 목적범위 내에서 법인격을 가지고 있으므로 당사자능력이 있다(민법 제81조, 상법 제245조, 채무자 회생 및 파산에 관한 법률 제328조). 다만, 청산이 종결되면 당사자능력을 상실하게 된다. [64]

<대법원 1992. 10. 9. 선고 92다23087 판결>

"원심은 원고에게 당사자능력이 없어 이 사건 소는 부적법하다는 피고의 본안전 항변에 대하여, 그 거시증거에 의하면 소외 태양건설 주식회사(이하 태양건설이라 한다)가 태양백화점 건물(이하 이 사건 건물이라 한다)을 신축하여 보존등기를 마치고, 이 사건 건물에 입주를 희망하는 사람 32명에게 점포를 임대하였는데, 태양건설은 거래은행에 대한 채무를 변제하지 못하여 이 사건 건물에 대한 임의경매절차가 개시된 사실, 그러자 이 사건 건물에 입주하고 있던 점포의 임차인 32명 가운데 29명이 1983. 8. 10.경 그들의 태양건설에 대한 임차보증금 채권을 확보하기 위하여 태양백화점 번영회라는 원고 명의의 단체를 만들고, 총칙이라는 제목으로, 단체의 명칭은 태양백화점 번영회라 하고(제1조), 그 목적은 태양백화점 입주자들의 화합과 친목의 도모를 위함으로 하며(제2조), 임원은 회원들 가운데 8명의 대의원을 선출하고 그 가운데서 대표자 회장 1인, 부회장 1인, 총무 1인을 선출하고(제3조), 매월 30일 월 1회의 총회를 개최하되 안건이 있을 때에는 수시로 회장의 소집에 의하여 대의원총회를 열고, 회장의 부재 시에는 부회장이 이를 소집할 수 있으며(제9조), 회원의 자격은 태양백화점 내의 입주자로 하되 태양백화점 밖으로 이주할 때에는 그 자격을 자동적으로 상실한다(제11조)는 취지의 규정을 둔 정관을 채택하고 위 정관에 따라 소외 송윤상을 대표자인 회장으로 선출한 사실, 이 사건 건물에 입주한 점포의 임차인들이 태양건설에 임차보증금의 반환을 요구하자 태양건설은 같은 달 16. 위 임차인들에 대한 임차보증금 합계 약 205,000,000원의 채무의 일부 변제조로 이 사건 건물에 부착되어 있는 판시의 물건들을 약 금 100,000,000원으로 평가하여 이를 원고 단체에 양도한 사실, 이 사건 건물에 대한 경매절차에서 소외 주식회사 조흥은행이 이를 경락받은 후 피고에게 양도하여 피고는 그의 명의로 소유권이전등기를 마치고 이를 점유·사용하기 위하여 각 입주자들에게 명도를 요구하자 원고 단체의 일부 구성원들이 태양건설에 대한 임차보증금의 반환을 요구하며 명도를 거부하고 농성에 들어간 사실, 이에 피고는 1988. 11.경부터 이듬해 1. 초순경까지 원고 단체의 구성원들에게 그들의 위 임차보증금 중의 일부씩을 지급하고 원고 단체의 구성원들은 그들이 각 점유하고 있던 이 사건 건물 부분을 자진하여 명도함과 아울러 이 사건 물건에 대한 권리를 포기하기로 약정한 사실 및 위 약정에 따라 원고 단체의 구성원들이 1989. 1. 10.경까지 사이에 이 사건 건물에서 모두 퇴거한 사실을 각 인정한 다음, 위 인정사실에 의하면, 원고 단체는 1983. 8.경에는 일응 그 구성원들의 태양건설에 대한 임차보증금반환채권의 회수라는 일정한 목적을 가진 다수인의 결합체로서 그 결합체의 의사를 결정하고 업무를 집행할 기관 및 대표자에 관한 정함이 있는 법인 아닌 사단으로서 당사자능력이 있었다 할 것이나, 그 후 1989. 1. 10.경에 이르러서 원고 단체의 구성원들이 피고로부터 임차보증금 중의 일부씩을 지급받은 후 이 사건 건물에 대한 권리를 포기하고 이 사건 건물에서 모두 퇴거하여 정관 제11조의

---

64) 대법원 1992. 10. 9. 선고 92다23087 판결.

규정에 따라 구성원 전원의 자격이 상실됨으로써 원고 단체는 그 구성원이 한 사람도 없게 되어 자연적으로 소멸되었다고 보아야 할 것이므로 원고 단체는 이미 그때에 당사자능력을 상실하였다고 봄이 상당하므로 피고의 위 본안전항변은 이유 있다고 판단하여 같은 이유로 소를 부적법 각하한 제1심 판결을 유지하였다."

대법원은 청산종결등기가 있었지만 청산사무가 종료되지 않은 경우라면 청산법인은 그 한도에서 당사자능력이 있는가에 대하여 다음과 같이 판시한 바 있다. 우선 특허 관련 심결취소소송에서 대법원은 회사의 당사자능력을 인정하고 있다.[65]

〈대법원 2005. 11. 24. 선고 2003후2515 판결〉

대법원은 "원고 회사는 명칭을 '화물차 적재함덮개의 자동개폐장치'로 하는 이 사건 특허발명(특허번호 제209824호)의 권리자인 피고로부터 권리의 대항을 받고 이 사건 특허발명의 특허무효를 구하는 심판을 청구하였는데, 그 심판에서 원고 회사의 청구를 기각하는 심결이 이루어지고 그 취소를 구하는 이 사건 소송에서 원고 회사의 청구가 일부는 인용되고 일부는 기각되어 쌍방의 상고로 이 법원에 이르게 되었는바, 그렇다면 비록 이 사건 심판의 심결취소소송의 상고심 계속 중에 원고 회사에 대하여 청산종결의 등기가 경료되었다 하더라도 이러한 사정만으로는 원고 회사의 당사자능력이 상실된다거나 이 사건 심판의 심결을 취소할 이익이 소멸하였다고 할 수 없다."고 판단하였다.

교회의 교인들이 교회를 대상으로 소송을 제기한 사건이 있다. 이 사건에서 대법원은 교회 재산의 귀속과 관련한 청산이 종료되지 않았다고 한다면, 피고 교회는 당사자능력이 있다고 판시하고 있다.[66]

〈대법원 2007. 11. 16. 선고 2006다41297 판결〉

"제1심이 인정한 사실과 같이 피고 교회가 교회 건물을 다른 교회에 매도하고 더 이상 종교활동을 하지 않음으로써 해산하였다고 하더라도, 피고 교회의 교인 지위를 유지하고 있던 원고들이 교회 재산의 귀속관계에 대하여 다투고 있고, 달리 교회 건물의 매도 등을 비롯하여 교회 재산의 귀속과

---

65) 대법원 2005. 11. 24. 선고 2003후2515 판결.
66) 대법원 2007. 11. 16. 선고 2006다41297 판결.

관련한 청산이 종료되었다고 볼 자료가 없는 이상 피고 교회의 청산사무는 종료되지 않았다고 할 것이므로, 피고 교회는 청산 목적의 범위 내에서는 권리·의무의 주체가 되어 당사자능력이 있다고 할 것이다. 그리고 청산 중의 피고 교회는 해산 전의 피고 교회와 동일한 비법인사단으로서 그 목적이 청산 범위 내로 축소된 데 지나지 않으므로, 원고들이 피고 교회의 대표자 지위 부존재 확인을 구하는 소송에는 해산 전은 물론 청산 중의 피고 교회 대표자 지위, 즉 청산인 지위 부존재 확인을 구하는 취지가 당연히 포함되어 있다고 할 것이다. 그럼에도 불구하고, 원심 및 제1심은 피고 교회가 이미 해산하여 당사자능력이 없다는 이유로 이 사건 소가 부적법하다고 판단하고 말았으니, 원심 및 제1심판결에는 해산 전후의 비법인사단의 당사자능력에 관한 법리를 오해하여 판결에 영향을 미친 위법이 있다."고 하면서, "비법인사단에 해산사유가 발생하였다고 하더라도 곧바로 당사자능력이 소멸하는 것이 아니라 청산사무가 완료될 때까지 청산의 목적범위 내에서 권리·의무의 주체가 되고, 이 경우 청산 중의 비법인사단은 해산 전의 비법인사단과 동일한 사단이고, 다만 그 목적이 청산 범위 내로 축소된 데 지나지 않는다."고 판시하고 있다.

(2) 공법상 법인

국가, 지방자치단체, 영조물법인이나 공공조합 등은 공법상 법인에 해당되므로 권리능력이 있다. 그러므로 이들에게 당사자능력을 인정하게 된다. 국가를 당사자 또는 참가인으로 하는 소송과 관련해서는 '국가를 당사자로 하는 소송에 관한 법률'이 있다.

그러나 그 지방조직, 내부부서에 불과한 지점, 분회 등에 대해서 대법원은 당사자능력을 인정하지 않고 있다. 외국법인의 국내지점이 당사자능력이 있는가에 대하여, 대법원은 지점은 법인격을 가지고 있지 않다는 면을 고려하여 소송에 있어 당사자능력을 인정하지 않았다.[67] 지방자치단체인 군의 하부행정구역인 읍과 면도 당사자능력이 없다.

〈대법원 1982. 10. 12. 선고 80누495 판결〉

외국법인의 국내지점의 소송당사자능력 유무에 대한 사항에서 대법원은 "원심판결은 당사자 표시란에 원고를 '스톨트 인베스트먼트 인코포레이티드(Stolte Investment Inc.) 한국지점'이라고 기재하고 원심판결 둘째장 제12행 이하의 판결이유 중에 "원고는 미합중국 캘리포니아주 오크랜드 산리안드로 스트리트 8451에 주소를 두고 부동산 사업에의 투자등 각종 사업을 수행하는 법인인 소외 스톨트 인베스트먼트 인코포레이티드의 한국지점으로서…." 설시하고 있는바, 이에 의하면

---

67) 대법원 1982. 10. 12. 선고 80누495 판결.

원심은 '스톨트 인베스트먼트 인코포레이트드 한국지점', '스톨트 인베스트먼트 인코포레이티드' 는 별도로 원고로서의 당사자능력이 있음을 전제로 하고 있는 것으로 보인다. 그런데 기록에 편철된 등기부등본(기록 78정)에 의하면 '스톨트 인베스트먼트 인코포레이티드' 미국에 본점을 둔 외국법인으로서 대한민국에서 영업을 하기 위하여 상법 제614조에 따라 대한민국에서의 대표자를 정하고 지점을 설치하여 그 지점등기를 마친 외국회사라 할 것이고 한편 기록에 의하면 위 '스톨트 인베스트먼트 인코포레이티드' 법인세법 제1조 제3항 소정의 국내원천소득이 있는 외국법인으로서 법인세법 제56조 제1항 제1호 소정의 국내지점이 있는 외국법인이며 그 국내지점에서 소득세를 원천징수할 갑종근로소득을 지급하였다는 이유로 피고가 이 사건 과세처분에 이르렀음을 인정할 수 있다. 살피건대, 법인의 지점은 법인격이 없는 것이므로 이 사건 과세처분의 상대방은 어디까지나 외국법인인 '스톨트 인베스트먼트 인코포레이티드'고 할 것이고 동 과세는 동 외국법인의 국내원천소득 및 동 국내지점에서 지급하는 원천징수할 소득세에 한정됨에 지나지 아니한다고 할 것이며 소득세법 제1조 제2항 제4호가 외국법인의 국내지점 또는 국내영업소(출장소 기타 이에 준하는 것을 포함한다)는 소득세법에 의하여 원천징수한 소득세를 납부할 의무를 진다고 규정하고 있으나 이는 외국법인의 국내지점에서 소득세를 원천징수할 소득금액 또는 수입금액을 지급하는 경우에는 그 소득세를 원천징수 납부할 의무가 있다는 취지의 규정에 지나지 아니할 뿐 나아가 동 외국법인의 국내지점에 법인격을 부여하는 취지의 규정이라고는 할 수 없다. 그렇다면 외국법인의 국내지점은 소송에 있어 당사자능력이 없다."고 판시하고 있다.

3) 법인 아닌 사단

일반적으로 법인이 아닌 사단이나 재단의 경우 권리능력이 없는 것으로 본다. 그러나 민사소송법은 법인이 아닌 사단이나 재단의 경우 대표자 또는 관리인이 있으면 사단이나 재단의 이름으로 당사자가 될 수 있도록 하고 있다(민소법 제52조). 형식적 당사자능력을 인정하고 있는 것이다. 다음의 경우 당사자능력을 인정하고 있다.

(1) 총유재산

총유라 함은 하나의 물건을 권리능력 없는 사단이 소유하는 공동소유의 형태를 말한다. 단체적 형태가 강한 공동 소유형태이다. 총유의 형태에서는 다수인이 하나의 단체로서 결합되어 있고, 목적물의 관리·처분은 단체 자체의 권한으로 하지만, 단체의 구성원들은 일정한 범위 내에서 각각 사용·수익의 권한만을 갖게 된다. 대법원은 총유재산과 관련하여 다음과 같이 판시하고 있다.[68]

〈대법원 2005. 9. 15. 선고 2004다44971 전원합의체 판결〉

대법원은 "민법 제276조 제1항은 "총유물의 관리 및 처분은 사원총회의 결의에 의한다.", 같은 조 제2항은 "각 사원은 정관 기타의 규약에 좇아 총유물을 사용·수익할 수 있다."라고 규정하고 있을 뿐 공유나 합유의 경우처럼 보존행위는 그 구성원 각자가 할 수 있다는 민법 제265조 단서 또는 제272조 단서와 같은 규정을 두고 있지 아니한바, 이는 법인 아닌 사단의 소유형태인 총유가 공유나 합유에 비하여 단체성이 강하고 구성원 개인들의 총유재산에 대한 지분권이 인정되지 아니하는 데에서 나온 당연한 귀결이라고 할 것이므로 총유재산에 관한 소송은 법인 아닌 사단이 그 명의로 사원총회의 결의를 거쳐 하거나 또는 그 구성원 전원이 당사자가 되어 필수적 공동소송의 형태로 할 수 있을 뿐 그 사단의 구성원은 설령 그가 사단의 대표자라거나 사원총회의 결의를 거쳤다 하더라도 그 소송의 당사자가 될 수 없고, 이러한 법리는 총유재산의 보존행위로서 소를 제기하는 경우에도 마찬가지라 할 것이다."라고 판시하였다.

(2) 설립 중 회사

회사가 설립되기 위해서는 여러 가지 단계를 거치게 된다. 주식회사의 경우 발기인들이 정관 작성과 함께 등기를 함으로써 회사가 성립된다. 정관작성 이전에 이미 발기인조합은 성립되고, 등기가 이루어지기 전에 약간의 기간이 남아 있게 된다. 이 기간 동안에 등장하는 단체가 바로 설립 중 회사이다. 설립 중 회사는 발기인조합이 정관을 작성하고 1주 이상의 주식을 인수한 경우에 비로소 탄생하게 된다.[69] 이 설립 중 회사가 당사자능력이 있는가에 대하여, 대법원은 설립 중 회사의 경우 권리능력 없는 사단으로서 증여 등의 법률행위를 할 수 있다는 점을 고려하여 당사자능력을 인정하였다.[70]

〈대법원 1992. 2. 25. 선고 91누6108 판결〉

대법원은 "이 사건의 경우 원고는 당초 소외 극동개발주식회사로부터 이 사건 부동산을 증여받은 점은 인정하는 전제하에 그러나 이는 조세회피의 목적이 없다는 이유로 이 사건 과세처분의 무효확인을 구하는 소송을 제기하였다가 패소확정판결이 있은 후, 다시 이 사건 소를 제기하면서 이제는 원고가 위 부동산을 취득할 때 위 회사는 아직 설립되지 아니하여 존재하지도 아니하였으므로

---

68) 대법원 2005. 9. 15. 선고 2004다44971 전원합의체 판결.
69) 대법원 1990. 12. 26. 선고 90누2536 판결; 대법원 2007. 9. 7. 선고 2005다18740 판결.
70) 대법원 1992. 2. 25. 선고 91누6108 판결.

따라서 위 회사가 원고에게 위 부동산을 증여할 수는 없는 것이므로 원고가 위 회사로부터 위 부동산을 증여받지 아니하였다고 주장하면서 위 과세처분의 무효확인을 구하고 있으나, 위의 양 소송은 본질적으로 과세처분이 위법하여 무효확인을 구한다는 점에서는 동일하고, 다만 그 무효를 주장하는 개개의 공격방어방법에 차이가 있을 뿐이라고 할 것이므로, 따라서 위 확정판결 이후 다시 동일한 당사자를 상대로 제기한 원고의 이 사건 소는 위 확정판결의 기판력에 저촉될 뿐만 아니라, 설립 중의 회사도 권리능력 없는 사단으로서 증여 등의 법률행위를 할 수 있는 것이므로 법인설립등기가 되기 전의 증여를 인정하였다고 하여 중대하고 명백한 하자가 있다고 볼 수도 없어, 원고의 주장은 어느 모로 보나 이유가 없는 것이라고 판단하였다.”고 하면서 원고의 상고를 기각하였다.

(3) 등기되지 아니한 노동조합

노동조합의 특정지부와 관련하여, 대법원은 이 단체가 독자적인 규약을 가지고 독립된 활동을 하고 있는 독자적인 사회적 조직체라고 하면서 소송상 당사자능력을 인정하고 있다.[71]

〈대법원 1977. 1. 25. 선고 76다2194 판결(토지사용료)〉

노동조합의 특정지부가 당사자능력이 있는지 여부에 대하여 대법원은 “피고 전국해원 노동조합 목포지부는 전국해원 노동조합의 하부조직의 하나이지만 독자적인 규약(지부준칙)을 가지고 독립된 활동을 하고 있는 독자적인 사회적 조직체라고 인정할 수 있으므로 피고는 법인격 없는 사단으로 소송상 당사자능력을 가진 것이라 할 것이니 원심이 피고에게 당사자적격이 있는 것을 전제로 하여 판단하고 있음을 엿볼 수 있으므로 원심판단은 정당하고 또 원심은 그 거시의 증거를 종합하여 피고가 이사건 건물을 건축함에 있어서 교통부로부터 항만공사 시행 허가를 받을 때 원고 소유대지의 사용료에 관하여는 별도로 연간 조정하기로 하여 그에 따라서 이 사건 사용료를 부과한 것이라고 인정하고 있는 조처를 기록에 대조하여 보면 원심의 위와 같은 조처는 수긍할 수 있고 그 과정에 소론과 같이 채증법칙을 어긴 잘못이 있다 할 수 없으므로 반대의 사실과 견해를 전제로 한 논지는 모두 이유 없다.”고 하면서, 피고의 상고를 기각하였다.

(4) 동민회

일정한 행정구역에 있는 주민들을 구성원으로 하고 있는 하나의 공동체인 동민회가 당사자능력이 있는가에 대하여, 대법원은 행정구역과 동일한 명칭을 사용하면서 일정한 재산을 공부상 그 이름으로 소유하여 왔다면 당사자능력을 인정할 수 있다고 판시하였다.[72]

---

71) 대법원 1977. 1. 25. 선고 76다2194 판결.

대법원은 "판시 부동산은 1913. 3. 28. 이태원리의 명의로 사정되었고 그 지상에 이태원리 주민의 수호신 부군에게 제를 올리는 사당이 있어 이태원리 주민들이 경로회의 주관하에 위 사당에서 주민들의 안녕과 평안을 기원하기 위하여 매년 음력 4월과 10월에 굿을 올리고 고사를 지내는 한편 관리인을 통하여 위 사당을 관리하여 왔으나 그 동안 대외적인 활동이 없었던 관계로 대표자는 선출하지 않았던 사실, 위 이태원리는 그 후 행정구역의 변경으로 인하여 그 명칭이 서울 용산구 이태원동으로 변경되었다가 같은 구 이태원 1, 2동으로 분할된 사실, 판시 부동산은 1948. 무렵 노인회 대표인 망 소외 1, 망 소외 2에게 명의신탁되어 이들의 공유로 소유권이전등기가 마쳐진 사실, 피고 1은 망 소외 1의 사망 후 그의 재산상속인들을 수소문하여 찾게 되자 위 명의신탁사실을 알려주며 이를 가로챌 것을 제의하여 승낙을 받은 후 허위 약정서를 근거로 위 상속인들을 상대로 소유권이전등기청구의 소를 제기하고 자신의 비용으로 상대방측의 대리인을 선임하여 그로 하여금 법정에 출석하여 청구를 인낙하게 하여 이에 기하여 자신 등의 명의로 소유권이전등기를 마친 사실, 피고 2는 망 소외 2의 상속인과 공모하여 관련 서류를 허위로 작성한 후 이에 기하여 자신 명의의 가등기 및 소유권이전등기를 마쳤고, 그 후 다시 피고 3 명의로 소유권이전등기가 마쳐진 사실, 원고는 이 사건 소제기에 즈음하여 주민총회를 개최하여 그 대표자로 이춘기를 선출하였으나 그 총회소집절차의 적법성이 문제되자 원심 소송 계속중 원고의 구성원과 세대수를 다시 확인한 후 이태원 1, 2동 동장의 공동명의로 각 세대주에게 대표자선출을 위한 총회소집통지서를 두 차례에 걸쳐 발송하였고, 그 소집통지에 의하여 2000. 8. 21. 개최된 총회에 위 세대주의 과반수로부터 총회 참석 및 의결에 관한 위임을 받은 이태원 1, 2동 통장 32명이 출석하여 이춘기를 대표자로 다시 선출한 사실을 인정한 다음, 원고의 당사자능력과 위 이춘기의 대표자적격을 모두 긍정하고 나아가 피고 1, 피고 2 명의의 각 소유권이전등기는 명의수탁자들의 배신행위에 위 피고들이 적극 가담하여 이루어진 것으로서 무효라고 판단하여, 원고의 망 소외 1의 상속인들에 대한 명의신탁해지로 인한 소유권이전등기청구 및 망 소외 1 등의 상속인들을 대위하여 피고들에 대하여 하는 말소등기청구를 모두 인용하였다. 이태원리의 행정구역 내에 거주하는 주민들이 그들의 공동편익과 복지를 위하여 주민 전부를 구성원으로 한 공동체로서 원고를 구성하고 행정구역과 동일한 명칭을 사용하면서 일정한 재산을 공부상 그 이름으로 소유하여 온 이상 원고는 법인 아닌 사단으로서의 당사자능력이 있다."고 하면서 "이태원리(리)의 행정구역 내에 거주하는 주민들이 그들의 공동편익과 복지를 위하여 주민 전부를 구성원으로 한 공동체로서 이태원동(동)을 구성하고 행정구역과 동일한 명칭을 사용하면서 일정한 재산을 공부상 그 이름으로 소유하여 온 이상 이태원동은 법인 아닌 사단으로서의 당사자능력이 있다."고 판단하고 있다.

---

72) 대법원 2004. 1. 29. 선고 2001다1775 판결.

(5) 재건축조합

　재건축조합의 법적 성질은 법인이 아닌 사단(이를 '비법인사단'이라고도 한다)으로 본다. 재건축조합에 대하여 대법원은 당사자능력을 인정한다. 피고 조합이 재건축사업의 시공을 위한 참여조합원으로서 피고 회사를 선정한 후 총회의 결의에 따라 피고 회사와 공사도급계약을 체결하였다. 그런데 이 임시총회의 결의가 소집권한이 없는 자에 의하여 소집된 것이므로 무효이고, 이 무효에 따라 도급계약 등이 무효라는 주장이 제기되었다. 비법인사단의 재산인 준총유물의 관리, 처분과 사용은 사원총회의 결의를 받아야 한다(민법 제276조). 대법원은 원고들이 조합원총회의 결의 없이 피고 조합과 피고 회사 사이에 체결된 계약을 무효라고 볼 수는 없다고 판시하고 있다.[73]

〈대법원 1996. 10. 25. 선고 95다56866 판결〉

대법원은 "이 사건 청구 중 공사도급계약 등의 무효확인청구 부분의 청구원인은, 피고 조합이 재건축사업의 시공을 위한 참여조합원으로서 피고 회사를 선정한 위 1993. 7. 11.자 임시총회의 결의에 따라 1993. 8. 19. 피고 회사와 사이에 공사도급계약을 체결하고, 1994. 3. 18. 및 같은 해 7. 4. 각 추가약정을 체결하였는데, 위 임시총회결의가 소집권한이 없는 소외 김주회에 의하여 소집된 것으로서 무효이므로 그 결의에 터잡아 피고들 사이에 체결된 위 공사도급계약 및 각 추가약정 역시 무효라고 주장하면서, 피고들 사이의 위 도급계약 등의 무효확인을 구한다는 것이다. 그러나 비법인사단인 피고 조합의 구성원인 원고들이 피고 조합과 피고 회사 사이에 체결된 위 공사도급계약 등의 무효확인을 구하는 것은 결국 준총유관계에 속하는 비법인사단의 채권·채무관계에 관한 소송으로 달리 특별한 사정이 없는 한 민법 제276조 제1항 소정의 사원총회의 결의를 거쳐야 한다고 할 것인바(대법원 1992. 2. 28. 선고 91다41507 판결 참조), 기록상 조합원총회의 결의가 있었다고 볼 자료가 없는 이 사건에서 원고들이 피고 조합의 조합원 지위에서 조합원총회의 결의 없이 곧바로 피고 조합과 피고 회사 사이에 체결된 위 공사도급계약 등의 무효확인을 구할 수는 없다 할 것이므로 이 사건 공사도급계약 등의 무효확인청구 부분은 부적법하다 할 것이다."고 판시하고 있다.

(6) 교회

　본래의 대한예수교장로회 정금교회(이하 본래의 정금교회라고 한다)는 대한예수교장로

---

73) 대법원 1996. 10. 25. 선고 95다56866 판결.

회 새서울교회(이하 본래의 새서울교회라고 한다)와 합병하여 새정금교회로 되어 소멸하였고, 위 새정금교회는 피고교회로 명칭이 바뀌었다. 원고교회는 피고교회의 담임목사인 소외 권삼성에 반대하는, 본래의 정금교회에 속하였던 소외 이경복과 그를 따르던 일단의 친인척들인 소외 조춘심, 이미자, 이기호, 김홍근, 최미라, 어영순, 김명식, 조정두, 김창순들이 1988. 1.경부터 위 이경복의 처남인 위 조정두를 부목사로 삼아 피고교회와는 별도로 그들만으로 예배를 보면서 본래의 정금교회 명칭을 사용하였고, 여기에 본래의 정금교회의 담임목사였던 소외 홍기동이 필리핀에서 가끔 귀국하여 예배를 인도하기도 하다가 미국으로 거처를 옮기고 당회장직을 사임함에 따라 위 이경복의 동서인 소외 송동의가 새로 당회장목사로 청빙, 추대되어 그의 인도로 예배를 보아 왔으며 1990. 11.경에는 위 이경복이 미국으로 이민 가버림으로써 남은 그의 친인척 3세대만이 위 송동의와 더불어 정금교회라는 이름으로 이 사건 건물 3층 거실에서 예배를 보고 있었다. 이 사건에서 원고교회라고 주장하는 본래의 정금교회는 소멸되어 존재하지 아니한 경우 당사자능력을 인정할 수 없는 것인가에 대한 다툼이 있었다.[74] 대법원은 이 사건에서 원고 교회에 대하여 당사자능력을 인정하고 있다.

〈대법원 1991. 11. 26. 선고 91다30675 판결〉

"민사소송법 제48조가 비법인의 당사자능력을 인정하는 것은 법인이 아닌 사단이나 재단이라도 사단 또는 재단으로서의 실체를 갖추고 그 대표자 또는 관리인을 통하여 사회적 활동이나 거래를 하는 경우에는, 그로 인하여 발생하는 분쟁은 그 단체의 이름으로 당사자가 되어 소송을 통하여 해결하게 하고자 함에 있다 할 것이다. 그러므로 여기에서 말하는 사단이라 함은 일정한 목적을 위하여 조직된 다수인의 결합체로서 대외적으로 사단을 대표할 기관에 관한 정함이 있는 단체를 말한다고 할 것이고, 당사자능력이 있는지 여부는 사실심의 변론종결일을 기준으로 하여 판단되어야 할 성질의 것이므로, 원고교회가 다수의 교인들에 의하여 조직되고, 일정한 종교활동을 하고 있으며 그 대표자가 정하여져 있다면 민사소송법 제48조 소정의 비법인사단으로서 당사자능력이 있다고 보는 것이 옳을 것이고, 원고교회가 본래의 정금교회와 같은 단체인 것인지, 본래의 정금교회가 합병으로 소멸된 것인지, 원고교회의 구성원이 피고교회에서 이탈한 것인지 여부나 그 동기는 본안의 당부를 판단함에 있어 문제가 될 수는 있어도 이것이 원고교회의 당사자능력을 좌우할 사유가 된다고 할 수는 없고, 원고교회의 구성원이 소수라고 하여도 단체로서의 실체를 부정할 정도라고 할 수는 없다."

---

74) 대법원 1991. 11. 26. 선고 91다30675 판결.

(7) 사찰

대한불교조계종이라고 하는 종단의 구성원이기는 하지만 동 사찰 주지 임명에 관하여 아무런 관련이 없는 자가 주지 임명처분에 관하여 그 부존재나 무효의 확인 또는 취소를 구한 사건에 있었다. 대법원은 대한불교조계종을 '비법인사단'으로 보고 당사자능력을 인정하고 있다.[75] 사찰이 이미 독립된 단체를 이루고 있거나, 이에 이르지 못했다 하더라도 그 물적 시설의 소유자가 그 사찰의 재산을 특정 종단에 귀속하기로 하고 관할관청에 등록을 하였다고 한다면, 당사자능력이 있음을 대법원은 지속적으로 판단하고 있다.

〈대법원 1992. 1. 23. 자 91마581 결정〉

대법원은 "신청인들이 신청외 대한불교조계종에 승적을 가진 승려로서 위 종단의 구성원이라고 하더라도, 수많은 승려와 신도를 가진 위 종단의 모든 구성원에게 이 사건 사찰과 같은 말사의 주지 임명처분에 관하여 그 부존재나 무효의 확인 또는 취소를 구할 법률상 이해관계가 있다고 보기 어려우므로, 신청인들이 위 종단의 구성원의 지위에서 이 사건 사찰의 주지 직무집행의 정지와 그 직무대행자의 선임을 구하는 신청인들의 주장은 이유가 없는 것이라고 판단하였다. 위 종단이 그 산하의 사찰과 승려 및 신도로서 구성되는 비법인사단으로서의 법적 성격을 가지는 것이어서, 위 종단에 소속된 사찰은 그 구성분자로서 종단의 자치법규인 종헌, 종법 등의 적용을 받아 자율적인 주지 임명권 등을 상실하고 위 종단이 그 주지 임명권 등을 행사하게 되어 있음은 소론과 같지만, 사찰도 이 사건 사찰과 같이 독립된 단체로서의 실체를 가지는 경우에는 독자적인 권리능력과 당사자능력을 가질 수 있는 것이므로(당해 사찰의 적법한 의사결정이 있으면 위 종단으로부터의 탈퇴도 가능하다. 당원 1988. 3. 22. 선고 85다카1489 판결; 1989. 10. 10. 선고 89다카2902 판결 등 참조), 이와 같은 사찰의 주지 임명에 관하여 당해 사찰과 아무런 관계도 없는 자가 다만 위 종단의 구성원이라는 막연한 지위에서 그 효력을 다툴 법률상의 이해관계가 있다고는 볼 수 없다."고 판시하고 있다.

독립된 단체를 이루지 못한 개인 사찰이 구 불교재산관리법에 따라 관할 관청에 특정 종단 소속으로 등록된 경우, 그 종단 소속 사찰로서의 당사자능력이 있는가에 대하여 대법원은 이를 긍정하고 있다.[76]

---

75) 대법원 1992. 1. 23. 자 91마581 결정.
76) 대법원 1995. 9. 26. 선고 94다41508 판결.

<대법원 1995. 9. 26. 선고 94다41508 판결>

"사찰이 이미 독립된 단체를 이루고 있는 경우에 있어서는 구 불교재산관리법(1987. 11. 28. 법률 제3974호 전통사찰보존법에 의하여 폐지)에 따른 사찰 및 주지취임 등록처분의 유무에 의하여 그 사찰의 실체가 좌우되는 것이 아니지만, 아직 독립된 단체를 이루지 못하고 있는 경우에 있어서는 그 물적 시설에 불과한 개인 사찰의 소유자가 그 사찰의 재산을 모두 특정 종단에 귀속하기로 하고 주지임면권을 가지는 그 종단으로부터 주지의 임명을 받아 구 불교재산관리법에 따라 그 종단의 사찰로 등록하였다면 그때부터 등록된 종단의 사찰로서 독립한 단체로서의 사찰의 실체를 가지고, 그 이후에 그 종단 사찰에 대항하여 당시 주지 및 신도의 일부가 임의로 사찰의 암헌을 제정, 공포하고 그 암헌에 따라 주지를 임명하였거나, 또는 위 등록 이후에 구 불교재산관리법이 폐지되고 전통사찰보존법이 제정되어 시행되게 되었다고 하더라도, 이미 독립한 사찰로서의 실체를 가지는 위 종단 소속 사찰의 법적 성격이 달라지는 것은 아니다."

기존의 사찰에서 이탈한 신도들과 승려가 조계종에 소속될 새로운 사찰의 건립이라는 공동 목적으로 사찰의 대표, 신도회장 등 체계적인 조직을 만들고 그들의 출재와 노력에 의하여 토지를 매수하여 그 지상에 불당을 완공한 경우, 이 단체를 권리능력 없는 사단으로 볼 수 있는가에 대하여, 대법원은 이를 긍정하였다.[77]

<대법원 1997. 12. 9. 선고 94다41249 판결>

"승려인 피고 배병태와 그를 따르던 60여 명의 신도들이 1987. 2. 말경 관통사를 이탈하여 독립된 사찰의 건립을 모색하면서 '대한불교조계종표선연화사', '대한불교조계종연화사', '대한불교연화사' 등의 명칭하에 사찰 대표, 신도회장, 총무, 재무 등의 직책을 만들어 선출하고(원심은 당시 선임된 대표자가 누구인지를 밝히고 있지 않으나, 원심 거시의 증거에 의하면 대표자는 피고 배병태임이 확인된다), 그들의 출재와 피고 배병태의 노력으로 조성된 자금으로 토지를 매수하여 그 지상에 불당을 완공하였다는 것이므로, 불당의 완공 당시 위 단체는 그 명칭이나 특정 종단의 귀속 여부에 불구하고 독립된 사찰로서의 실체를 갖추게 되었다 할 것이고, 관통사에서 떨어져 나온 신도들과 승려인 피고 배병태의 합의로 조계종에 소속될 새로운 사찰의 건립이라는 공동 목적을 가지고 대표, 회장, 재무 등 체계적인 조직을 만들고 그들의 노력에 의하여 토지를 매수하고, 그 지상에 불당을 완공하기에 이른 것이므로 그 실질은 권리능력 없는 사단인 사찰로 봄이 상당하다."

---

77) 대법원 1997. 12. 9. 선고 94다41249 판결.

'개인사찰이 조계종파 종헌, 종규, 사찰대장 등의 등재나 그 중앙종단에 불교단체로 등록된 경우 그 종파에 속한 독립된 사찰로 존재하게 되는 것인지 여부'와 '사찰의 권리능력 또는 소송상의 당사자능력의 유무'에 대하여 대법원은 "개인사찰인 암자가 조계종파 종헌, 종규, 사찰대장 등의 등재나 그 중앙종단에 불교단체로서 등록되었다는 사실만으로는 위 사찰이 위 조계종파에 속한 독립된 사찰로 존재하게 된 것이라고 할 수는 없다."는 사실과 함께, 사찰의 당사자능력을 인정하기 위해서는 독립된 단체성이 있어야 함을 요구하였다.[78]

〈대법원 1988. 3. 22. 선고 85다카1489 판결〉

이태준과 이 정상은 수년간 위 안양암을 무등록, 무소속의 개인 사찰로 운영하다가 1967년경 이를 대한불교 원효종파에 편입시키기로 하여 위 이 정상이 그 종단으로부터 주지임명을 받은 다음 위 이태준이 위 안양암에 속한 사찰부지와 건물 등 재산일체를 대한불교 원효종에 증여하고 위 이 정상이 주지로서 위 증여된 재산을 기본재산으로 하는 피고 대한불교원효종 안양암에 대한 사찰 및 주지취임등록을 신청하여 1968. 2. 19 관할청에 그 등록을 마친 사안에서, 대법원은 "사찰이 독립된 단체를 이루고 있는 경우에 있어서는 불교재산관리법에 따른 사찰 및 주지취임등록처분의 유무에 불구하고 권리능력 없는 사단 또는 재단으로서의 독립된 권리능력과 소송상의 당사자능력을 가지고 있다."고 판시하고 있다.

대한불교조계종의 종단 구성원이 독립된 단체로서의 실체를 가진 사찰의 주지 임명처분에 관하여 그 효력을 다툴 법률상 이해관계가 있는지 여부와 관련하여, 대법원이 이를 부정하고 있다.[79] 다만, 대법원은 사찰이 당사자능력을 가지고 있음을 명확히 하고 있다. 그러나 '명목상 중앙종단 소속으로 등록되어 있으나 실제 그 재산일체를 주지가 사찰명의로 등기하거나 미등기인 채 소유하면서 단독으로 운영하는 개인사찰이 소송상 당사자능력이 있는가'에 대하여, 이를 부정하였다.[80]

---

78) 대법원 1988. 3. 22. 선고 85다카1489 판결.
79) 대법원 1992. 1. 23. 자 91마581 결정.
80) 대법원 1991. 2. 22. 선고 90누5641 판결.

> **〈대법원 1992. 1. 23. 자 91마581 결정〉**
>
> "대한불교조계종이 그 산하의 사찰과 승려 및 신도로서 구성되는 비법인사단으로서의 법적 성격을 가지는 것이어서, 위 종단에 소속된 사찰은 그 구성분자로서 종단의 자치법규인 종헌, 종법 등의 적용을 받아 자율적인 주지 임면권 등을 상실하고 위 종단이 그 권한 등을 행사하게 되어 있지만, 사찰도 독립된 단체로서의 실체를 가지는 경우에는 독자적인 권리능력과 당사자능력을 가질 수 있는 것이므로 그러한 사찰의 주지 임명에 관하여 당해 사찰과 아무런 관계도 없는 자가 다만 위 종단의 구성원이라는 막연한 지위에서 그 효력을 다툴 법률상의 이해관계가 있다고 볼 수 없다."

> **〈대법원 1991. 2. 22. 선고 90누5641 판결〉**
>
> "사찰이 명목상 중앙종단에 가입하여 그 소속으로 등록되고 소외인이 중앙종단으로부터 주지임명까지 받았다 하더라도 사찰건물 등 재산 일체는 중앙 종단에 귀속시키지 않고 소외인이 사찰명의로 등기하거나 미등기인 채 실질적으로 소유하면서 단독으로 그 운영을 맡아 하는 개인사찰은 단순한 불교목적시설일 뿐 그것이 독립한 사찰로서의 단체를 이루고 그 단체가 소유하는 재산이라고 할 수 없으므로, 위 사찰은 권리능력 없는 사단이나 재단으로서 소송상의 당사자능력을 가졌다고 볼 수 없어 위 사찰이 원고가 되어 제기한 소는 부적법하다."

(8) 공동주택입주자대표회의

주택건설촉진법 제38조 제7항과 공동주택관리령 제10조 제1항에 따라서 구성된 아파트입주자대표회의가 당사자능력이 있는가에 대한 물음이 제기되었다. 대법원은 "입주자대표회의는 단체로서의 조직을 갖추고 의사결정기관과 대표자가 있을 뿐만 아니라, 또 현실적으로도 자치관리기구를 지휘, 감독하는 등 공동주택의 관리업무를 수행하고 있으므로 특별한 다른 사정이 없는 한 법인 아닌 사단으로서 당사자능력을 가지고 있는 것으로 보아야 한다."고 하였다.[81]

---

81) 대법원 1991. 4. 23. 선고 91다4478 판결.

"원심은, 원고 입주자대표회의가 당사자능력을 갖춘 비법인사단인지의 여부에 관하여, 비법인 사단이란 일정한 목적을 가지고 의사결정기관과 집행기관을 두어 독자적인 사회활동을 하는 다수인의 결합체를 말하는 것으로, 구성원의 자격, 의사결정 및 대표의 방법, 재산관리, 그 밖의 단체로서의 주요점을 확정할 수 있는 규약과 사회활동에 필요한 고유의 재산을 가짐이 필요하다고 할 것인바, 이 사건 원고인 아파트입주자대표회의는 주택건설촉진법과 공동주택관리령(대통령령 제10484호)의 적용을 받는 공동주택인 아파트에 있어서 아파트 각 동 입주자들에 의하여 선출된 동별 대표로 구성되어(공동주택관리령 제10조 제1항) 입주자를 대표하여 입주자들 전원에 대하여 적용되는 관리규약개정안의 제안 및 공동주택의 관리에 필요한 제규정의 제정 및 개정, 관리비 예산의 확정, 사용료의 기준, 감사의 요구와 결산의 처리, 자치관리를 하는 경우 자치관리기구의 직원의 임면 등에 관한 사항을 결정하고(위 령 제10조 제6항), 자치관리기구를 지휘, 감독할 권한을 가질 뿐(위 령 제11조 제2항), 그 자신 독자적인 사회활동을 하지 아니함은 물론 그에 필요한 고유의 재산을 가지고 있지도 아니할 뿐더러, 원고가 제시하는 이 사건 보람아파트관리규약(갑 제6호증)도 그 제4조 제1항에 "입주자는 … 동별 대표자로 구성되는 입주자대표회의와 관리주체(자치관리기구 또는 주택관리인)를 둔다."고 규정하고, 제7조 내지 제14조에 입주자의 자격, 권리, 의무 등에 관하여, 제15조 내지 제20조에서 입주자대표회의 구성, 권한, 책임 등에 관하여, 제21조 내지 제28조에서 관리주체의 업무, 책임 등에 관하여 각 규정하고 있어, 입주자대표회의가 관리주체와 함께 입주자총원으로 구성된 단체의 하나의 기관임을 분명히 하고 있으므로, 결국 이 사건 원고 보람아파트입주자대표회의는 비법인 사단인 아파트입주자총원으로 구성된 단체의 내부기관에 불과할 뿐 그 자신 독자적인 사회적 실체를 갖춘 단체라고는 볼 수 없다는 이유로, 원고의 당사자능력을 부인한 다음, 원고의 대표자로 이 사건 소송을 제기한 정광원이 원고의 적법한 대표자가 아니라는 이유로 이 사건 소를 각하한 제1심판결을 취소하고, 이 사건 소는 당사자능력이 없는 자가 제기한 소로서 그 하자를 보정할 수 없는 경우에 해당하여 부적법하다는 이유로 이를 각하하였다." 그러나 "원심이 설시한 보람아파트의 관리규약은, 공동주택의 입주자들이 공동주택을 관리, 사용함에 있어서 공동생활의 질서유지와 주거생활의 향상을 위하여, 입주자 등의 권리 및 의무, 입주자대표회의의 구성 및 운영 등에 관한 사항, 관리비 등의 징수 및 사용절차 등에 관한 사항, 자치관리를 할 경우 자치관리기구의 구성 및 운영 등에 관한 사항, 관리규약을 위반한 자 등에 대한 조치 따위를 주요한 내용으로 포함하여, 입주자들이 스스로 제정하도록 령 제9조에 규정되어 있는 일종의 주민자치법규에 지나지 않는 것이므로, 이 사건 공동주택의 입주자들이 공동주택관리규약을 제정한 외에 별도로 입주자들을 구성원으로 하여 어떤 단체를 구성한 사실이 인정되지 않는 이상, 위와 같은 공동주택관리규약이 제정되었다고 하여 바로 공동주택의 입주자들이 구성원이 된 단체가 구성되었다고 단정할 수는 없을 뿐만 아니라, 가사 그와 같은 단체가 구성되어 존속하고 있고, 또 그 공동주택관리규약에 입주자대표회의의 구성, 권한, 책임 등에 관한 내용이 포함되어 있다고 하더라도, 그렇다고 하여 바로 입주자대표회의가 원심이 판시한 바와 같이 관리주체와 함께 입주자총원으로 구성된 단체의 내부기관에 지나지 않는다고 단정할 수도 없는 것이다. 그럼에도 불구하고, 원심은 원고 입주자대표회의가 그 자신 독자적인 사회적 실체를 갖춘 법인 아닌 사단이라고 볼 수 없다는 이유로 당사자능력을 부인하였으니, 원심판결에는 법인 아닌 사단에 관한 법리를 오해한 위법이 있다고 하지 않을 수 없다."고 판시하고 있다.

공동주택의 입주자대표회의가 동대표 선출결의 무효확인소송의 피고적격이 있는지에 대하여, 대법원은 입주자대표회의가 법인 아닌 사단이라는 사실을 명백히 제시하면서 다음과 같이 판시하고 있다.[82]

〈대법원 2008. 9. 25. 선고 2006다86597 판결〉

대법원은 "공동주택의 입주자대표회의는 동별 세대수에 비례하여 선출되는 동별 대표자를 구성원으로 하는 법인 아닌 사단이므로, 동별 대표자의 선출결의의 무효확인을 구하는 것은 결국 입주자대표회의의 구성원의 자격을 다투는 것이어서 입주자대표회의는 그 결의의 효력에 관한 분쟁의 실질적인 주체로서 그 무효확인소송에서 피고적격을 가진다. 또한, 입주자대표회의의 구성원은 그 임기가 만료되더라도 특별한 사정이 없는 한 필요한 범위 내에서 새로운 구성원이 선출될 때까지 직무를 수행할 수 있으므로, 입주자대표회의 구성원의 임기가 만료되었다는 사정만으로는 그 구성원이 무효인 동별 대표자의 선출결의를 다툴 확인의 이익이 없는 것이라고 보기 어렵다. 원심이 이러한 취지에서 피고 입주자대표회의가 동대표 선출결의의 무효확인 등에 있어서 피고적격이 있고, 원고들에게 확인의 이익이 있다고 본 것은 정당하다."고 판시하고 있다.

(9) 아파트부녀회

아파트 부녀회가 법인 아닌 사단의 실체를 갖추고 있다고 볼 수 있는가에 대하여, 대법원은 아파트에 거주하는 부녀를 회원으로 하여 입주자의 복지증진 및 지역사회 발전 등을 목적으로 설립된 아파트 부녀회가 회칙과 임원을 두고서 주요 업무를 월례회나 임시회를 개최하여 의사를 결정하여 온 경우라 한다면, 이 부녀회는 법인 아닌 사단의 실체를 가지고 있다고 판시한다.[83]

---

82) 대법원 2008. 9. 25. 선고 2006다86597 판결.

<대법원 2006. 12. 21. 선고 2006다52723 판결>

대법원은 "이 사건 부녀회는 1980년대 초경에 삼호가든 1, 2차 아파트에 거주하는 부녀를 회원으로 하여 입주자의 복지증진 및 지역사회 발전 등을 목적으로 하여 설립되었고(다만, 설립 당시 명칭은 '삼호가든아파트 새마을 부녀회'였다), 회칙이 마련되어 있어 임원으로 회장, 부회장, 감사, 이사, 명예회장, 고문을 두도록 되어 있는 사실, 이 사건 부녀회의 임원은 회장, 부회장, 감사, 총무이사, 재무이사, 이사 11명 등 16명인데, 이사 11명은 이 사건 아파트의 11개 동의 통장들이고, 회장·부회장·감사는 각 동 대표들이 참석한 총회에서 선출하도록 되어 있으며, 임원의 임기는 2년이고, 회장은 연임할 수 있는 사실, 이 사건 부녀회의 주요 업무는 16명의 임원이 월례회나 임시회를 개최하여 의사결정을 하여 온 사실을 인정할 수 있다. 사정이 이와 같다면, 이 사건 부녀회는 법인 아닌 사단의 실체를 갖추고 있다고 할 것이어서 원고가 위 수익금의 지급을 청구할 상대는 피고가 아니라 이 사건 부녀회가 되어야 한다고 할 것이다."라고 판시하고 있다.

(10) 상가번영회

소외 태양건설 주식회사(이하 태양건설이라 한다)가 태양백화전 건물(이하 이 사건 건물이라 한다)을 신축하여 보존등기를 마치고, 이 사건 건물에 입주를 희망하는 사람 32명에게 점포를 임대하였는데, 태양건설은 거래은행에 대한 채무를 변제하지 못하여 이 사건 건물에 대한 임의경매절차가 개시된 사실이 있다. 그러자 이 사건 건물에 입주하고 있던 점포의 임차인 32명 가운데 29명이 1983. 8. 10.경 그들의 태양건설에 대한 임차보증금 채권을 확보하기 위하여 태양백화점 번영회라는 원고 명의의 단체를 만들어 정관을 만들고 그 정관에 따라 임원과 조직을 갖게 되었다. 구성원이 없게 된 법인 아닌 사단의 소송상 당사자능력의 소멸시기를 언제로 보아야 할 것인가의 문제가 중요한 사항이었지만,[84] 상가번영회가 일정한 목적을 가진 다수인의 결합체로서 그 결합체의 의사를 결정하고 업무를 집행할 기관 및 대표자에 관한 정함이 있는 결합체라고 한다면 법인 아닌 사단으로서 당사자능력을 인정함을 설시하고 있다.

---

83) 대법원 2006. 12. 21. 선고 2006다52723 판결.
84) 대법원 1992. 10. 9. 선고 92다23087 판결.

〈대법원 1992. 10. 9. 선고 92다23087 판결〉

대법원은 "법인아닌 사단에 대하여는 사단법인에 관한 민법규정 가운데서 법인격을 전제로 하는 것을 제외하고는 이를 유추적용하여야 할 것인바, 사단법인에 있어서는 사원이 없게 된다고 하더라도 이는 해산사유가 될 뿐 막바로 권리능력이 소멸하는 것이 아니다(민법 제77조 제2항). 법인아닌 사단에 있어서도 구성원이 없게 되었다 하여 막바로 그 사단이 소멸하여 소송상의 당사자능력을 상실하였다고 할 수는 없고, 청산사무가 완료되어야 비로소 그 당사자능력이 소멸하는 것이다. 이 사건에서 보건대, 위 정관 제11조의 규정에 의하여 원고의 구성원들이 모두 자격을 상실하여 그 구성원이 없게 되었다 하더라도 원고 명의로 양도받은 이 사건 물건에 대한 권리포기의 효력을 다투며 그 인도를 구하는 이 사건 소송이 계속 중인 한 그 청산사무는 아직 종료하지 아니하였으므로 재산관계의 청산에 관한 한 원고 단체가 그대로 법인 아닌 사단으로 존속하고 있는 것으로서 원고 단체는 소송법상 당사자능력을 가지고 있다고 할 것이다(당원 1990. 12. 7. 선고 90다카25895 판결 참조). 따라서 원심으로서는 원고에게 당사자능력이 있음을 전제로 더 나아가 원고의 대표자라고 하는 회장 이순자의 대표자 자격의 유무를 심리하고 그것이 인정될 경우 본안에 나아가 심리·판단하여야 함에도 불구하고 원고에게 당사자능력이 없다는 이유로 소를 각하한 제1심을 유지한 것은 법인 아닌 사단의 당사자능력의 소멸에 관한 법리를 오해함으로써 판결에 영향을 미친 위법을 저지른 것이라 할 것이므로 이 점을 지적하는 논지는 이유 있다."고 판시하고 있다. 다만, 주의해야 할 것은 법인이 아닌 사단 자체가 당사자능력을 가지고 있으므로 그 내부기관인 노동조합의 조합장이나 선거관리위원회에게는 당사자능력을 인정하기 어렵다.

등기하지 않은 노동조합에 대하여 대법원은 법인이 아닌 사단으로서 그 사단 자체는 당사자능력이 있음을 대법원은 인정한다. 다음에서 제기되는 질문은 노동조합 선거관리위원회가 당사자능력이 있는가이다. 대법원은 노동조합 선거관리위원회의 당사자능력을 인정하지 않았다.[85] 다만, 하부조직이라 할지라도 독자적인 규약을 가지고 독립한 활동을 하고 있는 독자적인 사회적 조직체로 인정되는 경우에는 당사자능력을 인정한 판례도 있다.[86]

---

85) 대법원 1992. 5. 12. 선고 91다37683 판결.
86) 대법원 1977. 1. 25. 선고 76다2194 판결; 대법원 2009. 1. 30. 선고 2006다60908 판결.

<대법원 1992. 5. 12. 선고 91다37683 판결>

대법원은 "경남제일교통 노동조합 선거관리위원회는 그 자체가 법인이 아님은 물론 법인 아닌 사단이나 재단도 아니고 단지 경남제일교통 노동조합의 기관의 하나에 불과할 뿐이므로 당사자가 될 수도 없는 위 조합의 선거관리위원회를 상대로 한 이 사건 소도 역시 부적법하다고 판단하여 모두 각하하였는바, 기록에 비추어 원심의 판단은 정당하고, 거기에 법리오해의 위법이 없다."고 판시하였다.

<대법원 2009. 1. 30. 선고 2006다60908 판결>

활동의 내용면에서는 중앙조직과 연관이 있으나, 독자적인 정관 또는 규약을 가지고 이에 근거한 총회의 의사결정기관 및 업무집행기관을 두고 있고, 각 독립된 회원으로 구성되어 있으며, 예·결산처리 및 활동도 중앙조직과는 별개로 이루어지는 원고 6 대전충남△△△△△△시민연합, 원고 13 전북△△△△△△시민연합에 대하여, 대법원은 "민사소송법 제52조가 비법인사단의 당사자능력을 인정하는 것은 법인이 아니라도 사단으로서의 실체를 갖추고 그 대표자 또는 관리인을 통하여 사회적 활동이나 거래를 하는 경우에는 그로 인하여 발생하는 분쟁은 그 단체가 자기 이름으로 당사자가 되어 소송을 통하여 해결하도록 하기 위한 것이므로, 여기서 말하는 사단이라 함은 일정한 목적을 위하여 조직된 다수인의 결합체로서 대외적으로 사단을 대표할 기관에 관한 정함이 있는 단체를 말한다. 또한 사단법인의 하부조직의 하나라 하더라도 스스로 단체로서의 실체를 갖추고 독자적인 활동을 하고 있다면 사단법인과는 별개의 독립된 비법인사단으로 볼 수 있다."고 판시하고 있다.

전국버스운송사업조합연합회 공제조합이 같은 조합연합회와는 별개의 독립된 단체로서 민사소송법상 당사자능력이 있는지 여부에 대한 물음이 제기되었다. 이에 대하여 대법원은 "전국버스운송사업조합연합회 공제조합은 육운진흥법과 같은법 시행령에서 정한 같은 연합회의 공제사업을 효율적으로 달성하고자 만든 같은 연합회 산하의 부속기관에 불과하고 같은 연합회와는 별개의 독립된 단체라고 볼 수 없어 민사소송법상 당사자능력이 없다."고 판시하였다.[87]

---

87) 대법원 1991. 11. 22. 선고 91다16136 판결.

〈대법원 1991. 11. 22. 선고 91다16136 판결〉

대법원은 "원고 전국버스운송사업조합연합회공제조합(이하 원고 공제조합이라 부른다)의 당사자능력에 관하여 살피건대, 원고 공제조합은 소외 전국버스운송사업조합연합회가 육운진흥법과 같은법시행령에서 정한 동 연합회의 공제사업을 효율적으로 달성하고자 만든 동 연합회 산하의 부속기관에 불과하고 동 연합회와는 별개의 독립된 단체라고 볼 수 없어 민사소송법상 당사자능력이 없다는 것이 당원의 견해이다(당원 1991. 1. 29. 선고 90다4419 판결 및 1989. 3. 28. 선고 88다카4284 판결 참조) 그런데도 원심이나 제1심은 마치 원고 공제조합에 민사소송법상 당사자능력이 있는 것처럼 본안에 들어가 판단하였는바, 이는 당사자능력을 잘못 판단한 위법을 범한 것이므로 상고이유에 대한 판단을 할 필요 없이 이 점에서 원심 및 제1심 판결은 그대로 유지될 수 없다."고 판시하였다.

4) 법인이 아닌 재단

민사소송법 제52조는 재단의 경우에, 재단의 실질은 가지고 있지만 주무관청의 허가를 취득하지 아니하여 법인격이 없는 재단에 대하여 당사자능력을 인정하고 있다. 대학교장학회[88]나 유치원[89] 등이 여기에 해당한다. 그러나 국공립학교,[90] 사립학교[91] 및 각종 학교에 대하여는 학교의 당사자능력을 인정하지 않고 있다. 이 경우 설립자 등 각각의 운영주체를 당사자로 하여 소송을 제기할 수 있을 것이다.

〈대법원 1997. 9. 26. 선고 96후825 판결〉

대법원은 "이 사건 특허출원서에는 발명자를 여영근으로, 출원인을 주식회사 우방랜드와 경북대학교 총장 김익동으로 기재하여 공동출원을 하고 있고, 이 특허출원에 대하여 거절사정되자 그 출원인들이 공동으로 항고심판을 청구하고, 다시 이 법원에 상고하였음을 알 수 있다. 그런데 특허법에서는 특허출원의 주체가 될 수 있는 자나 당사자능력에 관한 규정을 따로 두고 있지 아니하므로, 특허권과 특허법의 성질에 비추어 민법과 민사소송법에 따라 거기에서 정하고 있는 권리능력과 당사자능력이 있는 자라야 특허출원인이나 그 심판·소송의 당사자가 될 수 있다고 할 것인바, 이 사

---

88) 대법원 1961. 11. 23. 선고 4293행상 43.
89) 대법원 1969. 3. 4. 선고 68다2387 판결.
90) 대법원 1997. 9. 26. 선고 96후825 판결; 대법원 2001. 6. 29. 선고 2001다21991 판결(법인화 전 서울대학교).
91) 대법원 1975. 12. 9. 선고 75다1048 판결.

건출원인(항고심판청구인, 상고인)인 경북대학교는 국립대학으로서 민사법상의 권리능력이나 당사자능력이 없음이 명백하므로 특허출원인이나 항고심판청구인, 상고인이 될 수 없다 할 것이다. 그렇다면 원심으로서는 이 점에 관하여 석명권을 행사하여 출원인의 진의가 무엇인지를 밝혀서, 국가의 기관인 경북대학교를 통하여 국가를 출원인으로 하려는 의도였다면 대한민국 명의로, 그렇지 않고 그 총장인 김익동 개인을 출원인으로 하고자 하는 경우에는 그 개인 명의로 출원명의인과 항고심판청구인의 명의를 보정하여 당사자 표시를 바로잡도록 하였어야 할 것이고, 만일 보정을 거부한다면 출원이 부적법하다 하여 각하하였어야 할 것인바, 이에 이르지 아니하고 만연히 경북대학교가 특허출원인으로서 권리능력과 당사자능력이 있다고 보아 실체판단에 들어간 것은 특허출원인의 권리능력이나 심판의 당사자능력에 관한 법리를 오해한 나머지 심리를 다하지 아니하였거나, 석명의무를 위반한 잘못이 있다고 할 것이고, 이는 심결 결과에 영향을 미쳤음이 명백하다." 고 판시하고 있다.

법인이 되기 전 서울대학교가 당사자능력이 있는가에 대한 물음이 제기되었다. 대법원은 이 단체에게 당사자능력을 허용하지 않았다.[92]

<대법원 2001. 6. 29. 선고 2001다21991 판결>

대법원은 법인화되기 전 서울대학교의 당사자능력이 있는가 여부에 대하여 "서울대학교는 국가가 설립·경영하는 학교임은 공지의 사실이고, 학교는 법인도 아니고 대표자 있는 법인격 없는 사단 또는 재단도 아닌 교육시설의 명칭에 불과하여 민사소송에 있어 당사자능력을 인정할 수 없다."고 판시하였다.

5) 민법상 조합

(1) 의의

조합이라 함은 2인 이상이 서로 출자하여 공동사업을 영위하고자 결합한 인적 단체를 말한다. 직장의 동료들이 주택을 마련하기 위하여 주택조합을 만들어 공동사업을 한다거나, 변호사들이 공동사무소를 설립하여 소송에 관한 행위를 공동으로 하는 경우 등에 주로 조합이 활용된다. 조합은 인적인 결합체이기는 하지만 법인이 아니라는 점에서, 조합 그 자체에

---

92) 대법원 2001. 6. 29. 선고 2001다21991 판결.

권리능력을 인정하기에는 무리가 있다. 그러나 민법상 조합에 대표자가 정해져 있고, 그를 통해 대외적 활동을 하는 경우에 당사자능력을 인정할 수 있을 것인가에 대한 다툼이 있다.[93]

(2) 긍정설

민법상 조합은 단체성이 약한 인적 결합체에 해당하는 점은 부인할 수 없지만, 단체성이 없는 것도 아니고 독립적인 재산으로 인정받을 수 있는 조합재산을 기초하여 활동을 하고 있다는 점, 거래의 상대방이 소를 제기하는 경우에 당사자능력을 부인하게 되면 구성원 전원을 대상으로 하여야 한다는 점 등을 들어 민법상 조합의 당사자능력을 인정해야 한다는 입장이 긍정설이다.[94]

(3) 부정설

민법 제703조를 근거로 하여 민법상 조합의 당사자능력을 부인하는 입장이 부정설이다. 조합은 동일 목적의 조합원 간의 계약적 기속관계에 지나지 않으며, 조합원의 개성과 독립된 단체적 조직이라고 인정할 수 있는 실질이 없음을 이유로 제시한다.[95] 또한 민법 제712조는 조합의 채무는 조합원이 분담하게 되어 있는데, 만약 조합에 당사자능력을 인정하게 된다면, 조합 자체에 대한 판결로써 그 구성원인 조합원에 대한 분할책임을 추구할 수 있을 것인가에 대한 어려움 문제도 발생하게 된다는 점을 들어 반대한다.

(4) 판례의 입장

대법원은 민법상 조합에 대하여 지속적으로 당사자능력을 부인하고 있다. 대법원은 한국원호복지공단법에 따라 설립된 원호대상자광주목공조합은 민법상의 조합의 실체를 가지고 있으므로 소송상 당사자능력이 없다고 판시하였고,[96] 또 다른 사건에서 대법원은 부도난 회사의 채권자들이 조직한 채권단은 비법인사단으로서의 실체를 갖추고 있지 않다고 보아 당사자능력을 부인하였으며,[97] 건설공동수급체에 대하여도 당사자능력을 인정하지 않았다.[98]

---

93) 이시윤, 신민사소송법, 박영사 제8판, 2014, 141면 이하.
94) 강현중, 민사소송법, 박영사 제6판, 2004, 131면.
95) 이시윤, 신민사소송법, 박영사 제8판, 2014, 142면.
96) 대법원 1991. 6. 25. 선고 88다카6358 판결.
97) 대법원 1999. 4. 23. 선고 99다4504 판결.
98) 대법원 2000. 12. 12. 선고 99다49620 판결.

<대법원 1991. 6. 25. 선고 88다카6358 판결>

원호대상자 광주목공조합이 당사자능력을 가지고 있는가에 대하여 대법원은 "피고 원호대상자광주목공조합(이하 피고조합이라 한다)은 1982. 5. 1. 원호처장의 허가를 받아 당시의 한국원호복지공단법(그 후 1984. 8. 2. 법률 제3742호로 한국보훈복지공단법으로 개정되었음) 부칙 제8조 제2항에 의하여 구성원의 직업재활과 자립정착의 달성 등을 목적으로 하여 설립된 조합으로서 그 조합구성원은 10인으로 하여 위 조합에 가입하려면 전조합원의 동의를 얻어야 하고 탈퇴하려면 조합원 3분의 2 이상의 동의를 얻어야 하며 조합자산은 원칙적으로 균일지분에 의하여 조합원에게 합유적으로 귀속되어 조합원이 단독으로 그 분할청구를 하지 못하도록 되어 있는 사실과 한국원호복지공단법부칙 제8조가 같은 법 시행전의 원호대상자직업재활법에 의하여 설립된 원호대상자정착직업재활조합은 해산되고 해산된 조합은 원호처장의 허가를 받아 민법에 의한 조합으로 설립할 수 있다고 규정한 취지에 비추어 보면 피고조합은 민법상의 조합의 실체를 가지고 있다 하겠으므로 소송상 당사자능력이 없으며 따라서 원고의 피고조합을 상대로 한 이 사건 소는 부적법하다."고 판단하였다.

<대법원 1999. 4. 23. 선고 99다4504 판결>

부도난 회사의 채권자들이 조직한 채권단이 비법인사단으로서의 실체를 갖추지 못한 부도회사의 채권자단이 당사자능력이 있는가에 대하여 대법원은 "원래의 채권단은 소외 회사의 채권자 133인이 채권을 회수할 목적으로 구성한 단체로서, 대표자 10인을 선임하여 채권 회수를 위한 일체의 권한을 위임하였을 뿐, 정관 또는 규약을 제정하거나 사단으로서의 실체를 갖추기 위한 일체의 조직행위가 없었고, 사단으로서의 실체를 인정할 만한 조직, 그 재정적 기초, 총회의 운영, 재산의 관리 기타 단체로서의 활동에 관한 입증도 없으므로, 이를 비법인사단으로 볼 수 없고, 한편 원고 채권단은 원래의 채권단이 피고 등 4인을 상대로 위 매매잔대금의 지급을 구하는 소송을 제기하는 데 따르는 당사자능력 문제의 어려움을 해결할 의도에서 그 구성원을 원래의 채권단과 같이하여 사단을 성립시킬 목적으로 급조된 것임을 알 수 있다. 그런데 원래의 채권단의 대표자들 중 1인인 김병수는 소외 회사에 대한 채권자 133인을 원고 채권단의 구성원으로 내세우면서도 채권자 133인 전원에게 개별적인 통지를 하지 아니한 채 일간신문에 소외 회사 채권단 소집공고를 1회 게재하는 방식만으로 총회를 소집하였을 뿐만 아니라, 김병수 등 3인은 자신들만 참석하고 66인이 의결권을 위임한 가운데 개최된 총회에서 위와 같은 정관을 채택하고 회장 등 임원을 선임하였는바, 이러한 원고 채권단의 조직행위는, 구성원의 개인성과는 별개로 권리·의무의 주체가 될 수 있는 독자적 존재로서의 사단을 성립시켜 그 구성원으로 되는 것을 목적으로 하는 채권자 133인의 의사 합치에

기한 것이라고 볼 수 없으므로, 이로써 이들 전원을 구성원으로 내세우는 원고 채권단이 원래의 채권단과는 달리 비법인사단으로서의 실체를 갖추게 되는 것이라고 할 수 없고, 따라서 원래의 채권단과 원고 채권단의 동일성 여부를 따져 볼 필요도 없이 원고 채권단의 당사자능력은 이를 인정할 수 없다."고 판시하였다.

〈대법원 2000. 12. 12. 99다49620 판결〉

건설공동수급체를 조합으로 볼 것인가에 대하여 대법원은 " 피고와 국제토건은 공동수급체를 결성하여 마산시로부터 월영동 택지조성공사를 공동으로 수급하여 그 공사를 공동으로 진행함에 있어서 국제토건이 공동수급체의 대표자로 행동하고 있었던 것으로 보이고, 공동수급체는 기본적으로 민법상의 조합의 성질을 가지는 것이므로 국제토건은 공동수급체의 대표자로서 업무집행자의 지위에 있었다고 한다면 국제토건과 피고의 사이에는 민법상의 조합에 있어서 조합의 업무집행자와 조합원의 관계에 있었다고 할 것이어서, 국제토건이 1995년 12월무렵 공동수급체의 업무집행으로서 하수급인인 원고에게 국제토건이 분담하여야 할 공사대금뿐만 아니라 피고가 분담하여야 할 공사대금까지도 함께 변제하기 위하여 약속어음 4장을 교부하고 원고로부터 그에 대한 입금표와 세금계산서를 교부받았다면 이는 공동수급체의 구성원들인 피고와 국제토건의 사무처리를 위하여 한 것으로 보아야 할 것이고, 그 후 1996년 1월무렵 피고가 국제토건으로부터 원고가 발행한 입금표와 세금계산서를 교부받고 원고에 대한 방음벽설치공사 하도급대금을 포함하여 공동으로 수급한 사업과 관련하여 피고가 부담하여야 할 공사대금을 국제토건에 지급한 것은 공동수급체의 구성원들 사이의 내부관계에서 분담비용을 정산한 것으로 볼 여지가 충분하다."고 판시하고 있다.

(5) 사견

민법상 조합의 당사자능력을 인정할 것인가에 대한 물음과 관련하여 독일 판례의 추이를 고찰하는 것은 의미가 있다.[99] 종래 독일은 민법상 조합에 대하여 권리능력을 인정할 수 없다는 것이 통설의 입장이었다. 그러나 1970년대부터 조합 자체에 독자성을 부여하자는 의견들이 끊임없이 제시되었다. 전통적인 학설에 따라 민법상 조합의 권리능력을 일관되게 부인하던 독일 연방대법원은 2001년 1월 29일 종전의 판례를 변경하여 민법상 조합의 권리능력과 당사자능력을 인정하게 된다.[100] 독일 판례에 따르면, 민법상 조합의 당사자능력은 제3자

---

99) 유주선, 독일법상 민법상 조합의 권리능력, 기업법연구 제20권 제1호, 2006, 379면 이하.
100) BGH BB 2001, 374.

와의 관계에서 권리주체성을 인정함에 나타나는 자연스러운 결과에 해당한다. 이제 민법상 조합은 각 조합원이 권리의 담당자가 아니라 조합 그 자체가 조합의 실체적인 권리와 의무의 담당자가 된다. 그러므로 조합채권 또는 조합채무에 관한 소송의 정당한 당사자는 조합이 되는 것이라고 한다.[101]

민법상 조합에 대하여 독일이 권리능력과 당사자능력을 인정하는 것과 같이 우리나라에서도 민법상 조합에 대하여 권리능력과 당사자능력을 인정할 실익은 있다고 본다. 비록 민법상 조합은 실정법상 법인이 아니라는 점 때문에 권리능력이나 당사자능력에 대한 인정의 어려움이 있지만, 독일의 경우 판례의 법형성Rechtsfortbildung을 통하여 지속적으로 조합의 권리능력과 당사자능력을 인정한바, 소제기의 용이함 등을 고려하면, 우리나라에서도 민법상 조합의 당사자능력에 대한 인정의 실익은 충분히 있다고 하겠다.

6) 유의사항

법인이 아닌 사단이나 재단의 경우 그 자체가 소송의 당사자가 된다. 그 대표자나 관리인은 법정대리인에 준하여 취급하게 된다(민소법 제64조). 그러므로 판결의 기판력이나 형성력은 당사자인 사단이나 재단에 대하여 그 영향을 미치게 되고, 사단의 구성원이나 출연자 등에게는 아무런 효력을 주지 못한다. 물론 강제집행의 대상이 되는 것도 사단이나 재단의 독립재산에 한정된다.

5. 당사자적격

1) 의의

당사자가 어느 특정사건에서 자기의 이름으로 소송을 수행하고 거기에서 판결을 받았다고 하더라도 그것이 별 가치 없는 것이라면 소송은 무의미한 것이 되고 만다. 이러한 소송을 배제하기 위한 제도가 바로 당사자적격이다. 당사자적격이라 함은 특정의 소송사건에서 정당한 당사자로서 소송을 수행하고 본안판결을 받기에 적합한 자격을 말한다.

당사자적격은 누가 정당한 당사자로서 소송을 수행하고 본안판결을 받기에 적합한 자격이 있는가에 대한 문제이다. 그러므로 현재 계속 중인 소송에서 누가 당사자인가를 가리는

---

101) 안성포, 민법상 조합의 당사자능력의 인정, 비교사법 제10권 제3호, 2003, 300면 이하.

당사자확정과 구분된다. 당사자적격은 특정사건과의 관계에서 검토되는 문제이다. 반면, 당사자능력은 구체적인 사건을 떠나 일반적이면서 인격적인 문제에 해당한다.

2) 일반사항

외국계 커피 전문점의 국내 지사인 갑 주식회사가, 본사와 음악 서비스 계약을 체결하고 배경음악 서비스를 제공하고 있는 을 외국회사로부터 음악저작물을 포함한 배경음악이 담긴 CD를 구매하여 국내 각지에 있는 커피숍 매장에서 배경음악으로 공연한 사안에서, 한국음악저작권협회가 저작재산권자로부터 국내에서 공연을 허락할 권리를 부여받았을 뿐 공연권까지 신탁받지 않은 일부 음악저작물에 대하여는 침해금지청구의 소를 제기할 당사자적격이 있는가에 대한 판단을 하였다.

〈대법원 2012. 5. 10. 선고 2010다87474 판결〉

대법원은 "재산권상의 청구에 관하여는 소송물인 권리 또는 법률관계에 관하여 관리처분권을 갖는 권리주체에게 당사자적격이 있음이 원칙이다. 다만, 제3자라고 하더라도 법률이 정하는 바에 따라 일정한 권리나 법률관계에 관하여 당사자적격이 부여되거나 본래의 권리주체로부터 그의 의사에 따라 소송수행권을 수여받음으로써 당사자적격이 인정되는 경우가 있으나, 이러한 임의적 소송신탁은 민사소송법 제87조가 정한 변호사대리의 원칙이나 신탁법 제7조가 정한 소송신탁의 금지를 잠탈하는 등의 탈법적 방법에 의하지 않은 것으로서 이를 인정할 합리적 필요가 있다고 인정되는 경우에 한하여 제한적으로만 허용된다고 할 것이다.[102] 위 법리와 기록에 비추어 살펴 보면, 원고는 원심판시 이 사건 제3 내지 제6 음악저작물에 관하여 그 공연권 등의 저작재산권자로부터 국내에서 공연을 허락할 권리를 부여받았을 뿐 공연권까지 신탁받은 바는 없는데, 권리주체가 아닌 원고에게 위 음악저작물에 대한 소송에 관하여 임의적 소송신탁을 받아 자기의 이름으로 소송을 수행할 합리적 필요가 있다고 볼 만한 특별한 사정이 보이지 않으므로, 원고는 위 음악저작물에 대한 침해금지청구의 소를 제기할 당사자적격이 있다고 볼 수 없다."고 판단하였다.

(1) 이행의 소

특정한 의무이행을 요구하는 이행의 소는 자기에게 급부청구권이 있음을 주장하는 자가

---

102) 대법원 1984. 2. 14. 선고 83다카1815 판결 등 참조.

원고적격을 갖게 된다. 이행의무자로 지정된 자는 피고적격을 갖는다.

등기의무자 아닌 자를 상대로 한 등기말소청구의 소의 적부와 관련하여 다음과 같은 대법원 판결이 있다.

<대법원 1994. 2. 25. 선고 93다39225 판결>

대법원은 "등기의무자, 즉 등기부상의 형식상 그 등기에 의하여 권리를 상실하거나 기타 불이익을 받을 자(등기명의인이거나 그 포괄승계인)가 아닌 자를 상대로 한 등기의 말소절차이행을 구하는 소는 당사자적격이 없는 자를 상대로 한 부적법한 소라고 할 것이며, 한편 부동산의 합유자 중 일부가 사망한 경우 합유자 사이에 특별한 약정이 없는 한 사망한 합유자의 상속인은 합유자로서의 지위를 승계하는 것이 아니므로 해당 부동산은 잔존합유자가 2인 이상일 경우에는 잔존합유자의 합유로 귀속되고 잔존합유자가 1인인 경우에는 잔존합유자의 단독소유로 귀속된다 할 것이다. 원심은, 이 사건 부동산에 관하여 1978. 1. 28. 원고 종중 명의로부터 소외 망 정낙원(원고 종중의 대표자와는 다른 사람이다), 제1심 공동피고이던 망 정두영, 피고 정호영 3인 명의로 합유이전등기가 경료된 사실과 위 망 정낙원, 정두영이 그 판시 일자에 사망한 사실을 인정한 다음, 위 합유자들 간의 다른 특별한 약정이 인정되지 않는 이 사건에 있어 합유물인 이 사건 부동산은 잔존합유자인 피고 정호영의 단독소유로 귀속될 뿐 위 망인들의 상속인들인 피고 정호영을 제외한 나머지 피고들이 이 사건 부동산의 합유자로서의 지위를 승계하였다고 할 수 없어 위 나머지 피고들은 위 망인들 명의의 위 합유등기의 말소에 있어 그 등기의무자로서의 적격이 없다고 하여 원고의 위 나머지 피고들에 대한 이 사건 청구는 부적법한 것이라고 판단하였는바, 기록에 의하여 보면 원심의 사실인정은 정당하고, 그 판단 또한 위와 같은 취지의 것이어서 옳게 수긍이 가며, 거기에 소론과 같은 심리미진 또는 합유에 관한 법리오해의 위법이 있다 할 수 없다."고 판단하였다.

이 판결과 관련하여 판례는 실제 권리자나 의무자가 아닌 자가 원·피고가 된 경우에 당사자적격의 문제와 본안적격을 혼동하는 예가 없지 않다고 하면서, 등기의무자가 피고적격자라는 전제 하에 등기의무자가 아닌 자, 등기에 관한 이해관계 없는 자, 즉 등기명의인이나 그 포괄승계인이 아닌 자를 상대방으로 한 등기말소청구는 피고적격을 그르친 부적법이 있다고 하였는데, 당사자적격을 그르친 경우가 아니라 피고본안적격을 그르친 것이라는 비판이 있다.

(2) 확인의 소

일정한 권리나 법률관계의 존부확정을 요구하는 소가 바로 확인의 소다. 그 청구에 대하여 확인의 이익을 갖는 자가 바로 원고적격자가 된다. 원고의 법률관계를 다툼으로서 원고의 법률상 지위를 불안 및 위험을 초래할 염려가 있는 자는 피고적격자가 된다. 대법원은 "학교법인의 이사회결의에 대한 무효확인의 소를 제기할 수 있는 자가 누구인지에 관하여 사립학교법이나 민법 등에 특별한 규정이 없으므로, 통상 확인의 소의 경우처럼 확인의 이익 내지 법률상 이해관계를 갖는 자는 누구든지 원고적격을 가진다고 보아야 할 것이고, 나아가 확인의 소에서 확인의 이익은 원고의 권리 또는 법률상 지위에 현존하는 불안·위험이 있고 그 불안·위험을 제거하기 위하여 확인판결을 받는 것이 가장 유효적절한 수단일 때에만 인정된다."고 판시하고 있다.[103]

학교법인의 기본권과 구 사립학교법의 입법 목적, 그리고 같은 법 제25조가 민법 제63조에 대한 특칙으로서 임시이사의 선임사유, 임무, 재임기간 그리고 정식이사로의 선임제한 등에 관한 별도의 규정을 두고 있는 점 등에 비추어 보면, 구 사립학교법 제25조에 의하여 교육부장관이 선임한 임시이사는 이사의 결원으로 인하여 학교법인의 목적을 달성할 수 없거나 손해가 생길 염려가 있는 경우에 임시적으로 그 운영을 담당하는 위기관리자로서, 민법상의 임시이사와는 달리 일반적인 학교법인의 운영에 관한 행위에 한하여 정식이사와 동일한 권한을 가지는 것으로 제한적으로 해석하여야 하고, 따라서 정식이사를 선임할 권한은 없다고 봄이 상당하다.[104] 위와 같이 구 사립학교법상 임시이사는 정식이사를 선임할 권한이 없고, 임시이사가 선임되기 전에 적법하게 선임되었다가 퇴임한 정식이사 등 또한 후임 정식이사를 선임할 권한이 없으므로, 임시이사가 위 퇴임 정식이사 등과 협의하여 후임 정식이사를 선임하였다고 하여 권한 없는 임시이사의 정식이사 선임행위가 유효하게 될 수는 없다.[105] 그러므로 본 사례에서 임시이사는 학교법인의 이사회결의에 대한 무효확인의 소를 제기할 수 있는 자에 해당하지 않는다고 보아야 할 것이다.

---

103) 대법원 2005. 12. 22. 선고 2003다55059 판결.
104) 대법원 2007. 5. 17. 선고 2006다19054 전원합의체 판결.
105) 대법원 2010. 10. 28. 선고 2010다30676, 30683 판결.

〈대법원 2011. 9. 8. 선고 2009다67115 판결(이사회결의무효확인)〉

피고 학원은 대한민국의 교육이념에 입각한 중등교육 실시를 목적으로 설립되어 1964. 4. 25. 학교법인 설립인가를 받은 후 그 산하에 오천중학교, 오천고등학교를 설치, 운영하여 온 사실, 관할청의 교육청특별감사 결과 학교법인의 수익용 기본재산 및 학교시설에 대한 임대보증금의 횡령사실을 포함하여 피고 학원의 이사 겸 이사장이던 소외 1의 비위사실이 밝혀짐에 따라 그 당시에 재직하던 이사들 및 감사들은 2000. 9. 18.자로 모두 해임된 사실, 교육부장관(사립학교법이 2001. 1. 29. 법률 제6400호로 개정됨에 따라 '교육인적자원부장관'으로 변경됨)은 2000. 9. 18. 소외 2 등 7인을 피고 학원의 임시이사로 선임하였다가, 2004. 9. 17. 소외 3 등 7인을 임시이사로 선임하였는데 이들로 구성된 임시이사회(이하 '제3기 임시이사회'라 한다)는 2005. 3. 11. 원고들을 포함한 7인을 새로운 피고 학원의 정식이사로 선임하는 결의(이하 '2005. 3. 11.자 이사회결의'라 한다)를 한 사실, 그 후 피고 학원의 이사회는 2005. 7. 2. 제42회 이사회에서 소외 4를 이사 겸 이사장으로, 2005. 12. 19. 제48회 이사회에서 소외 5, 6을 이사로, 2006. 9. 29. 제49회 이사회에서 피고 공동소송적 보조참가인(이하 '참가인'이라 한다)을 이사 겸 이사장으로, 소외 7, 8, 9, 10, 11, 12를 이사로, 2006. 11. 4. 제50회 이사회에서 소외 13을 이사로 각 선임하는 결의(이하 제48회 및 제49회 각 이사회결의를 통틀어 '이 사건 각 이사회결의'라 한다)를 한 사실 등이 있다.

대법원은 "피고 학원의 임시이사들로 구성된 제3기 임시이사회가 정식이사를 선임한 2005. 3. 11.자 이사회결의는 그 선임권한 없이 이루어진 것으로서 무효이고, 그와 같이 무효인 2005. 3. 11.자 이사회결의에 의하여 선임된 정식이사들 내지 그 정식이사들에 의하여 선임된 후임 이사들이 참가인 등을 이사 내지 이사장으로 각 선임한 결의 역시 모두 무효라고 할 것이므로, 결국 원고들은 피고 학원의 이사의 지위를 갖지 아니할 뿐만 아니라 이 사건 각 이사회결의의 내용도 원고들의 신분이나 권리에 직접적인 관련이 없으므로, 원고들에게 이 사건 각 이사회결의의 무효확인을 구할 원고적격이나 법률상 이익이 없다고 할 것이다. 따라서 원고들의 이 사건 소는 부적법하다."라고 판시하고 있다.

대법원은 '자동차를 운전하다가 피고의 자동차에 손괴가 발생하자 피고는 자동차 대여회사인 피고 회사로부터 자동차를 대차한 후 대차요금을 지급하였던 사건'에서, 확인의 소에서 있어서 권리보호의 요건으로 확인의 이익이 있는가에 대한 사항을 판시하고 있다.[106] 대법원은 "확인의 소에 있어서는 권리보호요건으로서 확인의 이익이 있어야 하고 그 확인의 이익은 원고의 권리 또는 법률상의 지위에 현존하는 불안, 위험이 있고 그 불안, 위험을 제거함에

---

106) 대법원 2013. 2. 25. 선고 2012다67399 판결.

는 피고를 상대로 확인판결을 받는 것이 가장 유효적절한 수단일 때에만 인정된다. 그리고 확인의 소의 피고는 원고의 권리 또는 법률관계를 다툼으로써 원고의 법률적 지위에 불안을 초래할 염려가 있는 자, 다시 말하면 원고의 보호법익과 대립 저촉되는 이익을 주장하고 있는 자이어야 하고 그와 같은 피고를 상대로 하여야 확인의 이익이 있게 된다.[107]

> **〈대법원 2013. 2. 25. 선고 2012다67399 판결(채무부존재확인)〉**
>
> 원심판결 이유에 의하면, 강희선이 보험사업자인 원고와 사이에 이 사건 보험계약을 체결한 후, 피보험차량을 운전하다가 눈길에 미끄러지면서 피고 2 소유의 (차량번호 1 생략) 뉴SM5 자동차를 충돌하여 손괴하는 이 사건 교통사고를 일으킨 사실, 피고 2는 이 사건 교통사고에 의한 차량파손으로 인하여 위 뉴SM5 자동차의 운행이 어렵게 되자, 2010. 12. 27.부터 2011. 1. 8.까지 12일 동안 피고 회사로부터 뉴SM5를 기준으로 산정한 대차요금인 1일당 154,000원으로 (차량번호 2 생략) K7 자동차를 대차하여 사용한 후, 2011. 1. 11. 피고 회사에게 12일간의 대차요금으로 합계 1,848,000원을 지급한 사실을 알 수 있다.
>
> 이와 관련하여 대법원은 "피고 회사는 피고 2로부터 이미 대차계약에서 정한 대차요금을 모두 지급받은 이상, 피고 2로부터 보험금청구권을 양도받아 원고에 대하여 그 대차요금의 전부 또는 일부를 보험금으로 청구할 위험성이 있다는 등의 특별한 사정이 없는 한, 이 사건 교통사고로 인한 대차요금과 관련하여 원고의 보호법익과 대립 저촉되는 이익을 주장하고 있는 자에 해당한다고 보기 어렵다. 이에 따라 원고는 피고 회사를 상대로 이 사건 교통사고로 인한 원고의 대차요금 관련 보험금 지급채무가 872,240원을 초과하여서는 존재하지 아니한다는 확인을 구할 이익이 없다."고 판단하였다.

확인의 소 제기 전·후에 권리관계를 다투던 피고가 항소심에서 그 권리관계를 다투지 않는 경우에 확인의 이익이 있는지에 대하여 대법원의 판결이 있었다.[108] 대법원은 "권리관계에 대하여 당사자 사이에 아무런 다툼이 없어 법적 불안이 없으면 원칙적으로 확인의 이익이 없다고 할 것이나, 피고가 권리관계를 다투어 원고가 확인의 소를 제기하였고 당해 소송에서 피고가 권리관계를 다툰 바 있다면 특별한 사정이 없는 한 항소심에 이르러 피고가 권리관계를 다투지 않는다는 사유만으로 확인의 이익이 없다고 할 수 없다."고 하였다.

---

107) 대법원 1991. 12. 10. 선고 91다14420 판결.
108) 대법원 2009. 1. 15. 선고 2008다74130 판결.

〈대법원 2009. 1. 15. 선고 2008다74130 판결(종중대표자선임무효확인)〉

피고 종중이 2006. 11. 25.자 임시총회에서 소외인을 회장으로 선임하는 결의(이하 '이 사건 결의'라고 한다)를 하자 당시 피고 종중의 회장이던 원고가 이 사건 결의의 무효확인을 구하는 이 사건 소를 2007. 1. 3. 제기하였고, 피고 종중은 이 사건 소송의 제1심에서 이 사건 결의가 적법하거나 또는 이를 추인하는 새로운 결의에 의해 하자가 치유되었다고 주장하며 권리관계를 다툰 사실, 제1심법원은 2007. 8. 24. 피고 종중의 주장을 배척하고 이 사건 결의가 무효임을 확인하는 원고승소 판결을 내린 사실, 이에 피고 종중은 항소하여 이 사건 결의가 적법하다고 주장하며 권리관계를 다투는 한편 2008. 4. 13. 새로운 임시총회를 소집하여 다시 소외인을 회장으로 선임하는 결의를 한 사실, 그 후 피고 소송대리인은 2008. 4. 22.자 준비서면을 통해 '연고항존자의 위임에 따라 소집된 임시총회에서 새로운 종중회장을 선임하였으므로 확인의 이익이 없다.'는 취지의 주장을 하고, 2008. 7. 22.자 준비서면을 통해 이 사건 결의가 유효하다는 주장을 철회하고 "2008. 4. 13. 임시총회에서 소외인을 새로운 종중회장으로 선임하였으므로 이 사건 결의무효확인을 구하는 것은 과거의 사실의 확인을 구하는 것으로서 확인의 이익이 없다.'는 취지의 주장을 하였으며, 제4차 원심 변론기일(2008. 7. 24.)에 출석하여 "이 사건 결의가 무효임을 다투지 않는다."고 진술한 사실이 있는 사안에서, 대법원은 "피고 종중이 소제기 전에 권리관계를 다툰 바 있을 뿐 아니라 소제기 후 당해 소송에서도 권리관계를 다툰 바 있다면, 항소심에 이르러 권리관계를 다투지 않는다는 이유만으로 확인의 이익이 없다고 할 수는 없다."고 판시하였다.

주식회사에서 임원선임의 임시주주총회 결의 및 이사회 결의의 무효확인이나 부존재 확인의소에 있어서 해당임원이 모두 사임하고 새로운 임원이 선임된 경우 소의 이익이 있는가에 대한 대법원의 판결이 있다.[109] 대법원은 "임원선임의 임시주주총회결의와 이사회결의의 무효확인이나 부존재확인의 소에 있어서 동 주주총회나 이사회결의에 의하여 임원으로 선임되었다는 피고나 소외인들이 모두 그 직을 사임하여 그 사임등기까지 경료되고 그 후 새로운 임원이 선임되었다면 특별한 사정이 없는 한 동 임시주주총회 결의와 이사회 결의의 부존재확인이나 무효확인을 구할 법률상 이익이 없다."고 판시하고 있다.

---

109) 대법원 1988. 9. 14. 선고 80다2425 판결.

대법원은 "주주총회결의 취소와 결의무효확인 판결은 대세적 효력이 있으므로 그와 같은 소송의 피고가 될 수 있는 자는 그 성질상 회사로 한정된다고 할 것이다. 또 주주총회결의 부존재확인의 소송은 일응 외형적으로는 존재하는 것같이 보이는 주주총회결의가 그 성립과정에 있어서의 흠결이 중대하고도 명백하기 때문에 그 결의 자체가 존재하는 것으로 볼 수 없을 때에 법률상 유효한 결의로서 존재하지 아니한다는 것의 확인을 소구하는 것으로서, 주주총회결의의 내용이 법령 또는 정관에 위배되어 법률상 유효한 결의로서 존재하지 아니한다는 것의 확인을 소구하는 주주총회결의 무효확인의 소송과는 주주총회결의가 법률상 유효한 결의로서는 존재하지 아니한다는 것의 확정을 구하는 것을 목적으로 한다는 점에서 공통의 성질을 가진다 할 것이므로 주주총회결의부존재확인의 소송에는 그 결의무효확인의 소송에 관한 상법 제380조의 규정이 준용된다 할 것이다. 따라서 그 결의부존재확인 판결의 효력은 제3자에게 미친다고 할 것이고, 그 부존재확인의 소송에 있어서 피고가 될 수 있는 자도 그 무효확인의 소송의 경우와 마찬가지로 회사로 한정된다 할 것이다."라고 하면서,[110] "주식회사의 이사회결의는 회사의 의사결정이고 회사는 그 결의의 효력에 관한 분쟁의 실질적인 주체라 할 것이므로 그 효력을 다투는 사람이 회사를 상대로 하여 그 결의의 무효확인을 소구할 이익은 있다 할 것이나 그 이사회결의에 참여한 이사들은 그 이사회의 구성원에 불과하므로 특별한 사정이 없는 한 이들 이사 개인들을 상대로 하여 그 결의의 무효확인을 소구할 이익은 없다."고 판시하였다.

(3) 형성의 소

판결을 통하여 권리의 변경을 시키려고 하는 소송이 형성의 소다. 형성의 소는 법규 자체에서 원고적격자나 피고적격자를 미리 정해 놓은 경우가 많다. 이는 법적 안정성을 꾀하고자 하는 목적이 있다(민법 제817조, 제818조, 제847조, 제863조, 제885조, 상법 제236조, 제386조 등). 주주총회결의취소소송에서 원고적격자는 주주, 이사 또는 감사이다. 대법원은 명문의 규정이 없는 경우에, 당해 소송물과의 관계에서 가장 강한 이해관계를 가지고 있고 충실한 소송수행을 기대할 수 있는 사람을 당사자적격자로 본다.

---

110) 동 판결에서 대법원은 주주총회결의 부존재확인의 소송에 상법 제380조의 규정이 준용되는지 여부에 관하여 이와 상반되는 견해를 표시한 종전의 본원 판례(1963. 2. 15. 고지 62마25 결정; 1964. 4. 20. 고지 63마33 결정; 1964. 4. 21. 고지 63마31 결정; 1969. 5. 13. 선고 69마279 판결 등)를 폐기하였다.

3) 기타사항

당사자를 선택하기 위해서는 당사자적격을 미리 조사해야 한다. 당사자적격과 관련하여 다양한 판례 등이 등장하고 있다.

(1) 외국 국가의 당사자적격 여부

우리나라 법원이 외국국가에 대하여 재판권을 행사할 수 있는가의 여부, 그리고 행사할 수 있다면 그 범위는 어디까지 할 수 있는가에 대한 물음이 제기되었다.[111] 대법원은 원고가 미합중국을 피고로 제기한 소송에서, '우리나라의 영토 내에서 행하여진 외국의 사법적 행위가 주권적 활동에 속하는 것이거나 이와 밀접한 관련이 있어서 이에 대한 재판권의 행사가 외국의 주권적 활동에 대한 부당한 간섭이 될 우려가 있다는 등의 특별한 사정이 없는 한, 외국의 사법적 행위에 대하여는 당해 국가를 피고로 하여 우리나라의 법원이 재판권을 행사할 수 있음'을 밝히면서 외국 국가의 당사자적격을 인정하였다.

〈대법원 1998. 12. 17. 선고 97다39216 판결〉

원심은 원고가 미합중국 산하의 비세출자금기관인 '육군 및 공군 교역처(The United States Army and Air Force Exchange Service)'에 고용되어 미군 2사단 소재 캠프 케이시(Camp Cacey)에서 근무하다가 1992. 11. 8. 정당한 이유 없이 해고되었다고 주장하면서 미합중국을 피고로 하여 위 해고의 무효확인과 위 해고된 날로부터 원고를 복직시킬 때까지의 임금의 지급을 구함에 대하여, 원래 국가는 국제법과 국제관례상 다른 국가의 재판권에 복종하지 않게 되어 있으므로 특히 조약에 의하여 예외로 된 경우나 스스로 외교상 특권을 포기하는 경우를 제외하고는 외국을 피고로 하여 우리나라의 법원이 재판권을 행사할 수는 없다고 할 것인데, 미합중국이 우리나라 법원의 재판권에 복종하기로 하는 내용의 조약이 있다거나 미합중국이 위와 같은 외교상의 특권을 포기하였다고 인정할 만한 아무런 증거가 없으므로, 이 사건 소는 우리나라의 법원에 재판권이 없어 부적법하다고 판단하였다.

대법원은 "국제관습법에 의하면 국가의 주권적 행위는 다른 국가의 재판권으로부터 면제되는 것이 원칙이라 할 것이나, 국가의 사법적(사법적) 행위까지 다른 국가의 재판권으로부터 면제된다는 것이 오늘날의 국제법이나 국제관례라고 할 수 없다. 따라서 우리나라의 영토 내에서 행하여진 외국의 사법적 행위가 주권적 활동에 속하는 것이거나 이와 밀접한 관련이 있어서 이에 대한 재판권의

---

111) 대법원 1998. 12. 17. 선고 97다39216 판결.

행사가 외국의 주권적 활동에 대한 부당한 간섭이 될 우려가 있다는 등의 특별한 사정이 없는 한, 외국의 사법적 행위에 대하여는 당해 국가를 피고로 하여 우리나라의 법원이 재판권을 행사할 수 있다고 할 것이다."라고 판시하였다.[112]

대법원은 "원심으로서는 원고가 근무한 미합중국 산하 기관인 '육군 및 공군 교역처'의 임무 및 활동 내용, 원고의 지위 및 담당업무의 내용, 미합중국의 주권적 활동과 원고의 업무의 관련성 정도 등 제반 사정을 종합적으로 고려하여 이 사건 고용계약 및 해고행위의 법적 성질 및 주권적 활동과의 관련성 등을 살펴 본 다음에 이를 바탕으로 이 사건 고용계약 및 해고행위에 대하여 우리나라의 법원이 재판권을 행사할 수 있는지 여부를 판단하였어야 할 것이다. 그럼에도 불구하고 이 사건 고용계약 및 해고행위의 법적 성질 등을 제대로 살펴 보지 아니한 채 그 판시와 같은 이유만으로 재판권이 없다고 단정하여 이 사건 소가 부적법하다고 판단한 원심판결에는 외국에 대한 재판권의 행사에 관한 법리를 오해하고 심리를 다하지 아니한 위법이 있다고 할 것이다."라고 판시하고 있다.

(2) 사립대학교 학장의 당사자적격 여부

대법원은 사립대학교 학장이 소송상 권리능력이 있는지 여부 및 당사자적격이 있는가에 대하여 판시하였다. 대법원은 "사립대학교 학장은 학교법인의 기관의 하나에 지나지 아니하여 민사소송상의 당사자적격이 인정되지 아니하며, 이러한 결론은 사립학교법 제53조의2 제2항, 제61조 제1항이 학교장에게 대학교육기관의 교원의 임면권 및 교원징계처분권을 부여하고 있고 이에 따라 위 대학장이 교수에 대한 파면처분을 하게 되었다 하여도 이는 학교법인의 한 기관으로서 그 소관사무를 처리한 데 지나지 않는 것이므로 그러한 사항에 관한 민사소송에 있어서도 당사자적격이 있다고는 할 수 없다."고 판시하고 있다.

〈대법원 1987. 4. 14. 선고 86다카2479 판결〉

사립대학교 학장이 교원의 파면처분 무효확인소송에서 당사자능력이 있는지 여부에 대하여 대법원은 "소외 학교법인 명지학원이 설치 운영하는 국제대학의 부교수이던 원고에게 동료교수의 채점 잘못을 공개함으로써 학원질서 문란사태를 유발하여 교원의 본분에 배치되는 행위를 하고 교원의 품위를 손상하였으며 대학의 명예를 실추시켰다는 사유를 들어 피고가 원고에 대하여 한 이 사건 파면처분은 위법 부당한 것이라고 주장하여 그 무효확인을 구하면서 그 상대방인 피고를 국제대학 장 이대일로 표시하고 있다.

---

112) 대법원은 동 판례에서 견해를 달리한 대법원 1975. 5. 23. 자 74마281 결정을 변경하였다.

대법원은 "국제대학장은 위 학교법인의 기관의 하나에 지나지 아니하며 민사소송상의 당사자적격이 인정되지 아니하여 사립학교법(1981. 2. 28 법률 제3373호로 개정된 것) 제53조의2 제2항이 학교의 장이 아닌 대학교육기관의 교원을 학교법인의 정관에 따라 10년 이내의 범위 안에서 학교장이 임면하도록 규정하고 있고 같은 법 제61조 제1항이 사립학교 교원의 임면권자에게 교원징계처분권을 부여하고 있어 국제대학장 이대영에게 징계처분권이 있고 이에 따라 원고에 대하여 이 사건 파면처분을 하게 되었다 하여도 이는 어디까지나 국제대학을 설치 운영하는 위 법인의 한 기관으로서 그 소관사무를 처리한 데 지나지 않는 것이므로 국제대학장 이 대일에게 그러한 사항에 관한 민사소송에 있어서도 당사자적격이 있다고는 할 수 없다는 결론에는 변함이 없다 할 것이다."고 판시하고 있다.

(3) 고등학교장의 당사자적격 여부

"원고가 학교법인인 대학교 병설의 공업고등전문학교의 졸업자임의 확인을 구하면서 피고를 위 공업고등전문학교장을 피고로 표시하고 있는 것이 위 학교를 피고로 한 소송이라면 이 학교는 학교법인이 경영하는 하나의 교육시설에 불과하여 당사자능력이 없고 또 위 학교교장을 피고로 한 소송이라면 이 교장은 위 학교법인의 기관의 하나로서 관계법령에 따라 학생의 입학 퇴학 전학 편입학 휴학 졸업 및 징계 등 소관사무를 처리하는 데 지나지 않으므로 민사소송상의 당사자적격이 없다."는 대법원 판결이 있다.[113]

〈대법원 1975. 12. 9. 선고 75다1048 판결〉

대법원은 "조선대학교 병설 공업고등전문학교장의 민사소송상의 당사자적격의 유무에 대하여 대법원은 "원고는 이 사건 소송에서 원고가 학교법인인 조선대학교 병설의 공업고등전문학교의 졸업자임의 확인을 구하면서 그 상대방인 피고를 위 공업고등전문학교장 김우석으로 표시하고 있는바, 이것이 위 학교를 피고로 한 소송이라 한다면 이 학교는 학교법인 조선대학교가 경영하는 하나의 교육시설에 불과하여 당사자능력이 없다고 아니할 수 없고 또 위 학교교장인 김우석을 피고로 한 소송이라고 한다면 이 교장은 위 학교법인의 기관의 하나로서 교육법과 교육법시행령에 따라 학생의 입학, 퇴학, 전학, 편입학, 휴학, 졸업 및 징계 등 소관사무를 처리하는 데 지나지 않으므로 교장이 이러한 이른바 학사사무를 처리할 권한이 있다고 해서 곧 교장에게 이러한 사항에 관한 민사소송상의 당사자적격이 있다고 단정될 수는 없다 할 것이다."라고 판시하고 있다.

---

113) 대법원 1975. 12. 9. 선고 75다1048 판결.

(4) 필요적 공동소송의 경우

동업약정에 따라 토지를 공동매수한 경우, 공동매수인이 각자 자기 지분에 관한 소유권이전등기청구를 할 수 있는지 여부에 대한 물음이 제기될 수 있다. 대법원은 "동업약정에 따라 동업자 공동으로 토지를 매수하였다면 그 토지는 동업자들을 조합원으로 하는 동업체에서 토지를 매수한 것이므로 그 동업자들은 토지에 대한 소유권이전등기청구권을 준합유하는 관계에 있고, 합유재산에 관한 소는 이른바 고유필요적공동소송이라 할 것이므로 그 매매계약에 기하여 소유권이전등기의 이행을 구하는 소를 제기하려면 동업자들이 공동으로 하지 않으면 안 된다."고 판시하고 있다.[114]

〈대법원 1994. 10. 25. 선고 93다54064 판결〉

대법원은 "동업약정에 따라 토지를 공동매수한 경우, 공동매수인이 각자 자기 지분에 관한 소유권이전등기청구를 할 수 있는지 여부에 대하여 대법원은 "원심은 그 채택증거에 의하여 원고와 피고보조참가인(이하, 참가인이라 한다)은 원고는 주로 자금을 투자하고 참가인은 부동산에 관한 정보제공 과 전매 등의 일처리를 도맡아 하기로 하여 이 사건 토지를 피고로부터 공동으로 매수하여 이를 전매하여 이익을 반분하기로 하는 약정을 하였고, 이에 따라 이 사건 토지를 공동매수한 사실을 인정하였는바, 기록에 비추어 보면, 원심의 위와 같은 사실인정은 옳은 것으로 수긍할 수 있고, 원심판결에 소론과 같은 채증법칙 위배로 인한 사실오인의 위법이 없다."고 하면서 "이 사건 토지는 원고와 참가인을 조합원으로 하는 동업체에서 매수한 것이라고 할 것이고, 따라서 원고와 참가인은 이 사건 토지에 대한 소유권이전등기청구권을 준합유하는 관계에 있고, 합유재산에 관한 소는 이른바 고유필요적공동소송이라 할 것이므로, 위 매매계약에 기하여 소유권이전등기의 이행을 구하는 소를 제기하려면 원고와 참가인이 공동으로 하지 않으면 안 된다 할 것이다."라고 판시하였다.

(5) 민법상 조합에서 강제집행 여부

민법상 조합에서 조합원 중 1인에 대한 채권으로써 그 조합원 개인을 집행채무자로 하여 조합의 채권에 대하여 강제집행을 할 수 있는지에 대한 물음이 제기되었다.[115] 대법원은 "민법상 조합의 채권은 조합원 전원에게 합유적으로 귀속하는 것이어서 특별한 사정이 없는 한 조합원 중 1인에 대한 채권으로써 그 조합원 개인을 집행채무자로 하여 조합의 채권에 대하

---

114) 대법원 1994. 10. 25. 선고 93다54064 판결.
115) 대법원 2001. 2. 23. 선고 2000다68924 판결.

여 강제집행을 할 수 없다."고 판시하였다.

〈대법원 2001. 2. 23. 선고 2000다68924 판결〉

대법원은 "민법상 조합의 채권은 조합원 전원에게 합유적으로 귀속하는 것이어서 특별한 사정이 없는 한 조합원 중 1인에 대한 채권으로써 그 조합원 개인을 집행채무자로 하여 조합의 채권에 대하여 강제집행을 할 수 없고,[116] 조합 업무를 집행할 권한을 수여받은 업무집행 조합원은 조합재산에 관하여 조합원으로부터 임의적 소송신탁을 받아 자기 이름으로 소송을 수행할 수 있다."[117]고 판시하고 있다.

(6) 공동명의 예금의 경우

동업 이외의 특정 목적을 위하여 출연한 자금을 그 목적의 달성 전에 단독으로 인출할 수 없도록 방지·감시하고자 하는 목적에서 출연자들의 공동명의로 예금한 경우, 그 예금채권과 관리처분권의 귀속관계 및 공동명의 예금채권자 중 1인에 대한 압류 및 추심명령 등을 송달받은 은행이 압류추심채권자의 예금반환청구에 대하여 공동명의 예금채권자들과의 공동반환특약을 들어 그 지급을 거절할 수 있는지에 대한 물음이 제기되었다.[118] 대법원은 거절할 수 없다고 판시하였다.

〈대법원 2005. 9. 9. 선고 2003다7319 판결〉

대법원은 "은행에 공동명의로 예금을 하고 은행에 대하여 그 권리를 함께 행사하기로 한 경우에 만일 동업 자금을 공동명의로 예금한 경우라면 채권의 준합유관계에 있다고 볼 것이나, 공동명의 예금채권자들 각자가 분담하여 출연한 돈을 동업 이외의 특정 목적을 위하여 공동명의로 예치해 둠으로써 그 목적이 달성되기 전에는 공동명의 예금채권자가 단독으로 예금을 인출할 수 없도록 방지·감시하고자 하는 목적으로 공동명의로 예금을 개설한 경우라면, 하나의 예금채권이 분량적으로 분할되어 각 공동명의 예금채권자들에게 공동으로 귀속되고, 각 공동명의 예금채권자들이 예금채권에 대하여 갖는 각자의 지분에 대한 관리처분권은 각자에게 귀속되는 것이고, 다만 은행에 대한 지급 청구만을 공동반환의 특약에 의하여 공동명의 예금채권자들 모두가 공동으로 하여야 하는

---

116) 대법원 1997. 8. 26. 선고 97다4401 판결.
117) 대법원 1997. 11. 28. 선고 95다35302 판결.
118) 대법원 2012. 8. 30. 선고 2010다39918 판결.

것이므로, 공동명의 예금채권자 중 1인에 대한 채권자로서는 그 1인의 지분에 상응하는 예금채권에 대한 압류 및 추심명령 등을 얻어 이를 집행할 수 있고, 한편 이러한 압류 등을 송달받은 은행으로서는 압류채권자의 압류 명령 등에 기초한 단독 예금반환청구에 대하여, "공동명의 예금채권자가 공동으로 그 반환을 청구하는 절차를 밟아야만 예금청구에 응할 수 있다."는 공동명의 예금채권자들과 사이의 공동반환특약을 들어 그 지급을 거절할 수는 없다."고 판시하고 있다.

제3장
The Civil Proceedings Act
소송상의 대리인

I. 대리인의 개념

　소송상 대리인이라 함은 당사자의 이름으로 소송행위를 하거나 소송행위를 받는 제3자를 말한다. 예) "원고 OOO 소송대리인 OOO"으로 표시한다. 대리인의 행위는 당사자 본인에게 그 효력이 미친다. 그러므로 대리인 자신에게는 영향을 미치지 않게 된다. 대리인은 당사자 본인의 이름으로 소송행위를 하는 사람이다. 그러므로 다른 사람의 권리관계에 관하여 자기의 이름으로 소송수행을 하는 소송담당자는 대리인에 해당하지 않는다. 예를 들면 선정당사자, 회생회사의 관리인 등은 소송대리인에 해당하지 않는다. 보조참가인 역시 대리인에 해당하지 않는다.

II. 대리인의 종류

1. 임의대리인과 법정대리인

　본인의 의사에 기하여 대리인이 되는 경우는 임의대리인이다. 본인의 의사와 관계없이 법률의 규정 등에 의하여 대리인이 된 자는 법정대리인에 해당한다. 이 점 민법상의 대리와 동일하다.

2. 포괄대리인과 개별대리인

포괄적 대리인은 일체의 소송행위를 대리하는 역할을 한다. 반면 개별적 대리인은 특정한 소송행위에 대하여 개별적으로 국한하여 대리할 수 있는 역할을 한다. 송달영수에 국한하여 대리인이 되는 교도소의 장이나 경찰관서의 장은 개별대리인에 해당한다(민소법 제182조).

III. 법정대리인

1. 정의

법정대리인제도는 본인 스스로 소송을 수행할 수 있는 능력이 없는 경우에 소송상의 권익을 담보하기 위하여 인정된 것이다. 본인의 의사에 기하지 않고 대리인이 되는 자가 법정대리인이다. 법정대리인에는 실체법상 법정대리인이 있고(민소법 제51조), 제한능력자를 위한 특별대리인(민소법 제62조), 의사무능력자를 위한 특별대리인(민소법 제62조의2), 법인 등 단체의 대표자가 있다(민소법 제64조).

2. 실체법상 법정대리인

민법상 법정대리인의 지위에 있는 자는 소송법상 법정대리인이 된다. 만 19세 미만의 미성년자의 친권자인 부모(민법 제909조, 제911조) 또는 미성년후견인(민법 제928조)은 법정대리인이다. 개정 민법 제959조의4에 의하여 대리권 수여의 심판이 되었을 때 한정후견인 역시 법정대리인이 되며, 성년후견인 역시 소송법상 법정대리인이 된다(민법 제929조, 제938조). 또한 민법상 특별대리인(민법 제64조, 제921조)과 법원이 선임한 부재자의 재산관리인(민법 제22조 내지 제26조)도 소송상의 법정대리인이 된다. 상속인의 존재가 불명한 경우에 상속재산관리인(민법 제1053조)이 재산상속인의 법정대리인이라고 볼 것인가의 다툼이 있으나, 대법원은 법정대리인으로 보지 않고 소송담당자로 본다.[119]

〈대법원 2007. 6. 28. 선고 2005다55879 판결〉

대법원은 "피고들 보조참가인(이하 '보조참가인'이라 한다)이 이해관계인으로서 1998. 9.경 서울가정법원 98느8714호로 계모인 망 소외인(이하 '망인'이라 한다)의 상속인 존부가 분명하지 아니하다는 이유로 상속재산관리인 선임신청을 한 사실, 위 법원은 1999. 6. 16. 망인의 상속재산관리인으로 변호사 유언을 선임하는 결정을 하였고, 같은 해 8. 27. 이를 관보에 게재하여 공고한 사실을 인정할 수 있으므로, 원고가 망인의 상속재산인 이 사건 아파트에 관하여 소유권이전등기청구를 하는 이 사건에 있어서는 오직 망인의 상속재산관리인만이 피고적격이 있다고 할 것이다."라고 하면서, 재산상속인의 존재가 분명하지 아니한 상속재산에 관한 소송에 있어서 정당한 피고는 법원에서 선임된 상속재산관리인으로 본다.

3. 소송상의 특별대리인

1) 소송무능력자를 위한 특별대리인

미성년자, 피한정후견인 또는 피성년후견인은 법정대리인이 없거나 법정대리인이 대리권을 행사할 수 없는 경우에, 수소법원에 그를 대리해 줄 특별대리인의 선임을 신청할 수 있다(민소법 제62조, 제62조의2 참조). 법인이나 비법인단체의 경우 대표자나 관리자가 없는 경우에, 또는 그가 대표권을 행사할 수 없는 경우라면 특별대리인을 선임해야 한다. 비법인사단과 대표자 사이의 이익이 상반되는 사항에 관한 소송행위에 있어 이해관계인이 특별대리인의 선임을 신청할 수 있는지에 대하여, 대법원은 다음과 같이 판시하고 있다.[120]

〈대법원 1992. 3. 10. 선고 91다25208 판결〉

대법원은 "비법인사단인 원고가 그 대표자인 피고 김태순 명의로 신탁한 부동산에 대하여 위 피고에게 명의신탁해지를 원인으로 그 소유권의 환원을 구하는 경우에 있어서는 비법인사단과 그 대표자 사이의 이익이 상반되는 사항이어서 위 피고에게 대표권이 없으므로, 달리 위 피고를 대신하여 원고를 대표할 자가 없는 한 이해관계인은 민사소송법 제60조, 제58조의 규정에 의하여 특별대리인의 선임을 신청할 수 있고 이에 따라 선임된 특별대리인이 원고를 대표하여 소송을 제기할 수 있다."고 판시하고 있다.

---

119) 대법원 2007. 6. 28. 선고 2005다55879 판결; 대법원 1976. 12. 28. 선고 76다797 판결.
120) 대법원 1992. 3. 10. 선고 91다25208 판결; 대법원 1962. 12. 20. 자 62마21 결정.

상호저축은행에 대한 금융위원회의 경영관리가 개시된 경우, 저축은행의 주주, 임원 등이 특별대리인을 선임 신청할 수 있는가에 대하여, 대법원은 상호저축은행에 대한 금융위원회의 경영관리가 개시된 경우도 저축은행의 주주, 임원 등이 특별대리인의 선임신청을 할 수 있다고 판시한다.[121]

〈대법원 2012. 3. 15. 선고 2008두4619 판결〉

대법원은 "구 상호저축은행법(2007. 7. 19. 법률 제8522호로 개정되기 전의 것, 이하 '법'이라 한다) 제24조의3, 제24조의4, 제24조의5의 규정 등에 의하면, 피고의 경영관리에 의하여 그 직무집행 권한이 정지된 기존의 대표이사가 원고 주식회사 플러스상호저축은행(이하 '원고 은행'이라 한다)을 대표하여 경영관리 또는 영업인가취소처분의 취소소송을 제기할 수는 없고, 공익(예금주 등 제3자의 이익) 보호를 위하여 선임된 관리인도 원고 은행 자체의 이익 보호를 위한 업무임과 동시에 원고 은행의 통상 업무가 아닌 위 취소소송을 제기할 수 없으며, 다만 원고 은행의 주주나 임원 등 이해관계인은 행정소송법 제8조 제2항, 민사소송법 제62조, 제64조의 규정에 따라 법원에 특별대리인 선임신청을 하여 위와 같은 취소소송을 제기할 수 있다(대법원 1997. 12. 12. 선고 97누10284 판결 참조)."고 판시한 바 있다.

사실상 의사능력 상실 상태에 있는 사람에 대하여 소송을 제기하는 경우 특별대리인 선임신청의 가부에 대하여, 대법원은 성년후견개시의 심판까지 받지 않은 의사무능력자도 무능력자에 준하여, 특별대리인을 선임할 수 있다고 판시한다.[122]

〈대법원 1993. 7. 27. 선고 93다8986 판결〉

대법원은 "민사소송법 제58조 제1항에 의한 특별대리인 선임제도는 소송능력이 없는 자에 대하여 소송행위를 하고자 하는 자의 소송의 지연으로 인하여 발생하는 손해를 방지하기 위하여 둔 것이므로 사실상 의사능력을 상실한 상태에 있어 소송능력이 없는 사람에 대하여 소송을 제기하는 경우에도 특별대리인을 선임할 수 있다 할 것이고, 따라서 피고 의 특별대리인 선임이 무효라는 소론 주장은 이유 없다."고 판시한 바 있다.

---

121) 대법원 2012. 3. 15. 선고 2008두4619 판결.
122) 대법원 1993. 7. 27. 선고 93다8986 판결.

새로운 대표이사가 적법한 대표자의 자격이 없다고 하여 바로 민사소송법 제58조, 제60조에 의하여 주식회사의 특별대리인을 선임할 수 있는가 여부에 대하여, 대법원은 "법인의 대표이사가 사임한 뒤, 신대표이사의 선출결의가 부적법하다 하더라도 적법한 대표이사의 선출 시까지는 당초의 대표이사가 대표이사의 권리·의무를 가지므로 제62조·제64조에 의한 대표자가 없는 때에 해당하지 않는다."고 판시하였다.[123]

〈대법원 1974. 12. 10. 선고 74다428 판결〉

대법원은 "원심은 원고 회사의 상호변경이전의 자갈치시장 주식회사가 소외 문두광에 의하여 설립되고 그 원시 주주는 위 소외인을 비롯하여 소외 송금조, 하원준, 문두찬, 문성하들이었는데 그들에게 주권이 발행된 바 없이 그들의 주식이 소외 이윤세, 신동구, 김용준에게 양도되고 그 후 다시 원고 회사의 현 대표이사로 등기되어 있는 소외 이화영 등에게 양도된 사실이 인정되므로 상법 제335조 제2항의 규정에 따라 위의 원시 주주들로부터 주식을 양수한 위 소외인들은 원고 회사에 대한 관계에서는 유효한 주주가 될 수 없고 따라서 그 들이 주주총회를 개최하여 원고 회사의 대표자로서 소외 이화영을 선임하였다 하더라도 그는 적법한 대표자의 자격이 없으므로 그가 원고 회사의 대표자로서 제기한 이 사건 소는 불법이나 소외 이화영이 원고 회사의 대표자 자격이 없게 되면 사실상 아무도 원고 회사를 위하여 그 권리를 행사할 사람이 존재치 않는 상황에 있고 이는 민사소송법 제58조 소정의 법정대리인이 없거나 법정대리인이 대리권을 행사할 수 없는 경우에 해당한다 할 것이고 위의 규정은 대표자가 사실상 존재치 않는 법인의 경우에도 준용되는 것이므로 1심이 원고 회사의 이 사건 소송수행을 위한 특별대리인을 선임한 조처는 받아들일 수밖에 없다고 판시하였다. 그러나 원심이 증거로 채택하고 있는 갑제1호증(등기부등 본)에 의하면 원판 시 원고 회사의 상호변경 이전의 자갈치시장주식회사의 원시주주 중 소외 문두광이 동 회사의 대표이사로 재직하고 있다가 1965. 3. 6. 그 대표이사를 사임한 사실을 알 수 있는바, 원판시와 같이 원고 회사의 원시 주주들로부터 주식을 양수한 소외인들은 주권이 발행된 바 없는 주식을 양수한 자들로서 원고 회사의 유효한 주주가 될 수 없고, 그들이 주주총회를 개최하여 원고 회사의 대표자를 선임하였다 하더라도 적법한 대표자의 자격이 없는 것이라면 당초의 대표이사인 위 문두광이 상법 제386조, 제389조 제3항에 의하여 적법한 대표이사가 새로 선임되어 취임할 때까지 원고 회사의 대표이사의 권리의무를 가진다 할 것이므로 원고 회사의 적법한 대표이사는 의연히 위 문두광이라 할 것이고, 원심의 기록검증결과 중 윤옥수에 대한 진술조서(기록 제583장)에 의하면 위 문두광은 서울 영등포구 및 중구 소공동에서 다른 공업사 및 무역회사를 경영하고 있다 함을 엿볼 수 있으므로 이렇다

---

123) 대법원 1974. 12. 10. 선고 74다428 판결.

면 원고 회사는 민사소송법 제58조, 제60조에 의한 '대표자가 없거나 대표자가 대표권을 행사할 수 없는 경우'에 해당하지 않는다 할 것이니 특별대리인을 선임할 요건이 없는 것인데도 불구하고 원심이 위 문두광에 관하여 더 살펴 봄도 없이 원고 회사가 이 사건소송수행을 위한 특별대리인을 선임하여 소송수행을 하게 한 조처를 용인하였음은 특별대리인선임에 관한 법리를 오해한 위법이 있고 심리를 다하지 못한 허물도 곁들여 있어 판결에 영향을 미친다 할 것이다."라고 판시하고 있다.

구 민법(1990. 1. 13. 법률 제4199호로 개정되기 전의 것)하 양모가 미성년의 양자를 상대로 한 소유권이전등기청구소송에서 그 친생부모에 의하여 선임된 소송대리인의 소송행위의 적부에 대하여, 대법원은 "양모가 미성년자를 상대로 한 소유권이전등기소송은 민법 제921조 제1항의 이해상반행위에 해당하고 양자의 친생부모는 친권자가 되지 못하므로 법원은 특별대리인을 선임해야 한다."고 판시하였다.[124]

〈대법원 1991. 4. 12. 선고 90다17491 판결〉

대법원은 "이 사건 소제기 당시에 시행된 민법 제909조 제4항에 의하면 양자의 친생부모는 출계자에 대하여 친권자가 되지 못한다고 규정하고, 민법 제921조 제1항에 의하면 법정대리인인 친권자와 그 자 사이에 이해상반되는 행위를 함에는 친권자는 법원에 그 자의 특별대리인의 선임을 청구하여야 한다고 규정하고 있는바, 기록에 의하면 피고 2는 1972. 3. 1.생의 미성년자로서 원고의 양자이므로 원고가 위 피고의 법정대리인인 친권자라고 할 것이고, 이 사건 소송은 원고가 위 피고를 상대로 소유권이전등기를 구하는 것으로서 양인 사이에 이해가 상반되는 것이라 할 것이므로 원심으로서는 위 피고의 특별대리인을 선임하여 그 특별대리인이나 그로부터 적법하게 소송대리권을 수여받은 소송대리인으로 하여금 소송을 수행하게 하여야 함에도 위 피고에 대하여 친권자가 될 수 없는 피고 1, 3을 법정대리인으로 보고 그들로부터 소송대리권을 수여받은 피고 측 소송대리인의 소송행위를 적법한 것으로 하여 위 피고에 대하여 그대로 판결하였음은 결국 법정대리권 및 소송대리권의 흠결을 간과한 위법을 범하였다 할 것이다."라고 판시하였다.

의사무능력자인 금치산자의 후견인이 금치산자를 대리하여 그 배우자를 상대로 재판상 이혼을 청구할 수 있는지 여부에 대하여, 대법원은 "식물인간이 된 남편(이 자는 의사능력자

---

124) 대법원 1991. 4. 12. 선고 90다17491 판결.

이다)이 자기 후견인이 될 아내를 상대로 한 간통이혼청구에서 어머니를 특별대리인으로 선임신청을 할 수 있다."고 판시하였다.[125)]

<대법원 2010. 4. 8. 선고 2009므3652 판결>

대법원은 "의식불명의 식물인간 상태와 같이 의사무능력자인 금치산자의 경우, 민법 제947조, 제949조에 의하여 금치산자의 요양·감호와 그의 재산관리를 기본적 임무로 하는 후견인이 금치산자를 대리하여 그 배우자를 상대로 재판상 이혼을 청구할 수 있고, 그 후견인이 배우자인 때에는 가사소송법 제12조 본문, 민사소송법 제62조 제1, 2항에 따라 수소법원에 특별대리인의 선임을 신청하여 그 특별대리인이 배우자를 상대로 재판상 이혼을 청구할 수 있다. 원심은, 원고의 특별대리인에 의해 제기된 이 사건 소는 부적법하다는 피고의 주장에 대하여, 원고가 식물인간 상태의 의사무능력자인 금치산자이고 이 사건 소 제기 당시에 배우자인 피고가 원고의 후견인인 상태에서 원고의 어머니가 민사소송법상 특별대리인으로 선임되어 이 사건 이혼소송을 제기하였고, 그 후 제1심 변론종결 후에 원고의 후견인으로 개임된 후 친족회의 동의를 얻어 원심에서 원고를 대리하여 이 사건 소송을 수행하고 있음을 이유로 이 사건 소는 적법하다고 판단하였다. 앞서 본 법리와 기록에 비추어 살펴 보면, 원심의 위와 같은 판단은 정당하여 수긍할 수 있고, 거기에 상고이유 주장과 같은 금치산자의 특별대리인 또는 후견인에 의한 이혼심판 청구에 관한 법리오해 등의 위법은 없다."고 판시하고 있다.

적법한 대표자 자격이 없는 자가 비법인 사단을 대표하여 소를 제기하였다가 항소심에서 그 대표권에 대한 의문이 제기되자 민사소송법 제64조에 의해 준용되는 같은 법 제62조에 따라 특별대리인으로 선임되었다. 상고심에서 대표자 자격이 없는 자가 선임한 소송대리인이 대표자 자격이 없는 자가 수행한 기왕의 모든 소송행위를 추인한 사안에서, 대표자 자격이 없는 자가 비법인 사단을 대표하여 한 모든 소송행위는 그 행위 시에 소급하여 효력을 갖게 되는가의 문제가 제기되었다. 대법원은 법인을 위한 특별대리인은 법인의 대표자와 동일한 소송수행권을 갖는다고 판시하였다.[126)]

---

125) 대법원 2010. 4. 8. 선고 2009므3652 판결.
126) 대법원 2010. 6. 10 선고 2010다5373 판결.

대법원은 "적법한 대표자 자격이 없는 비법인 사단의 대표자가 한 소송행위는 후에 대표자 자격을 적법하게 취득한 대표자가 그 소송행위를 추인하면 행위 시에 소급하여 효력을 갖게 되고, 이러한 추인은 상고심에서도 할 수 있다.[127] 한편, 법인 또는 법인 아닌 사단의 대표자가 없거나 대표권을 행사할 수 없는 경우에 민사소송법(이하 '법'이라고 한다) 제64조에 의하여 준용되는 법 제62조의 규정에 따라 선임된 특별대리인은 법인 또는 법인 아닌 사단의 대표자와 동일한 권한을 가져 그 소송수행에 관한 일체의 소송행위를 할 수 있다."고 하면서, "위 소외인은 원고를 대표하여 이 사건 소를 제기한 후 원심에서 그 대표권에 대한 의문이 제기되자 원심에 법 제64조에 의하여 준용되는 법 제62조에 따른 특별대리인 선임신청을 한 사실, 원심은 그 신청을 받아들여 2009. 9. 30. 위 소외인을 원고의 특별대리인으로 선임한다는 결정을 한 사실, 그 후 이 사건 소를 각하한 원심판결이 선고되자 원심에서의 원고 소송대리인인 법무법인 소명이 원고를 대리하여 상고장을 제출하였고, 위 소외인은 법무법인 정세를 상고심에서의 원고 소송대리인으로 선임하였는데, 위 소송대리인은 상고이유서를 통하여 기왕의 원고 측의 모든 소송행위를 추인한다는 취지로 주장하고 있음을 알 수 있다. 그렇다면 앞서 본 법리에 따라 위 소외인이 원고를 대표하여서 한 모든 소송행위는 그 행위 시에 소급하여 효력을 갖게 되었다고 할 것이고, 따라서 위 소외인에게 대표 자격이 없음을 이유로 이 사건 소를 각하한 원심판결은 결과적으로 위법하게 되었다고 할 것이다."라고 판시하고 있다.

4. 법인 등의 대표자

법인이나 비법인사단이나 재단의 경우 소송당사자로서 소송행위는 법인 등의 대표자에 의하여 행해지게 된다. 법인 등의 대표자의 지위에 대하여는 민소법 제64조가 규정하고 있다. 무효 또는 부존재확인청구의 대상인 결의에 의하여 선임된 대표이사와 동 결의무효 등 확인소송에서 회사를 대표할 자격 유무와 관련하여, 대법원은 총회의 이사선임결의무효·부존재확인소송에서 회사를 대표할 자는 그 결의에서 선임되어 현재 대표이사로 등기된 자임을 명확히 판시하고 있다.[128]

---

127) 대법원 1997. 3. 14. 선고 96다25227 판결.
128) 대법원 1983. 3. 22. 선고 82다카1810 판결.

〈대법원 1983. 3. 22. 선고 82다카1810 판결〉

대법원은 "회사의 이사선임결의가 무효 또는 부존재임을 주장하여 그 결의의 무효 또는 부존재확인을 구하는 소송에서 회사를 대표할 자는 현재 대표이사로 등기되어 그 직무를 행하는 자라고 할 것이고 그 대표이사가 무효 또는 부존재확인청구의 대상이 된 결의에 의하여 선임된 이사라고 할지라도 그 소송에서 회사를 대표할 수 있는 자임에는 변함이 없다고 할 것이다. 위와 같은 경우에 결의가 무효 또는 부존재로 확정되면 그 결의에 의하여 선임된 이사가 회사대표자로서 수행한 당해 결의무효 또는 부존재확인소송은 대표자격이 없는 자에 의하여 수행된 결과로 되는 것이 아닌가 하는 의문이 있으나, 상법 제380조(동법 제578조에 의하여 유한회사에도 준용된다)에 의하면 결의무효확인청구의 소에 동법 제190조를 준용하도록 되어 있고 동법 제190조에 의하면 회사설립무효판결의 효력은 그 판결확정 전에 생긴 회사와 사원 및 제3자 간의 권리의무에 영향을 미치지 않는다고 규정하고 있으므로, 이사선임결의 무효확인청구의 소에서 결의무효를 확인하는 판결이 확정되더라도 그 결의에 의하여 선임된 이사가 그 판결확정 전에 회사의 대표자로서 행한 소송행위에는 아무런 영향을 미치지 않음이 명백하다. 또 위 상법 제380조의 규정은 결의부존재확인의 소송에도 준용되므로(당원 1982. 9. 14. 선고 80다2425 판결 참조) 이사선임결의 부존재확인소송에 있어서도 그 결의에 의하여 선임된 이사의 소송행위에 대한 판결의 효력은 무효확인의 경우와 마찬가지라고 할 것이다. 위 견해와 달리 주주총회의 이사선임결의 무효확인을 구하는 소송에 있어서 그 결의에 의하여 선임된 이사는 회사를 대표할 수 없다고 판시한 바 있는 당원 1963. 4. 25. 선고 62다836 판결의 견해는 이를 파기하기로 한다. 그렇다면 이 사건 결의무효확인소송에서 피고 유한회사를 대표한 대표이사 김병익이 무효확인청구의 대상인 사원총회결의에 의하여 이사로 선임되어 그 등기를 마친 자라고 할지라도 위에서 설시한 이치에 따라 동인은 피고 회사를 대표하여 이 사건 소송을 수행할 자격이 있다고 할 것이므로 이 소송은 적법한 것이며, 이와 반대의 견지에서 무효확인의 대상인 결의에 의하여 선임된 대표이사가 피고 회사를 대표한 이 소송은 부적법하다는 논지는 이유 없다."고 판시하였다.

종단 종의회에서 총무원장이 종단을 대표하여 소송행위를 할 수 있도록 하는 취지로 종헌을 개정한 사안에서, 위 종헌 개정이 민사소송법의 소송대리에 관한 강행규정을 잠탈하는 것으로서 무효라고 할 수 없는가에 대하여, 대법원은 불교단체의 종정이 아니라 총무원장이 소송행위를 하도록 한 종헌개정이 유효하다고 판시하고 있다.[129]

---

129) 대법원 2011. 5. 13. 선고 2010다84956 판결.

<〈대법원 2011. 5. 13. 선고 2010다84956 판결〉>

〈대법원 2011. 5. 13. 선고 2010다84956 판결〉

대법원은 "피고는 2009. 3. 26.경 개최된 제84차 정기 종의회에서 종헌(종헌) 제87조 제5항을 신설하여 "총무원장은 종단(피고)을 당사자 또는 참가인으로 하는 소송 기타 종단 관련 소송에 있어서는 종단을 대표한다."라고 종헌을 개정한 사실을 인정한 다음, 위 개정 종헌이 민사소송법 제51조, 제64조, 제87조의 강행규정을 잠탈하는 것으로서 무효라는 원고의 주장에 관하여 판단하기를, 헌법 제20조는 종교의 자유를 보장함과 아울러 정교분리(정교분리)의 원칙을 선언하고 있으므로, 종교의 자유에 속하는 종교적 집회·결사의 자유의 본질상 종교적 집회·결사의 자유를 실현하기 위하여 설립된 종교단체에 대하여는 그 조직과 운영에 관한 자율성이 최대한 보장되도록 하여야 하고, 따라서 피고와 같은 종교단체가 그 단체 내부의 조직과 운영 및 규제를 위해 제정한 종헌의 경우에도 그 규율 내용의 자율성이 최대한 보장되어야 하는 점, 피고의 조직 및 운영실태를 보더라도 종정은 종단의 최고지도자로서 종교적 권능을 통하여 대내외적으로 당해 종단의 정체성을 표창하고 신도들의 신앙적 일체감을 지지·통합하는 구심점인 역할을 수행하는 지위에 있는 반면, 총무원장은 종정을 보좌하여 피고의 재정, 포교, 교육, 문화사회 사업 등 집행기능을 담당하는 지위에 있어 비록 종정이 대내외적으로 피고를 대표하는 포괄적 권한을 가지고 있기는 하지만, 이는 종교적 신성성을 의미하는 것으로서 구체적인 소송관계에 있어서는 집행기능을 담당하는 총무원장으로 하여금 피고를 대표할 수 있도록 하더라도 그것이 헌법이 규정하는 기본적 사회질서 또는 공서양속 기타 사회상규나 강행법규에 위배된다고 보기 어려운 점 등을 종합하면, 총무원장으로 하여금 피고를 대표하여 소송행위를 할 수 있도록 하는 취지의 종헌 개정이 민사소송법의 소송대리에 관한 강행규정을 잠탈하는 것이 되어 무효가 된다고는 보기 어렵다."고 판단하였다.

회사의 이사인 원고가 피고 회사를 상대로 소를 제기함에 있어 상법 제394조에 위반하여 대표자를 감사 아닌 대표이사로 한 경우 대표이사 및 원고가 한 소송행위의 효력 유무에 대한 다툼이 있었다. 대법원은 이사가 회사를 상대로 한 소송에서 소장부본이 대표이사에게 송달되고 대표이사에 의해 선임된 소송대리인에 의하여 소송이 수행된 경우, 그 송달 및 소송행위는 모두 무효라고 판단하였다.[130]

---

130) 대법원 1990. 5. 11. 선고 89다카15199 판결.

<대법원 1990. 5. 11. 선고 89다카15199 판결>

대법원은 "피고 회사의 이사인 원고가 피고 회사에 대하여 소를 제기함에 있어서 상법 제394조에 의하여 그 소에 관하여 회사를 대표할 권한이 있는 감사를 대표자로 표시하지 아니하고 대표이사를 피고 회사의 대표자로 표시한 소장을 법원에 제출하고, 법원도 이 점을 간과하여 피고 회사의 대표이사에게 소장의 부본을 송달한 채, 피고 회사의 대표이사로부터 소송대리권을 위임받은 변호사들에 의하여 소송이 수행되었다면, 이 사건 소에 관하여는 피고 회사를 대표할 권한이 대표이사에게 없기 때문에 소장이 피고에게 적법유효하게 송달되었다고 볼 수 없음은 물론 피고 회사의 대표이사가 피고를 대표하여 한 소송행위나 피고 회사의 대표이사에 대하여 원고가 한 소송행위는 모두 무효이다."라고 판시하고 있다.

IV. 임의대리인

1. 의의

대리권의 수여가 본인의 의사에 의한 대리인을 임의대리인이라 한다. 임의대리인은 '법률상 소송대리인'과 '소송위임에 의한 소송대리인'으로 구분된다.

1) 법률상 소송대리인

본인을 위하여 재판상 행위를 행할 수 있음을 법률로 정한 자를 말한다. 상법에서 인정되고 있는 상업사용인 가운데 지배인이 대표적이다. 지배인은 업무에 관한 포괄적 대리권의 일부로 소송대리권을 가지고 있다(상법 제11조 참조). 선장(상법 제749조), 선박관리인(상법 제765조), 국가소송수행자(국가를 당사자로 하는 소송에 관한 법률 제3조) 역시 법률상 소송대리인에 해당한다. 민법상조합의 업무집행조합원이 법률상 소송대리인에 해당하는가에 대한 다툼이 있으나, 그 자에게 업무집행의 대리권이 있는 것으로 보아(민법 제709조 참조) 법률상 소송대리인으로 보는 것이 다수설의 입장이다.

2) 소송위임에 의한 소송대리인

좁은 의미의 소송대리인에 해당한다. 특정한 소송사건의 처리를 위하여 위임받은 대리인을 의미한다. 독일이나 미국의 경우를 보면, 전자의 경우 연방법원 사건을 수임하기 위해서는 연방변호사만이 가능하고, 후자 역시 대법원변호사회에 승인이 된 변호사만이 대법원 사건의 수임이 가능하도록 하고 있다.

2. 소송대리인의 자격

1) 변호사대리의 원칙

우리나라의 경우 법률상 소송대리인을 제외하고 소송대리인은 변호사만이 원칙상 소송대리를 할 수 있도록 하는 변호사대리의 원칙이 적용되고 있다(민소법 제87조). 변호사강제주의를 채택하고 있지는 않아 본인 스스로 소송을 할 수 있지만, 소송대리를 함에 있어서는 법률전문가인 변호사를 통하여 행하게 된다. 다만, 증권관련 집단소송이나 소비자 및 개인정보단체소송의 경우는 변호사강제주의를 채택하고 있다.

2) 변호사대리의 예외

변호사대리의 원칙이 적용되지 않는 경우가 있다. 첫째, 단독사건의 경우이다. 소송목적의 가액이 일정한 금액 이하인 사건의 경우 변호사가 아니더라도 소송대리인이 될 수 있다. 다만, 당사자와 친족관계나 고용관계에 있는 자가 법원의 허가를 받아 행할 수 있다. 둘째, 형사소송절차에 부대하여 청구하는 배상신청의 경우이다. 피해자의 배우자, 직계혈족, 형제자매는 법원의 허가를 얻어 배상신청에 관한 소송행위를 대리할 수 있도록 하고 있다(소송촉진 등에 관한 특례법 제27조). 셋째, 소액사건의 경우이다. 소가 3,000만 원 이하의 소액단독사건의 제1심에 있어서는 당사자의 배우자, 직계혈족 및 형제자매는 따로 법원의 허가를 얻지 않아도 소송대리인이 될 수 있다(소액사건심판법 제8조). 넷째, 가사소송사건의 경우이다. 가사소송사건은 합의사건이라도 본인이 출석해야 한다. 다만, 특별한 사정이 있는 경우에는 대리인이 출석할 수 있는데, 변호사가 아닌 자가 대리인으로 행할 수 있기 위해서는 재판장의 허가를 요한다(가사소송법 제7조 제1항, 제2항). 다섯째, 특허소송의 경우이다. 특허심결취소소송의 경우 변리사는 소송대리인이 될 수 있다(변리사법 제8조).[131] 변리사의 대

---

[131] 심결취소소송이라 함은 특허심판원의 심결 또는 심판청구서나 재심청구서의 각하결정을 받은 자가 이에 불복하고자 하는 경우에 심결 또는 결정의 등본을 송달받은 뒤 30일 이내에 특허법원에 소를 제기할 수 있도록 한 것을 말한다(특허법 제186조).

리권을 배제해야 하는가에 대하여 헌법소원이 제기되었으나 각하되었다.[132] 다만, 특허침해소송에 대하여는 변리사대리가 인정되지 않는다.

변리사법 제8조에 의하여 변리사에게 허용되는 소송대리의 범위(특허심판원의 심결에 대한 심결취소소송) 및 특허 등 침해를 청구원인으로 하는 침해금지청구 또는 손해배상청구 등과 같은 민사사건에서 변리사의 소송대리가 허용되는지 여부에 대한 다툼이 있었다. 대법원은 이를 인정하지 않고 있다.[133]

〈대법원 2012. 1. 25. 선고 2010다108104 판결〉

대법원은 "민사소송법 제87조는 "법률에 따라 재판상 행위를 할 수 있는 대리인 외에는 변호사가 아니면 소송대리인이 될 수 없다."라고 정하여 이른바 변호사 소송대리의 원칙을 선언하고 있다. 한편 변리사법 제2조는 "변리사는 특허청 또는 법원에 대하여 특허, 실용신안, 디자인 또는 상표에 관한 사항을 대리하고 그 사항에 관한 감정과 그 밖의 사무를 수행하는 것을 업으로 한다."고 정하는데, 여기서의 '특허, 실용신안, 디자인 또는 상표에 관한 사항'이란 특허·실용신안·디자인 또는 상표(이하 '특허 등'이라고 줄여 부른다)의 출원·등록, 특허 등에 관한 특허심판원의 각종 심판 및 특허심판원의 심결에 대한 심결취소소송을 의미한다. 따라서 "변리사는 특허, 실용신안, 디자인 또는 상표에 관한 사항의 소송대리인이 될 수 있다."고 정하는 변리사법 제8조에 의하여 변리사에게 허용되는 소송대리의 범위 역시 특허심판원의 심결에 대한 심결취소소송으로 한정되고, 현행법상 특허 등의 침해를 청구원인으로 하는 침해금지청구 또는 손해배상청구 등과 같은 민사사건에서 변리사의 소송대리는 허용되지 아니한다. 이러한 법리에 비추어 기록을 살펴 보면, 이 사건 상고장은 변리사 소외인 등 별지 목록 기재의 변리사 16인이 원고의 소송대리인 자격으로 작성·제출한 것으로서, 결국 이 사건 상고는 변호사가 아니면서 법률에 따라 재판상 행위를 대리할 수 없는 사람이 대리인으로 제기한 것이다. 그렇다면 이 사건 상고는 민사소송법 제87조에 위배되어 부적법하다."고 판단하고 있다.

3. 변호사법 제31조 위반행위

변호사법 제31조는 다음 4가지 사건에 대하여 대리인으로서 직무를 행할 수 없음을 규정하고 있다. 첫째, 한쪽 당사자로부터 상의를 받아 그 수임을 승낙한 사건의 상대방이 위임하

---

132) 헌재 2011. 12. 29. 2010헌바459.
133) 대법원 2012. 1. 25. 선고 2010다108104 판결.

는 사건(제1호). 둘째, 수임하고 있는 사건의 상대방이 위임하는 다른 사건(제2호). 셋째, 공무원, 조정위원 또는 중재인으로서 직무상 취급한 사건(제3호). 넷째, 재직기간의 사건(제4호) 등이다. 이를 위반하면 징계사유가 되지만, 예전 대법원은 "소송행위가 구 변호사법(49. 11. 7. 법률 제63호) 제16조에 의하여 무권대리행위라 하여도 추인하면 그 효력이 있다."고 하는 추인설의 입장을 따랐다.[134)]

〈대법원 1970. 6. 30. 선고 70다809 판결〉

대법원은 "변호사 정순백이 본건 건물의 철거소송의 별소에서 피고 강태국의 소송대리인이였던 자가 본건 동일 목적물인 철거소송에서 위 피고의 상대자인 원고 배병환의 소송대리인으로서 소송행위를 하였음은 변호사법 제16조 제1호에 위반되는 행위로서 무권대리행위라고 할 것이라 하여도 원심에서 원고가 위 무권소송대리행위를 추인하였음이 기록상 뚜렷하므로 그 소송행위는 소송법상 완전한 효력이 발생된다."고 판시하고 있다.

그러나 추인설은 당초 의뢰한 당사자가 배신감을 갖고 문제 삼고자 하는 상황인데 뒤에 선임한 본인의 추인에 의해 유효하게 되는 기이한 현상이 발생된다는 점에서 비판이 있다. 최근 대법원은 "상대방 당사자가 이의를 제기하지 아니하면 유효하다."는 이의설[135)]을 따르고 있다. 피고대리인이었던 변호사가 뒤에 동일사건의 원고대리인이 되는 경우에 대리인으로서 직무를 행할 수 있는지 여부에 대하여, 대법원은 "제1심에서 피고를 대리하여 소송행위를 하였던 변호사가 항소심에서 원고소송 복대리인으로 출석하여 변론을 한 경우라도 당사자가 그에 대하여 아무런 이의를 제기하지 아니하면 그 소송행위는 소송법상 완전한 효력이 생긴다."고 판시하고 있다.[136)]

〈대법원 1990. 11. 23. 선고 90다4037, 4044 판결〉

대법원은 "원심은 원·피고 사이에 이건 건물에 관한 매매계약이 성립하였으나 피고가 대금지급을 지체하여 원고가 1988. 1. 11.에 매매계약을 적법히 해제하였다는 사실을 인정하고 원고의 건물명

---

134) 대법원 1970. 6. 30. 선고 70다809 판결.
135) 대법원 1990. 11. 23. 선고 90다4037, 4044 판결; 대법원 1995. 7. 28. 선고 94다44903 판결.
136) 대법원 1990. 11. 23. 선고 90다4037 판결.

도 청구를 인용할 것이라고 판시하였는바, 그 이유 설시를 기록과 대조하여 살펴 보면 원심의 사실인정과 법률적 판단을 수긍할 수 있고 원심판 시에 소론과 같은 심리미진이나 채증법칙위반의 허물이 있다 할 수 없고 법리를 오해한 위법도 없다. 그리고 기록에 의하면 제1심에서 피고를 대리하여 소송행위를 하였던 변호사 임헌태가 원심 2차 변론기일에 원고소송 복대리인으로 출석하여 변론을 한 흔적이 있기는 하나 그러한 경우라도 당사자가 그에 대하여 아무런 이의를 제기하지 아니하면 그 소송행위는 소송법상 완전한 효력이 생긴다고 함이 당원의 판례이고,[137] 당사자가 원심에서 그에 대하여 이의를 제기한 흔적이 없으므로 그 점을 논란하는 상고논지도 받아들일 수 없다."고 판시하고 있다.

대법원은 "원고 소송복대리인으로서 변론기일에 출석하여 소송행위를 하였던 변호사가 피고 소송복대리인으로도 출석하여 변론한 경우라도, 당사자가 그에 대하여 아무런 이의를 제기하지 않았다면 그 소송행위는 소송법상 완전한 효력이 생긴다."고 하는 이의설의 입장[138]을 계속하여 견지하고 있는 모습이다.

〈대법원 1995. 7. 28. 선고 94다44903 판결〉

대법원은 "원심에서 원고 소송복대리인으로서 변론기일에 출석하여 소송행위를 하였던 변호사 안봉진이 피고 소송복대리인으로도 출석하여 변론한 사실이 있음을 알 수 있으나, 그러한 경우라도 당사자가 그에 대하여 아무런 이의를 제기하지 아니하면 그 소송행위는 소송법상 완전한 효력이 생긴다고 할 것인데, 기록상 당사자가 원심에서 그에 대하여 아무런 이의도 제기한 흔적이 없으므로 이 점을 탓하는 논지는 이유 없다."고 판시하고 있다.

피고인이 스스로 선임한 변호인에게 변호사법 제31조 제1호의 수임제한 규정을 위반한 위법이 있는 경우 피고인의 변호인의 조력을 받을 권리가 침해되었다거나 그 소송절차가 무효에 해당하는지에 대하여 대법원은 이를 무효로 보지 않고 있다.[139]

---

137) 대법원 1975. 5. 13. 선고 72다1183 판결.
138) 대법원 1995. 7. 28. 선고 94다44903 판결.
139) 대법원 2009. 2. 26. 선고 2008도9812 판결.

<〈대법원 2009. 2. 26. 선고 2008도9812 판결〉

대법원은 "변호사법 제31조 제1호는 '변호사는 당사자 일방으로부터 상의를 받아 그 수임을 승낙한 사건의 상대방이 위임하는 사건에 관하여는 그 직무를 행할 수 없다.'고 규정하고 있는바, 위 규정의 입법 취지 등에 비추어 볼 때, 동일한 변호사가 민사사건에서 형사사건의 피해자에 해당하는 상대방 당사자를 위한 소송대리인으로서 소송행위를 하는 등 직무를 수행하였다가 나중에 실질적으로 동일한 쟁점을 포함하고 있는 형사사건에서 피고인을 위한 변호인으로 선임되어 변호활동을 하는 등 직무를 수행하는 것 역시 금지된다고 봄이 상당하다.[140) 위 법리에 비추어 원심이 적법하게 확정한 사실들을 살펴 보면, 피고인 1과 공소외 1, 2, 3 사이의 대여금사건에서 공소외 1 등의 소송대리인으로서 직무를 수행한 변호사 공소외 4가, 위 대여금사건 종결 후 그와 실질적으로 동일한 쟁점을 포함하고 있는 피고인들의 공소외 1 등에 대한 소송사기미수 범행 등에 대한 형사재판인 이 사건 공판절차 제1심에서 피고인들의 변호인으로 선임되어 변호활동 등을 한 것은 변호사법 제31조 제1호에 위반된다고 봄이 상당하다. 그런데 피고인들의 제1심 변호인에게 변호사법 제31조 제1호의 수임제한 규정을 위반한 위법이 있다 하여도, 피고인들 스스로 위 변호사를 변호인으로 선임한 이 사건에 있어서 다른 특별한 사정이 없는 한 위와 같은 위법으로 인하여 변호인의 조력을 받을 피고인들의 권리가 침해되었다거나 그 소송절차가 무효로 된다고 볼 수는 없다. 따라서 제1심판결을 그대로 유지한 원심의 결론은 정당하고, 상고이유의 주장과 같은 법리오해 등의 위법이 없다." 고 판시하고 있다.

4. 소송상 표현대리

상대방이 대리권이 없음에도 불구하고, 대리권이 있는 것으로 믿고 그 믿음에 정당한 사유가 있는 경우에 무권대리인을 상대로 소송수행을 한 자는 표현대리의 법리에 의하여 보호를 받을 수 있는가에 대한 물음이 있다. 판례는 실체법상 표현대리의 법리는 거래의 안전을 위하여 인정의 실익이 있으나, 절차의 안정을 중요시하는 소송행위의 경우에는 적용될 수 없다고 한다. 특히 대법원은 '공정증서 작성시의 집행인낙 의사표시에 표현대리 규정의 준용 가부'에 대하여, "공정증서가 채무명의로서 집행력을 가질 수 있도록 하는 집행인낙 표시는 공증인에 대한 소송행위로서 이러한 소송행위에는 민법상의 표현대리 규정이 적용 또는 준용될 수 없다."고 판시하고 있다.[141)

---

140) 대법원 2004. 11. 26. 선고 2004도5951 판결.
141) 대법원 1994. 2. 22. 선고 93다42047 판결.

<대법원 1994. 2. 22. 선고 93다42047 판결>

원심은, 원고의 처인 소외 이남례는 판시와 같이 1991. 8. 13. 피고에게 액면 금 30,000,000원, 발행인 이남례 및 원고, 발행일 1991. 8. 13.로 하는 약속어음 1장을 발행하고 그날 판시 공증인가 법무법인소속 담당변호사에게 위 약속어음에 대하여 본인 겸 원고의 대리인의 자격으로서 피고와 함께 위 약속어음금의 지급을 지체할 때에는 즉시 강제집행을 받더라도 이의가 없다는 공정증서의 작성을 촉탁하여 원심판결 주문기재의 공정증서를 작성 교부받은 사실을 인정한 다음, 을 제1호증 (공정증서원본), 을 제2호증의1, 2(인감증명서, 위임장)의 각 기재 및 제1심 증인 박정순의 증언에 의하면 판시 공정증서 작성 당시 소외 이남례가 원고의 인감도장과 원고로부터 위임을 받아 발급받은 것으로 되어 있는 원고의 공증용 인감증명서 1통을 소지하고 있었던 사실은 이를 인정할 수 있으나 위 인정사실만으로는 원고가 이남례에게 위 어음의 발행 및 공정증서 작성에 관하여 대리권을 수여하였다고 보기에 부족하고 달리 이를 인정할 증거가 없다고 판시하였다.

대법원은 "원고 명의의 인감증명발급위임장과 인감증명은 대리권을 인정할 수 있는 하나의 자료에 지나지 아니하고 이 자료에 의하여 당연히 위 이남례에게 원고를 대리하여 이 사건 어음을 발행하거나 이 어음에 대한 원심판시 공정증서 작성을 촉탁할 대리권이 인정되는 것은 아니며 대리권이 있다는 점에 대한 입증책임은 그 효과를 주장하는 피고에게 있다 할 것이므로 이와 같은 취지의 원심의 인정 판단은 정당하고 거기에 소론과 같은 입증책임의 분배에 관한 법리 또는 처분문서의 효력에 관한 법리를 오해한 위법이 있다고 할 수 없다." 또한 "을 제1호증(공정증서정본)의 공증인 직접 작성부분의 진정성립은 추정되나 그에 의하여 인정할 수 있는 사실은 위 이남례가 원고의 대리인으로서 위 공정증서의 촉탁을 하였다는 것일 뿐이고 위 이남례에게 적법한 대리권이 있다는 점까지 당연히 인정되는 것은 아니다." 더 나아가 "공정증서가 채무명의로서 집행력을 가질 수 있도록 하는 집행인낙 표시는 공증인에 대한 소송행위로서 이러한 소송행위에는 민법상의 표현대리 규정이 적용 또는 준용될 수 없다."고 판시하고 있다.

무권대리인의 촉탁에 의하여 작성된 공정증서가 집행력이 있는가에 대하여, 대법원은 "공정증서가 채무명의로서 집행력을 가질 수 있도록 하는 집행인낙의 표시는 공증인에 대한 소송행위이므로, 무권대리인의 촉탁에 의하여 공정증서가 작성된 경우 채무명의로서의 효력이 없다."고 판시하고 있다.[142]

---

142) 대법원 2001. 2. 23. 선고 2000다45303 판결.

<대법원 2001. 2. 23. 선고 2000다45303, 45310 판결>

"소외 1과 2가 원고(반소피고, 이하 '원고'라 한다)의 아들인 유영태에게 피고(반소원고, 이하 '피고'라 한다)로부터 금 10,000,000원을 한도로 한 연대보증인을 추가로 세울 것을 요구받았다고 거짓말하여 이에 속은 유영태로부터 원고의 인감증명서와 인감도장 등을 교부받은 것을 기화로 그 위임의 범위를 벗어나서 그들의 피고에 대한 손해배상채무를 원고가 연대보증한다는 의미로, 이 사건 약속어음의 발행인란에 원고의 인감도장을 날인하여 피고에게 교부하자, 피고가 원고의 성명과 주소를 보충기재하고, 액면금액을 금 60,000,000원으로 보충기재한 후, 공증용 위임장과 함께 공증인가 동서울합동법률사무소에 제시하여 위 약속어음금에 대하여 즉시 강제집행을 하더라도 이의가 없다는 취지의 약속어음 공정증서를 작성 받은 사실을 인정한 다음, 이 사건 약속어음의 발행행위는 대행권한 없는 소외 1과 2에 의하여 기명날인대행 방식으로 이루어진 사안"에서, 대법원은 "어음행위의 대리 또는 대행권한을 수여받은 자가 그 수권의 범위를 넘어 어음행위를 한 경우에 본인은 그 수권의 범위 내에서는 대리 또는 대행자와 함께 어음상의 채무를 부담한다고 할 것인바, 원심이 인정한 사실관계에 의하더라도, 소외 1과 2는 원고로부터 금 10,000,000원의 범위 내에서는 원고를 대리하여 연대보증계약을 체결할 권한을 수여받았다는 것이므로, 소외 1과 2가 그 수권의 범위를 벗어나 그들의 피고에 대한 금 60,000,000원의 손해배상채무를 원고가 연대보증한다는 의미에서 이 사건 약속어음에 발행인으로 원고의 날인을 대행한 것이므로, 수권의 범위를 넘은 부분에 대하여는 원고에게 그 어음행위의 효력이 미치지 않는 것이지만, 수권의 범위 내인 금 10,000,000원 부분에 대하여는 원고가 어음상의 채무를 부담한다."고 하였다. 대법원은 "다만, 소외 1과 2는 원고로부터 집행인낙의 표시행위에 관한 대리권을 수여받지 아니하였음이 명백하므로, 원고가 이 사건 약속어음 중 금 10,000,000원의 범위 내에서 어음상의 채무를 부담한다 하더라도 이 사건 약속어음 공정증서가 그 범위 내에서 원고에 대하여 채무명의로서의 효력을 갖게 된다고는 할 수 없다."고 하였다.

제3편

변론

제1장
The Civil Proceedings Act
심리의 제 원칙

민사소송에서 소송의 대상은 당사자 사이의 사권 또는 사권관계에 관한 분쟁이다. 당사자의 분쟁에 있어서 소송자료의 주장 및 제출은 분쟁해결을 위하여 중요한 의미를 가지고 있다. 이러한 자료의 주장이나 제출에 대하여 누구에게 부담토록 하는 것이 효율적인 것인가에 대하여 의문이 제기될 수 있지만, 각 당사자에게 일임하는 것이 진실을 가장 용이하면서도 신속하게 발견할 수 있는 방법에 해당한다. 소송의 해결 또는 심리자료의 수집을 당사자의 권능과 책임으로 할 것으로 주장하는 것을 변론주의라고 한다. 재판의 기초가 되는 사실 및 법률 관계를 명확히 하기 위해 법원이 조사하는 행위로서 심리는 다음과 같은 원칙이 있다.

I. 공개심리주의

공개주의라 함은 소송절차(변론절차) 및 재판을 공개하여 당사자 이외의 제3자의 방청을 허용하는 주의이며, 재판의 공정과 사법권의 독립에 대한 국민의 신뢰를 높이기 위하여 이 제도를 채택하였다(헌법 제109조, 법원조직법 제57조 제1항 전단). 다만, 국가의 안전보장,

안녕질서 또는 선량한 풍속을 해할 염려가 있을 때에는 공개하지 않을 수 있으며, 공개하지 않는 결정은 이유를 개시開示하여야 한다(법원조직법 제57조 제1항·제2항). 공개의 정지에 관한 규정은 심리에만 국한되고 재판의 선고에는 적용되지 않는다. 여기에서 의미하는 재판은 법률상의 실체적 권리관계 자체를 확정하는 것인 소송사건의 재판만을 의미한다. 공개해야 할 사항은 변론절차와 선고이다. 그러므로 그 밖의 사항에 대하여는 반드시 공개해야 하는 것은 아니다. 대법원은 "수명법관이 수소법원 외에서 증거조사를 할 경우에는 반드시 공개심리의 원칙이 적용되는 것은 아니다."라고 판시하고 있다.[1]

〈대법원 1971. 6. 30. 선고 71다1027 판결〉

대법원은 "이 사건에서 문제로 되어 있는 대지(충북 제천군 제천읍 남천동 99번지의1과 같은 동 99번지의2 사이에 끼어 있는 땅 1.1평)가 채권자들의 소유에 속한다고 볼 수 없을 뿐더러, 이사건 보전처분을 하지 아니하면(출입금지) 후일에 채권자들이 권리를 실행하기 곤란하거나, 그 실행이 현저하게 곤란한 사정에 있는 것이라고는 볼 수 없다고 하였다. 원심이 이러한 사실을 인정하기 위하여 거친 채증의 과정을 살펴 보면 적법하고 여기에는 증거취사에 있어서 채증법칙을 어긴 위법이 있다고 볼 만한 허물이 없다. 그 밖에 원심판결에는 사실오인, 심리미진, 법률위배의 위법사유도 없다."고 하면서, "수명법관에 의하여 수소법원 외에서 증인을 신문하거나 또는 현장검증 및 기록검증을 할 경우에는 반드시 공개심리의 원칙이 적용되지 아니하는 것이므로 원심이 1971. 2. 13. 수명판사 정용인, 수명판사 조용완에 의하여 실시한 증인 신문, 현장검증, 기록검증을 비공개리에 시행하였다 하더라도 이것이 헌법 제105조, 민사소송법 제142조, 같은 법 제394조의 법리를 오해한 위법이 있다고 말할 수 없다."고 판시하였다.

변론준비절차가 공개주의에 해당하는가에 대하여, 대법원은 재판장 등이 주재하는 변론준비절차는 공개주의에 해당하지 않는다고 판시하고 있다.[2]

---

1) 대법원 1971. 6. 30. 선고 71다1027 판결.
2) 대법원 2006. 1. 27. 선고 2004다69581 판결.

<대법원 2006. 1. 27. 선고 2004다69581 판결>

대법원은 "현행 민사소송법이 합의사건과 단독사건을 막론하고 원고의 청구원인사실에 대하여 다투는 피고의 답변서가 제출된 사건은 원칙적으로 변론준비절차에 부치도록 규정하고(법 제258조 제1항), 서면 공방, 서증 제출, 증거 신청·결정을 거쳐 변론준비기일에서 소장 등의 진술, 쟁점 정리와 나아가 증인신문과 당사자신문을 제외한 증거조사까지 실시할 수 있게 함으로써 결국 그 사건에 관한 심리의 상당 부분이 변론준비기일에서 이루어지며, 변론준비기일에 제출하지 아니한 공격방어방법은 원칙적으로 변론에서 제출할 수 없는 실권효의 제재가 따르는(법 제285조 제1항) 등 변론준비기일이 변론기일과 밀접한 관련성을 갖고 유사한 기능을 수행하는 점을 부정할 수 없다. 그러나 변론준비기일이 수소법원 아닌 재판장 등에 의하여 진행되며, 또한 변론기일과 달리 비공개로 진행될 수 있어서 직접주의와 공개주의가 후퇴되는 점, 변론기일에 있어서는 사건과 당사자의 호명에 의하여 개시된 기일에 양쪽 당사자의 불출석이 밝혀진 이상 앞서 본 양쪽 불출석의 효과가 발생하고 그 기일을 연기할 수 없는 데에 비하여,[3] 변론준비기일에 있어서 양쪽 당사자의 불출석이 밝혀진 경우 재판장 등은 앞서 본 양쪽의 불출석으로 처리하여 새로운 변론준비기일을 지정하는 외에도 당사자 불출석을 이유로 변론준비절차를 종결할 수 있다는(법 제284조 제1항 제3호) 점, 나아가 양쪽 당사자 불출석으로 인한 취하간주제도는 적극적 당사자에게 불리한 제도로서 적극적 당사자의 소송유지의사 유무와 관계없이 일률적으로 법률적 효과가 발생한다는 점까지 고려할 때 변론준비기일에서 양쪽 당사자 불출석의 효과는 변론기일에 승계되지 않는다고 할 것이다." 라고 판시하고 있다.

II. 구술심리주의

1. 의의

당사자와 법원의 소송행위, 특히 변론 및 증거조사가 구술口述로써 시행되어야 한다는 주의를 구술심리주의라 한다. 변론과 변론준비기일은 구술심리주의에 따라야 한다. 2007년 민사소송규칙 제28조와 제70조의2가 이점을 명시적으로 인정하였다. 현행법은 구술심리주의를 원칙으로 하면서 서면심리주의를 통하여 결점을 보완하고 있다. 구술주의의 장점은 진술이 신선하고 인상이 깊고 직접 석명釋明할 수 있으므로 그 진의를 이해하기 쉬운 까닭에 직접주의·공개주의에 적합하나 그 단점은 구술상의 진술은 누락되기 쉬우며 복잡한 사실관계

---

3) 대법원 1982. 1. 26. 선고 81다849 판결.

는 구술의 설명만으로는 이해하기 어려운 점과 청취의 결과를 정리 기억하는 것이 곤란하다는 점이다.

판결은 구술변론에 관여한 법관이 해야 하며(민소법 제204조 제1항), 선고도 구술로 해야 한다(민소법 제206조, 소액심판법 제11조의2). 증거조사도 구술로 해야 한다. 넓은 의미의 구술변론에 속하기 때문이다(민소법 제331조, 제339조, 제373조). 그러므로 변론, 증거조사, 재판 모두 구술로 해야 한다. 변론준비기일 역시 당사자가 말로 쟁점정리를 하고 법원이 말로 쟁점을 정리하고 확인하게 된다(민소법 제282조, 민사소송규칙 제70조의2).

2. 서면심리주의

소송행위가 서면書面에 의하여 시행되어야 한다는 주의를 서면심리주의라 한다. 서면심리주의에 의하면 진술이 확실하고 일단 제출된 서면은 그대로 보존되어 언제든지 재확인할 수 있는 편의가 있다. 그러나 소송서류가 방대해져서 읽기에 많은 시간이 소요되어 합의법원에서는 자연적으로 그 일원만이 사실상 사건을 담당하는 결과가 되어 합의제를 무의미화하게 하는 단점이 있다. 한국의 민사소송법은 원칙적으로 구술심리주의를 채용하되 보충적으로 서면심리주의를 병용한다. 서면심리의 사항은 다음과 같다.

1) 소·상소·재심의 제기, 소의 변경, 소의 취하, 관할의 합의, 소송고지 등은 서면에 의한다. 중요한 소송행위에 해당하여 확실을 기하기 위함이다.
2) 변론조서나 변론준비기일조서는 작성하도록 되어 있다. 소송자료가 불확실하게 되는 것을 방지하기 위함이다(민소법 제152조, 제282조). 상소심 재심사의 편의를 위하여 재판에는 재판서를 작성해야 한다(민소법 제208조, 제221조).
3) 변론의 예고를 위하여 준비서면의 제출을 요구하고 있다(민소법 제273조). 불출석한 당사자가 제출한 준비서면에 대하여는 진술간주(민소법 제148조)의 효과를 부여한다. 심리의 지연방지와 출석하기 어려운 당사자의 편의를 제공하기 위함이다.
4) 결정으로 완결할 사건, 판결 중 소송판결, 상고심판결 특히 심리불속행기각판결, 답변서의 부제출에 의한 무변론판결 등은 서면심리를 원칙으로 한다.
5) 증인의 출석·증언에 갈음한 서면증언제(민소법 제310조, 소액사건심판법 제10조 제3

항)이나 개정 공증인법의 선서인증제도(공증인법 제57조의2) 역시 서면주의의 한 모습이다.

6) 서면에 의한 변론준비절차, 서면에 의한 청구의 포기·인낙, 화해제도 역시 서면주의의 모습이다.

III. 쌍방심리주의

판결함에 있어서 그 변명을 공평하게 주장할 수 있는 주의를 쌍방심리주의라고 한다. 변론은 쌍방을 대립시켜서 심리하는 의미에서 대심對審이라고도 한다. 판결절차에 있어서는 원고·피고에게 평등하게 공격방어의 무기와 기회를 주는 의미에서 실질적으로 당사자 대등의 원칙 또는 무기평등의 원칙이라고도 할 수 있다. 영국 법언法諺에 "좋은 재판은 좋은 청송聽訟에 기인한다.", "재판관은 좌우에 같은 귀[耳]를 가져야 한다."라는 법언은 쌍방심리주의를 표명한 것이라 하겠다.

다만, 결정으로 완결한 사건에 있어서는 임의적 변론에 의하므로(민소법 제134조 제1항 단서), 반드시 쌍방심리주의를 따르지 아니한다. 당사자가 대등하게 맞서지 않는 강제집행절차 역시 쌍방심리주의를 따를 필요가 없다. 절차가 간이하고 신속함이 요청되는 소액사건 심판절차나 독촉절차, 가압류·가처분절차에 있어서는 일방심리주의에 의하여 재판이 허용된다. 그러나 재판에 대한 상대방 당사자로부터 이의신청이 있으면 쌍방심리의 절차로 넘어가게 된다.

IV. 직접심리주의

1. 의의

직접심리주의는 법원이 직접 인식한 바에 따라 소송자료를 수집하는 주의이며, 간접심리주의는 변론의 청취 및 증거조사를 법원이 직접 시행하지 않고 간접으로 시행하는 주의를 말한다. 소송심리의 이상으로는 직접심리주의를 채택하여야 할 것이나, 실제상 이 주의를 관철하기는 곤란하므로 간접심리주의를 채택하지 않을 수 없다. 그러므로 현행법은 직접심리주의를 원칙으로 하되 예외적으로 간접심리주의를 인정하고 있다.

직접심리주의는 진술의 취지를 이해하고 그 진위를 판별하여 진상을 파악하기 쉬운 장점이 있다. 임의적 변론절차에서 기록을 직접 보지 않고 법관이 연구관 보고서 그대로 서명날인하는 것은 직접심리주의를 반하는 것에 해당한다. 직접주의의 효용이 발휘되는 증인신문에 있어서는 단독판사나 합의부 법관의 과반수가 바뀐 경우에 당사자가 다시 신문의 신청을 하면 증인을 재신문해야 한다(민소법 제204조 제3항). 이와 관련하여, 대법원은 민사소송법 제189조 제3항의 규정취지 및 같은 조항 소정의 법관 경질 시에는 종전에 신문한 증인에 대하여 반드시 재신문하여야 하는지 여부에 대하여, 당사자 간에 다툼이 없는 사실이 된 경우, 이미 심증이 형성된 경우, 소송을 지연시킬 목적 등의 경우는 재신문하지 아니할 수 있다고 판시하고 있다. [4]

〈대법원 1992. 7. 14. 선고 92누2424 판결〉

대법원은 "민사소송법 제189조 제3항은 단독사건의 판사의 경질이 있거나, 합의부의 법관의 과반수가 경질된 경우에 종전 신문한 증인에 대하여 당사자가 다시 신문을 신청한 때에는 법원은 그 신문을 하여야 한다고 규정하고 있는바, 이는 경질된 법관이 변론조서나 증인신문조서의 기재에 의하여 종전에 신문한 증인의 진술의 요지를 파악할 수 있는 것이기는 하지만, 법관의 심증에 상당한 영향을 미칠 수 있는 증인의 진술태도 등을 통하여 받은 인상은 문서인 증인신문조서의 기재만으로는 알 수 없기 때문에, 재신문에 의하여 경질된 법관에게 직접 심증을 얻도록 하려는 데에 그 취지가 있다고 할 것이므로, 당사자가 신청하기만 하면 어떤 경우에든지 반드시 재신문을 하여야 하는 것은 아니고, 법원이 소송상태에 비추어 재신문이 필요하지 아니하다고 인정하는 경우(예를 들면, 종전에 증인을 신문할 당시에는 당사자 사이에 다툼이 있었으나 현재는 당사자 사이에 다툼이 없어서 증명이 필요 없게 된 경우, 다른 증거들에 의하여 심증이 이미 형성되어 새로 심증을 형성할 가능성이 없는 경우, 소송의 완결을 지연하게 할 목적에서 재신문을 신청하는 것으로 인정되는 경우 등)에는 민사소송법 제263조에 따라 재신문을 하지 아니할 수도 있는 것이다."라고 판시하고 있다.

4) 대법원 1992. 7. 14. 선고 92누2424 판결.

2. 간접심리주의

법관 모두가 시종일관 심리에 관여함으로써 소송불경제가 발생하는 경우에는 직접심리주의의 예외가 인정된다.

1) 변론의 갱신절차를 들 수 있다. 변론에 관여한 법관이 바뀐 경우에 처음부터 심리를 뒤풀이하는 것은 소송경제에 반하기 때문에 당사자가 새 법관 앞에서 종전의 변론결과를 보고하면 되는 것으로 하고 있다(민소법 제204조 제2항).

2) 증거조사를 법정 내에서 실시하기 어려운 사정이 있을 때에는 수명법관·수탁판사에게 증거조사를 시키고 그 결과를 기재한 조서를 판결자료로 하도록 하고 있다(민소법 제297조, 제298조). 간접심리주의의 한 단면이다. 외국에서 증거조사를 하는 때에 외국 주재 우리나라 대사나 공사, 영사 또는 그 나라의 관할 공공기관에 촉탁하는 것도 마찬가지이다(민소법 제296조).

3) 재판장 등에 의한 변론준비절차를 들 수 있다(민소법 제279조 이하). 필요한 때 부칠 수 있는 쟁점 및 증거의 정리절차인 변론준비절차는 재판장 또는 수명법관이 주재한다.

V. 처분권주의

1. 의의

절차의 개시, 심판의 대상과 범위 그리고 절차의 종결에 대하여 당사자에게 주도권을 주어 그의 처분에 맡기는 것을 처분권주의라고 한다. 처분권주의는 당사자주의라고 하며, 직권주의에 반하는 개념이다. 민사소송절차는 당사자의 소 제기가 있을 때에만 개시되며, 원칙상 법원이 직권에 의하여 개시되는 것은 아니다. 다만, 소송비용재판(민소법 제104조, 제107조 제1항), 소송비용 담보제공(민소법 제117조 제2항), 가집행선고(민소법 제213조 제1항), 판결의 경정(민소법 제211조 제1항), 추가재판(민소법 제212조 제1항), 배상명령(특례법 제25조), 소송구조(민소법 제128조 제1항) 등은 당사자의 신청이 없이도 직권으로 재판할 수 있다.

2. 심판의 대상과 범위

심판의 대상은 원고의 의사에 맡겼기 때문에 원고는 이를 특정하여야 한다. 법원은 당사자가 특정하여 판결을 신청한 사항에 대하여 그 신청의 범위 내에서 판단하여야 한다(민소법 제203조). 원고가 갑을 대위하여 피고는 갑에게 건물의 소유권이전등기절차를 이행할 것을 구함에 대하여 피고는 직접 원고에게 소유권이전등기절차를 이행하라고 판결함으로써 처분권주의에 위배하였다고 하여 원심판결을 파기한 사례가 있다.[5]

〈대법원 1990. 11. 13. 선고 89다카12602 판결〉

"원고는 갑에게 건물을 명의신탁하고 갑은 피고에게 다시 명의신탁한 것이라고 주장하여 갑을 대위하여 피고에게 위 건물에 관하여 갑 앞으로의 명의신탁정지를 원인으로 한 소유권이전등기절차의 이행을 구하였는데, 원심판결이 위 청구취지 속에는 피고로부터 원고 명의로 직접 위 명의신탁정지를 원인으로 한 소유권이전등기절차의 이행을 구하는 취지가 포함되었다고 봄이 상당하다는 이유로 주문에서 피고는 원고에게 직접 위 건물들의 소유권이전등기절차를 이행하라고 판결한 것은 원고가 청구하지 아니한 사항에 대하여 판결한 것이 되어 처분권주의에 위배된다."

대법원은 유류분반환청구소송에서 법원이 유류분권리자가 특정한 대상과 범위를 넘어서 청구를 인용할 수 있는지 여부에 대하여 판시하였다. 대법원은 "유류분권리자가 반환의무자를 상대로 유류분반환청구권을 행사하고 이로 인하여 생긴 목적물의 이전등기의무나 인도의무 등의 이행을 소로써 구하는 경우에는 그 대상과 범위를 특정하여야 하고, 법원은 처분권주의의 원칙상 유류분권리자가 특정한 대상과 범위를 넘어서 청구를 인용할 수 없다."고 판시하고 있다.[6]

〈대법원 2013. 3. 24. 선고 2010다42624·42531 판결〉

대법원은 "원심이 인정한 사실관계에 의하면, 피고 등 3인이 각자 망인으로부터 받은 특별수익액은 각자 고유의 유류분을 초과하고 있고, 피고 등 3인의 수유재산의 총 가액은 7,596,269,797원(1,071,609,000원+4,329,237,747원+2,195,423,050원)으로서 원고의 유류분 부족액 3,416,704,422원

---

5) 대법원 1990. 11. 13. 선고 89다카12602 판결.
6) 대법원 2013. 3. 14. 선고 2010다42624 판결.

을 초과하고 있으므로, 피고 등 3인은 원고에게 위 유류분 부족액을 각자의 수유재산으로 반환하면 되는 것이지 이를 놓아 두고 피고 등 3인의 수증재산으로 반환할 것은 아니다. 이 경우 피고가 원고에게 피고의 수유재산으로 반환하여야 할 분담액은 원고의 유류분 부족액 3,416,704,422원에 '피고 등 3인 각자의 특별수익액이 각자의 유류분을 초과하는 가액의 합계'에 대한 '피고의 특별수익액이 피고의 유류분을 초과하는 가액'의 비율을 곱하여 산정하여야 할 것이다. 한편 피고는 원고에게 반환하여야 할 피고의 분담액을 피고 소유의 수개의 수유재산으로 반환하여야 하는데, 이때 반환하여야 할 각 수유재산의 범위는 각 수유재산의 가액에 비례하여 안분하는 방법으로 정함이 상당하다."고 하면서, "유류분권리자가 반환의무자를 상대로 유류분반환청구권을 행사하고 이로 인하여 생긴 목적물의 이전등기의무나 인도의무 등의 이행을 소로써 구하는 경우에는 그 대상과 범위를 특정하여야 하고, 법원은 처분권주의의 원칙상 유류분권리자가 특정한 대상과 범위를 넘어서 청구를 인용할 수 없다."고 판시하고 있다.

다만, 신청사항과 판결이 맞지 않는다고 하여 모두 처분권주의 위배라고는 볼 수 없다. 신청사항에 의하여 추단되는 원고의 합리적 의사에 판결내용이 부합되는 정도이면 신청취지의 문언과 다소 차이가 있어서도 허용해야 한다는 판례가 있다. '저당권이 설정되어 있는 부동산에 관하여 사해행위가 이루어진 후 그 저당권설정등기가 말소된 경우, 사해행위인 계약 전부의 취소와 부동산 자체의 반환을 구하는 청구취지 속에 계약의 일부취소와 가액배상을 구하는 취지도 포함된 것으로 보아 청구취지의 변경 없이 바로 가액배상을 명할 수 있는지 여부'에 대하여, 대법원은 이를 긍정하였다.[7]

〈대법원 2001. 6. 12. 선고 99다20612 판결〉

대법원은 "저당권이 설정되어 있는 부동산이 사해행위로 이전된 경우에 그 사해행위는 부동산의 가액에서 저당권의 피담보채권액을 공제한 잔액의 범위 내에서만 성립한다고 보아야 하므로, 사해행위 후 변제 등에 의하여 저당권설정등기가 말소된 경우 그 부동산의 가액에서 저당권의 피담보채무액을 공제한 잔액의 한도에서 사해행위를 취소하고 그 가액의 배상을 구할 수 있을 뿐이고, 특별한 사정이 없는 한 변제자가 누구인지에 따라 그 방법을 달리한다고 볼 수는 없는 것이며, 사해행위인 계약 전부의 취소와 부동산 자체의 반환을 구하는 청구취지 속에는 위와 같이 일부취소를 하여야 할 경우 그 일부취소와 가액배상을 구하는 취지도 포함되어 있다고 볼 수 있으므로 청구취지의 변경이 없더라도 바로 가액반환을 명할 수 있다."고 판시하고 있다.

---

7) 대법원 2001. 6. 12. 선고 99다20612 판결.

VI. 변론주의

1. 의의

사실과 증거의 수집·제출 등 소송자료의 책임을 당사자에게 맡기고 당사자가 수집하여 제출한 소송자료만을 변론에서 다루고 재판의 기초로 삼아야 한다는 것이 변론주의이다. 제출주의라고도 한다. 직권탐지주의가 이에 대립하는 개념이다. 변론주의의 근거에는 본질설, 수단설 및 절차보장설이 있다.[8) 본질설은 형사소송의 대상인 범죄관계와 달리 민사소송은 사적 자치의 원칙이 적용되는 영역이므로 그 소송자료의 수집도 국가의 개입보다 이익을 누리려는 당사자의 책임에 일임하는 것이 합당하다는 입장이다. 수단설은 당사자의 이기심에 의지하여 그에게 유리한 소송자료를 수집시키는 것이 법원이 조사하는 것보다 충실한 자료수집이 되어 진상규명에 좋은 수단이 된다는 입장이다. 절차보장설은 당사자가 변론에 제출하여 쟁점화되었던 사실 및 증거만을 재판의 기초로 하는 것이 양쪽 당사자에 대한 예측하지 못한 불이익을 막아준다고 한다. '당사자에 의한 대리행위의 명시적 주장이 없어도 법원이 그 주장이 있는 것으로 볼 수 있는가'에 대하여, 대법원은 다음과 같이 판시하고 있다.[9)

〈대법원 1990. 6. 26. 선고 89다카15359 판결〉

대법원은 "원심은 원고가 1984. 10. 17. 피고 한복순을 대리한 그의 내연의 남편인 소외 허유옥과의 사이에 그 설시와 같은 내용의 이 사건 토지의 매수계약을 체결한 사실을 인정하고 있다. 그런데 대리인에 의한 계약체결의 사실은 법률효과를 발생시키는 실체법상의 구성요건 해당사실에 속하므로 법원은 변론에서 당사자의 주장이 없으면 그 사실을 인정할 수가 없는 것이나, 그 주장은 반드시 명시적인 것이어야 하는 것은 아닐 뿐더러 반드시 주장책임을 지는 당사자가 진술하여야 하는 것도 아니고 소송에서 쌍방 당사자 간에 제출된 소송자료를 통하여 심리가 됨으로써 그 주장의 존재를 인정하더라도 상대방에게 불의의 타격을 줄 우려가 없는 경우에는 그 대리행위의 주장은 있는 것으로 보아 이를 재판의 기초로 삼을 수도 있다."고 판시하고 있다.

---

8) 이시윤, 신민사소송법, 박영사 제8판, 2014, 313면.
9) 대법원 1990. 6. 26. 선고 89다카15359 판결.

2. 내용

1) 사실에 대한 주장책임

주된 사실은 당사자가 변론에서 주장하여야 한다. 만약 당사자에 의하여 주장되지 않는 사실은 법원이 판결에서 기초로 삼을 수 없다. 원고의 경우 유리한 판결을 얻고자 한다면, 권리발생사실인 청구원인사실을 주장해야 하고, 피고는 권리장애나 소멸, 저지사실 등을 통하여 항변사실을 주장해야 한다.

2) 자백의 구속력

소송절차에 있어서 자백한 사실에 대하여는 법원의 사실인정권이 배제된다. 다툼이 없고 시인하는 사실은 법원은 증거조사를 할 필요 없이 그대로 판결의 기초로 삼아야 한다. 다툼이 없는 사실이란 당사자가 자백한 사실(민소법 제288조)과 자백간주되는 사실이다(민소법 제150조).

3) 증거의 제출주의

법원은 직권으로 증거를 조사해서는 아니 된다. 당사자가 증거를 제시해야 하고 법원은 신청한 증거에 대해서만 조사를 하여야 한다. 신청한 증거에 대하여 심증을 얻을 수 없는 경우에만 직권증거조사가 인정된다(민소법 제292조, 소액사건·증권관련 집단소송은 예외).

3. 직권주의

변론주의는 사실과 증거방법에 국한된다. 사실관계에 대한 법적인 판단과 제출된 증거의 가치판단은 법원이 직권으로 한다. '판결이유에 불만이 있는 경우, 상소의 이익이 있는지 여부'와 '변론주의 원칙과 권리관계'에 대하여 대법원은 "상고는 자기에게 불이익한 재판에 대하여 자기에게 유리하게 취소변경을 구하기 위하여 하는 것이고, 재판이 상소인에게 불이익한 것인지 여부는 원칙적으로 재판의 주문을 표준으로 하여 판단하여야 하는 것이어서, 재판의 주문상 청구의 인용부분에 대하여 불만이 없다면 비록 그 판결이유에 불만이 있더라도 그에 대하여는 상소의 이익이 없다."고 판시하였고, "변론주의의 원칙상 당사자가 주장하지 아니한 사실을 기초로 법원이 판단할 수는 없다."고 판시하고 있다.

<대법원 1994. 11. 25. 선고 94므826 판결>

대법원은 "변론주의의 원칙상 당사자가 주장하지 아니한 사실을 기초로 법원이 판단할 수는 없는 것이지만 법원은 청구의 객관적 실체가 동일하다고 보여지는 한 청구원인으로 주장된 실체적 권리관계에 대한 정당한 법률해석에 의하여 판결할 수 있는 것이므로, 비록 원심판결의 이유에서 원고와 소외인 사이의 법률관계에 관한 설시를 하였다고 하여 이러한 판단부분에 달리 변론주의 내지 불이익변경금지원칙을 위배한 잘못이 있다고 할 수도 없다."고 판시하고 있다.

변론주의의 지배는 사실과 증거방법에만 국한되고 그 주장된 사실관계에 관한 법적 판단과 제출된 증거의 가치평가는 법원의 직권에 속한다. 그러므로 등기청구소송에 있어서 등기원인표시에 대하여는 법원이 직권으로 정정할 수 있다고 보아야 할 것이다. 대법원 역시 이를 긍정하고 있다.[10] 따라서 법률해석적용이나 증거의 가치평가는 이에 대한 당사자의 의견이 없다고 할지라도 법원이 구속될 필요는 없다고 하겠다.

<대법원 1980. 12. 9. 선고 80다532 판결>

등기청구소송에 있어서 등기원인표시를 법원이 직권으로 정정할 수 있는지 여부에 대하여 대법원은 "등기원인을 표시하고 등기청구를 하는 경우의 청구취지는 그 청구의 동일성이 인정되는 한 법원은 당사자가 등기원인으로 표시한 법률판단에 구애됨이 없이 정당한 법률해석에 의하여 그 원인표시를 바로 잡을 수 있다."고 판시하였다.

자동차 사고로 인한 손해배상 청구에 있어 자동차손해배상보장법상의 운행자책임과 민법상의 불법행위책임의 관계에 대하여, 대법원은 "자동차사고로 손해를 입은 자가 자동차손해배상보장법에 의하여 손해를 주장하지 않았다 하더라도 법원은 민법에 우선하여 자동차손해배상보장법이 적용되어야 한다."고 판시하였다.[11]

---

10) 대법원 1980. 12. 9. 선고 80다532 판결.
11) 대법원 1997. 11. 28. 선고 95다29390 판결.

<대법원 1997. 11. 28. 선고 95다29390 판결>

대법원은 "기록[청구취지 및 원인변경신청서(1995. 4. 18.자, 466면)와 소장(16면)]에 의하면, 원고들 소송대리인은 피고 회사가 소외 1의 사용인으로서 또는 자기를 위하여 자동차를 운행하는 자로서 원고들이 입은 손해를 배상할 책임이 있다고 선택적으로 주장하고 있음을 알 수 있다. 그런데 자동차손해배상보장법 제3조는 불법행위에 관한 민법 규정의 특별 규정이라고 할 것이므로 자동차 사고로 인하여 손해를 입은 자가 자동차손해배상보장법에 의하여 손해배상을 주장하지 않았다고 하더라도 법원은 민법에 우선하여 자동차손해배상보장법을 적용하여야 할 것이고,[12] 자동차손해배상보장법 제3조 소정의 자기를 위하여 자동차를 운행하는 자라 함은 자동차에 대한 운행을 지배하여 그 이익을 향수하는 책임주체로서의 지위에 있는 자를 의미한다고 할 것이다."라고 판시하고 있다.

소멸시효기간에 관한 주장에 변론주의가 적용되는지 여부와 관련하여, 대법원은 소멸시효기간에 관한 주장은 단순한 법률상의 주장으로 법원의 직권판단이 가능하다고 판시하고 있다.[13]

<대법원 2013. 2. 15. 선고 2012다68217 판결>

대법원은 "채권자가 동일한 목적을 달성하기 위하여 복수의 채권을 가지고 이를 행사하는 경우 각 채권이 발생시기와 발생원인 등을 달리하는 별개의 채권인 이상 별개의 소송물에 해당하므로, 이에 대하여 채무자가 소멸시효 완성의 항변을 하는 경우에 그 항변에 의하여 어떠한 채권을 다투는 것인지 특정하여야 하고 그와 같이 특정된 항변에는 특별한 사정이 없는 한 청구원인을 달리하는 채권에 대한 소멸시효 완성의 항변까지 포함된 것으로 볼 수는 없다.[14] 그러나 채권자가 동일한 목적을 달성하기 위하여 복수의 채권을 가지고 있더라도 그 선택에 따라 어느 하나의 채권만을 행사하는 것이 명백한 경우라면 채무자의 소멸시효 완성의 항변은 채권자가 행사하는 당해 채권에 대한 항변으로 봄이 상당하다. 그리고 어떤 권리의 소멸시효기간이 얼마나 되는지에 관한 주장은 단순한 법률상의 주장에 불과하므로 변론주의의 적용대상이 되지 않고 법원이 직권으로 판단할 수 있다."[15]고 판시한 바 있다.

---

12) 대법원 1987. 10. 28. 선고 87다카1388 판결; 대법원 1969. 6. 10. 선고 68다2071 판결; 대법원 1967. 9. 26. 선고 67다1695 판결.
13) 대법원 2013. 2. 15. 선고 2012다68217 판결.
14) 대법원 1998. 5. 29. 선고 96다51110 판결.

4. 진실의무

변론주의 수정·보완장치로 진실의무가 논해진다. 변론주의하에서 사실주장의 책임이 당사자에게 있다 하여도 진실에 반하는 것으로 알고 있는 사실을 주장해서는 아니 되며, 진실에 맞는 것으로 알고 있는 것은 유·불리를 떠나서 모두 진실하게 진술하지 않으면 아니 되는 의무를 말한다. 동 의무를 위반한 경우에 대하여는 특별한 명문규정이 없지만, 승소한 경우라 할지라도 상대방에 대한 소송비용의 부담, 소송사기로 인한 손해배상책임 등이 발생할 수 있다.[16]

〈대법원 2007. 9. 6. 선고 2006도3591 판결〉

대법원은 "소송사기는 법원을 속여 자기에게 유리한 판결을 얻음으로써 상대방의 재물 또는 재산상 이익을 취득하는 범죄로서, 이를 쉽사리 유죄로 인정하게 되면 누구든지 자기에게 유리한 주장을 하고 소송을 통하여 권리구제를 받을 수 있는 민사재판제도의 위축을 가져올 수밖에 없으므로, 피고인이 그 범행을 인정한 경우 외에는 그 소송상의 주장이 사실과 다름이 객관적으로 명백하고 피고인이 그 주장이 명백히 거짓인 것을 인식하였거나 증거를 조작하려고 하였음이 인정되는 때와 같이 범죄가 성립되는 것이 명백한 경우가 아니면 이를 유죄로 인정하여서는 아니 되고, 단순히 사실을 잘못 인식하였다거나 법률적 평가를 잘못하여 존재하지 않는 권리를 존재한다고 믿고 제소한 행위는 사기죄를 구성하지 아니하며, 소송상 주장이 다소 사실과 다르더라도 존재한다고 믿는 권리를 이유 있게 하기 위한 과장표현에 지나지 아니하는 경우 사기의 범의가 있다고 볼 수 없고, 또한 소송사기에서 말하는 증거의 조작이란 처분문서 등을 거짓으로 만들어 내거나 증인의 허위 증언을 유도하는 등으로 객관적·제3자적 증거를 조작하는 행위를 말한다."[17]고 하면서, 갑이 존재하지 않는 약정이자에 관한 내용을 부가하여 위조한 을 명의 차용증을 바탕으로 을에 대한 차용금채권을 병에게 양도하고, 이러한 사정을 모르는 병으로 하여금 을을 상대로 양수금 청구소송을 제기하게 한 사안에서, 갑의 행위는 병을 도구로 이용한 간접정범 형태의 소송사기죄를 구성한다고 하였다.

---

15) 대법원 2008. 3. 27. 선고 2006다70929, 70936 판결.
16) 대법원 2007. 9. 6. 선고 2006도3591 판결.
17) 대법원 2003. 5. 16. 선고 2003도373 판결; 대법원 2004. 6. 25. 선고 2003도7124 판결; 대법원 2006. 9. 22. 선고 2006도2561 판결.

5. 석명권

1) 의의

소송관계를 분명하게 하기 위하여 당사자에게 질문하고 증명촉구를 할 뿐 아니라, 당사자가 간과한 법률상 사항을 지적하여 의견진술의 기회를 부여하는 법원의 권능이 바로 석명권이다. 법원은 당사자가 간과하였음이 분명하다고 인정되는 법률상 사항에 관하여 당사자에게 의견을 진술할 기회를 주어야 한다(민소법 제136조 제4항). 그러므로 당사자가 부주의 또는 오해로 인하여 명백히 간과한 법률상의 사항이 있거나 당사자의 주장이 법률상의 관점에서 보아 모순이나 불명료한 점이 있는 경우 법원은 적극적으로 석명권을 행사하여 당사자에게 의견 진술의 기회를 주어야 한다. 만약 이를 게을리 한 경우에는 석명 또는 지적의무를 다하지 아니한 것으로서 위법한 것이라 하겠다. 대법원은 손해배상청구의 법률적 근거가 계약책임인지 불법행위책임인지 불명확함에도 불구하고 석명권을 행사하지 않고 불법행위책임을 묻는 것으로 단정한 뒤 증명이 부족하다는 이유로 청구를 받아들이지 않은 원심판결을 파기한 바 있다.[18]

〈대법원 2009. 11. 12. 선고 2009다42765 판결〉

대법원은 '손해배상청구의 법률적 근거는 이를 계약책임으로 구성하느냐 불법행위책임으로 구성하느냐에 따라 요건사실에 대한 증명책임이 달라지는 중대한 법률적 사항에 해당하므로, 당사자가 이를 명시하지 않은 경우 석명권을 행사하여 당사자에게 의견 진술의 기회를 부여함으로써 당사자로 하여금 그 주장을 법률적으로 명쾌하게 정리할 기회를 주어야 함에도, 이러한 조치를 취하지 않은 채 손해배상청구의 법률적 근거를 불법행위책임을 묻는 것으로 단정한 뒤 증명이 부족하다는 이유로 청구를 받아들이지 않은 원심판결'을 파기하였다.

2) 석명권 행사의 한계와 내용

법원의 석명권 행사는 당사자의 주장에 모순된 점이 있거나 불완전·불명료한 점이 있을 때에 이를 지적하여 정정·보충할 수 있는 기회를 주고, 계쟁 사실에 대한 증거의 제출을 촉구하는 것을 그 내용으로 한다. 그러므로 당사자가 주장하지도 아니한 법률효과에 관한 요건

---

18) 대법원 2009. 11. 12. 선고 2009다42765 판결.

사실이나 독립된 공격방어방법을 시사하여 그 제출을 권유함과 같은 행위를 하는 것은 변론주의의 원칙에 위배되는 것으로 석명권 행사의 한계를 일탈하는 것이라 하겠다. 대법원은 이경우 석명권 행사의 위반으로 보았다.[19]

〈대법원 2001. 10. 9. 선고 2001다15576 판결〉

대법원은 "피고가 종전 소유자에게 토지대금 합계 3,062,480,000원을 지급하고, 소외 강규원에게 이주비 165,000,000원, 소외 주식회사 금풍에게 온천개발비 135,000,000원 및 용역비 148,500,000원을 지급하였다고 주장하고 그에 부합하는 증거를 제출하였다고 하더라도, 피고가 제1심 및 원심에서 일관되게 이 사건 약정이 체결된 바 없다고 부인한 점, 위 각 금원도 원고 아닌 제3자에게 지급하였다는 것인 점에 비추어 볼 때 피고의 위와 같은 주장 및 증거의 제출은 이 사건 약정이 체결되었다는 원고의 주장에 대하여 항쟁한 것에 불과할 뿐이지 위 각 금원을 이 사건 약정의 대금으로 원고에게 변제하였다거나 이 사건 약정의 대금에서 공제되어야 한다는 항변이라고 볼 수 없다. 또한 법원의 석명권 행사는 당사자의 주장에 모순된 점이 있거나 불완전·불명료한 점이 있을 때에 이를 지적하여 정정·보충할 수 있는 기회를 주고, 계쟁 사실에 대한 증거의 제출을 촉구하는 것을 그 내용으로 하는 것으로, 당사자가 주장하지도 아니한 법률효과에 관한 요건사실이나 독립된 공격방어방법을 시사하여 그 제출을 권유함과 같은 행위를 하는 것은 변론주의의 원칙에 위배되는 것으로 석명권 행사의 한계를 일탈하는 것이 된다고 할 것인바,[20] 피고가 제1심 및 원심에서 일관되게 이 사건 약정이 체결된 바 없다고 부인하고 있을 뿐 이 사건 약정의 대금을 변제하였다는 점에 대하여는 이를 다투거나 주장한 바 없었음이 기록상 명백한 만큼, 원심이 이에 대하여 석명하지 아니하였다고 하여 그것을 두고 석명권을 행사하지 아니한 위법이 있다고 할 수도 없다." 고 판시하였다.

원고가 소유권에 기한 반환청구만을 하고 있음이 명백한 이상, 점유권에 기한 반환청구를 구하는지를 석명할 의무가 있는가에 대하여 대법원 이를 부정하고 있다.[21]

---

19) 대법원 2001. 10. 9. 선고 2001다15576 판결.
20) 대법원 2000. 3. 23. 선고 98두2768 판결.
21) 대법원 1996. 6. 14. 선고 94다53006 판결.

> ### 〈대법원 1996. 6. 14. 선고 94다53006 판결〉
>
> 대법원은 "소유권에 기하여 미등기 무허가건물의 반환을 구하는 청구취지 속에는 점유권에 기한 반환청구권을 행사한다는 취지가 당연히 포함되어 있다고 볼 수는 없고, 소유권에 기한 반환청구만을 하고 있음이 명백한 이상 법원에 점유권에 기한 반환청구도 구하는지의 여부를 석명할 의무가 있는 것은 아니다."라고 판시하고 있다.

법률전문가가 아닌 당사자본인이 소송을 수행하는 경우에, 대법원은 다음과 같이 사실심 재판장의 석명의무를 밝히고 있다.[22]

> ### 〈대법원 1989. 7. 25. 선고 89다카4045 판결〉
>
> 대법원은 "사실심법원의 재판장이 당사자 간에 다툼이 있는 사실에 관하여 입증이 안 된 모든 경우에 입증책임이 있는 당사자에게 입증을 촉구하여야 하는 것은 아니지만, 소송의 정도로 보아 당사자가 무지, 부주의나 오해로 인하여 입증을 하지 않는 경우, 더욱이 법률전문가가 아닌 당사자본인이 소송을 수행하는 경우라면, 입증책임의 원칙에만 따라 입증이 없는 것으로 보아 판결할 것이 아니라, 입증을 촉구하는 등의 방법으로 석명권을 적절히 행사하여 진실을 밝혀 구체적 정의를 실현하려는 노력을 게을리하지 않아야 할 것이므로 당사자의 주장사실에 부합하는 서증이 제출되어 있다면 당사자에게 그 주장사실이나 서증의 진정성립에 대한 입증을 촉구하여야 한다."고 판시하고 있다.

VII. 적시제출주의

1. 의의

당사자가 소송을 지연시키지 않도록 소송의 정도에 따라 공격방어방법을 적절한 시기에 제출하여야 한다는 원칙이 적시제출주의이다. 적절한 시기는 개개의 소송절차에서 구체적인 상황에 비추어 판단할 문제이다. 집중심리를 위하여 소송절차의 취지와 당사자의 신의성실의무가 판단의 기준이 되어야 한다. 과거의 수시제출주의와 대비되는 개념이다. 쟁점의

---

22) 대법원 1989. 7. 25. 선고 89다카4045 판결.

압축을 전제로 한 효율적이며 탄력적인 심리의 실현을 도모하고자 함이다. 특히 집중증거조사의 실시를 위해서는 공격방어방법이 적시에 제출될 것이 전제조건이다.

2. 수시제출주의

공격·방어방법의 제출시기를 심리의 단계에 따라 주장·항변·재항변 등으로 법정(법정서열주의)하거나, 일정시기에 공격·방어방법을 일시에 제출(동시제출주의)하게 하면 심리가 경화될 뿐 아니라 실권失權을 두려워한 당사자가 무용의 자료까지 제출하게 되어 소송을 지연시키는 폐단이 발생하기 때문에 많은 나라에서는 수시제출주의를 채택하고 있다. 이에 따라 한국의 구 민사소송법도 수시제출주의를 채택하고 있었으나, 이러한 수시제출주의에 의해 항소심변론종결 때까지 소송자료를 제출할 수 있게 됨으로써 당사자가 1심을 경시하는 풍조가 생겨 소송지연을 야기하는 단점이 있었다. 이 점을 고려하여 2002년 민사소송법은 개정(2002. 1. 26 법률 제6626호)하면서 수시제출주의가 공격 또는 방어의 방법은 소송의 정도에 따라 적절한 시기에 제출하여야 한다는 적시제출주의(민소법 제146조)로 개정되어 적용되고 있다.

3. 실효성 확보

1) 재정기간제도

당사자가 특정한 공격방어방법을 적절한 시기에 제출하도록 재판장이 제출기간을 정하는 한편, 그 기간 내에 제출하지 못하고 넘기면 그 공격방어방법을 제출할 수 없게 하는 제출기간의 제한을 두고 있다(민소법 제147조). 적시제출주의를 효과적으로 이행하기 위한 것이다.

2) 실기한 공격방어방법의 각하

법원이 제출기간을 정하지 아니한 경우라도 당사자가 적시제출주의를 어겨 고의나 중과실로 공격방어방법을 늦게 제출하여 소송절차를 지연시킬 때에는 각하하고 심리하지 아니하는 권한을 법관이 행사할 수 있다(민소법 제149조 제1항). 적시제출주의를 위반한 것에 대하여 사후에 응징하고자 하는 방안이다.

VIII. 집중심리주의

소송의 초기단계에서 쟁점과 증거를 수집하고 정리한 다음 주로 한 사건을 중심으로 집중적인 증인신문과 당사자신문을 실시하는 심리방식을 집중심리주의라고 한다. 계속심리주의라고도 한다. 반면, 병행심리주의는 여러 사건의 기일을 동시에 지정하여 짧게 심리를 진행하되 수회의 변론기일을 거듭하면서 쟁점의 정리와 증인신문을 비롯한 증거조사도 병행하는 방식을 의미한다. 심리에 2일 이상을 요하는 사건은 계속하여 심리하게 된다. 동 원칙은 법관이 신선하고 확실한 심증에 의하여 재판할 수 있을 뿐만 아니라 소송의 촉진과 신속한 재판을 실현하고자 하는 데 그 취지가 있다.

동 원칙은 헌법상 보장된 신속한 재판을 받을 권리(헌법 제27조)를 실현하기 위한 것일 뿐만 아니라 소송이 지연되면 그만큼 사실 확정이 어렵게 되므로 이러한 어려움을 극복할 수 있는 방법이 된다. 구술주의口述主義, 변론주의辯論主義 및 공판중심주의公判中心主義와 연관되며, 법관의 심리부담의 경감, 재판의 비능률·비경제적인 노력소모의 방지와 정확·신속한 결론에 도달하기 위해 필요한 원칙이다.

민사소송법에서는 법원은 소송절차가 공정 신속하고 경제적으로 진행되도록 노력하여야 한다고 규정하고(민소법 제1조), 변론은 집중되어야 한다고 규정하고 있으며(민소법 제272조), 민사소송규칙도 준비절차를 거친 사건의 경우 그 심리에 2일 이상이 소요되는 때에는 가능한 한 종결에 이르기까지 매일 변론을 진행하여야 하며 특별한 사정이 있어 변론기일을 따로 정하는 경우에도 가능한 최단기간 내의 날짜로 지정하도록 하였으며, 이 각 변론기일은 사실 및 증거조사가 충분하지 아니함을 이유로 변경할 수 없도록 규정하고 있다(민사소송규칙 제72조).

IX. 직권진행주의

1. 의의

직권진행주의는 소송이 촉진될 수 있도록 법원에 일정한 권한을 부여하여 절차의 진행을 도모하고자 한다. 법원이 직권으로 행하고 이에 관하여 당사자의 신청을 기다리지 않거나 또는 신청을 허용하지 않는 주의가 바로 직권진행주의이다(민소법 제135조). 민사소송에서 소송의 진행권을 당사자의 자유에 맡기면 소송 증가에 따라 그 원활을 기하기 어렵고, 법원의 부담을 무겁게 함으로써 소송제도의 능률을 저하시키게 된다. 그러므로 근래의 입법례에서는 모두 직권진행주의를 채택하고 있다. 한국의 민사소송법은 기일의 지정(민소법 제165조 1항) 및 송달(민소법 제174조)은 원칙적으로 직권으로 행하며, 또 기일의 변경은 최초의 기일을 제외하고 현저한 사유가 있는 때에 한하여 인정된다(민소법 제165조 제2항). 합의에 의한 휴지休止나 기간의 신장伸長을 인정하지 않으며, 중단소송中斷訴訟도 수계受繼를 기다리지 않고 직권으로 속행을 명할 수 있게 하였다(민소법 제244조).

2. 소송지휘권

소송절차를 신속하면서도 원활하게 진행시키는 동시에 심리를 완전하게 하여 분쟁을 신속하고 적정하게 해결하기 위한 목적으로 법원에 인정된 권한이 소송지휘권이다. 소송지휘는 법원의 직권인 동시에 법원의 책무라고 하겠다(민소법 제1조). 소송의 지휘권에 해당하는 것으로는 절차의 진행에 속하는 사항으로는 직권송달(민소법 제174조), 기일의 지정·변경·추후지정(민소법 제165조) 등을 들 수 있다. 심리의 정리에 해당하는 것으로는 변론의 제한·분리·병합(민소법 제141조), 변론의 재개(민소법 제142조), 다른 재판부로 이부, 재량이송(민소법 제34조 제2항) 등을 들 수 있다. 기타 다양한 사항이 있다. 소송지휘권은 원칙적으로 법원에 속한다(민소법 제140조 내지 제145조).

3. 소송절차에 대한 이의권

소송절차가 진행되고 있는 가운데 법규에 위반되는 상황이 발생할 수 있다. 이 경우 당사자가 이의를 제기하고 그 효력을 다툴 수 있는 권한이 바로 소송절차에 대한 이의권이다(민소법 제151조). 동 권리는 소송절차에 관한 규정을 위배하는 경우에 발생하게 된다. 소송절차에 관한 규정이라 함은 소송심리에 관한 소송행위의 방식, 시기, 장소 등 형식적 사항에 관한 규정을 의미한다. 구법에서는 책문권이라는 용어를 사용하였다. 책문권의 포기 또는 상실은 소송절차에 관한 임의규정의 위배에 한하여 인정되는 것이다. 여기서 임의규정이라 함은 당사자의 소송 진행상의 이익보장과 편의를 목적으로 한 사익규정을 말한다. 소송절차의 규정이라고 할지라도 효력규정이 아닌 훈시규정, 사익규정이 아닌 강행규정은 이의권의 포기나 상실이 허용되지 아니한다(민소법 제151조 단서).

대법원은 "항소 제기의 기간은 불변기간이고 이에 관한 규정은 성질상 강행규정으로서 책문권의 상실로 그 기간 불준수의 하자가 치유될 수 없다."고 판시하고 있다.[23]

〈대법원 1972. 5. 9. 선고 72다379 판결〉

대법원은 "판결은 1964. 12. 10. 선고된 제1심판결의 정본이 피고에게 그해 12. 28. 송달되었음에도 불구하고 피고가 1971. 9. 10.에야 비로소 제1심법원에 항소장을 제출하였던 것이었다 하여 그 항소장에 의한 본건 항소에 관하여 위 판결정본의 송달은 그 판시와 같은 하자(피고가 거주하지 않는 장소에 송달되어 피고의 어머니 김씨에 의하여 영수되었던 것)가 있어 송달의 효력을 발생할 수 없는 것이었다는 사실은 인정하면서 그 거시의 증거들에 의하여 피고가 그 판결정본의 송달에 관한 위와 같은 하자를 알고 난 후인 1967. 4. 22. 제1심법원으로부터 그 판결의 등본을 교부받아 그 것을 당시 계속 중이던 피고가 원고를 상대로 한 이혼청구사건에서 이미 확정된 판결정본이라 하여 그 사건의 이혼청구원인에 관한 증거로 원용하였던 사실이 있었음을 인정함으로써 피고가 위 송달의 하자를 안 후 지체 없이 이의를 하지 않고 위와 같이 시일을 천연하였던 것이니 그로서 피고는 위 송달의 하자에 대한 책문권을 상실하였고 그 하자는 치유되었다고 할 것이며 따라서 제1심판결은 전술과 같은 정본의 송달이 있은 후 2주일을 경과한 1965. 1. 22.에 이미 확정되었다고 할 것인즉, 그 항소는 불변기간을 도과한 후의 부적법한 항소라고 할 것이었다 하여 이를 각하하였던 것이나 원래 책문권의 포기 또는 상실은 소송절차에 관한 임의규정의 위배에 한하여 인정되는 것일 뿐으로 강행규정의 위배에 관하여는 인정할 수 없는 것이라고 할 것이며 항소제기의 기간은 불변기간이고 이에 관한 규정은 성질상 강행규정이었다고 할 것이니 만큼 위 판결이 그 기간의 기산점이 되는 전시판결 정본의 송달에 관한 하자에 관하여 피고의 책문권 상실로 인하여 그 하자가 치유되었던 것이었다고 인정하였음은 위법이었다고 않을 수 없는 바이다."라고 판시하고 있다.

사립대학 교원이 학문연구에 관한 능력과 자질을 갖추고 있더라도 학교법인 정관에서 교수의 자격 심사기준으로 삼고 있는 덕목인 학생교육·학생지도·교육관계 법령의 준수·기타 교원으로서의 품위 유지에 관한 능력과 자질을 갖추지 못한 경우, 재임용을 거부할 수 있는지 여부와 관련하여, 대법원은 "소송절차가 훈시적 규정을 위반한 경우 민사소송법 제151조에 따라 무효를 주장할 수 없다."고 판시하고 있다.[24]

---

23) 대법원 1972. 5. 9. 선고 72다379 판결.
24) 대법원 2008. 2. 1. 선고 2007다9009 판결.

대법원은 "당사자는 법원 또는 상대방의 소송행위가 소송절차에 관한 규정에 위반한 경우 민사소송법 제151조에 의하여 그 소송행위의 무효를 주장하는 이의신청을 할 수 있고 법원이 당사자의 이의를 이유 있다고 인정할 때에는 그 소송행위를 무효로 하고 이에 상응하는 조치를 취하여야 할 것이나, 소송절차에 관한 규정이라 하더라도 단순한 훈시적 규정을 위반한 경우에는 무효를 주장할 수 없는바, 원심이 종국판결 선고기간 5월을 도과하거나 변론종결일로부터 2주 이내 선고하지 아니하였다 하더라도 이에 관한 민사소송법 제199조, 제207조 등은 모두 훈시규정이므로 이를 위반하였다는 이유로 무효를 주장할 수는 없다."고 판시하고 있다.

X. 자유심증주의

자유심증주의는 재판관이 소송에 나타난 자료에 의하여 사실을 인정함에 있어서 자료의 범위, 그 신빙성 등의 정도에 관하여 법률상의 제한을 가하지 않고 그 자유로운 판단에 맡기는 주의를 말한다(민소법 제202조). 이에 대하여 증명력을 적극적 또는 소극적으로 법률로써 정하는 주의를 법정증거주의法定證據主義라 한다. 법정증거주의는 모든 증거의 증명력을 미리 법률로써 정하여 두고 증거가치의 판단, 즉 사실인정事實認定에 있어 법관의 자의적恣意的인 판단을 방지할 수 있다는 점에서, 이는 법관의 개인차를 배제하고 법적 안정성을 보장하는 데 의미가 있다. 그러나 천차만별한 구체적 증거의 증명력을 일률적·추상적으로 법률로써 정한다는 것은, 복잡 미묘한 구체적 사건에 있어서 그 진상을 판단하는 데 부당한 결과를 가져 올 우려가 있다. 자유심증주의는 증명력의 판단에 관하여 외부적인 법률적 제한을 가하지 않는다는 것이다. 그러므로 증거의 취사선택은 전적으로 법관에 일임한다는 것, 즉 증거능력 있는 증거라 할지라도 증명력이 없다고 하여 이를 채택하지 않을 수도 있으며, 또 상호 모순된 증거가 있는 경우에는 어느 것을 채택할 것인가의 자유도 이에 일임한다는 것이다. 이는 법관의 자의에 일임한다는 것이 아니라, 법관의 자유로운 이성理性에 일임하는 것이다. 법관의 판단은 객관적으로 합리적이어야 하고, 그러기 위하여서는 논리상·경험상의 일반원칙에 합치되어야 할 것이다. 자유심증주의는 합리적 심증주의이어야 한다는 것도 이러한 뜻을 말하는 것이다.

변론의 준비

공개법정에서 양쪽 당사자가 변론을 열기 전에 당사자에 의한 변론예고를 뜻하는 준비서면과 법원에 의한 변론준비로서 쟁점 및 증거를 정리하는 변론준비절차가 있다. 변론의 준비는 변론기일에 변론의 집중으로 소송촉진과 재판의 효율화를 도모하고자 하는 목적을 가지고 있다. 변론준비절차를 기일 전의 절차라고도 한다.

I. 준비서면

1. 의의

소송당사자가 변론기일에 진술할 사항을 미리 법원에 제출하는 서면이 바로 준비서면이다. 지방법원 합의부 및 그 상급법원에서는 소송당사자가 반드시 준비서면을 제출하여 변론의 준비를 하여야 한다(민소법 제272조 제1항, 제398조, 제425조). 준비서면은 원고·피고 쌍방이 소송이 제기된 후 변론이 종결될 때까지 수시로 법원에 대하여 주장 또는 설명하여야 할 사항을 개진하는 역할을 하는 것으로서 증거절차와 함께 변론의 핵심이다.[25] 변론은 당사자의 시간과 노력을 요하기 때문에 그 집약화를 기하려는 수단으로서 인정되고 있다. 준비서면은 단순한 변론기일의 변론예고에 그치지 않고, 법원이나 상대방 당사자도 이를 받아 보고 복잡한 사안에 대하여 미리 이를 이해하고 준비하여 변론에 임하도록 하는 목적이 있다. 준비서면에는 공격방어방법에 해당하는 주장은 물론 증거의 탄핵이나 설명, 법률적 견해의 설명 등 법원에 대하여 주장하고자 하는 모든 사항을 기재하여 제출한다. 요건사실에 해당하는 사실에 관하여 입증 활동을 하면서도 이를 준비서면 등으로 주장하지 아니한 경우 법원은 그 사실에 기하여 판단을 해야 하는가에 대한 물음이 제기될 수 있다. 대법원은 이를 부정하고 있다.[26]

〈대법원 1995. 2. 10. 선고 94다51109 판결〉

"원고는 이 사건 청구원인으로서, 피고가 1991. 1. 30.까지 이 사건 유류절약기의 특허등록이 되는 것을 전제로 그 유류절약기를 생산, 판매할 수 있는 가칭 주식회사 삼원전자주식회사 설립을 위한 가계약을 체결하고 피고에게 연구개발비 명목으로 금 30,000,000원을 지급하였으나 피고가 위 약정기간까지 특허등록을 받지 못하자 1991. 11. 28. 피고의 이행지체를 이유로 위 계약을 해제하였으므로, 피고는 원고에게 그 원상회복 또는 손해배상으로서 위 금 30,000,000원을 반환 또는 지급할 의무가 있다거나(지급명령신청서, 1993. 5. 25.자 준비서면, 1993. 7. 21.자 준비서면 및 1994. 7. 4.자 준비서면 참조), 또는 위 금 30,000,000원은 원고가 피고에게 빌려준 대여금이므로 위 금원을 지급할 의무가 있다고 주장하고 있음이 명백하다(1993. 7. 21.자 준비서면 및 1994. 7. 4.자 준비서면 참조)." 그러나 대법원은 "원심으로서는 위 계약이 피고의 채무불이행, 즉 이행지체로 인하여 해제되었는지 여부와 금원을 대여한 사실이 있는지 여부만을 심리, 판단하여야 할 것이고, 피고에게 위와 같은 이행지체사실 또는 대여사실이 인정되지 않는다면 이를 전제로 하는 원고의 청구는 배척되어야 할 것이며, 원고가 주장하지도 아니한 다른 사유를 들어 원고의 청구를 일부 인용하는 것은 변론주의에 위반되는 것으로서 허용될 수 없다 할 것이다."라고 판시하고 있다.

다만, 대법원은 "당사자의 주장취지 또는 증인신청 및 입증취지에 비추어 이러한 주장이 포함되어 있는 것으로 볼 수 있다면 재판의 기초로 삼을 수 있다."고 판시하고 있다.

---

25) 사법연수원, 민사실무 I, 2014, 213면.
26) 대법원 1995. 2. 10. 선고 94다51109 판결.

<대법원 1996. 2. 9. 선고 95다27998 판결>

"원심이 이 사건 토지 중 소외 망 진석권이 국가로부터 매수한 부분을 매수한 사실을 인정함에 있어서, 망 진석권의 상속인을 대표한 소외 망 진두현으로부터 매수하였다고 사실을 인정하여 그 취지를 알기 어려운 표현을 사용하고 있으나, 이는 자신을 제외한 다른 상속인들에 관하여는 대리인 자격으로 매도하였다는 취지의 사실을 인정한 것으로 봄이 상당하다고 할 것인데, 다른 상속인들의 지분에 관하여 대리인 자격으로 계약을 체결하였다는 사실은 법률효과를 발생시키는 실체법상의 구성요건 해당사실에 속하므로 법원으로서는 변론에서 당사자가 주장하지 않은 이상 이를 인정할 수 없을 것임은 상고이유에서 지적한 바와 같다."

그러나 대법원은 "이와 같은 주장은 반드시 명시적인 것이어야 하는 것은 아니고 당사자의 주장 취지에 비추어 이러한 주장이 포함되어 있는 것으로 볼 수 있다면 당연히 재판의 기초로 삼을 수 있다."고 하면서, "원고는 이 사건 소장에서 소외 망 진석권이 매수한 이 사건 토지 부분을 그의 상속인들인 소외 망 진두현들로부터 매수하였다고 주장하다가(기록 38면), 1992. 2. 18.자 준비서면(기록 1200면)에서 소외 망 진석권의 장남인 소외 망 진두현으로부터 매수하였다고 주장하여 왔던 것으로, 원고 주장의 경과에 비추어 볼 때 그 주장 속에는 소외 망 진두현을 제외한 나머지 상속인들에 관하여는 소외 망 진두현이 그들을 대리하여 매도하였다는 주장이 포함된 것으로 못 볼 바 아니므로 원심의 사실인정이 변론주의에 위배되었다고 할 수 없다."고 판시하고 있다.

계약해제 주장에 필요한 주요사실을 간접적으로 주장한 것으로 볼 수 있는 경우, 계약해제를 인정하는 것이 변론주의에 위배되는지에 대하여 대법원은 변론주의에 위배되는 것이 아니라고 판단하고 있다.[27]

<대법원 1995. 4. 28. 선고 94다16083 판결>

대법원은 "쌍무계약에서 당사자 일방이 그 채무를 이행하지 아니할 의사를 명백히 표시한 경우에 있어서 계약해제 주장에 필요한 주요사실은 상대방이 이행지체한 사실, 채무자가 미리 이행하지 아니할 의사를 명백히 표시한 사실 및 계약해제의 의사를 표시한 사실이라고 할 것이므로, 당사자가 계약의 해제를 주장하면서 상당한 기간을 정하여 계약이행을 최고하였으나 그 기간 내에 채무를 불이행하였다고만 주장하는 경우에 당사자가 주장하지도 아니한 채무자가 미리 이행하지 아니할 의사를 명백히 표시하였다는 사실을 인정하여 계약해제가 적법하다고 판단하는 것은 변론주의

---

27) 대법원 1995. 4. 28. 선고 94다16083 판결.

에 위배된다고 할 것이나, 당사자의 이러한 주장은 직접적으로 명백히 한 경우뿐만 아니라 당사자의 변론을 전체적으로 관찰하여 간접적으로 주장한 것으로 볼 수 있는 경우에도 주장이 있는 것으로 보아[28] 적법한 계약해제가 있었다고 판단하여도 무방하다고 할 것이다."라고 판시하였다.

지방법원 단독사건에는 원칙적으로 준비서면을 제출할 필요가 없으나, 상대편의 준비를 요하는 사항에 대하여는 준비서면의 제출이 요구된다(민소법 제272조 제2항). 소장訴狀과 상소장에 임의적 사항을 기재하여 준비서면의 구실을 겸하게 할 수 있다(민소법 제249조 제2항, 제408조). 피고 또는 피상소인의 본안本案 신청을 기재한 준비서면은 이를 답변서라 한다(민소법 제257조, 제408조, 제425조). 준비서면은 상대자가 답변할 만한 여유를 두고 제출하여야 하며, 법원은 이를 상대편에게 송달하고, 재판장은 제출기간을 정할 수 있다(민소법 제273조). 준비서면에는 법정의 기재사항을 기재하여야 하고 당사자, 법정대리인 또는 소송대리인이 서명날인하여야 하며, 준비서면에서 인용한 문서의 등본 등을 첨부하여야 한다(민소법 제274조, 제275조).

2. 기재사항

1) 법정사항

준비서면에 기재해야 할 사항은 법정되어 있다(민소법 제274조 제1항). ① 당사자의 성명, 명칭 또는 상호와 주소 ② 대리인의 성명과 주소 ③ 사건의 표시 ④ 공격 또는 방어의 방법 ⑤ 상대방의 청구와 공격 또는 방어방법에 대한 진술 ⑥ 첨부서류의 표시 ⑦ 작성한 날자 ⑧ 법원의 표시 등이 기재되어야 한다.

공격방어방법과 그에 대한 답변이 기재되어야 한다. 청구원인·부인·항변·재항변에 관한 법률상 또는 사실상의 주장이나 증거신청, 증거항변 등이 포함될 수 있다. 더 나아가 '공격 또는 방어의 방법'이나 '상대방의 청구와 공격 또는 방어의 방법에 대한 진술'에 대하여는 사실상 주장을 증명하기 위한 증거방법과 상대방의 증거방법에 대한 의견도 준비서면에 기재해야 한다.

---

28) 대법원 1969. 9. 30. 선고 69다1326 판결; 대법원 1987. 5. 26. 선고 85다카1046 판결; 대법원 1987. 9. 8. 선고 87다카982 판결.

2) 훈시적 규정

당사자 또는 대리인의 기명날인이나 서명은 필수적이다. 서명 또는 날인이 없는 준비서면이 효력을 갖는가에 대하여, 대법원은 이를 긍정하고 있다.[29]

> ### 〈대법원 1978. 12. 26. 선고 77다1362 판결〉
>
> 대법원은 "민사소송법 제248조에 의하면 '준비서면에는 다음의 사항을 기재하고 당사자 또는 대리인이 서명·날인하여야 한다.'라고 규정되어 있으나 준비서면의 성질상 기명·날인을 하더라도 무방하며 또 작성자가 누구임을 알아볼 수 있으면 서명 또는 기명만이 있고 날인이 없더라도 지장이 없다고 봄이 상당할 것이므로 피고 소송대리인이 제출한 이 사건 각 준비서면은 모두 이건 소송대리인의 기명·날인이 되어 있어서 무효라는 취지의 논지는 이유 없다."고 판시하고 있다.

민사소송법 제274조는 훈시적 규정에 해당한다. 위 기재사항에 일부 누락이 있거나 잘못된 부분이 있더라도 준비서면으로서 실체를 인정할 수 있다면 그 효력에는 영향이 없다. 진정서 또는 탄원서의 형식으로 당사자가 재판부에 직접 제출하는 서면 중에 공격방어방법에 관한 진술이 포함되어 있어 이를 변론기일에 진술시키고 준비서면으로 취급하는 경우가 있지만, 공격방어방법에 관한 사항을 준비서면으로 누락해서는 아니 된다.[30]

3) 기재순서

민사소송법은 준비서면에 어떠한 순서로 기재해야 하는가에 대하여는 규정하고 있지 않다. 실무상 서류의 표제, 사건번호, 사건명, 당사자의 표시를 순차로 기재하고, 그 다음에 어느 당사자가 그 준비서면을 제출하는가를 밝히는 문언과 변론준비의 내용을 기재한 다음, 첨부서류의 표시, 작성연월일, 작성자의 기명날인 다음에 제출처인 법원을 표시하고 있다.

---

29) 대법원 1978. 12. 26. 선고 77다1362 판결.
30) 사법연수원, 민사실무 I, 2014, 216면.

[준비서면 작성례]

준 비 서 면

사　　건　2014가합5555
원　　고　정 약 용
피　　고　오대양레저 주식회사

위 사건에 관하여 원고의 소송대리인은 다음과 같이 변론을 준비합니다.

다　　음

1. 피고 주장의 요지

피고는 답변서에서 원고가 소외 정약전으로부터 오대양골프클럽 회원권을 175,000,000원에 양수하여 오대양골프클럽의 회원이 된 사실을 인정하면서도, 원고가 정약전으로부터 청우골프클럽 회원권을 양수한 날은 2010. 12.인바, 아직 회칙 소정의 입회금 예치기간 5년이 경과하지 아니하였으므로, 원고는 변제기가 아직 도래하지 않은 채권을 청구하는 것이라고 주장합니다.

2. 회원권과 입회금의 법적 성격 및 입회금 거치기간의 기산점

그러나 골프장 회원권의 입회금반환청구권은 탈회를 정지조건으로 하는 채권입니다.

한편 기존 회원들로부터 회원권을 양수받고 피고의 승인을 받은 경우, 이는 골프클럽에 새로이 가입한 것이 아니라 골프클럽에 대한 기존 회원들의 지위를 승계취득한 것으로서 기존 회원들의 피고에 대하여 가지는 계약상의 권리, 의무를 그대로 승계한 것이라는 것이 판례의 태도입니다 (의정부지방법원 2013. 3. 15. 선고 2012가합8908 판결 참조).

따라서 비록 원고가 2010. 12. 본 건 회원권을 기존 회원으로부터 양수하였다고 하더라도, 정약전이 청우골프클럽의 회원으로 가입한 날짜는 2006. 4. 10.이니, 탈회를 위한 입회금의 거치기간 5년은 이미 도과하였다고 할 것입니다.

그렇다면 본건 탈회를 위한 입회금의 거치기간 5년은 이미 도과하였다고 할 것입니다.

3. 결 론

결국 원고의 주장은 그 법적 근거가 있는 것입니다. 원고의 청구를 인용하여 주시기 바랍니다.

2015. 3.

원고의 소송대리인

법무법인 정진

담당변호사 정 혁 진

춘천지방법원　제1민사부　귀중

II. 종류

통상의 준비서면 외에 답변서와 요약준비서면도 준비서면에 포함되는 것으로 본다. 답변서는 소장부본의 송달을 받은 피고의 답변서제출의무(민소법 제256조 제4항)에 의하여 피고가 처음 제출하는 답변변론용을 말한다. 준비서면의 일종으로 본다(민소법 제256조 제1항). 이를 제출하지 아니하면 무변론 원고승소판결이 나온다(민소법 제257조). 요약준비서면을 들 수 있다. 준비서면을 여러 차례 제출하였다가 변론의 종결에 앞서 종래의 쟁점과 증거의 정리결과를 요약한 것을 말한다. 마지막에 제출하는 것인데, 이 또한 준비서면의 일종으로 본다. 재판장은 이의 제출을 명할 수 있다(민소법 제278조).

III. 제출과 교환

변론기일이 열리기 전에 법원을 통하여 준비서면은 상대방 사이에 교환이 이루어진다. 양쪽 당사자가 변호사를 소송대리인으로 선임한 경우에는 그들 사이에 직접송달을 통한 방법이 이용된다. 법원은 준비서면의 부본을 상대방에게 송달해 주어야 한다(민소법 제273조). 상대방이 복수일 때에는 그 수에 따라 부본을 더 제출하여야 한다. 준비서면을 법정에서 교부하거나 법원의 송달을 통하지 아니하고 상대방에게 직접 교부한 때에는 그 준비서면 원본의 표지에 또는 별도의 영수증에 부본 영수의 취지, 날짜, 수령인의 기명날인을 받아 제출함으로써 송달을 증명하고 부본을 받은 상대방 변호사는 송달 증명 절차에 협력하여야 한다.[31]

준비서면의 제출은 상대방이 준비하는 데 필요한 기간을 두고 이행되어야 하는데(민소법 제273조), 변론기일 또는 변론준비기일의 7일 전까지 상대방에게 송달되어야 한다(민사소송규칙 제69조의3). 이를 지키지 아니하면 적시제출주의의 위반으로 주장이나 신청을 각하하는 불이익을 받게 된다.

IV. 효과

1. 제출의 효과

첫째, 자백간주의 이익을 갖는다. 상대방이 준비서면을 받고 불출석한 경우라도 주장이 가능하며, 그 기재부분에 대하여는 상대방이 명백히 다투지 않은 것으로 되어 자백간주의 이익을 얻을 수 있다(민소법 제150조 제3항, 제1항).

둘째, 진술간주의 이익을 갖는다. 제출자가 출석하지 않는다 하여도 그 사항에 대하여 진술간주의 이익을 얻을 수 있다(민소법 제148조 제1항). 이 경우 기일 해태의 불이익을 면할 수 있다.

셋째, 실권효의 배제이다. 변론준비절차 전에 제출준비서면이면 변론준비기일에 제출하지 아니하였다 하더라도 그 사항에 대하여 변론에서 실권되지 않는다(민소법 제285조 제3항). 변론준비절차 전에 제출한 준비서면에 기재한 사항은 변론준비절차에서 철회되거나 변경된 경우가 아닌 한 변론준비기일에 이를 진술하지 아니하였더라도 변론기일에 이를 제출할 수 있고, 그 주장에 대하여 기간 해태의 불이익을 받지 않게 된다.

넷째, 소의 취하 등에 대한 동의권이다. 본안에 관한 준비서면의 제출이면 그 뒤에서는 소의 취하에 있어서 피고의 동의를 얻어야 한다(민소법 제266조 제2항).

2. 부제출의 효과

첫째, 무변론 패소판결의 위험이 있다(민소법 제257조 제1항). 답변서(준비서면의 일종)를 피고가 소장부본을 송달받은 날부터 30일 이내에 제출하지 아니하면, 원고의 청구원인사실에 대하여 자백한 것으로 본다. 이 경우 변론 없이 패소판결을 선고할 수 있게 된다.

---

31) 사법연수원, 민사실무 I, 2014, 229면.

둘째, 예고 없는 사실주장이 금지된다(민소법 제276조). 출석한 당사자가 준비서면에 기재하지 아니한 사실은 상대방이 출석하지 아니한 때에는 변론에서 주장할 수 없다. 이는 변론에서 상대방에게 불의의 타격을 가하여 적절한 방어를 할 기회를 주지 아니하는 것은 부당하다는 취지에서 비롯된 것이다. 대법원은 "원고의 청구원인변경에 대하여 피고에게 방어의 기회를 주지 않고 심리종결한 원심의 조치가 위법하다."고 판시하고 있다.[32] 대법원은 다음과 같은 사항에 대하여 논하고 있다.

〈대법원 1989. 6. 13. 선고 88다카19231 판결〉

대법원은 "1심 최종변론기일인 1988. 3. 8. 변론 시 이건 청구는 약속어음금을 청구하는 것이라고 진술함으로써 대여금에 대한 보증인으로서의 책임을 소구하는 것이 아님에도 불구하고 원심은 피고가 불출석한 원심 1차 변론기일인 1988. 5. 24. 원고에게 본소청구는 대여금청구라고 석명케 한 다음 피고에게 이에 대한 방어의 기회를 주지 않고 곧 심리를 종결하여 판시하였음은 잘못이라 아니할 수 없고 이 점을 지적하는 논지는 이유 있다."고 하면서, "원고는 청구취지로서 1심에서는 약속어음으로서 금 8,000,000원 및 이에 대한 이 사건 소장송달 다음날부터 완제일까지 연 2할 5푼의 비율에 의한 지연손해금을 지급하라고 청구하였고, 원심에 이르러는 청구원인만을 대여금으로 추가 변경하였음이 명백함에도 불구하고 원심판결 이유에 의하면, 원심은 대여금청구를 인용하면서 대여일부터 완제일까지 연 2할 5푼의 약정이자 및 지연손해금을 지급하라고 판시함으로써 원고가 청구하지 아니한 약정이자를 인정하였음은 당사자처분주의원칙에 위반하였거나 석명의무를 게을리하였다는 비난을 면할 수 없으므로 이점을 지적하는 논지도 이유 있다."고 판시하였다.

실무에 있어서는 송달되지 아니한 준비서면에 기재된 내용이나 새로운 주장을 하게 되면 기일을 1회 더 속행하여 준비서면 등을 송달시킴으로써 상대방으로 하여금 그 주장 내용을 알 수 있도록 한 후 변론을 종결하는 방법을 사용하는 경우가 많다.[33] 대법원은 주장할 수 없는 사실에는 새로운 공격방어방법의 제출뿐 아니라 증거의 신청도 포함한다.[34]

---

32) 대법원 1989. 6. 13. 선고 88다카19231 판결.
33) 사법연수원, 민사실무 I, 2014, 230면.
34) 대법원 1975. 1. 28. 선고 74다1721 판결.

〈대법원 1975. 1. 28. 선고 74다1721 판결〉

대법원은 "소론 증거신청은 미리 준비서면에 기재하지도 아니하고 피고가 출석하지 아니한 채 원심의 1974.9.5자 변론에서 재정증인으로 신청한 것임에도 불구하고 원심은 당 변론에서 이를 조사하여 증거로 채택하였으나 본건은 단독사건이므로 민사소송법 제251조 단서와 같은 법 제246조의 규정에 의하여 위 재정증인을 조사하여 증거로 채택하였음에 무슨 위법이 있을 수 없다."고 판시하고 있다.

셋째, 변론준비절차의 종결이다. 당사자가 준비서면을 제출할 기간을 부여하였음에도 불구하고 그 기간 내에 제출하지 아니하고, 상당한 이유가 없다고 한다면 변론준비절차는 종결된다(민소법 제284조 제1항 제2호, 제280조).

넷째, 소송비용의 부담이다. 준비서면으로 미리 예고하지 않은 경우, 상대방이 즉답을 할 수 없기 때문에, 그 결과 기일을 속행할 수밖에 없는 경우에는 당사자는 승소에 불구하고 소송비용부담의 재판을 받을 수 있다(민소법 제100조).

제3장

The Civil Proceedings Act

변론준비절차

I. 의의

변론기일 전에 변론이 효율적이고 집중적으로 실시될 수 있도록 당사자의 주장과 증거를 정리하는 절차를 변론준비절차라고 한다(민소법 제279조 제1항). 변론준비절차는 변론기일에서의 변론을 준비하는 것이다. 사건을 공정하고 신속하며 또 경제적으로 처리하고자 하는 목적을 가지고 있다. 쟁점정리절차라고도 한다. 재판장 등은 변론준비절차를 진행하는 동안에 주장 및 증거를 정리하기 위하여 필요하다고 인정하는 때에는 변론준비기일을 열어 당사자를 출석하게 할 수 있고, 당사자는 재판장의 허가를 얻어 변론준비기일에 제3자와 함께 출석할 수 있다.[35]

---

35) 사법연수원, 민사실무 I, 2014, 303면.

II. 특징

변론준비절차는 다음과 같은 특징을 가지고 있다. 첫째, 변론준비절차는 변론절차의 일부에 해당하지 않는다는 점이다. 변론에 앞선 절차로서 변론준비절차는 변론절차와 일체를 이루는 것이 아니다. 그러므로 변론준비절차에서 수집된 소송자료와 증거자료는 변론에서 진술되거나 변론에 상정되어야 심리와 판단의 자료로서 그 가치를 갖게 된다. 둘째, 공개법정에서 열리는 변론기일 6개월 한도 내에서 쟁점과 증거를 충실하게 정리하는 절차에 해당한다는 점이다. 동 제도를 둔 이유는 변론기일의 운영에 있어서 낭비적이고 비효율적인 면을 고려한 것이다.

III. 대상

2008년 민사소송법이 개정되기 전 변론준비절차를 살펴 보면, 원칙적으로 모든 사건에 대하여 변론에 앞서 변론준비기일을 거치는 것으로 하고 있었다. 현 민사소송법은 피고의 답변서가 제출되면 재판장은 바로 변론기일을 정하는 것을 원칙으로 하면서(민소법 제258조 제1항 본문), 예외적으로 사건을 변론준비절차에 부칠 필요가 있는 경우에는 변론기일 전에 변론준비절차를 두도록 하고 있다(민소법 제258조 제1항 단서). 대상은 합의사건이나 단독사건 모두 원칙적으로 변론준비절차를 거쳐야 한다. 그러나 단독사건은 반드시 거쳐야 하는 것은 아니라 할 것이다.

IV. 진행

변론준비절차의 진행은 재판장이 담당하는 것이 원칙이다(민소법 제280조 제2항). 다만, 합의사건의 경우에는 재판장은 합의부원을 수명법관으로 지정하여 담당시킬 수 있다(민소법 제280조 제3항). 합의사건과 단독사건을 불문하고 재판장은 필요하다고 인정되는 경우에는 다른 판사에게 진행을 촉탁하는 것이 가능하다(민소법 제280조 제4항). 변론준비절차의 진행을 맡은 재판장, 수명법관 및 민사소송법 제280조 제4항의 판사 등을 민소법은 '재판장 등'이라는 용어를 사용하고 있다. 변론준비절차에서 재판장은 쟁점정리, 증거결정 및 증거조사 등의 권한을 행사할 수 있다. 재판장은 쟁점정리를 위하여 필요한 경우 증거채택 여부의 증거결정을 할 수도 있고(민소법 제281조 제1항), 쟁점정리를 위하여 필요한 범위에서 증인신문과 당사자신문을 제외한 모든 증거조사를 할 수 있다(민소법 제281조 제3항). 쟁점정리와 증거조사 후 이를 토대로 조정 및 화해권고의 결정을 할 수도 있다.

V. 형식

변론준비절차는 서면에 의하도록 하고 있다. 소장부본의 송달을 받은 피고가 답변서를 제출하면, 그 부본을 원고 측에 보내게 된다(민소법 제256조 제3항). 석명준비명령으로 기간을 정하여 반박준비서면의 제출을 촉구하고, 반박준비서면이 도착하면 다시 피고 측에 보내서 기간을 정하여 반박준비서면의 제출을 촉구하게 된다. 이 과정에서 기본적인 서증은 소장, 답변서 및 준비서면 등이다. 증거조사를 위하여 문서송부촉탁, 감정이나 검증 및 사실조회 등 증거신청이 이루어지며 변론준비기일 이전까지 증인신청이 가능하다.

서면에 의한 변론준비절차는 개시된 이래로 4개월을 도과할 수 없도록 하고 있다. 이 기간 안에 주장과 증거를 정리하고 변론에 넘겨야 한다. 그러나 주장이나 증거가 아직도 제대로 되지 않았다고 한다면, 즉시 변론준비기일을 지정해야 한다(민소법 제282조 제2항, 제258조 제2항).

VI. 변론준비기일

1. 의의

변론준비절차를 진행하는 동안에 주장이나 증거의 정리를 위하여 필요하다고 인정되는 경우에는 양쪽 당사자 본인을 출석하게 하여 최종적으로 쟁점과 증거를 정리하는 변론준비기일이 있다(민소법 제282조 제1항). 서면에 의한 변론준비절차에서 쌍방의 주장이 명확히 정리되고 필요한 증거가 모두 신청되어 판단만이 남았거나 증인신문만이 남은 경우라면 바로 변론기일을 지정하게 될 것이다. 그러나 복잡다기한 사건의 경우에는 변론준비기일을 지정하여 쟁점과 증거를 정리할 필요가 있다. 또한 당사자 본인을 대면할 필요가 있는 사건, 기일진행에 대한 협의가 필요한 사건, 화해나 조정을 시도할 만한 사건 등에서는 변론준비기일이 필요할 수 있다.

2. 출석과 불출석

1) 출석

준비절차실 또는 심문실에서 재판장 등이 당사자와 대면하여 대화하면서 자유롭게 진행하게 된다. 격식을 차리는 법정변론과는 차이가 있다. 일반적인 당사자의 출석의무는 없지만, 재판장 등이 필요하다고 인정하는 때에는 당사자 본인 또는 그 법정대리인의 출석명령을 발할 수 있고, 소송대리인에게 당사자 본인 또는 그 법정대리인을 출석시키라고 요청할 수 있다(민소법 제282조 제1항, 민사소송규칙 제29조의2). 당사자 본인을 출석시켜 사건의 실체와 쟁점을 밝히는 데 도움이 된다. 변론준비기일은 비공개로 진행하게 되며, 법원사무관 등이 원칙적으로 기일마다 조서를 작성해야 한다.

2) 불출석

변론준비기일에 당사자가 출석하지 아니한 경우에, 재판장 등은 변론준비절차를 종결시키는 것이 원칙이다. 다만, 상당한 이유가 있는 경우에는 종결하지 않고 진행하게 된다(민소법 제284조 제1항 제3호).

만약 한쪽 당사자가 변론준비기일에 불출석하였으면 진술간주(민소법 제286조, 제148조)와 자백간주(민소법 제286조, 제150조)의 법리를 준용한다. 출석한 당사자는 상대방이 불출석하였을 때 준비서면의 제출로서 예고하지 아니한 사항도 진술할 수 있다(민소법 제276조 불준용).

양쪽 당사자가 불출석하였을 때에는 변론준비기일을 종결할 수도 있고, 다시 기일을 정하여 양쪽 당사자에게 통지할 수도 있다. 계속 불출석일 경우에는 변론기일에 양쪽 2회 불출석의 경우처럼 소의 취하간주의 법리가 준용된다(민소법 제286조, 제268조). 그러나 불출석의 효과가 변론기일에까지 승계되는 것은 아니다. 대법원 역시 "변론준비기일에서 양쪽 당사자 불출석의 효과가 변론기일에 승계되지 않는다."고 판시하고 있다.[36]

〈대법원 2006. 10. 27. 선고 2004다69581 판결〉

대법원은 "변론준비절차는 원칙적으로 변론기일에 앞서 주장과 증거를 정리하기 위하여 진행되는 변론 전 절차에 불과할 뿐이어서 변론준비기일을 변론기일의 일부라고 볼 수 없고 변론준비기일과 그 이후에 진행되는 변론기일이 일체성을 갖는다고 볼 수도 없는 점, 변론준비기일이 수소법원 아닌 재판장 등에 의하여 진행되며 변론기일과 달리 비공개로 진행될 수 있어서 직접주의와 공개주의가 후퇴하는 점, 변론준비기일에 있어서 양쪽 당사자의 불출석이 밝혀진 경우 재판장 등은 양쪽의 불출석으로 처리하여 새로운 변론준비기일을 지정하는 외에도 당사자 불출석을 이유로 변론준비절차를 종결할 수 있는 점, 나아가 양쪽 당사자 불출석으로 인한 취하간주제도는 적극적 당사자에게 불리한 제도로서 적극적 당사자의 소송유지의사 유무와 관계없이 일률적으로 법률적 효과가 발생한다는 점까지 고려할 때 변론준비기일에서 양쪽 당사자 불출석의 효과는 변론기일에 승계되지 않는다."고 하면서 대법원은 "양쪽 당사자가 변론준비기일에 한 번, 변론기일에 두 번 불출석하였다고 하더라도 변론준비기일에서 불출석의 효과가 변론기일에 승계되지 아니하므로 소를 취하한 것으로 볼 수 없다."고 판시하였다.

VII. 변론기일과 차이

첫째, 변론준비기일은 변론의 준비에 필요한 주장이나 증거의 정리기일일 뿐이다. 그러므로 소송관계를 뚜렷이 할 필요가 없다. 변론기일은 증인 등에 집중신문, 쟁점에 관한 공방기일로서 소송관계를 뚜렷이 해야 한다는 점에서 변론준비기일과 차이가 있다.

둘째, 변론준비기일은 법원에 의한 쟁점 확인, 당사자에게 쟁점에 대한 의견진술의 기회를 반드시 보장해야 하는 것은 아니다.

셋째, 변론기일과 달리 공개주의와 직접주의가 적용되는 아니한다.

넷째, 변론준비기일은 재판장 등만이 주재하면서 진행하게 된다. 반면, 변론기일은 구성법관 전원이 관여하는 수소법원에 의하여 절차가 진행된다.

다섯째, 변론준비기일은 변론기일을 생략하고 대체할 수 없다. 그러나 변론준비기일은 생략한다고 할지라도 변론기일은 배제될 수 없다.

---

36) 대법원 2006. 10. 27. 선고 2004다69581 판결.

제4장

The Civil Proceedings Act

변론의 내용

I. 진행경과에 따른 소송의 형태

진행경과에 따라 사건을 분류하면 다음과 같은 세 가지 유형의 소송행위가 발생하게 된다.

1) 소장송달을 받은 피고가 답변서의 부제출로 무변론판결로 끝나는 사건
2) 답변서 제출 후 바로 변론기일이 지정되는 원칙적인 사건
3) 변론준비절차를 거친 후 변론에 들어가는 사건

첫 번째의 경우 변론이 필요 없을 것이다. 두 번째의 경우는 이미 제출된 소장과 답변서 등을 진술하는 방식으로 변론이 진행된다. 세 번째의 경우는 변론준비절차를 부쳐 변론준비기일의 절차가 이루어지고 변론에서 그 결과를 진술하는 방식으로 진행하게 된다.

II. 변론에서 당사자의 소송행위

당사자는 본안의 신청을 우선적으로 하게 된다. 그리고 공격방어방법으로서 주장과 증거신청을 하게 된다. 차례로 살펴보도록 한다.

1. 본안의 신청

변론은 원고가 낸 소장의 청구취지에 따라 특정한 내용의 판결을 구하는 진술을 함으로써 개시된다. 청구취지는 본안재판의 대상과 그 내용에 관계되는 신청이기 때문에 본안의 신청이라 한다. 그 당부는 원칙적으로 종국판결로 판단 응답한다. 피고는 원고의 본안신청에 대응하여 답변서에 의하여 소각하·청구기각의 판결을 구하는 신청을 하지만, 이는 본안신청이 아니라 소송상의 신청에 해당한다.

2. 공격방어방법으로서 주장과 증거신청

당사자는 변론주의 때문에 본안의 신청을 뒷받침하기 위하여 소송자료를 제출해야 한다. 이를 공격방어방법이라 한다. 원고는 자기의 청구가 이유 있다는 점을 제시하기 위하여 제출하는 소송자료를 공격방법이라 하고, 피고가 원고의 청구를 배척하기 위하여 제출하는 소송자료를 방어방법이라고 한다. 양자를 합하여 공격방어방법이라 한다. 공격방어방법은 법률상·사실상의 주장, 부인 및 증명이 그 주된 것이다.

1) 주장

(1) 법률상 주장

광의의 개념과 협의의 개념으로 구분된다. 전자는 법규의 존부, 내용 또는 그 해석적용에 관한 의견의 진술을 포함하는 개념이다. 법률상의 주장은 법원을 구속할 수는 없고 단지 법관의 주의를 환기시키는 의미를 갖는다. 후자는 구체적인 권리관계의 존부에 관한 자기의 판단의 보고를 의미한다. 이러한 법률상의 주장도 원칙적으로 변론주의의 적용을 받지 않으며, 잘못 주장한다고 하더라도 법원은 이에 구속되는 것이 아니다. '회사를 설립함에 있어 모집설립의 절차를 취하였으나 발기인이 주식모집 전에 주식의 대부분을 인수하고 형식상 일반 공중으로부터 주식을 모집함에 있어 타인의 명의를 모용하여 주식을 인수한 경우 이를 발기설립으로 보아야 하는지 여부'와 관련하여, 대법원은 이를 긍정하는 동시에 "회사의 설립 무효 사유를 발기설립 절차의 하자로 보면서 창립총회의 결여를 덧붙여 인정한 원심의 판단에 변론주의의 법리를 오해한 위법이 없다."고 판시하고 있다.[37]

〈대법원 1992. 2. 14. 선고 91다31494 판결〉

대법원은 "변론주의의 원칙상 당사자가 주장하지 아니한 사실을 기초로 법원이 판단할 수 없음은 소론과 같다 하더라도 소송물의 전제가 되는 권리관계나 법률효과를 인정하는 진술은 권리자백으로서 법원을 기속하는 게 아니므로 청구의 객관적 실체가 동일하다고 보여지는 한 법원은 원고가 청구원인으로 주장하는 실체적 권리관계에 대한 정당한 법률해석에 의하여 판결할 수 있다 할 것이다. 이 사건의 경우 원고가 소장에서 이 사건 피고 회사의 설립이 모집설립임을 전제로 하여 회사설립절차 중 창립총회가 개최되지 아니하였음을 그 무효사유로 주장하고 있으나 한편 원고의 1988. 2. 20. 및 1988. 9. 19. 준비서면 등에 의하면 원고는 피고 회사의 설립은 원래 발기설립으로 하여야 하나 편의상 모집설립의 절차를 취하였는바, 이는 탈법적 방법으로 그 설립이 선량한 풍속 기타 사회질서 강행법규 또는 주식회사의 본질에 반하여 설립된 회사로서 그 설립이 당연무효라고 주장하면서 청구원인을 보충하고 있어 원고의 이 사건 청구는 피고 회사의 설립무효를 구하는 것으로서 창립총회 개최의 결여를 그 무효사유의 하나로 들고 있으나 동시에 발기설립의 실체로서의 하자도 무효사유로 주장하고 있는 취지이므로 원심이 피고 회사 설립의 무효사유를 위 창립총회의 결여를 덧붙인 외에 발기설립절차의 하자로 인정하였다 하더라도 이는 원고 청구의 범위 내에 속하는 사항에 대한 판단이다."라고 하였다.

소송물의 전제가 되는 법률효과를 인정하는 진술과 그 철회와 관련하여, 대법원은 "소송물의 전제가 되는 권리관계나 법률효과를 인정하는 진술은 권리자백으로서 법원을 기속하는 것이 아니고 상대방의 동의 없이 자유로이 철회할 수 있으므로 피고가 이건 매매계약이 원고에 의하여 해제되었다고 자백하였다 할지라도 이를 철회한 이상 계약해제의 효과가 생긴 것이라고 할 수 없다."고 판시하고 있다.[38]

---

37) 대법원 1992. 2. 14. 선고 91다31494 판결.
38) 대법원 1982. 4. 27. 선고 80다851 판결.

〈대법원 1982. 4. 27. 선고 80다851 판결〉

소송물의 전제가 되는 법률효과를 인정하는 진술과 그 철회와 관련하여 대법원은 "피고가 원고의 계약해제의 의사표시에 대하여 명시적으로나 묵시적으로 동의 또는 합의한 것이 아니라 오히려 계약해제의 요건이 되지 아니한다던가, 피고가 입은 손해의 배상을 요구하면서 계약이행의 의사를 명백히 표시하고 있으니 원심이 같은 취지에서 소론의 원고의 이에 관한 주장을 배척하였음은 옳고, 또 소송물의 전제문제가 되는 권리관계나 법률효과를 인정하는 진술은 권리자백으로서 법원을 기속하는 것도 아니며, 상대방의 동의 없이 자유로이 철회할 수 있다 할 것이므로 피고가 이건 매매계약의 법률효과에 대하여 자백하였다 할지라도 이미 철회된 이상 계약해제의 효과가 생긴 것이라고 할 수 없다."고 판시하고 있다.

(2) 사실상의 주장

① 의의

구체적 사실의 존부에 대한 당사자의 지식이나 인식의 진술이 사실상의 주장이다. 사실은 때와 장소에 의하여 구체적으로 특정된 사실이며, 외계의 사실에 한하지 않고, 내심의 사실도 포함한다. 변론주의하에서는 주요사실에 관한 한 변론에서 주장하지 않았다고 한다면 판결의 기초가 되지 못한다. 사실상의 주장과 단순한 의견표명을 구별하는 것은 그리 쉽지 않지만, 구별되어야 할 필요성이 있다. 대법원이 정정보도청구의 대상으로 삼은 원보도가 사실적 주장에 관한 것인지 단순한 의견표명인지에 관한 판단 기준을 제시하고 있다.[39]

〈대법원 2011. 9. 2. 선고 2009다52649 전원합의체 판결〉

대법원은 "정정보도청구는 사실적 주장에 관한 언론보도가 진실하지 아니한 경우에 허용되므로 그 청구의 당부를 판단하려면 원고가 정정보도청구의 대상으로 삼은 원보도가 사실적 주장에 관한 것인지 단순한 의견표명인지를 먼저 가려보아야 한다. 여기에서 사실적 주장이란 가치판단이나 평가를 내용으로 하는 의견표명에 대치되는 개념으로서 증거에 의하여 그 존재 여부를 판단할 수 있는 사실관계에 관한 주장을 말한다. 이러한 개념이 반드시 명확한 것은 아니다. 언론보도는 대개 사실적 주장과 의견표명이 혼재하는 형식으로 이루어지는 것이어서 구별기준 자체가 일의적이라고 할 수 없고, 양자를 구별할 때에는 당해 원보도의 객관적인 내용과 아울러 일반의 시청자가 보통의 주

---

39) 대법원 2011. 9. 2. 선고 2009다52649 전원합의체 판결.

의로 원보도를 접하는 방법을 전제로, 사용된 어휘의 통상적인 의미, 전체적인 흐름, 문구의 연결 방법뿐만 아니라 당해 원보도가 게재한 문맥의 보다 넓은 의미나 배경이 되는 사회적 흐름 및 시청자에게 주는 전체적인 인상도 함께 고려하여야 한다."고 판시하였다.

② 상대방의 답변

가) 부인: 상대방의 증명책임을 지는 주장사실을 아니라고 부정하는 진술이다.

나) 부지: 상대방의 주장사실을 알지 못한다는 진술이다. 부인으로 추정한다(민소법 제150조 제2항).

다) 자백: 자기에게 불리한 상대방의 주장사실을 시인하는 진술이다. 자백한 사실은 증거를 필요로 하지 않는다. 자백은 재판의 기초로 하지 않으면 아니 된다(민소법 제288조).

라) 침묵: 상대방의 주장사실을 명백히 다투지 아니함을 말한다. 변론전체의 취지로 보아 다툰 것으로 인정될 경우를 제외하고는 자백한 것으로 간주된다(민소법 제150조 제1항).

2) 증거신청

증거신청이라 함은 다툼이 있는 사실에 대하여 필요하다. 상대방이 부인이나 부지로 답변한 사실에 대하여 법관으로 하여금 사실상의 주장이 진실이라는 확신을 얻게 하기 위한 행위이다. 대법원은 "증거신청은 법원에 의한 증거조사가 개시되기 전까지는 임의로 철회할 수 있다."고 판시하고 있다.[40]

〈대법원 1971. 3. 23. 선고 70다3013 판결〉

대법원은 "증거조사의 개시가 있기 전에는 그 증거신청을 자유로 철회할 수 있는 법리라 할 수 있을 것이므로 소론 문서제출명령의 신청이 있고 그에 따른 제출명령이 있었다 하여도 그 문서가 법원에 제출되기 전에는 그 신청을 철회함에는 상대방의 동의를 필요로 하지 않는다 할 것인바, 일건기록에 의하면 피고소송대리인으로 부터 문서를 제출한다는 서면의 법정의 제출이 있기는 하나, 이 서면만 가지고는 증거조사의 개시인 문서원본이 법원에 제출된 것이라 볼 수 없고, 오히려 제1심의 1969. 11. 18.자 변론조서기재(그 일부인 증거목록기재 포함)에 의하면 문서가 법원에 제출되기 전

---

40) 대법원 1971. 3. 23. 선고 70다3013 판결.

에 그 문서 제출명령신청은 이를 철회하였음이 인정될 수 있는 바로서 그 철회는 적법한 것이어서 증거조사의 개시조차 하지 아니한 문서에 대한 판단을 하지 아니하였다고 하여 거기에 소론 증거 판단의 유탈이 있을 여지없다."고 판시하고 있다.

3) 법원의 쟁점 확인과 당사자의 의견진술

공격방어방법을 제출하는 변론과정에서 법원은 당사자가 변론한 중요한 사실상·법률상 사항을 말로 확인해야 한다(민사소송규칙 제28조 제1항). 또한 당사자에게 중요한 쟁점에 관한 의견진술의 기회를 주어 판결에서 불의의 타격을 방지하도록 하고 있다(동 규칙 제28조 제2항).

3. 항변

1) 의의

항변이라 함은 피고가 원고의 청구를 배척하기 위하여 소송상 또는 실체상의 이유를 들어 적극적인 방어를 하는 것을 말한다. 피고가 원용하는 방어방법인 사실상의 주장이 바로 항변 이다. 항변은 소송절차에 관한 항변인 소송상의 항변과 청구기각을 목적으로 한 실체관계에 관한 본안의 항변으로 구분된다. 이를 광의의 항변이라 하고, 협의의 항변은 후자만을 의미 한다.

2) 소송상의 항변

(1) 본안전항변

원고가 제기한 소에 소송요건의 흠이 있어 소가 부적법하다는 피고의 주장이 본안전항변 이다. 이를 방소항변이라고도 한다. 본안심리에 들어갈 것이 못 된다는 항변이다. 법원의 직 권발동을 촉구하는 의미만을 갖는다. 소송요건의 대부분은 법원의 직권조사사항에 해당하 기 때문이다. 소송대리권의 존재에 관한 당사자의 주장에 대하여 판단하지 아니한 것을 판단 유탈의 상고이유로 삼을 수 있는지 여부에 대하여, 대법원은 이를 부정하고 있다.[41]

---

41) 대법원 1994. 11. 8. 선고 94다31549 판결.

추완항소를 받아들이면서 추완사유 유무에 대한 판단을 누락한 경우, 판단유탈의 상고이유로 삼을 수 있는지 유무에 대하여, 대법원은 "추완항소의 경우 추완사유의 유무는 소송요건으로서 법원의 직권조사사항이므로 이에 관한 당사자의 주장은 직권발동을 촉구하는 의미밖에 없어 이에 대하여 판단하지 아니하였다고 하더라도 판단유탈의 상고이유로 삼을 수 없다."고 판시하고 있다.[43]

---

42) 대법원 1990. 4. 27. 선고 88다카25274, 25281 판결; 대법원 1990. 11. 23. 선고 90다카21589 판결; 대법원 1990. 12. 21. 선고 90다카22056 판결.
43) 대법원 1999. 4. 27. 선고 99다3150 판결.
44) 대법원 1994. 11. 8. 선고 94다31549 판결; 대법원 1990. 12. 21. 선고 90다카22056 판결.

(2) 증거항변

상대방의 증거신청에 대하여 부적법, 불필요, 증거능력의 흠 따위를 이유로 하여 각하를 구하거나 혹은 증거력이 없다고 주장하면서 증거조사결과를 채용하지 말아달라는 진술이 증거항변이다. 다만, 증거신청의 채택 여부는 법원의 직권사항에 해당한다.

3) 본안의 항변

(1) 의의

원고의 청구를 배척하기 위하여 원고주장사실이 진실임을 전제로 하여 이와 양립 가능한 별개의 사항에 대해 피고가 하는 사실상의 주장이 본안의 항변이다. 원고가 권리근거규정의 요건사실을 주장함에 대하여, 피고가 그 반대인 권리장애규정이나 소멸규정 또는 저지규정 등의 요건사실을 주장하여 원고청구의 배척을 구하는 항변이 본안의 항변이라 하겠다.

(2) 부인과의 구별

항변은 원고의 주장사실이 진실함을 전제로 이와 별개사실을 주장하는 것이다. 즉, 항변은 원고의 주장을 인정하기는 하지만, 동시에 다른 사실을 통하여 원고의 주장을 부정하고자 하는 방식이다. 반면, 부인은 원고의 주장사실이 진실이 아니라는 주장에 해당하기 때문에, 원고의 주장 자체를 인정하지 않고자 한다.

(3) 항변의 종류

첫째, 권리장애사실을 통하여 항변하는 경우이다. 권리근거규정에 의한 권리의 발생을 애당초부터 방해하는 권리장애규정의 요건사실을 주장하는 경우이다. 권리불발생사실이라고도 한다. 원고가 계약 등 법률행위를 주장할 때에, 피고가 의사능력의 흠이나 강행법규의 위반, 통정행위표시, 공서양속의 위반(민법 제103조), 불공정한 법률행위(민법 제104조) 등을 통하여 법률행위의 무효사유로 대응하는 경우가 여기에 해당한다. 원고의 부당이득주장에 대하여 피고의 불법원인급여(민법 제746조), 불법행위주장에 대하여 정당행위, 정당방위, 긴급피난 등 위법성 조각사유로 대응하는 경우도 해당된다.

둘째, 권리소멸사실을 통하여 항변하는 경우이다. 일단 권리근거사실이 발생하고 발생한 권리를 소멸시키는 권리소멸규정의 요건사실을 주장하게 된다. 원고주장의 채권에 대하여,

피고의 변제, 대물변제, 공탁, 경개, 면제, 혼동 등의 소멸원인이나, 소멸시효의 완성, 해제조건의 성취, 후발적 이행불능의 주장을 들 수 있다.

셋째, 권리저지사실을 통하여 항변하는 경우이다. 권리근거규정에 기하여 이미 발생한 권리의 행사를 저지시키는 항변이다. 이행청구에 대하여 일시적·잠정적으로 이행을 거절하는 연기적 항변권으로 나타난다. 유치권, 건물매수청구권, 보증인의 최고·검색의 항변권, 동시이행의 항변권 등을 들 수 있다.

(4) 재항변

피고의 항변에 대하여 원고는 다양한 태도로 나타나게 된다. 피고의 항변사실에 대하여 원고가 명백하게 다투지 아니하거나 자백하는 경우가 있을 수 있다. 그러나 피고의 항변이 법률상 이유가 없다거나 항변사실에 대하여 부인하면서 다투거나 항변사실을 일단 받아들이면서 피고의 항변사실의 효과의 불발생, 소멸, 저지 등 새로운 사실을 제출하는 경우도 발생할 수 있다. 이 후자를 재항변이라고 한다. 대법원은 "부동산매수인의 이전등기청구에서 피고가 등기청구권의 10년 소멸시효의 항변을 주장하는 경우, 원고가 매수부동산을 인도받아 점유한다는 주장은 재항변이 될 것이다."라는 판시를 하고 있다.[45]

〈대법원 1999. 3. 18. 선고 98다32175 전원합의체 판결〉

대법원은 "시효제도는 일정 기간 계속된 사회질서를 유지하고 시간의 경과로 인하여 곤란해지는 증거보전으로부터의 구제를 꾀하며 자기 권리를 행사하지 않고 소위 권리 위에 잠자는 자는 법적 보호에서 이를 제외하기 위하여 규정된 제도라 할 것인바, 부동산에 관하여 인도, 등기 등의 어느한 쪽만에 대하여서라도 권리를 행사하는 자는 전체적으로 보아 그 부동산에 관하여 권리 위에 잠자는 자라고 할 수 없다 할 것이고, 매수인이 목적 부동산을 인도받아 계속 점유하는 경우에는 그 소유권이전등기청구권의 소멸시효가 진행하지 않는다는 것이 당원의 확립된 판례인바,[46] 부동산의 매수인이 그 부동산을 인도받은 이상 이를 사용·수익하다가 그 부동산에 대한 보다 적극적인 권리 행사의 일환으로 다른 사람에게 그 부동산을 처분하고 그 점유를 승계하여 준 경우에도 그 이전등기청구권의 행사 여부에 관하여 그가 그 부동산을 스스로 계속 사용·수익만 하고 있는 경우와

---

45) 대법원 1999. 3. 18. 선고 98다32175 전원합의체 판결.
46) 대법원 1976. 11. 6. 선고 76다148 전원합의체 판결; 대법원 1988. 9. 13. 선고 86다카2908 판결; 대법원 1990. 12. 7. 선고 90다카25208 판결.

특별히 다를 바 없으므로 위 두 어느 경우에나 이전등기청구권의 소멸시효는 마찬가지로 진행되지 않는다고 보아야 할 것이다."[47]라고 판시하고 있다. 부동산매수인의 이전등기청구에 대하여 피고가 등기청구권의 10년 소멸시효의 항변을 주장하면, 원고는 매수부동산을 인도받아 점유한다는 주장은 재항변이 될 것이다.

재항변에 대한 재재항변이 있다. 재재항변이라 함은 재항변에 대하여 피고가 재항변사실에 기한 효과의 발생에 장애가 되거나 또는 일단 발생한 효과를 소멸·저지시키는 사실을 주장하는 것을 의미한다.

---

47) 대법원 1976. 11. 23. 선고 76다546 판결; 대법원 1977. 3. 8. 선고 76다1736 판결; 대법원 1988. 9. 27. 선고 86다카2634 판결.

제5장

변론의 실시

I. 변론의 진행

재판장이 변론기일을 지정한다. 직권으로 재판장이 지정할 수도 있고, 당사자의 신청에 의하여 재판장이 지정하기도 한다(민소법 제165조). 양쪽 당사자에게 지정된 기일을 통지하고 공개법정에서 변론이 행하게 된다. 기일은 사건과 당사자의 이름을 부름으로서 개시된다(민소법 제169조).

변론의 경우 변론준비기일을 거친 사건과 통상의 사건으로 구분할 수 있는데, 전자의 경우 변론준비기일의 결과를 진술함으로써 개시되고(민사소송규칙 제72조의2), 후자의 경우는 원고가 이미 제출한 소장에 기하여 본안의 신청을 구두로 진술함으로써 개시된다. 피고는 이에 대응하여 소각하나 청구기각의 신청 등의 반대신청을 한다. 그 뒤를 이어 각 당사자는 변론에서 중요한 법률상, 사실상의 사항을 진술하게 되고, 법원은 각 당사자에게 쟁점을 확인하여 준다. 당사자는 중요쟁점에 관한 의견진술의 기회를 얻는다.

변론을 개시하기 전에 당사자는 사실관계와 증거를 사전에 상세하게 조사정리하고, 법원은 변론준비절차에 부치는 사건이 아니라도 미리 쟁점과 증거를 정리하여 증인 등에 대한 집중적인 증거조사로 종결하게 된다(민소법 제293조).

II. 변론의 정리

법원은 소송심리를 정리하기 위하여 변론 중에 변론의 제한, 분리, 병합을 명할 수 있다 (민소법 제141조).

1. 변론의 제한

하나의 소송절차에 여러 개의 청구가 병합되거나 또는 여러 개의 독립한 공격방어방법이 제출되어 쟁점이 복잡한 경우 이를 정리하기 위하여 변론의 대상인 사항을 한정하는 조치를 취할 수 있다.

예) 손해배상청구에 있어서 책임원인과 손해액이 쟁점이 되었을 때 우선 책임원인으로 변론을 제한하는 것은 변론의 제한에 해당한다.

2. 변론의 분리

청구의 병합이나 공동소송 등으로 청구가 여러 개인 경우에 법원이 그중 어느 청구에 대하여 별개의 소송절차로 심리할 뜻을 표명하는 것이 바로 변론의 분리이다. 어느 청구가 다른 청구와 관련성이 없거나 분리가 가능한 경우에 변론의 분리가 가능하다. 이는 소송관계의 단순화를 꾀하는 데 도움이 된다.

3. 변론의 병합

한 법원에 따로따로 계속되어 있는 복수의 소송을 법원이 직권으로 하나의 소송절차로 심리할 뜻을 명하는 것을 변론의 병합이라고 한다. 병합은 특별한 규정이 없는 한, 같은 종류의 소송절차로 심판될 것에 한하고(민소법 제253조), 각 청구 상호 간에 법률상의 관련성이 있을 것을 요한다.

III. 변론의 재개

법원이 일단 변론을 종결하였다 할지라도, 심리가 미진한 사항을 발견한 경우나 그 밖에 필요하다고 인정한 때에는 법원의 자유재량으로 변론을 재개할 수 있다(민소법 제142조). 변론의 재개 여부는 법원의 직권사항이다. 당사자에게 신청권이 없기 때문에 변론재개신청은 법원의 직권발동을 촉구하는 의미밖에 없다. 대법원은 허부를 결정할 필요가 없다고 한다. 그러나 예외적인 상황에서 재개의무를 부담하는 경우도 있다. 대법원은 "당사자가 책임질 수 없는 사유로 주장·입증의 기회를 갖지 못하는 등 재개하여 기회를 주지 아니한 채 패소판결을 하면 절차적 정의에 반할 때 재개의무를 부담해야 한다."고 판시하고 있다.[48]

〈대법원 2013. 3. 14. 선고 2011두7991 판결〉

대법원은 "당사자가 변론종결 전에 그에게 책임을 지우기 어려운 사정으로 주장·증명을 제출할 기회를 제대로 갖지 못하였고, 그 주장·증명의 대상이 판결의 결과를 좌우할 수 있는 관건적 요증사실에 해당하는 경우 등과 같이, 당사자에게 변론을 재개하여 그 주장·증명을 제출할 기회를 주지 않은 채 패소의 판결을 하는 것이 민사소송법이 추구하는 절차적 정의에 반하는 경우에는 법원은 변론을 재개하고 심리를 속행할 의무가 있다."고[49] 판시하고 있다.

변론종결 후의 변론재개신청을 기각한 것이 심리미진의 위법사유에 해당하는지 여부와 관련하여, 대법원은 원칙적으로 결론을 좌우하는 관건적 요증사실을 재개사유로 하는 경우에는 재개의무가 있음을 밝히고 있다.[50]

〈대법원 2007. 4. 26. 선고 2005다53866 판결〉

대법원은 "피고들은 이 사건 제1심 및 원심의 변론과정에서 동시이행항변을 전혀 하지 않고 있다가 원심의 변론종결 후 변론재개신청서를 제출하면서 비로소 동시이행항변이 담긴 준비서면을 제출하였을 뿐만 아니라, 피고들이 주장하는 원고의 매매대금반환의무는 이 사건 매매계약 해제에 따른 원상회복의무인 반면 피고들의 원고에 대한 소유권이전등기 말소등기의무는 이 사건 매매계약

---

48) 대법원 2013. 3. 14. 선고 2011두7991 판결.
49) 대법원 2010. 10. 28. 선고 2010다20532 판결.
50) 대법원 2007. 4. 26. 선고 2005다53866 판결.

해제로 인하여 발생한 것이 아니라 이 사건 매매계약이 이미 해제되었음에도 불구하고 피고 주식회사 태종산업개발이 이 사건 임야에 관하여 원인 없이 이전등기를 함으로써 발생한 것이므로 원고와 피고들의 각 의무는 동일한 법률요건이 아닌 별개의 발생 원인에 기한 것으로서 양 의무 간에 이행상의 견련관계를 인정할 수도 없고, 기록을 살펴 보아도 피고들의 주장과 같이 이 사건 매매계약해제로 인한 원고의 매매대금반환의무가 남아 있다는 점을 인정하기에 충분하다고 보이지 아니하므로 원심이 피고들의 변론재개신청을 받아들이지 아니한 조치는 적절한 것으로 보고", "당사자가 변론종결 후 그 항변 및 입증을 위하여 변론재개신청을 한 경우에 그 입증의 여하에 따라 판결의 결과가 달라질 수도 있는 관건적 요증사실에 해당하는 등의 특별한 사정이 없는 한 당사자의 변론재개신청을 받아들이느냐의 여부는 법원의 재량에 속한 사항이므로 당사자가 항변을 제출할 수 있는 기회가 충분히 있었음에도 이를 하지 않다가 변론종결 후에 한 변론재개신청을 법원이 받아들이지 아니하였다 하여 이를 심리미진의 위법사유에 해당한다고 할 수는 없다."[51]고 판시하고 있다.

변론종결 후 이루어진 변론재개신청에 대하여 법원이 예외적으로 변론재개의무를 부담하는 경우가 발생할 수 있다. 대법원은 석명의무나 지적의무 등을 위반한 채 변론종결을 함으로써 사건의 적정·공정한 해결에 영향을 미칠 절차상의 위법이 있을 때에는 재개의무가 있다고 판시하고 있다.[52]

〈대법원 2011. 7. 28. 선고 2009다64635 판결〉

대법원은 "갑이 을 등을 상대로 상속회복을 청구하면서 자신에게 상속권이 귀속하는 사실과 청구목적물이 상속개시 당시 피상속인의 점유에 속하였다는 사실만을 증명하면 족하다고 주장하였고, 이에 대하여 을 등은 직접적으로 반론을 제기하지 않다가 원심에 이르러 부대항소를 제기하면서 갑에게 구체적인 상속권 침해사실에 관한 증명책임이 있다는 취지의 주장을 하였는데, 원심이 한 차례의 변론기일을 진행한 채 바로 변론을 종결한 다음, 그 후 갑이 구체적 상속권 침해사실을 증명하기 위한 자료를 제출하겠다는 뜻을 담아 변론재개신청을 하였음에도 이를 받아들이지 않은 사안에서, 갑이 원심판결이 있기까지 적극적으로 상속권 침해사실을 증명할 필요가 없다고 오신하여 증명을 위한 노력을 소홀히 한 것으로 보임에도 석명권을 행사하지 않은 채 변론을 종결하고 나아가 갑의 변론재개신청을 받아들이지 않은 원심판결은 위법하다."고 판시하였다.

---

51) 대법원 1987. 12. 8. 선고 86다카1230 판결; 대법원 1996. 2. 9. 선고 95다2333 판결.
52) 대법원 2011. 7. 28. 선고 2009다64635 판결.

IV. 변론조서

1. 개념

변론의 경과를 명확하게 기록하고 보존하기 위하여 법원사무관 등이 작성하는 문서를 변론조서라고 한다. 소송절차의 진행을 밝혀 절차의 안정이나 명확성을 기하는 동시에 상급법원이 원심판결의 잘잘못을 판단하는 데 도움을 주게 된다.

2. 조서의 기재사항

1) 의의

법원사무관 등은 변론기일에 참여하여 형식적 기재사항과 실질적 기재사항을 기재한 조서를 작성한다(민소법 제152조 제1항). 변론기일과 변론준비기일은 녹음이나 속기에 의하는 경우에, 그 밖의 기일인 화해기일, 조정기일, 증거조사기일, 심문기일 등은 재판장이 필요하다고 인정하는 경우에 법원사무관 등의 참여 없이 기일을 열 수 있도록 하였다(민소법 제152조 제1항 단서, 제2항).

2) 형식적 기재사항

형식적 기재사항에 대하여는 민소법 제153조 제1호 내지 제6호의 사항을 기재해야 한다. 조서의 작성자로서 법원사무관 등이 기명날인하고, 재판장도 그 기재내용을 인증하기 위하여 기명날인한다. 민소법 제153조의 형식적 사항 중 1, 2, 5호와 같은 중요사항을 빠뜨리면 조서 전체가 무효가 되며, 재판장이나 법원사무관 등의 기명날인이 없는 조서도 무효가 된다.

3) 실질적 기재사항

조서에 변론의 내용을 이루는 당사자나 법원의 소송행위 및 증거조사의 결과 등을 기재한다. 구술주의나 직접주의의 원칙상 그 내용의 전부를 기재할 필요는 없다. 다만, 변론의 요지만 기재하면 된다(민소법 제154조). 형식적 기재사항과 달리, 실질적 기재사항은 그것이 없다고 할지라도 조서 자체가 무효가 되는 것은 아니다. 다만, ① 화해, 청구의 포기·인낙, 소의 취하와 자백 ② 증인·감정인의 선서와 진술 ③ 검증의 결과 ④ 재판장이 적도록 명한 사항과 당사자의 청구에 따라 적는 것을 허락한 사항 ⑤ 서면으로 작성되지 아니한 재판 ⑥ 재판의 선고(민소법 제154조) 등은 중요한 사항이기 때문에 이를 명확하게 기재할 필요가 있다.

3. 기재방법

법원이 필요하다고 인정할 때와 당사자의 신청이 있고 특별한 사정이 없을 때에는 변론의 전부나 일부를 녹음하거나 속기하도록 하고 있다(민소법 제159조 제1항).

4. 조서의 공개

조서의 기재는 그 정확성의 담보를 위해 작성 중인 조서에 대하여 당해 소송관계인의 신청이 있는 경우에는 법원사무관 등은 이를 읽어 주거나 보여 주어야 한다(민소법 제157조). 당사자나 이해관계를 가지고 있는 제3자는 소송기록의 열람이나 복사신청권, 재판서·조서의 정본·등본·초본의 교부신청권과 소송에 관한 사항의 증명서교부신청을 갖는다(민소법 제162조 제1항).

일정한 경우에 법원은 당사자의 신청으로 소송기록 중 비밀기재 부분의 열람이나 복사, 재판서나 조서 중 비밀기재 부분의 정본이나 등본 또는 초본의 교부의 신청자를 당사자로 제한할 수 있다(민소법 제163조 제1항). 당사자의 사생활에 관한 중대한 비밀이 적혀 있는 경우라든가 당사자의 사회생활에 큰 지장을 줄 우려가 있는 경우 또는 영업비밀과 관련된 경우가 해당한다.

5. 조서의 정정

조서에 잘못된 내용의 기재가 있는 경우에, 관계인이 이에 대하여 이의를 제기할 수 있다. 조서에 적힌 사항에 대하여 관계인이 이의를 제기한 때에는 조서에 그 취지를 적어야 한다(민소법 제164조). 대법원은 "변론조서에 불실의 기재가 있은 경우 그 정정을 구함에 있어서는 민사소송법 제146조 제2항[53]에 의하여 처리할 것이지 같은 법 제209조[54] 소정의 이의사건으로 처리할 것은 아니다."라고 판시하고 있다.[55]

---

53) 당시 민사소송법 제146조(관계인의 조사낭독청구권) ① 조서는 관계인의 신청이 있는 때에는 그에게 낭독하여 주거나 열람하게 하여야 한다. ② 조서의 기재에 관하여 관계인의 이의가 있는 때에는 조서에 그 사유를 기재하여야 한다.
54) 당시 민사소송법 제209조(법원사무관 등의 처분에 대한 이의) 법원사무관 등의 처분에 대한 이의는 그 법원사무관 등의 소속법원이 결정으로 재판한다.

〈대법원 1989. 9. 7. 자 89마694 결정〉

대법원은 "소송촉진등에관한특례법 제13조에 의하여 항고법원의 결정에 대한 재항고는 같은 법 제11조 제1항에 해당하는 사유가 있음을 이유로 하는 때에 한하여 이를 제기할 수 있는 것인바, 변론조서에 불실의 기재가 있는 경우 그 정정을 구함에 있어서는 민사소송법 제146조 제2항에 의하여 처리할 것이지 이를 같은 법 제209조 소정의 이의사건으로 처리할 것은 아니므로[56] 관계인이 증인신문조서 등 변론조서의 기재에 관하여 이의를 한 경우 당해 법원서기관 등의 소속법원이 결정으로 재판할 것은 아니라 할 것이고 또한 기일의 지정, 변경 및 속행은 오직 재판장의 권한에 속하는 것이고,[57] 당사자가 신청한 증거로서 법원이 필요 없다고 인정한 것은 조사하지 아니할 수 있는 것이고 이에 대하여 반드시 증거채부의 결정을 하여야 하는 것은 아니므로,[58] 재항고인의 주장과 같이 법원이 당사자의 증거조사를 위한 속행신청에도 불구하고 변론을 종결하였다 하더라도 종국판결에 대한 불복절차에 의하여 그 판단의 당부를 다툴 수 있는 것은 별론으로 하고 이에 대하여 별도로 항고로써 불복을 할 수는 없는 것이다."라고 판시하고 있다.

한편, 증인신문조서상 증거내용의 기재 오류가 있는 경우에, 상고이유로 삼을 수 있는지에 대한 물음이 제기될 수 있다. 대법원은 이를 부정하고 있다.[59]

〈대법원 1981. 9. 8. 선고 81다86 판결〉

대법원은 "원심증인 이분 및 같은 김공점에 대한 각 증인신문조서에 같은 증인들의 증언내용과 현저히 다르게 기재되어 있을 뿐 아니라 증언한 바 없는 내용도 기재되어 있어 잘못이라고 하나, 조서의 기재에 관하여 불복이 있으면 민사소송법 제146조 제2항의 규정에 의한 이의의 방법에 의하여야 할 것이고[60] 이를 상고이유로 삼을 수는 없다."고 판시하고 있다.

---

55) 대법원 1989. 9. 7. 자 89마694 결정.
56) 대법원 1975. 12. 8. 자 75마372 결정.
57) 대법원 1982. 6. 22. 선고 81다791 판결.
58) 대법원 1965. 5. 31. 선고 65다159 판결.
59) 대법원 1981. 9. 8. 선고 81다86 판결.
60) 대법원 1977. 7. 12. 선고 77다787 판결.

〈대법원 1995. 7. 14. 선고 95누5097 판결〉

대법원은 "원심의 1995. 2. 10.자 변론기일은 실제로 있지도 않았고, 피고 소송수행자가 출석한 사실도 없으며, 위 기일의 변론조서 기재와 같은 진술을 한 사실도 없는데 위 변론기일조서에는 피고 소송수행자가 출석하여 원고가 납부할 의무가 있는 하수도사용료에 관하여 자백하는 진술을 한 것으로 잘못 기재되어 있다는 것이나 조서의 기재에 관하여 불복이 있으면 민사소송법 제146조 제2항의 규정에 의한 이의의 방법에 의하여야 할 것이고, 이를 상고이유로 삼을 수는 없다 할 것이다." 라고 판시하고 있다.

제6장
The Civil Proceedings Act
변론기일 당사자의 결석

I. 필요변론의 원칙

판결은 구술변론을 거쳐야 한다. 필요변론의 원칙(민소법 제134조 제1항) 때문에, 변론기일에 한쪽이나 양쪽 당사자가 결석을 하면 소송의 진행이 진척되지 못할 뿐만 아니라 사건의 종결이 신속하게 해결될 수 없게 된다. 그러므로 민사소송법은 한쪽 당사자가 결석하는 경우에 진술간주(민소법 제148조)와 자백간주(민소법 제150조 제3항)로, 양쪽 결석의 경우에는 소의 취하간주(민소법 제268조)라고 하는 기일해태의 효과를 규정하고 있다. 법원은 대법원규칙이 정하는 간편한 방법에 따라 기일을 통지할 수 있고, 이 경우 기일에 출석하지 아니한 당사자 등에 대하여 법률상의 제재나 그 밖에 기일을 게을리 함에 따른 불이익을 줄 수 없도록 하고 있다(민소법 제167조 제2항).

II. 기일의 해태

적법한 기일통지를 받고도 필요적 변론기일에 불출석하거나 출석하여도 변론하지 않는 경우가 기일의 해태이다. 기일의 해태가 적용되기 위해서는 다음과 같은 전제조건이 충족되어야 한다. 첫째, 임의적 변론기일에는 그 적용이 배제되고 필요적 변론기일에 한정하여 적용된다. 둘째, 적법한 기일통지를 받고도 불출석해야 한다. 다만, 기일통지서의 송달불능이나 송달무효는 기일해태에 해당하지 않는다. 사건의 호명을 받고도 변론이 끝날 때까지 불출석이나 무변론의 경우 기일의 해태가 된다. 여기서 불출석이라 함은 당사자도 대리인도 모두 법정에 나오지 않는 경우이다. 비록 당사자가 출석하였다 하더라도 ① 진술금지의 재판(민소법 제144조)이나 퇴거명령, ② 임의퇴정의 경우에도 불출석으로 된다. 또한 출석하였다 하더라도 변론하지 아니하면 기일의 해태로 된다.

민사소송법 제268조 소정의 '변론의 기일에 당사자 쌍방이 출석하지 아니한 때'의 의미와 요건 불비의 공시송달에 의하여 쌍방 불출석의 효과가 발생하는지 여부에 대하여, 대법원은 '변론의 기일에 당사자 쌍방이 출석하지 아니한 때'란 '당사자 쌍방이 적법한 절차에 의한 송달을 받고도 변론기일에 출석하지 않는 것'을 가리키는 것이고, "당사자의 주소, 거소 기타 송달할 장소를 알 수 없는 경우가 아님이 명백함에도 재판장이 당사자에 대한 변론기일 소환장을 공시송달에 의할 것으로 명함으로써 당사자에 대한 변론기일 소환장이 공시송달된 경우, 그 당사자는 각 변론기일에 적법한 절차에 의한 송달을 받았다고 볼 수 없으므로, 위 공시송달의 효력이 있다 하더라도 각 변론기일에 그 당사자가 출석하지 아니하였다고 하여 쌍방 불출석의 효과가 발생한다고 볼 수 없다."고 판시하고 있다.[61]

〈대법원 1997. 7. 11. 선고 96므1380 판결〉

대법원은 "피고의 주소를 알 수 없는 경우가 아님이 명백함에도 원심 재판장은 피고에 대한 변론기일 소환장을 공시송달에 의할 것으로 명함으로써 피고에 대한 원심 제2차 및 제3차 변론기일 소환장을 공시송달 하였으므로, 피고는 위 각 변론기일에 적법한 절차에 의한 송달을 받았다고 볼 수 없고, 따라서 위 공시송달의 효력이 있다 하더라도,[62] 각 변론기일에 피고가 출석하지 아니하였다고 하여 쌍방 불출석의 효과가 발생한다고 볼 수 없다."고 하면서 "민사소송법 제241조 제2항 및

---

61) 대법원 1997. 7. 11. 선고 96므1380 판결.

제4항에 의하여 소 또는 상소의 취하가 있는 것으로 보는 경우 위 제2항 소정의 1월의 기일지정신청기간은 불변기간이 아니어서 그 추완이 허용되지 않는 점을 고려한다면, 위 제1, 2항에서 '변론의 기일에 당사자 쌍방이 출석하지 아니한 때'란 당사자 쌍방이 적법한 절차에 의한 송달을 받고도 변론기일에 출석하지 않는 것을 가리키는 것이고, 변론기일의 송달절차가 적법하지 아니한 이상 비록 그 송달이 유효하고 그 변론기일에 당사자 쌍방이 출석하지 아니하였다고 하더라도 쌍방 불출석의 효과는 발생하지 않는다고 해석하여야 할 것이다."라고 판시하고 있다.

<대법원 1997. 7. 11. 선고 96므1380 판결>

대법원은 "피고의 주소를 알 수 없는 경우가 아님이 명백함에도 원심 재판장은 피고에 대한 변론기일 소환장을 공시송달에 의할 것으로 명함으로써 피고에 대한 원심 제2차 및 제3차 변론기일 소환장을 공시송달 하였으므로, 피고는 위 각 변론기일에 적법한 절차에 의한 송달을 받았다고 볼 수 없고, 따라서 위 공시송달의 효력이 있다 하더라도,[63] 각 변론기일에 피고가 출석하지 아니하였다고 하여 쌍방 불출석의 효과가 발생한다고 볼 수 없다."고 하면서 "민사소송법 제241조 제2항 및 제4항에 의하여 소 또는 상소의 취하가 있는 것으로 보는 경우 위 제2항 소정의 1월의 기일지정신청기간은 불변기간이 아니어서 그 추완이 허용되지 않는 점을 고려한다면, 위 제1, 2항에서 '변론의 기일에 당사자 쌍방이 출석하지 아니한 때'란 당사자 쌍방이 적법한 절차에 의한 송달을 받고도 변론기일에 출석하지 않는 것을 가리키는 것이고, 변론기일의 송달절차가 적법하지 아니한 이상 비록 그 송달이 유효하고 그 변론기일에 당사자 쌍방이 출석하지 아니하였다고 하더라도 쌍방 불출석의 효과는 발생하지 않는다고 해석하여야 할 것이다."라고 판시하고 있다.

주소변경불신고로 인한 공시송달과 당사자의 귀책사유와 관련하여, 대법원은 "법인인 소송당사자가 법인이나 그 대표자의 주소가 변경되었는데도 이를 법원에 신고하지 아니하여 2차에 걸친 변론기일소환장이 송달불능이 되자 법원이 공시송달의 방법으로 재판을 진행한 결과 쌍방불출석으로 취하 간주되었다면, 이는 그 변론기일에 출석하지 못한 것이 소송당사자의 책임으로 돌릴 수 없는 사유로 인하여 기일을 해태한 경우라고는 볼 수 없다."고 판시하고 있다.[64]

---

62) 대법원 1984. 3. 15.자 84마20 전원합의체 결정.
63) 대법원 1984. 3. 15.자 84마20 전원합의체 결정.
64) 대법원 1987. 2. 24. 선고 86누509 판결.

〈대법원 1987. 2. 24. 선고 86누509 판결〉

"원심의 기록에 따르면, '1983. 11. 22. 10:00의 제1차 변론기일소환장을 소장 및 원고의 법인등기부등본에 기재된 원고의 주소지에 발송하였으나 이사불명으로 송달불능이 되었고, 위 법인의 주소지와 소장 및 위 회사의 법인등기부등본에 기재된 대표이사의 주소지의 두 곳에 발송한 제2차 변론기일(같은 해 12. 13. 10:10) 소환장이 여전히 이사불명과 주소불명으로 각 송달불능이 되자 재판장은 원고에 대한 변론기일소환장등 소송서류의 송달을 공시송달로 할 것을 명하였으며 이에 따라 원고에 대한 변론기일소환장등 소송서류가 공시송달되어 진행된 1984. 1. 17. 10:00의 제3차 변론기일 및 1984. 2. 7. 10:00의 제4차 변론기일에 각 원고는 불출석하고 피고 소송수행자는 출석하였으나 변론하지 아니함으로써 그날로 이 사건 소는 2회의 쌍방불출석으로 인하여 취하된 것으로 간주된 사실과 원고는 주소지나 송달할 장소의 변경사실을 위 소취하 간주 시까지 원심에 신고하지 아니하였음을 확정하고 있다."

대법원은 "원심의 위 사실인정은 수긍이 가고 거기에 아무런 잘못이 없다. 사정이 그러하다면 공시송달방법으로 변론기일소환장이 송달되어 쌍방불출석으로 취하간주됨에 이르른 것은 원고가 원고 법인이나 대표자의 주소가 변경되었는데도 이를 법원에 신고하지 아니한 데에 말미암은 것이니 그 변론기일에 출석하지 못한 것이 원고의 책임에 돌릴 수 없는 사유로 인하여 기일을 해태한 경우라고는 볼 수 없다고 할 것이다. 같은 취지의 원심판결은 정당하고 거기에 소론과 같은 위법사유가 있다고 할 수 없다. 논지는 원고가 주소보정을 하였다 던가 우편집배인이 송달을 제대로 하지 아니하였다는 등 원심에 이르기까지 주장하지 아니한 새로운 사실을 내세우고 독자적인 견해에서 원심판결을 탓하는 것이니 받아들일 수 없다."고 판시하고 있다.

당사자가 출석하였는데 재판장이 기일을 연기한 것이 출석한 당사자가 변론을 하지 아니한 때에 해당하는지 여부에 대하여, 대법원은 "당사자의 일방 또는 쌍방이 출석한 경우에 기일을 연기하는 것은 출석한 당사자에게 기일 해태의 효력이 생기는 것이 아니고, 민사소송법 제268조 제1, 2항에서 규정한 당사자가 변론기일에 출석하더라도 변론하지 아니한 때라는 것은 기일이 개시되어 변론에 들어 갔으나 변론을 하지 아니한 경우를 말한다."라고 판시하고 있다. [65]

---

[65] 대법원 1993. 10. 26. 선고 93다19542 판결.

〈대법원 1993. 10. 26. 선고 93다19542 판결〉

원고와 피고가 모두 적법한 소환을 받고 변론기일에 출석하지 아니한 때에는 그와 같은 변론조서에의 기재에 의하여 쌍방불출석의 효과가 생기고, 사건호상 후의 변론조서에 연기라는 기재가 있다 하여도 무의미한 기재로 돌아가고 연기로 인정할 수 없다고 할 것이나,[66] 당사자의 일방 또는 쌍방이 출석한 경우에 기일을 연기하는 것은 출석한 당사자에게 기일해태의 효력이 생기는 것이 아니고, 민사소송법 제241조 제1, 2항에서 규정한 당사자가 변론기일에 출석하더라도 변론하지 아니한 때라는 것은 기일이 개시되어 변론에 들어 갔으나 변론을 하지 아니한 경우를 말하는 것이지 변론에 들어가기도 전에 재판장이 기일을 연기하고 출석한 당사자에게 변론의 기회를 주지 아니함으로써 변론을 하지 아니한 경우에는 출석한 당사자가 변론을 하지 아니한 때에 해당하지 않는 것이다."[67]라고 판시하고 있다.

당사자도 대리인도 모두 법정에 나오지 않는 경우가 발생할 수 있다. 대법원은 변론조서에 의한 당사자 출석 여부의 증명과 관련하여, "변론조서에서 소송대리인 불출석이라고만 기재되어 있고 당사자 본인의 출석 여부에 대하여 아무런 기재가 없으면, 이른바 당사자 쌍방의 변론기일에의 불출석은 증명되지 아니한다."고 판시하고 있다.[68]

〈대법원 1979. 9. 25. 선고 78다153·154〉

대법원은 "민사소송법 제241조의 당사자의 변론기일 불출석으로 인한 불이익을 그 당사자에게 귀속시키려면 소송대리인이 있는 경우에는 그 당사자 본인과 소송대리인 모두가 변론기일에 출석하지 아니함을 요건으로 하고 그 출석 여부는 변론조서의 기재에 의하여서만 증명하여야 한다 할 것인데 원심 1차 변론조서에 의하면 1977. 3. 22. 10:00 사건과 당사자를 호명, 원고대리인, 피고들 대리인 각 불출석이라고만 기재되어 있고 원고 및 피고들 본인의 출석 여부에 대하여는 아무런 기재가 없음이 분명하므로 이 변론조서의 기재만으로는 위 법 제241조 제1항에서 말하는 이른바 당사자 쌍방의 변론기일에의 불출석은 증명되지 아니한다고 함이 당원의 판례로 하고 있는 바이고[69] 또한 원심 3차 변론조서 및 4차, 5차 각 변론조서에 의하면 원고 소송대리인이 3차 변론기일(1977. 5. 10. 14:00)및 4차, 5차 각 변론기일에 출석하였으며, 원심법원은 채택된 증인에 대한 증거절차이

---

66) 대법원 1982. 1. 26. 선고 81다849 판결.
67) 대법원 1990. 2. 23. 선고 89다카19191 판결.
68) 대법원 1979. 9. 25. 선고 78다153 판결.
69) 대법원 1965. 3. 23. 65다24 판결; 대법원 1967. 12. 18. 67다2202 판결.

행을 촉구하고 또는 증인 소환을 위하여 변론을 연기한 것이 뚜렷하므로 이 경우 역시 위법 제241조 제1항의 출석하더라도 변론을 하지 아니한 때에 해당한다고 할 수 없으므로 원고의 피고들에 대한 항소가 당사자 쌍방의 2회 불출석에 의하여 항소 취하 간주되었다는 논지도 이유 없다."고 판시하고 있다.

〈대법원 1982. 6. 8. 선고 81다817 판결〉

대법원은 "민사소송법 제241조에 규정된 당사자의 변론기일 불출석으로 인한 불이익을 그 당사자에게 귀속시키려면 소송대리인이 있는 경우에는 그 당사자 본인과 소송대리인 모두가 변론기일에 출석하지 아니함을 요건으로 하고 그 출석 여부는 변론조서의 기재에 의하여 증명하여야 한다고 할 것인바,[70] 본건 제1심 제3차 변론조서에 의하면 원고 이 윤희 및 동 대리인 정춘용 각 불출석 피고 허필성, 동 김희건, 동 이두환, 동 김명식의 대리인 이재윤 각 불출석으로만(피고 정용권은 당시 변론을 분리진행) 기재되어 있고, 피고 동 본인의 출석 여부에 관하여는 아무런 기재가 없음이 분명하므로, 이 변론조서의 기재로서는 위 법 제241조 제1항에서 말하는 당사자 쌍방의 변론기일에의 불출석은 증명되지 아니한다고 할 것이니, 동 제11차 변론에 당사자 쌍방이 불출석하였다 하여도 이때에 동법 제241조 제2항에 의한 소취하간주의 효과가 발생할 수 없다 할 것이다. 이런 취지에서 소송이 계속되고 있다는 전제에서 본안판결을 한 원심의 조치는 정당하다."고 판시하고 있다.

III. 양쪽 당사자의 결석

민사소송법은 제268조에 양쪽 당사자가 출석하지 아니한 경우에 대하여 취하간주 규정을 두고 있다.

1. 취하간주 요건

소취하의 간주가 되기 위해서는 우선 양쪽 당사자가 1회 결석이 있어야 한다. 우리 법은 양쪽 당사자가 변론기일에 1회 불출석하거나 출석하였다 하더라도 무변론이어야 함을 요구하고 있다(민소법 제268조 제1항). 이 경우 재판장은 다시 변론기일을 정하여 양쪽 당사자에

---

70) 대법원 1979. 9. 25. 선고 78다153, 154 판결.

게 통지하여야 한다. 둘째, 양쪽 당사자가 2회 결석이 있어야 한다. 양쪽 당사자가 1회 결석 후에 새로운 기일 또는 그 뒤의 기일에 불출석이거나 출석 시 무변론이어야 한다(민소법 제268조 제2항). 셋째, 양쪽 당사자가 2회 결석 후 그로부터 1월 내에 당사자가 기일지정신청이 없거나 기일지정신청 후의 양쪽 결석이 있어야 한다. 세 가지 요건이 충족되면 소의 취하가 있는 것으로 본다(민소법 제268조 제2항). '민사소송법 제241조 제2항(현 민소법 제268조 제2항)의 기일지정신청기간의 기산점'과 관련하여, 대법원은 쌍방 불출석 변론기일로부터 1월 내로 정하고 있다.[71]

〈대법원 1992. 4. 14. 선고 92다3441 판결〉

대법원은 "민사소송법 제241조 제2항(현 민소법 제268조 제2항)의 기일지정신청기간의 기산점(= 쌍방 불출석 변론기일)에 대한 판결이 있다. 대법원은 "민사소송법 제241조 제2항의 기일지정신청은 쌍방 불출석 변론기일로부터 1월 내에 하여야 하는 것이지 신청인이 그 사실을 안 때로 부터 그 기간을 기산 할 수는 없는 것이다."라고 판시하고 있다.

민사소송법 제241조 제2항 소정의 1월의 기일지정신청기간이 불변기간인지 여부 및 그 추완의 허부에 대하여, 대법원은 이를 부정하고 있다.[72]

〈대법원 1992. 4. 21. 선고 92마175 판결〉

대법원은 "민사소송법 제241조 제2항(현 민소법 제268조 제2항) 소정의 1월의 기일지정신청기간이 불변기간인지 여부 및 그 추완의 허부에 대하여 대법원은 "민사소송법 제241조 제2항 소정의 1월의 기일지정신청기간은 불변기간이 아니어서 기일지정신청의 추완이 허용되지 않는다."고 한다.

2. 취하간주의 효과

첫째, 취하간주의 효과는 법률상 당연히 생기는 효과이다. 그러므로 당사자나 법원의 의사로 그 효과를 좌우할 수 없다. 변론기일의 2회 불출석의 효과발생과 법원의 재량 유무에

---

71) 대법원 1992. 4. 14. 선고 92다3441 판결.
72) 대법원 1992. 4. 21. 선고 92마175 판결.

대하여, 대법원은 "당사자가 변론기일에 2회에 걸쳐 불출석하거나 변론없이 퇴정할 때는 소취하 또는 항소취하로 간주되는 효과가 법률상 당연히 발생하는 것이고 법원의 재량이나 소송사건의 내용, 진도에 따라 임의로 처리할 수 없다."고 판시하였다.[73)

〈대법원 1982. 10. 12. 선고 81다94 판결〉

대법원은 "원고의 고용인부가 1980. 10. 29에 추수작업 중 우수중지절단상을 입게 되었다고 할지라도 그 치료에 동행하고 아니하고는 원고의 자유로운 의사결정에 따른 것이라 할 것이므로 그 치료를 위하여 원고가 타처에 있는 병원에 동행한 것을 들고 같은 해 10. 31의 본건 변론기일에 출석 못한 점을 그 책임 없는 사유로 인하였다고는 볼 수 없는 바이니 이런 취지에서 한 원심의 판단은 정당하다고 할 것이며 당사자가 변론기일에 2회에 걸쳐 불출석하거나 변론 없이 퇴정할 때는 소취하 또는 항소취하로 간주되는 효과가 법률상 당연히 발생하는 것으로 여기에는 법원의 재량이나 소송사건의 내용 진도에 따라 임의로 처리할 수 없다."[74)고 판시하였다.

둘째, 취하간주는 원고의 의사표시에 의한 소의 취하와 그 효과가 동일하다. 그러므로 소송계속의 효과는 소급적으로 소멸하며 소송은 종결하게 된다. 만약 소 취하간주가 있음에도 불구하고 이를 간과한 채 본안판결을 하였다고 한다면, 상급법원은 소송종료선언을 하여야 한다.

IV. 한쪽 당사자의 결석

1. 의의

한쪽 당사자가 결석하게 되면 마치 출석하여 진술하였거나 또는 자백한 것처럼 보아 절차를 진행시키는 제도가 대석판결주의(당사자 쌍방의 변론에 의하는 판결)이다. 우리 민사소송법은 대석판결주의를 따르고 있다.

---

73) 대법원 1982. 10. 12. 선고 81다94 판결.
74) 대법원 1973. 3. 13. 선고 72다2299 판결.

2. 진술간주

민사소송법 제148조는 한쪽 당사자가 출석하지 아니한 경우에 대한 사항을 담고 있다. 제148조는 한쪽 당사자가 변론기일에 불출석하거나 출석무변론인 경우에는 그가 제출한 소장, 답변서, 그 밖의 준비서면에 기재한 사항을 진술한 것으로 간주하고 출석한 상대방에 대하여 변론을 명할 수 있음을 규정하고 있다. 동 규정의 목적은 당사자 일방이 결석할 때 소송의 지연에 대한 예방하고자 함과 기일출석의 시간과 노력의 불경제를 제거하고자 함에 있다.

한쪽 당사자가 변론기일에 불출석한 상태에서 법원이 변론을 진행하기 위하여는 반드시 불출석한 당사자가 그때까지 제출한 소장·답변서 그 밖의 준비서면에 기재된 사항을 진술간주하여야 하는지에 대하여, 대법원은 이를 긍정하고 있다.[75]

〈대법원 2008. 5. 8. 선고 2008다2890 판결〉

대법원은 "피고 회사가 불출석한 상태에서 변론준비기일이나 변론기일을 진행함에 있어 위 4. 25. 또는 6. 22.에 제출된 답변서에 기재된 사항을 진술한 것으로 보지 아니한 채 그 진행을 하고 변론을 종결한 후 판결을 선고한 데에는 민사소송법 제148조 제1항을 위반하여 변론을 진행함으로써 판결 결과에 영향을 미친 위법이 있다."고 하면서 "민사소송법 제148조 제1항에서는 '원고 또는 피고가 변론기일에 출석하지 아니하거나, 출석하고서도 본안에 관하여 변론하지 아니한 때에는 그가 제출한 소장·답변서, 그 밖의 준비서면에 적혀 있는 사항을 진술한 것으로 보고 출석한 상대방에게 변론을 명할 수 있다.'고 규정하고 있는바, 위 규정에 의하면, 변론기일에 한쪽 당사자가 불출석한 경우에 변론을 진행하느냐 기일을 연기하느냐는 법원의 재량에 속한다고 할 것이나, 출석한 당사자만으로 변론을 진행할 때에는 반드시 불출석한 당사자가 그때까지 제출한 소장·답변서, 그 밖의 준비서면에 적혀 있는 사항을 진술한 것으로 보아야 한다."고 판시하고 있다.

3. 자백간주

자백간주에 대하여는 민사소송법 제150조가 담고 있다. 동 규정은 기일통지를 받은 당사자가 답변서, 준비서면 등을 제출하지 않고 당해 변론기일에 출석하지 않은 경우에는 출석한 당사자의 주장사실에 대하여 마치 출석하여 명백히 다투지 않은 경우처럼 자백한 것으로 간주함을 규정하고 있다. 자백간주는 원고와 피고 모두 동일하게 적용된다.

---

75) 대법원 2008. 5. 8. 선고 2008다2890 판결.

제7장
The Civil Proceedings Act

증거에 대한 일반사항

I. 의의

법관이 재판을 하기 위하여는 법원이 법률적용 이전에 당사자에 의해 주장된 사실을 조사하고, 그 사실의 진부를 판단해야 한다. 이 사실의 진부를 판단하기 위한 자료를 증거라고 한다. 증거는 법관이 사실 인정을 하기 위한 자료로서 오관의 작용에 의해 획득하는 소송상의 수단, 방법 그리고 그 획득한 자료 등을 가리킨다.

II. 증거의 구분

1. 증거방법

법관이 그 오관의 작용에 의하여 조사할 수 있는 유형물을 증거방법이라 한다. 민사소송법 제289조 '증거의 신청'이나 제290조 '신청한 증거' 등은 증거방법을 의미한다. 증거방법 가운데 증인, 감정인 및 당사자 본인을 인증이라고 하고, 문서, 검증물 및 전자저장정보물 등을 물증이라 한다.

2. 증거자료

증거방법의 조사에 의하여 얻은 내용이 바로 증거자료이다. 증언, 감정결과, 문서의 기재 내용, 검증결과, 당사자 신문결과, 영상사진, 녹음테이프 등이 증거자료이다.

3. 증거원인

법관의 심증형성의 원인이 된 자료나 상황이 바로 증거원인이다.

4. 증거능력

증거방법으로서 증거조사의 대상이 될 자격이 증거능력이다. 민사소송법상 자유심증주의를 채택하고 있기 때문에 증거능력의 제한이 없는 것이 원칙이다. 선서하지 아니한 감정인에 의한 감정결과의 증거능력이 있는가에 대하여, 대법원은 '선서하지 아니한 감정인에 의한 신체감정결과는 증거능력이 없다.'고 판시하고 있다.[76]

〈대법원 1982. 8. 24. 선고 82다카317 판결〉

대법원은 "민사소송법 제314조는 공무소, 학교 기타 상당한 설비 있는 단체 또는 외국공무소 등 자연인 아닌 기관에 대하여 감정을 촉탁할 수 있도록 하고 이는 공무소나 학교 등 전문적 연구시설을 갖춘 권위 있는 기관에 대한 촉탁인 까닭에 감정인 선서에 관한 규정을 적용하지 않는다고 규정하고 있는 것이므로 이 민사소송법 제314조에 의한 감정이라면 위와 같은 권위 있는 기관에 의하여 그 공정성과 진실성 및 그 전문성이 담보되어야 할 것인데 원심의 신체감정촉탁에 의하여 감정서를 제출한 위 주정화의 이름으로 된 감정결과가 이 요건을 갖추지 아니하였음은 그 기재 자체에 의하여서도 명백하고 한편 고도로 전문지식을 가진 사람의 감정이라고 하더라도 위와 같은 요건을 갖추지 아니한 자연인의 감정이라면 민사소송법이 정하는 절차에 따라 선서를 하여야 할 것임에도 불구하고 위 주정화가 감정인으로서 선서를 한 흔적을 일건기록상 찾아 볼 수 없는 이 사건에 있어서 원심의 용의신체감정결과는 그 신빙성은 물론 적법한 증거능력조차 없다고 할 것임에도 불구하고 원심이 위와 같이 제1심의 서울대학교 의과대학 부속병원의 신체감정촉탁결과를 배척하고 그

---

76) 대법원 1982. 8. 24. 선고 82다카317 판결.

결과내용에 있어서도 전후 모순이 엿보이고 경험상 의문이 있는 신빙성과 증거능력이 없는 위 주정화의 감정결과를 취신하였음은 필경 민사소송법 제187조와 제314조의 법리를 오해하고 채증법칙에 위반하여 사실을 오인한 잘못을 저질러 원심판결에는 현저하게 정의와 형평에 반하는 법률위반의 위법이 있다고 하지 않을 수 없다."고 하면서, 대법원은 "민사소송법 제187조가 선언하고 있는 자유심증주의는 증거의 증거력을 법정하지 아니하고 오로지 법관의 자유로운 판단에 맡기는 것을 말하기는 하나 이는 형식적, 법률적인 증거규칙으로부터의 해방을 뜻할 뿐 법관의 자의적인 판단을 용인한다는 것이 아니므로 적법한 증거조사 절차를 거친 증거능력 있는 적법한 증거에 의하여 사회정의와 형평의 이념에 입각하여 논리와 경험의 법칙에 따라 사실주장의 진실 여부를 판단하여야 할 것이며 비록 사실의 인정이 사실심의 전권에 속한다고 하더라도 역시 이와 같은 제약에서 벗어날 수 없는 것이다."라고 판시하고 있다.

확정되지 아니한 판결서를 증거로 사용할 수 있는지 여부와 관련하여, 대법원은 "판결서 중에서 한 사실판단을 그 사실을 증명하기 위하여 이용하는 것을 불허하는 것은 아니어서 이를 이용하는 경우에 판결서도 그 한도 내에서 보고문서라고 할 것이고 판결서가 확정되지 아니한 것이라고 하여 증거로 사용될 수 없다고 할 수 없으며, 다만 신빙성이 문제될 수 있을 뿐이다."라고 하면서 이를 긍정하고 있다.[77]

〈대법원 1992. 11. 10. 선고 92다22107 판결〉

대법원은 "원고(반소피고, 이하 원고라고만 한다)가 소외 김상재의 재산상속인인 전순구, 김영주, 김성환, 김영림 등 4인을 상대로 돈의 지급을 구하는 소송이 계속되던 중인 1988. 11. 21. 위 김성환, 김영주가 위 전순구 및 김영림과 합의하여 원고와 사이에 그들 간의 소를 취하하고 위 상속인들은 이 사건 대지에 대한 원고의 소유권을 정당한 것으로 인정하고 원고의 소유권이전등기에 대한 말소등기청구권 등을 포기하며 이에 관련하여 원고는 위 김상재 및 그가 경영하던 회사에 대한 채권이 모두 청산된 것으로 하는 내용의 재판 외의 합의를 한 사실을 인정한 미확정의 판결인 갑 제14호증, 위 상속인 등 4인이 가족으로서 상소 의논을 하여 원고와의 사이에 위와 같은 합의가 이루어졌다는 취지의 김영주의 증언이 기재된 갑 제15호증 등 원심거시의 증거들과 변론의 전취지를 종합하여 원고와 위 김상재의 재산상속인 4인과 사이에 위에서 설시한 바와 같은 1988. 11. 21.자 합의가 성립된 사실을 인정한 원심의 조치는 수긍이 되고 거기에 소론과 같은 서증의 해석을 잘못하

77) 대법원 1992. 11. 10. 선고 92다22107 판결.

의가 성립된 사실을 인정한 원심의 조치는 수긍이 되고 거기에 소론과 같은 서증의 해석을 잘못하였거나 증거 없이 사실을 인정한 위법이 있다고 할 수 없다."고 하면서, "판결서 중에서 한 사실판단을 그 사실을 증명하기 위하여 이용하는 것을 불허하는 것은 아니어서 이를 이용하는 경우에는 판결서도 그 한도 내에서는 보고문서라고 할 것이고,[78] 그 판결서가 확정되지 아니한 것이라고 하여 증거로 사용될 수 없다고는 할 수 없고, 다만 그 신빙성이 문제될 수 없다고는 할 수 없고, 다만 그 신빙성이 문제될 수 있을 뿐이다."[79]라고 판시하고 있다.

민사소송법상 녹음테이프의 증거능력 및 변론전체의 취지에 의하여 녹취록 등의 진정성립을 인정할 수 있는지 여부에 대하여, 대법원은 이를 긍정하고 있다.[80]

〈대법원 2009. 9. 10. 선고 2009다37138 판결〉

대법원은 "자유심증주의를 채택하고 있는 우리 민사소송법 하에서 상대방 부지 중 비밀리에 상대방과의 대화를 녹음하였다는 이유만으로 그 녹음테이프나 이를 속기사에 의하여 녹취한 녹취록이 증거능력이 없다고 단정할 수 없고, 그 채증 여부는 사실심 법원의 재량에 속하는 것이며,[81] 당사자가 부지로서 다투는 서증에 관하여 거증자가 특히 그 성립을 증명하지 아니한 경우라 할지라도 법원은 다른 증거에 의하지 아니하고 변론 전체의 취지를 참작하여 자유심증으로써 그 성립을 인정할 수도 있다."[82]고 판시하고 있다.

민사소송법상 녹음테이프의 증거능력 및 증거조사 방법과 관련하여, 대법원은 상대방이 모르게 대화를 녹음한 녹음테이프의 증거능력을 인정하였다.[83]

---

78) 대법원 1980. 9. 9. 선고 79다1281 판결.
79) 대법원 1984. 7. 24. 선고 84후29 판결.
80) 대법원 2009. 9. 10. 선고 2009다37138 판결.
81) 대법원 1999. 5. 25. 선고 99다1789 판결.
82) 대법원 1993. 4. 13. 선고 92다12070 판결.
83) 대법원 1999. 5. 25. 선고 99다1789 판결.

〈대법원 1999. 5. 25. 선고 99다1789 판결〉

대법원은 "녹음테이프에 대한 증거조사는 검증의 방법에 의하여야 할 것인데(위 1981. 4. 14. 선고 80다2314 판결 참조) 원고들은 녹음테이프를 증거로 제출하지 않고 이를 속기사에 의하여 녹취한 각 녹취문(갑 제14호증, 갑 제15호증의 1, 2)을 증거로 제출하였고, 이에 대하여 피고들이 부지로 인부하였으므로, 원심으로서는 녹음테이프 검증을 통하여 대화자가 진술한 대로 녹취되었는지 확인하였어야 할 것이기는 하나, 아래에서 보는 바와 같이 위 녹취문들은 오히려 피고들에게 유리한 내용으로 되어 있는 것으로 보아 그 녹취 자체는 정확하게 이루어진 것으로 보이고, 위 녹취문들의 진정성립을 의심할 만한 특별히 석연치 않은 점은 없다."고 하면서 "자유심증주의를 채택하고 있는 우리 민사소송법 하에서 상대방 부지 중 비밀리에 상대방과의 대화를 녹음하였다는 이유만으로 그 녹음테이프가 증거능력이 없다고 단정할 수 없고, 그 채증 여부는 사실심 법원의 재량에 속하는 것이다."[84]라고 판시하고 있다.

피해자가 피고인으로부터 걸려온 전화내용을 비밀 녹음한 녹음테이프가 위법수집증거에 해당하는지 여부에 대해, 대법원은 위법하게 수집된 증거라고 할 수 있다.[85]

〈대법원 1997. 3. 28. 선고 97도240 판결〉

대법원은 "이 피고 사건에 대하여 범죄의 증명이 있다고 한 제1심판결을 그대로 유지한 원심판결에 상고이유의 주장과 같이 증명력이 없는 증거를 유죄의 증거로 삼음으로써 증거재판주의를 위배하고 자유심증주의의 한계를 일탈한 사실오인이나 심리미진의 위법이 있다고 할 수 없다. 변호인은 이 사건 비밀녹음에 의한 녹음테이프는 위법수집증거배제법칙에 의하여 증거능력이 없다고 주장하나, 피고인이 범행 후 피해자에게 전화를 걸어오자 피해자가 증거를 수집하려고 그 전화내용을 녹음한 이 사건에 있어서는 그것이 피고인 모르게 녹음된 것이라 하여 이를 위법하게 수집된 증거라고 할 수 없고 나아가서 그 녹음테이프에 대한 검증조서가 증거능력이 없다고 할 수 없으므로 (뿐만 아니라 피고인은 피해자가 녹음한 이 사건 녹음테이프에 대하여 제1심 법정에서 이를 증거로 함에 동의하였다) 변호인의 이 점에 관한 주장도 이유 없다."고 판시하고 있다.

불법행위를 구성하는 초상권 및 사생활의 비밀과 자유에 대한 침해가 공개된 장소에서 이

---

84) 대법원 1981. 4. 14. 선고 80다2314 판결; 대법원 1998. 12. 23. 선고 97다38435 판결.
85) 대법원 1997. 3. 28. 선고 97도240 판결.

루어졌다거나 민사소송의 증거를 수집할 목적으로 이루어졌다고 하여 정당화되는지 여부에 대하여, 대법원은 "초상권 및 사생활의 비밀과 자유에 대한 부당한 침해는 불법행위를 구성하는데, 위 침해는 그것이 공개된 장소에서 이루어졌다거나 민사소송의 증거를 수집할 목적으로 이루어졌다는 사유만으로 정당화되지 아니한다."고 하면서, 실체법상 손해배상책임을 면하지 못한다고 하였다. [86]

〈대법원 2006. 10. 13. 선고 2004다16280 판결〉

대법원은 "피고 신동화화재해상보험 주식회사의 직원들인 피고 2, 3이 원고들이 피고 신동아화재해상보험 주식회사를 상대로 제기한 손해배상청구소송에서 원고 1, 2의 후유장해 정도에 대한 증거자료를 수집할 목적으로 원고들 몰래 원고들의 사진을 촬영하여 법원에 제출하였는데, 그 사진의 내용은 원고들이 일상생활에서 장해부위를 사용하는 모습으로서 원고들의 아파트 주차장, 직장의 주차장, 차량수리업소의 마당, 원고 3의 어린이집 주변 도로 등 일반인의 접근이 허용된 공개된 장소에서 촬영한 것이며, 위 피고들은 위 사진을 촬영하기 위하여 원고들을 몰래 지켜보거나 미행하고 때에 따라서는 차량으로 뒤따라가 사진을 촬영하였음을 알 수 있다. 위와 같은 위 피고들의 행위는 특정의 목적을 가지고 의도적·계속적으로 주시하고 미행하면서 사진을 촬영함으로써 원고들에 관한 정보를 임의로 수집한 것이어서, 비록 그것이 공개된 장소에서 민사소송의 증거를 수집할 목적으로 이루어졌다고 하더라도 초상권 및 사생활의 비밀과 자유의 보호영역을 침범한 것으로서 불법행위를 구성한다."고 하면서, "피고 신동화화재해상보험 주식회사의 직원들인 피고 2, 3이 원고들이 피고 신동아화재해상보험 주식회사를 상대로 제기한 손해배상청구소송에서 원고 1, 2의 후유장해 정도에 대한 증거자료를 수집할 목적으로 원고들 몰래 원고들의 사진을 촬영하여 법원에 제출하였는데, 그 사진의 내용은 원고들이 일상생활에서 장해부위를 사용하는 모습으로서 원고들의 아파트 주차장, 직장의 주차장, 차량수리업소의 마당, 원고 3의 어린이집 주변 도로 등 일반인의 접근이 허용된 공개된 장소에서 촬영한 것이며, 위 피고들은 위 사진을 촬영하기 위하여 원고들을 몰래 지켜보거나 미행하고 때에 따라서는 차량으로 뒤따라가 사진을 촬영하였음을 알 수 있다. 위와 같은 위 피고들의 행위는 특정의 목적을 가지고 의도적·계속적으로 주시하고 미행하면서 사진을 촬영함으로써 원고들에 관한 정보를 임의로 수집한 것이어서, 비록 그것이 공개된 장소에서 민사소송의 증거를 수집할 목적으로 이루어졌다고 하더라도 초상권 및 사생활의 비밀과 자유의 보호영역을 침범한 것으로서 불법행위를 구성한다."고 판시하였다.

---

[86] 대법원 2006. 10. 13. 선고 2004다16280 판결.

한편 형사소송법은 위법수집증거의 배제원칙을 규정하고 있다(형사소송법 제308조의2). 대법원은 "기본적 인권 보장을 위하여 압수수색에 관한 적법절차와 영장주의의 근간을 선언한 헌법과 이를 이어받아 실체적 진실 규명과 개인의 권리보호 이념을 조화롭게 실현할 수 있도록 압수수색절차에 관한 구체적 기준을 마련하고 있는 형사소송법의 규범력은 확고히 유지되어야 한다. 그러므로 헌법과 형사소송법이 정한 절차에 따르지 아니하고 수집한 증거는 기본적 인권 보장을 위해 마련된 적법한 절차에 따르지 않은 것으로서 원칙적으로 유죄 인정의 증거로 삼을 수 없다. 수사기관의 위법한 압수수색을 억제하고 재발을 방지하는 가장 효과적이고 확실한 대응책은 이를 통하여 수집한 증거는 물론 이를 기초로 하여 획득한 2차적 증거를 유죄 인정의 증거로 삼을 수 없도록 하는 것이다."라고 하면서 예전 판례를 변경하여 입법과 보조를 취하고 있다.[87]

〈대법원 2007. 11. 15. 선고 2007도3061 판결〉

대법원은 "기본적 인권 보장을 위하여 압수수색에 관한 적법절차와 영장주의의 근간을 선언한 헌법과 이를 이어받아 실체적 진실 규명과 개인의 권리보호 이념을 조화롭게 실현할 수 있도록 압수수색절차에 관한 구체적 기준을 마련하고 있는 형사소송법의 규범력은 확고히 유지되어야 한다. 그러므로 헌법과 형사소송법이 정한 절차에 따르지 아니하고 수집된 증거는 기본적 인권 보장을 위해 마련된 적법한 절차에 따르지 않은 것으로서 원칙적으로 유죄 인정의 증거로 삼을 수 없다 할 것이다. 무릇 수사기관의 강제처분인 압수수색은 그 과정에서 관련자들의 권리나 법익을 침해할 가능성이 적지 않으므로 엄격히 헌법과 형사소송법이 정한 절차를 준수하여 이루어져야 한다. 절차 조항에 따르지 않는 수사기관의 압수수색을 억제하고 재발을 방지하는 가장 효과적이고 확실한 대응책은 이를 통하여 수집한 증거는 물론 이를 기초로 하여 획득한 2차적 증거를 유죄 인정의 증거로 삼을 수 없도록 하는 것이다."라고 하면서, 대법원은 "압수물은 그 압수절차가 위법이라 하더라도 물건 자체의 성질, 형상에 변경을 가져오는 것은 아니므로 그 형상 등에 관한 증거가치에는 변함이 없다 할 것이므로 증거능력이 있다는 취지로 판시한 대법원 1968. 9. 17. 선고 68도932 판결, 대법원 1987. 6. 23. 선고 87도705 판결, 대법원 1994. 2. 8. 선고 93도3318 판결, 대법원 1996. 5. 14.자 96초88 결정, 대법원 2002. 11. 26. 선고 2000도1513 판결, 대법원 2006. 7. 27. 선고 2006도3194 판결 등은 이 판결의 견해에 배치되는 범위 안에서 이를 변경하기로 한다."라고 판시하였다.

---

87) 대법원 2007. 11. 15. 선고 2007도3061 전원합의체 판결.

국민의 사생활 영역에 관계된 증거 제출이 허용되는지 여부의 판단 기준과 관련하여, 대법원은 "불법으로 수집한 증거의 유죄증거로 인정 여부는 진실발견의 공익과 개인의 이익을 비교 형량하여 허용 여부를 결정하여야 한다."고 판시하고 있다.[88]

〈대법원 2010. 9. 9. 선고 2008도3990 판결〉

대법원은 "피고인들 사이의 이 사건 간통 범행을 고소한 피고인 1의 남편인 공소외인이 피고인 1의 주거에 침입하여 수집한 후 수사기관에 제출한 혈흔이 묻은 휴지들 및 침대시트를 목적물로 하여 이루어진 감정의뢰회보에 대하여, 다음과 같은 이유로 위 감정의뢰회보의 증거능력을 인정하고, 공소사실을 유죄로 인정하였다. 즉, 공소외인이 피고인 1의 주거에 침입한 시점은 피고인 1이 그 주거에서의 실제상 거주를 종료한 이후이고, 위 감정의뢰회보는 피고인들에 대한 형사소추를 위하여 반드시 필요한 증거라 할 것이므로 공익의 실현을 위해서 위 감정의뢰회보를 증거로 제출하는 것이 허용되어야 한다. 이로 말미암아 피고인 1의 주거의 자유나 사생활의 비밀이 일정 정도 침해되는 결과를 초래한다 하더라도 이는 피고인 1이 수인하여야 할 기본권의 제한에 해당된다."고 하면서 "국민의 인간으로서의 존엄과 가치를 보장하는 것은 국가기관의 기본적인 의무에 속하는 것이고 이는 형사절차에서도 당연히 구현되어야 하는 것이지만, 국민의 사생활 영역에 관계된 모든 증거의 제출이 곧바로 금지되는 것으로 볼 수는 없으므로 법원으로서는 효과적인 형사소추 및 형사소송에서의 진실발견이라는 공익과 개인의 인격적 이익 등의 보호이익을 비교 형량 하여 그 허용 여부를 결정하여야 한다."고[89] 판시하였다.

5. 증거력

증거자료가 요증사실의 인정에 기여하는 정도를 증거력이라고 한다. 증명력 또는 증거가치라고도 한다.

---

88) 대법원 2010. 9. 9. 선고 2008도3990 판결.
89) 대법원 1997. 9. 30. 선고 97도1230 판결; 대법원 2008. 6. 26. 선고 2008도1584 판결.

III. 증거의 종류

1. 직접증거와 간접증거

1) 직접증거

직접증거라 함은 주요사실의 존부를 직접 증명하는 증거를 말한다. 계약의 존부를 증명하는 계약서가 대표적이다. 현장을 직접 본 증인이나 블랙박스와 같은 현장촬영 영상물도 직접증거에 해당한다.

2) 간접증거

간접증거라 함은 간접사실이나 보조사실을 증명하기 위한 증거를 말한다. 주요사실의 증명에 간접적으로 이바지한다. 과실을 추단케 하는 음주운전의 증언이나 알리바이를 증명해 줄 증인의 정황증언 등이 간접증거에 해당한다.

2. 본증과 반증

1) 본증

당사자가 자기에게 증명책임 있는 사실을 증명하기 위하여 제출하는 증거를 본증이라 한다. 본증이 목적을 달성하기 위해서는 요증사실에 관하여 법관에게 확신을 갖게 하지 않으면 안 된다.

2) 반증

반증이란 상대방의 입증사실을 부정할 목적으로 그 반대당사자가 제출하는 일체의 증거를 의미한다. 반증은 반대의 사실에 관하여 법관에게 확신을 갖게 할 필요는 없고, 본증에 의한 법관의 심증형성을 방해 또는 동요시켜 그 사실에 관하여 진위불명의 상태로 이끌어 가는 정도에서 그 목적을 달성할 수 있다.

3) 반대의 증거

법률상 추정이 되었을 때 이를 깨뜨리기 위하여 그 추정을 다투는 자가 제출하는 증거가 반대의 증거이다. 반대의 증거는 반증이 아니라 하나의 본증에 해당한다. 그러므로 당사자는 법원이 그 추정사실의 존재에 의문을 품게 하는 정도로는 되지 아니하고, 그 추정사실을 번복할 만한 반대사실을 증명해야 한다.

3. 증명과 소명

1) 증명

증명이라 함은 법관이 요증사실의 존재에 대하여 고도의 개연성을 얻게 하기 위해 증거를 제출하는 당사자의 노력을 말한다. 즉, 확신을 얻은 상태 또는 법관으로 하여금 확신을 얻게 하기 위한 노력을 의미한다.

2) 소명

증명에 비하여 정도가 낮은 개연성을 의미한다. 법관이 일단 확실할 것이라는 추측을 얻은 상태 또는 그와 같은 상태에 이르도록 증거를 제출하는 당사자의 노력을 말한다.

4. 엄격한 증명과 자유로운 증명

1) 엄격한 증명

법률에서 정한 증거방법에 대하여 법률이 정한 절차에 의하여 행하는 증명이 엄격한 증명이다. 소송물인 권리관계의 기초사실은 엄격한 증명을 요한다.

2) 자유로운 증명

증거방법과 절차에 대해 법률의 규정에서 벗어나는 증명을 자유로운 증명이라 한다. 자유로운 증명은 점차 확대되고 있는 추세이다. 자유로운 증명은 간이신속을 요하는 결정절차나 직권조사사항에 제한적으로 허용될 것이다.

IV. 요증사실

증명의 대상인 사실을 요증사실이라고 한다. 증명의 대상이 되는 것은 다음과 같다.

1. 사실

사실이라 함은 인식할 수 있는 외계의 사실과 내심의 사실을 말한다. 적용할 법규의 구성 요건을 이루는 모든 사실은 증명의 대상이 된다. 그러므로 과거의 사실이든 현재의 사실이든 관계없이 증명의 대상이 되는 사실에 해당한다. 적극적 사실, 소극적 사실 및 가정적 사실도 포함된다.

2. 경험법칙

우리 경험을 통해 얻어지는 사물에 대한 지식이나 법칙을 말한다. 같은 종류의 많은 사실을 경험한 결과 얻은 공통인식에 바탕을 둔 일반적인 결론을 경험법칙이라 할 수 있다. 대법원은 경험칙에 대하여 "경험칙이란 각개의 경험으로부터 귀납적으로 얻어지는 사물의 성상이나 인과의 관계에 관한 사실판단의 법칙으로서 구체적인 경험적 사실로부터 도출되는 공통인식에 바탕을 둔 판단형식이므로, 어떠한 경험칙이 존재한다고 하기 위하여서는 이를 도출해 내기 위한 기초되는 구체적인 경험적 사실의 존재가 전제되어야 하는 것이다."라고 하고 있다.

〈대법원 1992. 7. 24. 선고 92다10135 판결〉

대법원은 "원고와 같은 사무기기의 도, 소매업에 종사하는 사람의 가동연한을 경험칙에 의하여 인정하기 위하여는, 동인의 평균여명 이외에 같은 직종 종사자의 연령별 근로자수, 취업률 또는 근로참가율, 근로조건 등 제반사정을 조사하여 이로부터 경험칙상 추정되는 사무기기의 도, 소매업자의 가동연한을 도출하든가 또는 위 원고의 연령, 직업, 경력, 건강상태 등 구체적인 사정과 근로환경 등을 심리하여 그 가동연한을 인정하였어야 할 것이다."[90]라고 하면서, 그럼에도 불구하고 "원심이 위와 같은 점에 관하여 아무런 심리도 하지 않은 채 막연히 위 원고와 같은 직종 종사자의 가동연한이 경험칙 상 만 65세가 될 때까지라고 판단한 데에는 채증법칙 위배 또는 심리미진으로 인한 사실오인으로 인하여 판결결과에 영향을 미친 위법이 있다."고 판단하였다.

경험법칙 가운데 일반상식에 속하는 것은 증명의 대상이 되지 않지만, 특수한 전문적, 학

---

90) 대법원 1989. 12. 26. 선고 88다카16867 판결; 대법원 1990. 6. 12. 선고 90다카2397 판결; 대법원 1991. 2. 22. 선고 90다6248 판결.

리적 지식에 속하는 것은 증명이 필요하다. 일반 법관이 그러한 사실을 알 수 없기 때문이다.

3. 법규

법규의 존부확정이나 적용은 법원이 해야 할 의무이기 때문에, 원칙상 증명의 대상이 아니다. 그러나 외국법, 지방법령, 관습법, 실효된 법률이나 구법 등은 증명의 대상이 될 수 있다.

V. 불요증사실

1. 의의

당사자 간에 소송상 다툼이 없는 사실이나 현저한 사실 등은 증명을 요하지 않는다(민소법 제288조). 이를 불요증사실이라고 한다. 법률상 추정을 받는 사실은 적극적 증명을 요하지 않고 판결의 기초가 된다. 그러므로 증명을 요하지 않는 사실에 해당한다.

2. 재판상의 자백

변론이나 변론준비기일에 소송당사자가 자기에 불리한 사실을 인정하는 진술을 재판상의 자백이라고 한다. 다음의 요건을 필요로 한다.

1) 요건

첫째, 구체적인 사실을 대상으로 해야 한다. 자백은 상대방 주장의 사실상의 진술에 대하여 성립한다. 자기에게 불리한 상대방의 법률상의 진술이나 의견은 원칙상 자백의 대상이 되지 않는다. 법률상 진술에는 법규의 존부, 해석에 관한 진술 등이 해당한다. 이러한 사항들은 법원이 그 직책상 스스로 판단하고 해석해야 할 전권사항에 해당되므로 자백이 대상이 될 수 없다. '행정소송인 심결취소소송에서 자백 또는 의제자백이 인정되는지 여부 및 자백의 대상'과 관련하여, 대법원은 자백의 대상으로 인정하지 않았다.[91]

---

91) 대법원 2000. 12. 12. 선고 2000후1542 판결.

<대법원 2000. 12. 12. 선고 2000후1542 판결>

"행정소송인 심결취소소송에서도 원칙적으로 변론주의가 적용되고, 따라서 자백 또는 의제자백도 인정된다 함은 상고이유에서 지적하는 바와 같으나, 자백의 대상은 사실이고, 이러한 사실에 대한 법적 판단 내지 평가는 자백의 대상이 되지 아니하는 것이다."라고 하면서, 대법원은 "이 사건 등록서비스표가 상표법 제7조 제1항 제11호에서 정하고 있는 서비스업의 품질오인을 일으키게 할 염려가 있다는 원고의 주장에 대하여, 피고는 공시송달에 의하지 아니한 소환을 받고도 사실심 변론기일에 출석하지 않고 답변서 등을 제출하지 아니하였음을 이유로 원심은 행정소송법 제8조 제2항, 민사소송법 제139조 제1항에 따라 이 사건 등록서비스표의 구성('삼보곰탕'), 그 지정서비스업(곰탕전문음식점경영업, 곰탕전문식당체인업, 음식조리대행업, 음식조리지도업) 및 출원등록에 대하여 의제자백에 인한 사실인정을 한 다음, 이 사건 등록서비스표가 상표법에서 규정하는 서비스업의 품질오인을 일으키게 할 염려가 있는지 여부에 대하여는 의제자백으로 처리하지 아니하고 정서비스업 별로 품질오인의 염려가 있는지 여부를 검토하여 이에 해당하는 '음식조리대행업' 및 '음식조리지도업'에 대한 등록만이 무효라고 본 조치는 정당하고, 거기에 의제자백에 관한 법리오해 등의 위법이 있다고 볼 수 없다."고 판시하였다.

방송국 프로듀서 등 피고인들이 특정 프로그램 방송보도를 통하여 이른바 '한미 쇠고기 수입 협상'의 협상단 대표와 주무부처 장관이 협상을 졸속으로 체결하였다는 취지로 표현하는 등 자질 및 공직수행 자세를 비하하여 이들의 명예를 훼손하였다는 내용으로 기소된 사안에서, 대법원은 "보도내용 중 일부가 허위사실 적시에 해당한다고 하면서도 피고인들에게 명예훼손의 고의를 인정하기 어렵다."고 판단하였다. [92]

<대법원 2011. 9. 2. 선고 2010도17237 판결>

대법원은 "명예훼손죄의 사실적시에 관한 법리 및 대법원 2011. 9. 2. 선고 2009다52649 전원합의체 판결에서 정부 협상단의 미국산 쇠고기 실태 파악 관련 방송보도에 관하여, 정부가 미국 도축시스템의 실태 중 아무 것도 본 적이 없다는 구체적 사실을 적시한 것이 아니라, 미국산 쇠고기 수입위생조건 협상에 필요한 만큼 미국 도축시스템의 실태를 제대로 알지 못하였다는 주관적 평가를 내린 것이라고 판시한 점 등에 비추어, 이 부분 보도내용을 비판 내지 의견 제시로 보아 명예훼손죄에서 말하는 '사실의 적시'에 해당하지 않는다."고 판시하였다.

---

92) 대법원 2011. 9. 2. 선고 2010도17237 판결.

소송물의 전제가 되는 권리관계나 법률효과를 인정하는 진술이 재판상 자백인지 여부에 대하여, 대법원은 "재판상의 자백은 변론기일 또는 변론준비기일에 당사자에 의하여 행하여지는 진술로서 상대방 당사자의 주장과 일치하는 자기에게 불리한 사실의 진술을 말하는 것이고, 소송물의 전제문제가 되는 권리관계나 법률효과를 인정하는 진술은 권리자백으로서 법원을 기속하는 것도 아니며, 상대방의 동의 없이 자유로이 철회할 수 있다."고 판시하고 있다.[93]

〈대법원 2008. 3. 27. 선고 2007다87061 판결〉

원고들은 피고 법인이 설치·경영하는 아주대학교 산하 어학교육원의 원장 소외 1과 강사채용계약을 체결하고 한국어강좌의 시간강사 또는 전임강사로 근무하다가 2003. 5. 1.부터는 아주대학교 한국어학당에서 강사로 근무하고 있었으므로 원고들은 근로기준법상 피고 법인의 근로자에 해당하는데, 피고 법인이 2005. 12. 31. 원고들에 대한 재임용을 거절한 것은 부당해고로서 무효라고 주장하면서, 그 신분확인과 미지급 급여의 지급을 청구한 사안에서, 대법원은 "원고들은 앞에서 본 바와 같이 피고 법인의 근로자라고 주장하였는바, 피고 법인은 제1심 제1차 변론기일에서 원고들이 피고 법인의 근로자의 지위에 있었다는 점에 다툼이 없다고 진술하였으므로, 원고들이 임금을 목적으로 종속적인 관계에서 피고 법인에 근로를 제공하였다는 점에 대하여는 피고 법인의 재판상의 자백이 성립되었다고 보아야 할 것이고, 그 후 피고 법인이 원고들은 피고 법인의 정규 근로자가 아니라 시간제 근로자라거나 피고 법인의 교직원이 아니라는 등의 주장을 하는 것은 단순히 원고들과 피고 법인 사이의 근로관계에 관한 법률적 평가를 여러 가지로 바꾸어 주장하는 것에 지나지 아니하여 이를 자백의 취소로 볼 것은 아니다."라고 판시하고 있다.

둘째, 자기에게 불리한 사실상의 진술을 하여야 한다. 상대방이 증명책임을 지는 사실이면 자기에게 불리한 사실로 보는 증명책임설도 있지만, 대법원은 그 사실을 바탕으로 판결이 나면 패소될 가능성이 있으면 자기에게 불리한 사실로 보는 패소가능성설을 지지하고 있다.[94]

---

93) 대법원 1982. 4. 27. 선고 80다851 판결; 대법원 2008. 3. 27. 선고 2007다87061 판결.
94) 대법원 1993. 9. 14. 선고 92다24899 판결.

대법원은 "원고들이 소유권확인을 구하고 있는 이 사건에서 원고들의 피상속인인 위 김동율 명의로 소유권이전등기가 마쳐진 것이라는 점은 원래 원고들이 입증책임을 부담할 사항이지만 위 소유권이전등기를 마치지 않았다는 사실을 원고들 스스로 자인한 바 있고 이를 피고가 원용한 이상 이 점에 관하여는 자백이 성립한 결과가 되었다고 할 것이고 따라서 원고들로서는 그 자백이 진실에 반하고 착오로 인한 것임을 입증하지 않은 이상 함부로 이를 취소할 수 없다고 보아야 할 것이다."라고 판시하였다.

셋째, 상대방의 주장사실과 일치되는 사실상의 진술이 이루어져야 한다. 상대방이든 자백하는 당사자이든 어느 쪽이 먼저 불리한 사실을 진술하였는가의 시간적 선후는 문제되지 않는다. 상대방이 진술한 뒤에 이를 시인하는 것이 보통이다. 그러나 때에 따라서는 일방이 먼저 자진하여 불리한 진술을 하는 수도 있다.

넷째, 변론이나 변론준비기일에서 소송행위로서 진술하였을 것을 요한다. 자백은 소송행위이기 때문에 소송행위의 일반원칙을 따르게 된다. 또한 법원에 대한 단독적 소송행위이기 때문에 상대방이 불출석하여도 자백을 할 수 있다.

2) 효과

(1) 증명책임면제와 쟁점배제효과

증명책임면제효과와 쟁점배제효과가 있다. 자백이 성립되면 그 내용은 증명을 요하지 않게 된다(민소법 제288조). 상대방 당사자는 자백한 사실에 대하여 증거를 대지 않아도 된다. 증명책임이 면제되는 것이다. 이를 증명책임면제효과라 한다. 또한 당사자 간에 쟁점에서 배제되는 쟁점배제효과를 갖게 된다. 법원은 자백한 사실을 판결의 기초로 하지 않으면 아니 된다. 당사자는 자백의 자유로운 취소가 인정되지 아니하는 구속을 받는다(민소법 제288조 단서). 자백의 구속력은 변론주의에 의하여 심리되는 소송절차에 한하여 적용되며, 가사소송이나 소송요건 등의 직권조사사항 등에는 적용되지 아니한다. 원고 종중의 권리능력의 시기가 자백의 대상인가에 대하여, 대법원은 "원고 종중의 권리능력의 시기는 직권조사 사항으로서 자백의 대상이 되지 아니한다."고 판시하고 있다.[95]

---

95) 대법원 1982. 3. 9. 선고 80다3290 판결.

<대법원 1982. 3. 9. 선고 80다3290 판결>

원고 종중의 권리능력의 시기가 자백의 대상인가에 대하여 대법원은 "원고 대표자인 정호영이 소론과 같이 1심에서 원고 종중이 1979. 1. 28. 창립총회를 개회하고, 이때에 창설된 것처럼 진술한 사실이 있으나, 이는 그 전후의 주장 취지에 비추어 보면 이때에 비로소 원고 종중이 존재하게 되었다는 뜻은 아님이 명백하여 원고 종중이 약 400년 전부터 존재해 온 것이라는 주장과 상치된다고 볼 수 없을 뿐 아니라, 원고 종중의 권리능력의 시기는 직권조사사항으로서 자백의 대상이 아니라고 하겠으니 원고 종중의 발생 시기에 관한 원고의 위 진술이 선행자백이 됨을 전제로 한 논지도 이유 없다."고 판시하였다.

종중 대표자에게 적법한 대표권이 있는지 여부와 직권조사사항이 자백의 대상 여부에 대하여, 대법원은 "종중이 당사자인 사건에 있어서 그 종중의 대표자에게 적법한 대표권이 있는지의 여부는 소송요건에 관한 것으로서 법원의 직권조사사항이기는 하지만 직권조사항이 자백의 대상이 될 수 없다."고 판시하였다.[96]

<대법원 2002. 5. 14. 선고 2000다42908 판결>

대법원은 "신문식이 신용환의 동의를 받지 아니하고 이 사건 총회를 소집한 사실에 대하여 재판상 자백이 성립하였다는 것이나, 종중이 당사자인 사건에 있어서 그 종중의 대표자에게 적법한 대표권이 있는지의 여부는 소송요건에 관한 것으로서 법원의 직권조사사항이고,[97] 이러한 직권조사사항이 자백의 대상이 될 수가 없으므로[98] 받아들일 수 없다. 또한, 종중의 대표 자격이 있는 연고항존자가 직접 종회를 소집하지 아니하였더라도 그가 다른 종중원의 종회 소집에 동의하여 그 종중원으로 하여금 소집케 하였다면 그와 같은 종회 소집을 전혀 권한 없는 자의 소집이라고 볼 수도 없다.[99] 이 사건에서 원고 종중이 신문식이 대표인 '고령신씨이정파종중'과 신홍식 또는 신정식이 대표인 '이정파고령신씨종중'으로 갈라져서 대표권을 둘러싸고 분쟁을 계속하던 중 조정법원의 권유에 따라 '고령신씨이정파종중', 신홍식, 신문식 등이 연고항존자 신용환과 협의하여 대표자 선출을 위한 1996. 9. 15.자 임시총회를 소집하고, 위 임시총회에서 대표자로 선출된 신문식이 다시 대표자 선출을 위한 1996. 10. 30.자 이 사건 총회를 소집한 것이므로, 설사 신문식이 이 사건 총회를 소집함에 있어서는 신용환의 위임 또는 동의를 받지 아니하였다고 하더라도, 무효라고 볼 뚜렷한 자료가 없는 1996. 9. 15.자 임시총회에서 대표자로 선출된 신문식 등이 신용환 명의로 소집한 이 사건 총회가 권한 없는 자에 의하여 소집된 것이라고 볼 수도 없다."고 판시하고 있다.

---

96) 대법원 2002. 5. 14. 선고 2000다42908 판결.

(2) 사실인정권의 배제

법원은 자백사실이 진실인가의 여부에 관하여 판단할 필요가 없다. 증거조사의 결과 반대의 심증을 얻었다 할지라도 이에 반하는 사실을 인정할 수 없다. 이를 법원에 대한 구속력이라 한다. 재판상 자백의 효력과 관련하여, 대법원은 "재판상의 자백은 변론기일 또는 변론준비기일에 행한 상대방 당사자의 주장과 일치하는 자기에게 불리한 사실의 진술로서, 일단 재판상의 자백이 성립하면 그것이 적법하게 취소되지 않는 한 법원도 이에 기속되는 것이므로, 법원은 당사자 사이에 다툼이 없는 사실에 관하여 성립된 자백과 배치되는 사실을 증거에 의하여 인정할 수 없다."고 판시하고 있다.[100]

〈대법원 2010. 2. 11. 선고 2009다84288·84295 판결〉

대법원은 "재판상의 자백은 변론기일 또는 변론준비기일에 행한 상대방 당사자의 주장과 일치하는 자기에게 불리한 사실의 진술로서, 일단 재판상의 자백이 성립하면 그것이 적법하게 취소되지 않는 한 법원도 이에 기속되는 것이므로, 법원은 당사자 사이에 다툼이 없는 사실에 관하여 성립된 자백과 배치되는 사실을 증거에 의하여 인정할 수 없다.[101] 그리고 자백을 취소하는 당사자는 그 자백이 진실에 반한다는 것 외에 착오로 인한 것임을 아울러 증명하여야 하고, 진실에 반하는 것임이 증명되었다고 하여 착오로 인한 자백으로 추정되는 것은 아니다."[102]라고 판시하고 있다.

종중총회의 결의 등에 따르지 않고서 종중대표가 소송절차에서 자백한 경우가 발생할 수 있다. 대법원은 "종중총회의 결의를 따르지 않고 종중대표자가 한 자백은 법원이 이에 구속된다."고 판시하고 있다.[103]

---

97) 대법원 1995. 5. 23. 선고 95다5288 판결.
98) 대법원 2001. 11. 9. 선고 98두892 판결.
99) 대법원 1996. 6. 14. 선고 96다2729 판결.
100) 대법원 2010. 2. 11. 선고 2009다84288 판결.
101) 대법원 1988. 10. 24. 선고 87다카804 판결.
102) 대법원 1994. 9. 27. 선고 94다22897 판결; 대법원 2004. 6. 11. 선고 2004다13533 판결.
103) 대법원 1990. 11. 9. 선고 90다카11254·11261 판결.

대법원은 "원고와 피고종중 사이에 전에 원고는 피고종중을 상대로 제기한 소유권이전등기청구소송을 취하하는 대신 피고종중은 계쟁 부동산의 소유권을 원고에게 이전하기로 합의가 이루어진 사실을 피고종중이 자백한 경우 법원은 피고가 자백한 사실에 구속되어 원고와 피고종중 사이에 위와 같은 합의가 유효하게 이루어졌다는 사실과 배치되는 다른 사실을 인정할 수 없으므로 법원은 원고와 피고종중의 대표자 사이에 이루어진 합의가 피고종중의 규약이나 종중원총회의 결의에 따른 것임을 인정할 만한 증거가 없다는 이유로 위 합의는 피고종중에 대하여 아무런 효력이 없는 것이라 판단할 수는 없다."고 판시하고 있다.

(3) 취소의 제한

자백이 성립되면 자백한 당사자는 임의로 취소할 수 없다. 이를 당사자에 대한 구속력이라고 한다. 금반언의 원칙, 상대방의 신뢰보호 측면을 고려한 것이고, 절차의 안정성 측면에서도 타당하다고 하겠다.

3. 자백간주

1) 의의

자백간주에 대하여는 민사소송법 제150조 제1항, 제3항 및 제257조 제1항에서 볼 수 있다. 당사자가 상대방의 주장사실을 자진하여 자백하지 아니하여도, 명백히 다투지 아니하거나 당사자 한쪽의 기일불출석 또는 피고의 답변서의 부제출의 경우에는 그 사실을 자백한 것으로 본다. 변론주의 하에서 다툴 의사가 없다고 한다면 증거조사를 생략하는 것이 타당할 것이다. 직권탐지주의에 의하는 가사소송(가소법 제12조, 제17조)이나 행정소송(행소법 제26조) 등은 적용되지 않는다. 직권조사나 법률상의 주장에도 자백간주는 적용되지 않는다. 소송대리권의 존부에 관하여 의제자백에 관한 규정이 적용되는지 여부에 대하여, 대법원은 이를 부정하고 있다.[104]

---

104) 대법원 1999. 2. 24. 선고 97다38390 판결.

〈대법원 1999. 2. 24. 선고 97다38390 판결〉

대법원은 "소송대리권의 존부는 법원의 직권탐지사항으로서, 이에 대하여는 의제자백에 관한 규정이 적용될 여지가 없다. 원심이 피고 소송대리인의 소송대리권을 부인할 만한 자료가 없다는 이유로 그 소송대리권을 인정한 것은 정당하고, 거기에 민사소송법 제139조의 의제자백에 관한 법리를 오해한 위법이 있다고 할 수 없다."고 판시하고 있다.

대법원은 행정소송인 심결취소소송에서 자백 또는 의제자백을 인정하지만, 자백의 대상은 사실이고, 이러한 사실에 대한 법적 판단 내지 평가는 자백의 대상이 아니라는 입장이다.[105]

〈대법원 2000. 12. 22. 선고 2000후1542 판결〉

대법원은 "행정소송인 심결취소소송에서도 원칙적으로 변론주의가 적용되고, 따라서 자백 또는 의제자백도 인정된다 함은 상고이유에서 지적하는 바와 같으나, 자백의 대상은 사실이고, 이러한 사실에 대한 법적 판단 내지 평가는 자백의 대상이 되지 아니하는 것이다."라고 한다.

2) 요건

첫째, 상대방의 주장사실을 명백히 다투지 아니하는 경우(민소법 제150조 제1항)를 들 수 있다. 다만, 첫 번째 경우에 변론 전체의 취지로 보아 다투었다고 인정되면 자백간주가 성립될 수 없다(민소법 제150조 제1항 단서). '변론 전체의 취지'란 변론의 일체성을 의미한다. 그러므로 변론종결 당시의 상태에서 변론 전체를 관찰하여 구체적으로 정해야 할 것이다. 자백간주 배제의 종기에 대하여, 대법원은 '변론종결 시'로 보고 있다.[106]

둘째, 한쪽 당사자가 기일에 불출석한 경우(민소법 제150조 제3항)를 들 수 있다. 당사자 한쪽이 불출석한 경우에도 상대방이 서면으로 예고한 사항에 대해서, 답변서 그 밖의 준비서면을 제출하여 이를 다투는 뜻을 표한 바 없다면 자백한 것으로 볼 것이다.

셋째, 답변서의 부제출(민소법 제256조, 제257조)의 경우에도 자백간주가 성립한다. 피고가 소장부본을 송달받고 30일의 답변서 제출기간 내에 답변서를 제출하지 아니한 경우는

---

105) 대법원 2000. 12. 22. 선고 2000후1542 판결.
106) 대법원 2004. 9. 24. 선고 2004다21305 판결.

청구의 원인사실에 대하여 자백한 것으로 본다. 이 경우 변론기일의 지정 없이 무변론의 원고승소판결을 내리게 된다.

3) 효력

(1) 법원에 대한 구속력 발생

자백간주가 성립되면 법원에 대한 구속력이 발생하게 된다. 법원은 그 사실을 판결의 기초로 삼게 된다. 자백으로 간주된 사실에 배치되는 사실을 법원은 인정해서는 아니 된다. 의제자백의 요건이 구비된 이후 기일소환장이 송달불능된 경우 의제자백의 효과는 없어지지 않는다는 것이 대법원 입장이다.[107]

---

107) 대법원 1988. 2. 23. 선고 87다카961 판결.
108) 대법원 1962. 9. 27. 선고 62다342 판결; 대법원 1971. 10. 22 선고 71다1716 판결.

(2) 당사자에 대한 구속력의 불발생

재판상의 자백과 달리, 자백간주는 당사자에 대한 구속력이 발생하지 않는다. 당사자는 자백간주가 있었다 하더라도 그 뒤 사실심에서 그 사실을 다툼으로써 그 효과를 번복할 수 있다. 대법원은 "제1심에서 의제자백이 있었다고 하더라도 항소심에서 변론종결 시까지 이를 다투었다면 자백의 의제는 할 수 없다."고 판시하고 있다.[109]

〈대법원 1987. 12. 8. 선고 87다368 판결〉

대법원은 "피고는 원심법정에 출석하여 원고의 주장사실을 다투는 변론을 하였음이 뚜렷한바, 비록 제1심에서 의제자백이 있었다고 하더라도 이와 같이 피고가 항소심에서 변론종결 시까지 이를 다툰 이상 자백의 의제는 할 수 없다고 할 것이므로 원심이 피고의 의제자백을 인정하지 아니하고 원고청구기각의 판결을 선고하였다고 하여 이를 위법한 것이라고 할 수 없다(대법원 1968. 3. 19. 선고 67다2677 판결 참조)."고 판시하고 있다.

4. 현저한 사실

법관이 명확하게 인식하고 있고, 증거에 의하여 그 존부를 인정할 필요가 없을 정도로 객관성이 담보되어 있는 사실을 현저한 사실이라고 한다. 증거가 필요 없는 명백한 사실이다. 현저한 사실에는 '공지의 사실'과 '법원에 현저한 사실'이 있다.

1) 공지의 사실

통상의 지식과 경험을 가진 일반인이 믿어 의심하지 않을 정도로 알려진 사실을 공지의 사실이라 한다. 잘 알려진 사건이나 천재지변 또는 전쟁 등을 들 수 있다. 대법원은 '서울대학교가 국가설립·경영의 학교'라는 사항은 공지의 사실로 보고 있다.[110]

---

109) 대법원 1987. 12. 8. 선고 87다368 판결.
110) 대법원 2001. 6. 29. 선고 2001다21991 판결.

<대법원 2001. 6. 29. 선고 2001다21991 판결>

대법원은 "피고 서울대학교는 국가가 설립·경영하는 학교임은 공지의 사실이고, 학교는 법인도 아니고 대표자 있는 법인격 없는 사단 또는 재단도 아닌 교육시설의 명칭에 불과하여 민사소송에 있어 당사자능력을 인정할 수 없는 것이다."라고 판시하였다.

일용근로자의 가동일수를 경험칙상 추정되는 월 평균 25일과 달리 인정할 수 있는지 여부에 대하여, 대법원은 이를 긍정하고 있다.[111]

<대법원 1992. 12. 8. 선고 92다26604 판결>

대법원은 "경험칙상 일반적으로 육체노동에 종사하는 근로자의 가동일수가 월 평균 25일로서 연 평균 300일로 추정된다고 하여도 구체적으로 위 경험칙과는 다른 사실이 증거에 의하여 인정되고 그것이 불합리하다고 보이지 않는다면 이를 일실수익산정의 기초로 삼아야 할 것이다."라고 판시하였다.

2) 법원에 현저한 사실

법원에 현저한 사실이라 함은 법관이 그 직무상의 경험을 통해 명백히 알고 있는 사실로서 명확한 기억을 가지고 있거나 기록 등을 조사하여 그 내용을 알 수 있는 사실을 법원에 현저한 사실이라고 한다.[112]

<대법원 1996. 7. 18. 선고 94다20051 전원합의체 판결>

대법원은 "노동부가 매년 조사·작성하는 직종별임금실태조사보고서(1991년도, 1992년부터 임금구조기본통계조사보고서로 명칭이 변경되었다. 이하 '직종별임금실태조사보고서'라고 한다)와 노동부 국립중앙직업안정소가 발간하는 한국직업사전의 각 기재에 의하여 원고가 종사하고 있는 연탄소매업은 한국표준직업분류상 분류번호가 451-172이고, 이는 1991년 노동부 발간 직종별임금실태조사보고서상 직종 중(소)분류별 직종번호 45번에 해당하는데, 이에 종사하는 경력이 10년 이상인 남자의 1991년도 직종별 통계소득은 월 평균 금 916,229원 정도인 사실을 인정하였는바, 기

---

111) 대법원 1992. 12. 8. 선고 92다26604 판결.
112) 대법원 1996. 7. 18. 선고 94다20051 전원합의체 판결; 대법원 1984. 11. 27. 선고 84다카1349 판결.

록에 비추어 보면 원심이 위 직종별임금실태조사보고서와 한국직업사전의 각 존재 및 그 기재 내용을 원심법원에 현저한 사실로 보아서 이를 기초로 피해자인 원고의 일실수입을 산정한 조치는 위 법리에 따른 것으로서 객관적이고 합리적인 방법에 의한 것이라고 보여지므로 옳다."고 판시하고 있다.

통계청이 정기적으로 조사·작성하는 한국인의 생명표에 의한 남녀별 각 연령별 기대여명이 민사소송법 제261조 소정의 법원에 '현저한 사실'인지 여부에 대하여, 대법원은 이를 긍정하고 있다.[113] 그러나 '현저한 사실'이 아니라 '경험법칙'으로 보아야 한다는 입장이 있다.[114]

〈대법원 1999. 12. 7. 선고 99다41886 판결〉

대법원은 "통계청이 정기적으로 조사·작성하는 한국인의 생명표에 의한 남녀별 각 연령별 기대여명은 법원에 현저한 사실이므로 불법행위로 인한 피해자의 일실 수입 등 손해액을 산정함에 있어 기초가 되는 피해자의 기대여명은 당사자가 제출한 증거에 구애됨이 없이 그 손해 발생 시점과 가장 가까운 때에 작성된 생명표에 의하여 확정할 수 있는 것인바(대법원 1984. 11. 27. 선고 84다카1349 판결 참조), 기록에 의하면, 원고 1은 1971. 6. 28.생의 이 사건 사고일(1995. 3. 2.) 현재 23세 8개월 남짓 된 남자이고, 한편 위 사고일 무렵에 가장 가까운 1995년 생명표에 의한 위 원고와 같은 또래의 우리나라 남자의 평균 기대여명이 48.02년가량임은 법원에 현저하므로, 원심이 이 사건 사고 당시 원고 1의 기대여명을 원고들 제출의 1991년 생명표인 갑 제3호증에 의하여 46.40년 정도로 인정하지 아니하고 위 사고일 무렵에 가까운 1995년 생명표에 의하여 법원에 현저한 48.2년(이는 48.02년의 오기로 보인다)가량으로 인정한 조치는 정당하고, 거기에 채증법칙을 위배한 위법 등이 있다고 할 수 없다."고 판시하였다.

5. 법률상의 추정

이미 법규화된 경험법칙을 법률상의 추정이라 한다. 즉, 추정규정을 적용하여 행하는 추정이 법률상의 추정이다. 이는 사실추정과 권리추정으로 구분된다. 전자의 예로는 '처가 혼인 중에 포태한 자에 부의 친생자추정'이나 '점유계속의 추정'을 들 수 있다. 후자의 예로는 '귀속불명의 부부공유추정'이나 '점유자 권리의 권리추정'을 들 수 있다.

---

113) 대법원 1999. 12. 7. 선고 99다41886 판결.
114) 이시윤, 신민사소송법, 박영사 제8판, 2014, 461면; 호문혁, 민사소송법, 법문사 제12판, 492면.

제8장
The Civil Proceedings Act
증거조사의 개시와 실시

증거조사절차는 증거신청, 채부결정, 증거조사의 실시, 증거조사의 결과에 대한 심증형성 순으로 한다.

I. 증거신청

일정한 사실을 증명하기 위하여 법원에 그 조사를 청구하는 소송행위를 말한다. 당사자의 증거신청이 있는 때에 한하여 증거조사가 이루어지는 것이 원칙이다. 그러므로 당사자의 증거신청이 없는 경우에는 당해 쟁점에 대하여 증거가 없는 것으로 될 위험이 있다.

신청은 서면 또는 말로 한다. 신청에는 증명할 사항(민소법 제289조), 특정의 증거방법(민소법 제308조, 제345조, 제364조) 및 증명취지를 밝혀야 한다. 증거신청과 함께 증인 및 당사자신문의 경우에는 신문사항을 기재한 서면, 감정의 경우에는 감정사항을 적은 서면, 서증의 경우에는 그 사본을 각각 제출한다.

증거의 제출은 소송의 정도에 따라 적절한 시기에 제출하여야 한다. 소장과 답변서 제출시 증거신청으로 구분할 수 있다. 전자의 경우는 청구원인을 명확히 하고 증명에 필요한 증거방법을 함께 제출하여야 한다. 기본적인 서증인 부동산사건의 경우 등기부사항증명서, 친족·상속사건의 경우 가족관계증명서, 어음·수표 사건의 경우에는 어음이나 수표의 사본 등을 소장에 붙여야 한다. 원고가 소장에 서증을 인용할 때에는 그 서증의 등본이나 사본을 붙여서 제출한다(민소법 제254조 제4항). 후자인 답변서에는 자기의 증거를 증명하기 위한 증거방법과 상대방의 증거방법에 대한 의견을 함께 기재한다. 답변서에서 인용한 문서의 사본 등을 붙여야 한다(민소법 제256조 제4항, 제274조 제2항, 제275조). 변론기일 전뿐만 아니라 변론준비기일 전에도 증거신청은 가능하다. 변론종결 후에 제출한 증거방법에 대한 법원의 조사의무를 인정할 것인가에 대하여, 대법원은 이를 부정하고 있다.[115]

〈대법원 1989. 11. 28. 선고 88다카34148 판결〉

대법원은 "당사자는 변론에 있어서만 공격, 방어방법을 제출할 수 있고 변론 외에서 제출한 증거방법은 민사소송법 제262조 제2항 소정의 증거신청 외에는 유효한 증거방법의 제출이라고 할 수 없으므로 법원은 이를 판단의 자료로 삼을 수 없을 뿐 아니라 직권으로 조사할 의무도 없다."고 판시하고 있다.

법원이 변론기일 외에서 감정인에게 감정서의 보완을 명한 조처가 변론주의에 위반한 것인가에 대하여, 대법원은 이를 부정하고 있다.[116]

〈대법원 1989. 3. 14. 선고 88누1844 판결〉

대법원은 "사실심 법원이 직권 또는 신청에 의하여 증거조사를 실시하는 경우 당사자로 하여금 이에 대하여 의견을 진술할 기회를 주어야 할 것이지만 법원의 증거결정에 의하여 감정이 실시되고 그 감정서가 제출되었으나 감정서의 내용이 미비하거나 불명료하여 그에 대한 보완이 필요하다고 인정될 때 법원은 반드시 변론기일에 당사자의 의견을 들어 보고 그 보완을 명하여야 하는 것은 아니다. 따라서 원심이 김영철이 제출한 감정서의 내용이 미비하거나 불명확점이 있다 하여 변론기일 외에서 동인에게 감정서의 보완을 명한 것은 상당하고 이러한 조처가 변론주의에 위반한 것이라 할 수 없다."고 판시하고 있다.

---

115) 대법원 1989. 11. 28. 선고 88다카34148 판결.
116) 대법원 1989. 3. 14. 선고 88누1844 판결.

증거조사의 개시가 있기 전에는 상대방의 동의 없이 그 증거신청을 철회할 수 있는가에 대하여, 대법원은 이를 긍정하고 있다.[117]

<대법원 1971. 3. 23. 선고 70다3013 판결>

대법원은 "증거조사의 개시가 있기 전에는 그 증거신청을 자유로 철회할 수 있는 법리라 할 수 있을 것이므로 소론 문서제출명령의 신청이 있고 그에 따른 제출명령이 있었다 하여도 그 문서가 법원에 제출되기 전에는 그 신청을 철회함에는 상대방의 동의를 필요로 하지 않는다 할 것인바, 일건기록에 의하면 피고소송대리인으로 부터 문서를 제출한다는 서면의 법정의 제출이 있기는 하나, 이 서면만 가지고는 증거조사의 개시인 문서원본이 법원에 제출된 것이라 볼 수 없고, 오히려 제1심의 1969. 11. 18.자 변론조서기재(그 일부인 증거목록기재 포함)에 의하면 문서가 법원에 제출되기 전에 그 문서 제출명령신청은 이를 철회하였음이 인정될 수 있는 바로서 그 철회는 적법한 것이어서 증거조사의 개시조차 하지 아니한 문서에 대한 판단을 하지 아니하였다고 하여 거기에 소론 증거판단의 유탈이 있을 여지 없다."고 판시하고 있다.

II. 채부결정

증거신청에 대하여 증거조사를 할 것인가의 여부를 결정하는 것을 말한다. 증거신청을 배척하는 각하결정, 채택하는 증거결정 및 보류 등이 있다. 증거신청에 대하여 반드시 채택 여부를 결정해야 하는가에 대하여, 대법원은 이를 부정적으로 보고 있다.[118]

<대법원 1989. 9. 7. 자 89마694 결정>

대법원은 "소송촉진등에관한특례법 제13조에 의하여 항고법원의 결정에 대한 재항고는 같은 법 제11조 제1항에 해당하는 사유가 있음을 이유로 하는 때에 한하여 이를 제기할 수 있는 것인바, 변론조서에 불실의 기재가 있는 경우 그 정정을 구함에 있어서는 민사소송법 제146조 제2항에 의하여 처리할 것이지 이를 같은 법 제209조 소정의 이의사건으로 처리할 것은 아니므로[119] 관계인이 증인신문조서 등 변론조서의 기재에 관하여 이의를 한 경우 당해 법원서기관 등의 소속법원이 결정

---

117) 대법원 1971. 3. 23. 선고 70다3013 판결.
118) 대법원 1989. 9. 7. 자 89마694 결정.

으로 재판할 것은 아니라 할 것이고 또한 기일의 지정, 변경 및 속행은 오직 재판장의 권한에 속하는 것이고,[120] 당사자가 신청한 증거로서 법원이 필요 없다고 인정한 것은 조사하지 아니할 수 있는 것이고 이에 대하여 반드시 증거채부의 결정을 하여야 하는 것은 아니므로,[121] 재항고인의 주장과 같이 법원이 당사자의 증거조사를 위한 속행신청에도 불구하고 변론을 종결하였다 하더라도 종국판결에 대한 불복절차에 의하여 그 판단의 당부를 다툴 수 있는 것은 별론으로 하고 이에 대하여 별도로 항고로써 불복을 할 수는 없는 것이다."라고 판시하고 있다.

대법원은 "증거신청에 대하여 판단을 하지 아니한 법원의 조치가 묵시적으로 기각한 취지로서 주장사실에 대한 유일한 증거가 아닌 한 적법하다."고 판시하고 있다.[122]

〈대법원 1992. 9. 25. 선고 92누5096 판결〉

대법원은 "당사자가 신청한 증거가 당사자의 주장사실에 대한 유일한 증거가 아닌 한 법원은 필요하지 아니하다고 인정한 것은 조사하지 아니할 수 있는 것이다. 원심이 원고의 필적 및 인영감정 신청에 대하여 별다른 판단을 하지 아니한 채 변론을 종결하고 판결을 선고한 사실이 명백하여 이는 원심이 원고의 위 필적 및 인영감정 신청을 묵시적으로 기각한 취지라고 할 것인데, 원고가 필적 및 인영감정을 바라는 각 문서의 원본은 원고의 주장사실에 대한 유일한 증거에도 해당되지 아니하므로 원심이 위 각 신청을 받아들이지 아니한 것에 어떤 잘못이 있다고 할 수 없다."고 판시하였다.

III. 증거조사의 실시

1. 의의

집중심리, 직접심리 및 공개심리주의에 따라 증거조사를 실시한다. 민사소송법 제293조에서 집중심리의 면을 볼 수 있다. "증인신문과 당사자신문은 주장과 증거를 정리한 뒤 집중적으로 행하여야 한다."고 규정하고 있다. 또한 직접심리주의에 따라 기일에서 그 법원 안에

---

119) 대법원 1975. 12. 8. 자 75마372 결정.
120) 대법원 1982. 6. 22. 선고 81다791 판결.
121) 대법원 1965. 5. 31. 선고 65다159 판결.
122) 대법원 1992. 9. 25. 선고 92누5096 판결.

서 행하는 것이 원칙이다. 다만, 변론기일이나 변론준비기일 이전에도 증거신청과 증거조사는 가능하다(민소법 제289조 제2항). 수소법원은 필요하다고 인정할 때에는 법원 밖에서 현장검증, 임상신문, 서증조사 등을 할 수 있다(민소법 제297조 제1항). 이 경우에는 변론기일과 증거조사기일이 분리된다. 당사자가 새로운 주장 등 변론을 할 수 없으며, 재판상의 자백도 성립되지 않는다. 수명법관이 수소법원 외에서 증거조사를 할 경우에는 반드시 공개심리의 원칙이 적용되는가에 대하여, 대법원은 이를 부정하고 있다.[123] 외무부장관을 거쳐 외교상의 경로를 통하여 그 외국에 주재하는 대한민국 대사, 공사, 영사 및 그 나라의 관할 공공기관에 촉탁할 수 있다(민소법 제296조 제1항).

〈대법원 1971. 6. 30. 선고 71다1027 판결〉

대법원은 "수명법관에 의하여 수소법원 외에서 증인을 신문하거나 또는 현장검증 및 기록검증을 할 경우에는 반드시 공개심리의 원칙이 적용되지 아니하는 것이므로 원심이 1971. 2. 13. 수명판사 정용인, 수명판사 조용완에 의하여 실시한 증인 신문, 현장검증, 기록검증을 비공개리에 시행하였다 하더라도 이것이 헌법 제105조, 민사소송법 제142조, 같은 법 제394조의 법리를 오해한 위법이 있다고 말할 수 없다."고 판시하고 있다.

2. 증거방법

증인, 감정인, 문서, 검증, 당사자 본인 및 그 밖의 증거라고 하는 증거방법을 통하여 증거조사를 할 수 있다.

1) 증인신문

증인의 증언으로부터 증거자료를 얻는 증거조사를 말한다. 증인은 과거에 경험한 사실을 법원에 보고할 것을 명령받은 자이다.

---

123) 대법원 1971. 6. 30. 선고 71다1027 판결.

[증인신문사항 작성례]

2014가합12345 물품대금

증인 장영실에 대한 신문사항

1. 증인은 언제부터 동대문에서 의류 관련 일을 해 왔나요?

2. 동대문 의류업계에서는 주문한 수량과 납품된 수량 간에 차이가 나는 경우가 많이 있나요? 차이가 날 경우 어느 정도까지 그 오차를 인정해 주나요?

3. 대금의 결제는 주문한 물량을 기준으로 하나요, 실제로 납품 받은 물량을 기준으로 하나요?

4. 동대문 의류업계에서는 소매업체가 의류제작업체에게 자신이 감당하기 힘들 만큼 많은 물량을 한꺼번에 주문하는 경우가 많이 있나요?

5. 동대문 의류업계에서는 소매업체가 의류제작업체에게 물건의 납품을 의뢰해 놓고서, 물건이 만들어진 이후 물건이 잘 안 팔린다는 이유로 의류제작업체에게 일방적으로 그 물건의 인수를 거부하는 일이 있을 수 있나요?

6. 동대문 옷들은 안 팔릴 경우 재고로 남아 있다가 그 다음해에 다시 팔릴 수 있나요?

7. 그렇다면, 만일 소매업체가 물건의 인수를 거부할 경우 의류제작업체가 그 물건을 가지고 있을 이유가 있나요?

8. 의류제작업체가 원사를 구입하는 시기는 언제인가요?

9. Main이 떨어지지 않은 상태에서 의류제작업체가 임의로 원사를 구입하였거나, 또는 의류제작업체가 QC 등의 기일을 준수하지 못하여 물건의 제작이 취소되는 경우, 원사 비용은 누가 부담하나요?

10. 니트 공장 등 의류제작업체에서 발주자의 주문이 없어도 자신의 판단으로 미리 물건을 만들어 두는 경우도 있나요?

11. 기타 사항

[반대신문사항 작성례]

2014가합12345 물품대금

증인 현병철에 대한 반대신문사항

1. 동대문 의류업계에서는 주문한 수량과 납품된 수량 간에 차이가 나는 경우가 많이 있나요? 차이가 날 경우 어느 정도까지 그 오차를 인정해 주나요?

2. 대금의 결제는 주문한 물량을 기준으로 하나요, 실제로 납품 받은 물량을 기준으로 하나요?

3. 동대문 의류업계에서는 소매업체가 의류제작업체에게 자신이 감당하기 힘들 만큼 많은 물량을 한꺼번에 주문하는 경우가 많이 있나요?

4. 동대문 의류업계에서는 소매업체가 의류제작업체에게 물건의 납품을 의뢰해 놓고서, 물건이 만들어진 이후 물건이 잘 안 팔린다는 이유로 의류제작업체에게 일방적으로 그 물건의 인수를 거부하는 일이 있을 수 있나요?

5. 동대문 옷들은 안 팔릴 경우 재고로 남아 있다가 그 다음해에 다시 팔릴 수 있나요?

6. 그렇다면, 만일 소매업체가 물건의 인수를 거부할 경우 의류제작업체가 그 물건을 가지고 있을 이유가 있나요?

7. 의류제작업체가 원사를 구입하는 시기는 언제인가요?

8. Main이 떨어지지 않은 상태에서 의류제작업체가 임의로 원사를 구입하였거나, 또는 의류제작업체가 QC 등의 기일을 준수하지 못하여 물건의 제작이 취소되는 경우, 원사 비용은 누가 부담하나요?

9. 니트 공장 등 의류제작업체에서 발주자의 주문이 없어도 자신의 판단으로 미리 물건을 만들어 두는 경우도 있나요?

10. 기타 사항

2) 감정

특별한 학식과 경험을 가진 자에게 그 전문적 지식이나 그 지식을 이용한 판단을 소송상 보고하도록 하여 법관의 판단능력을 보충하기 위한 증거조사가 감정이다. 법원의 착오로 선서를 누락한 감정인이 작성한 감정 결과의 서면이 당사자에 의하여 서증으로 제출된 경우, 법원이 이를 사실인정의 자료로 삼을 수 있는지 여부에 대하여, 대법원은 이를 긍정하고 있다.[124]

〈대법원 2006. 5. 25. 선고 2005다77848 판결〉

대법원은 "민사소송법 제202조가 선언하고 있는 자유심증주의는 형식적·법률적인 증거규칙으로부터의 해방을 뜻할 뿐 법관의 자의적인 판단을 인용한다는 것이 아니므로 적법한 증거조사절차를 거친 증거능력 있는 적법한 증거에 의하여 사회정의와 형평의 이념에 입각하여 논리와 경험의 법칙에 따라 사실주장의 진실 여부를 판단하여야 할 것이며, 사실인정이 사실심의 전권에 속한다 하더라도 이같은 제약에서 벗어날 수 없는 것인 이상, 선서하지 아니한 감정인에 의한 감정 결과는 증거능력이 없으므로, 이를 사실인정의 자료로 삼을 수 없다 할 것이나,[125] 한편 소송법상 감정인신문이나 감정의 촉탁방법에 의한 것이 아니고 소송 외에서 전문적인 학식 경험이 있는 자가 작성한 감정의견을 기재한 서면이라 하더라도 그 서면이 서증으로 제출되었을 때 법원이 이를 합리적이라고 인정하면 이를 사실인정의 자료로 할 수 있는 것인바,[126] 법원이 감정인을 지정하고 그에게 감정을 명하면서 착오로 감정인으로부터 선서를 받는 것을 누락함으로 말미암아 그 감정인에 의한 감정 결과가 증거능력이 없게 된 경우라도, 그 감정인이 작성한 감정 결과를 기재한 서면이 당사자에 의하여 서증으로 제출되고, 법원이 그 내용을 합리적이라고 인정하는 때에는, 이를 사실인정의 자료로 삼을 수 있다."고 판시하였다.

당사자가 서증으로 제출한 감정의견의 채용 여부에 대한 판단 기준에 대하여, 대법원은 "당사자 일방이 의뢰하여 작성된 감정서는 공정하고 신뢰성 있는 전문가에 의하여 행해진 것이 아니라고 의심할 사정이 있는 등 법원의 합리적인 의심을 제거할 정도가 아니면 쉽게 채용해서는 안 된다."고 판시하고 있다.[127]

〈대법원 2010. 5. 13. 선고 2010다6222 판결〉

대법원은 "감정의견이 반드시 소송법상 감정인신문 등의 방법에 의하여 소송에 현출되지 않고 소송 외에서 전문적인 학식과 경험이 있는 자가 작성한 감정의견이 기재된 서면이 서증의 방법으로 제출된 경우라도 사실심법원이 이를 합리적이고 믿을 만하다고 인정하여 사실인정의 자료로 삼는 것을 위법하다고 할 수 없지만, 원래 감정은 법관의 지식과 경험을 보충하기 위하여 하는 증거방법으로서 학식과 경험이 있는 사람을 감정인으로 지정하여 선서를 하게 한 후에 이를 명하거나 또는

---

124) 대법원 2006. 5. 25. 선고 2005다77848 판결.
125) 대법원 1982. 8. 24. 선고 82다카317 판결.
126) 대법원 1999. 7. 13. 선고 97다57979 판결; 대법원 2002. 12. 27. 선고 2000다47361 판결.
127) 대법원 2010. 5. 13. 선고 2010다6222 판결.

필요하다고 인정하는 경우에 공공기관·학교, 그 밖에 상당한 설비가 있는 단체 또는 외국의 공공기관 등 권위 있는 기관에 촉탁하여 하는 것을 원칙으로 하고 있으므로, 당사자가 서증으로 제출한 감정의견이 법원의 감정 또는 감정촉탁에 의하여 얻은 그것에 못지않게 공정하고 신뢰성 있는 전문가에 의하여 행하여진 것이 아니라고 의심할 사정이 있거나 그 의견이 법원의 합리적 의심을 제거할 수 있는 정도가 되지 아니하는 경우에는 이를 쉽게 채용하여서는 안 되고, 특히 소송이 진행되는 중이어서 법원에 대한 감정신청을 통한 감정이 가능함에도 그와 같은 절차에 의하지 아니한 채 일방이 임의로 의뢰하여 작성한 경우라면 더욱더 신중을 기하여야 한다."고 하면서 "원고가 법원의 감정절차를 거치지 아니한 채 개인적으로 손해사정회사에 의뢰하여 작성한 손해사정서를 서증으로 제출한 사안에서, 3~4년 전에 제조된 것으로 추정되는 유행에 민감한 모조장신품 등의 가액이 물가상승률만큼 상승하는 것으로 전제하는 등 합리적인 근거가 없고 경험칙에 반하는 내용으로 작성된 위 손해사정서를 그대로 채용하여 물품 멸실로 인한 손해배상액을 산정한 원심판결을 파기하였다."

3) 서증

문서를 열람하여 그에 기재된 의미 내용을 증거자료로 하기 위한 증거조사를 서증이라 한다. 가장 확실한 증거에 해당한다.

4) 검증

법관이 오관의 작용에 의하여 직접적으로 사물의 성질과 상태를 검사하여 그 결과를 증거자료로 하는 증거조사를 검증이라 한다. 증거조사의 대상물인 토지, 가옥, 사고현장, 상처, 사고차량, 공해장소 등이 검증물이 된다.

5) 당사자신문

당사자본인을 증거방법으로 하여, 증인처럼 그가 경험한 사실에 대하여 진술토록 하는 증거조사를 당사자신문이라 한다. 그의 진술은 증인의 증언처럼 증거자료에 해당한다.

6) 그 밖의 증거

도면, 사진, 녹음테이프, 컴퓨터용 자기디스크, 그 밖에 정보를 담기 위하여 만들어진 물건으로서 문서가 아닌 증거물이다(민소법 제374조). 대법원은 "동영상 파일 등과 사진의 제출명령신청에 대하여, 제1심법원이 사진에 관한 구체적인 심리 없이 곧바로 문서제출명령을 하고 검증의 대상인 동영상 파일을 문서제출명령에 포함시킨 것은 정당하지 않다."고 판시하였다.[128]

> ⟨대법원 2010. 7. 14. 자 2009마2105 결정⟩
>
> 대법원은 "민사소송법 제344조 제1항 제1호, 제374조를 신청 근거 규정으로 기재한 동영상 파일 등과 사진의 제출명령신청에 대하여, 동영상 파일은 검증의 방법으로 증거조사를 하여야 하므로 문서제출명령의 대상이 될 수는 없고, 사진의 경우에는 그 형태, 담겨진 내용 등을 종합하여 감정·서증·검증의 방법 중 가장 적절한 증거조사 방법을 택하여 이를 준용하여야 함에도, 제1심법원이 사진에 관한 구체적인 심리 없이 곧바로 문서제출명령을 하고 검증의 대상인 동영상 파일을 문서제출명령에 포함시킨 것이 정당하다고 판단한 원심의 조치에는 문서제출명령의 대상에 관한 법리를 오해한 잘못이 있다."고 판시하고 있다.

---

128) 대법원 2010. 7. 14. 자 2009마2105 결정.

제9장

The Civil Proceedings Act

증명책임

I. 의의

당사자 사이에 사실상의 존부가 확정되지 않는 경우에 그 사실이 존재하지 않는 것으로 확정되는 판단이 이루어지면 당사자 일방이 받게 되는 위험 또는 불이익을 제거하기 위한 부담을 증명책임이라 한다. 일반적으로 주장하는 자는 증명책임을 부담하게 된다. 증명책임의 분배는 법규의 구조에서 찾게 된다.

II. 증명책임의 분배

1. 의의

각 당사자는 자기에게 유리한 법규의 요건사실의 존부에 대하여 증명책임을 부담해야 한다. 그러므로 소송요건의 존부는 원고에게 증명책임이 돌아가게 된다.

2. 의의

권리발생의 사실에 대하여 원고가 증명을 해야 한다. 매매계약에서 발생한 권리를 주장하는 자는 민법 제563조의 요건사실에 대하여 증명책임을 부담해야 한다. 그 이상으로 계약이 불공정한 법률행위나 계약이 해제된 바 없었다는 사실 등 반대사실까지 증명할 책임을 부담하는 것은 아니다. 사해행위취소소송에 있어서 수익자 또는 전득자의 악의에 관한 입증책임과 관련하여, 대법원은 채무자의 악의인 점에 대하여는 그 취소를 주장하는 채권자에게 있지만, 그 이상에 대하여는 증명책임이 그에게 없음을 판시하고 있다.[129]

〈대법원 1997. 5. 23. 선고 95다51908 판결〉

원심은 소외 황재호가 채무초과의 상태에서 그의 전재산인 이 사건 부동산들에 관하여 피고들과 사이에 원심판시의 각 근저당권설정계약을 체결하고 피고들에게 원심판시의 각 근저당권설정등기를 경료하여 준 사실을 인정한 다음 채권자들의 공동담보인 이 사건 부동산을 채권자들의 일부인 피고들에게 담보로 제공하는 행위는 특별한 사정이 없는 한 다른 채권자인 원고에 대하여는 사해행위가 된다고 판단하고, 피고들이 위 각 근저당권을 취득할 때 그것이 원고 회사를 해하는 것임을 알지 못하였다는 피고들의 항변에 들어맞는 증거들을 배척하였다.

대법원은 "사해행위취소소송에 있어서 채무자의 악의의 점에 대하여는 그 취소를 주장하는 채권자에게 입증책임이 있으나 수익자 또는 전득자가 악의라는 점에 관하여는 입증책임이 채권자에게 있는 것이 아니고 수익자 또는 전득자 자신에게 선의라는 사실을 입증할 책임이 있다고 할 것이다."[130]라고 판시하고 있다.

3. 반대규정의 요건사실에 대한 증명책임

1) 권리장애사실

권리장애사실로는 불공정한 법률행위를 들 수 있다. 이른바 세입자입주권 15매를 투기의 목적으로 매수한 것이 사회질서에 반하는 법률행위로서 무효로 되는지에 대한 물음이 제기되었다. 대법원은 "주택개량사업구역 내의 주택에 거주하는 세입자가 주택개량재개발조합

---

129) 대법원 1997. 5. 23. 선고 95다51908 판결.
130) 대법원 1991. 2. 12. 선고 90다16276 판결; 대법원 1989. 2. 28. 선고 87다카1489 판결; 대법원 1988. 4. 25. 선고 87다카1380 판결.

으로부터 장차 신축될 아파트의 방 1간을 분양받을 수 있는 피분양권(이른바 세입자입주권)을 15매나 매수하였고 또 그것이 투기의 목적으로 행하여진 것이라 하여 그것만으로 그 피분양권매매계약이 사회질서에 반하는 법률행위로서 무효로 된다고 할 수 없다."고 판시하였다.[131] 기타 선량한 풍속행위 위반, 통정허위표시 및 강행법규위반 등이 권리장애규정의 요건사실에 해당한다.

〈대법원 1991. 5. 28. 선고 90다19770 판결〉

대법원은 "기록에 의하면 피고의 주장 자체에 의하더라도 피고가 이를 원고에게 매도한 1988. 11. 28. 당시에는 1988. 5. 당시의 금 3,500,000원 정도에서 가격이 올라 피고가 금 9,000,000원을 받을 수 있었다는 것이니(피고의 1990. 5. 24.자 준비서면), 소론과 같이, 피고가 불원간 다른 곳으로 이사해 가야만 하는 등의 어려움 때문에 당장의 이익에 현혹되었고 그 입주권이 향후 어떠한 가치를 가질지 예측할 만한 경험도 없었으며 가진 것이 없어 경솔하게 입주권을 양도한 것이고 매도인은 입주권발부 시 가격이 상승하더라도 추가 요구할 수 없도록 약정하였다 하더라도 그러한 사실만으로는 이 사건 피분양권매매계약이 불공정한 법률행위에 해당되어 무효로 된다고 할 수는 없다."고 하면서, "매도인 측에서 매매계약이 불공정한 법률행위로서 무효라고 하려면 객관적으로 매매가격이 실제가격에 비하여 현저하게 헐값이고 주관적으로 매도인이 궁박, 경솔, 무경험 등의 상태에 있었으며 매수인 측에서 위와 같은 사실을 인식하고 있었다는 점을 주장 입증하여야 할 것이다."[132] 라고 판시하고 있다.

2) 권리소멸사실

권리소멸규정의 요건사실로는 변제, 공탁, 상계, 소멸시효완성. 제척기간의 도과, 사기 또는 강박에 의한 취소, 계약의 해제 및 권리의 포기나 소멸 등이 있다. 대법원은 "기존채무에 관하여 채무자가 제3채무자에 대하여 가지고 있는 채권을 기존채무의 채권자에게 양도한 경우 그들 사이에 특별한 의사표시가 없는 이상 기존채무의 변제를 위하여 또는 그 담보조로 양도한 것이라고 추정하여야 한다."고 하면서, "기존채무의 채무자는 채권자가 양도받은 채권을 변제받음으로써 그 범위 안에서 면책되므로 양도채권의 변제에 관하여는 기존채무의

---

131) 대법원 1991. 5. 28. 선고 90다19770 판결.
132) 대법원 1964. 8. 31. 선고 63다681 판결; 대법원 1981. 12. 22. 선고 80다2012 판결; 대법원 1988. 9. 13. 선고 86다카563 판결.

채무자에게 주장·입증책임이 있다.”고 판시하였다.[133]

채권자취소권의 행사에 있어 제척기간의 기산점인 채권자가 ‘취소원인을 안 날’의 의미 및 제척기간의 도과에 관한 증명책임자가 누구인가에 대한 물음이 제기될 수 있다. 대법원은 이 경우 채권자취소소송의 상대방이 제척기간의 도과에 대한 증명책임이 있다고 판시하였다.[135]

---

133) 대법원 1994. 2. 8. 선고 93다50291 판결.
134) 대법원 1991. 4. 9. 선고 91다2526 판결.
135) 대법원 2009. 3. 26. 선고 2007다63102 판결.
136) 대법원 2000. 9. 29. 선고 2000다3262 판결.

계약의 해제원인의 존부에 대한 증명책임은 계약의 해제권을 주장하는 자가 부담을 해야 하고, 이미 발생한 계약해제권의 소멸 등에 대한 증명책임의 소재는 상대방이 부담해야 한다는 대법원 판결이 있다.[137]

〈대법원 2009. 7. 9. 선고 2006다67602 판결〉

대법원은 "계약이 일단 성립한 후 그 해제원인의 존부에 대한 다툼이 있는 경우에는 그 계약해제권을 주장하는 자가 이를 증명하여야 하나,[138] 이미 발생한 계약해제권이 다른 사유로 소멸되었거나 그 행사가 저지되는지 여부에 대해 다툼이 있는 경우에는 이를 주장하는 상대방이 이를 증명하여야 한다."고 판시하였다.

포락으로 인하여 토지 소유권이 소멸되기 위한 사정과 이와 같은 사정에 대한 입증책임을 누가 부담해야 하는가의 문제가 제기되었다. 대법원은 "사권의 소멸을 주장하는 자가 입증하여야 한다."고 판시하고 있다.[139]

〈대법원 1992. 6. 9. 선고 91다43640 판결〉

대법원은 "하천에 인접한 토지가 홍수로 인한 하천유수의 범람으로 침수되어 토지가 황폐화되거나 물밑에 잠기거나 항시 물이 흐르고 있는 상태가 계속되고 그 원상복구가 사회통념상 불가능하게 되면 소위 포락으로 인하여 소유권은 영구히 소멸되는 것이고, 이와 같은 사정은 사권의 소멸을 주장하는 자가 입증하여야 할 것이다."[140]라고 판시하고 있다.

3) 권리저지사실

권리저지규정의 요건사실로는 기한의 유예, 정지조건의 존재, 동시이행항변권이나 유치권의 원인사실 등이 있다. 어떠한 법률행위가 정지조건부 법률행위에 해당한다는 사실에 대한 주장입증책임과 관련하여 다툼이 제기되었다. 대법원은 "그 법률효과의 발생을 다투려는

---

137) 대법원 2009. 7. 9. 선고 2006다67602 판결.
138) 대법원 1977. 3. 8. 선고 76다2461 판결.
139) 대법원 1992. 6. 9. 선고 91다43640 판결.
140) 대법원 1985. 6. 25. 선고 84다카178 판결.

자에게 주장 및 입증책임이 있다."고 판시하였다.[141]

〈대법원 1993. 9. 28. 선고 93다20832 판결〉

대법원은 "어떠한 법률행위가 조건의 성취시 법률행위의 효력이 발생하는 소위 정지조건부 법률행위에 해당한다는 사실은 그 법률행위로 인한 법률효과의 발생을 저지하는 사유로서 그 법률효과의 발생을 다투려는 자에게 주장, 입증책임이 있다고 할 것이므로, 원심이 인정한 바와 같이 이 사건 명의신탁계약의 해지가 정지조건부 법률행위라면 그 사실에 대한 주장, 입증책임은 그 명의신탁해지의 효과를 다투는 피고에게 있다고 할 것인데(그 정지조건의 성취에 관한 주장, 입증책임이 원고에게 있음은 별론으로 하고), 기록에 의하여 살펴 보면, 원고의 이 사건 명의신탁계약관계의 존재 및 그 해지주장에 대하여, 피고는 일관하여 이 사건 아파트는 피고의 소유로서 원고는 알지도 못하고, 다만 소외 이원재로부터 아파트 분양대금을 차용하여 납부하였다고 주장하면서 원고의 주장사실을 부인하고 있을 뿐이고, 이 사건 명의신탁의 해지에 정지조건이 부가되었다는 점에 관하여는 아무런 주장을 하지 아니하고 있다. 변론주의가 지배하는 민사소송에서는 재판에 필요한 모든 사실은 당사자의 주장을 통하여 소송에 현출되는 것이므로, 변론주의의 원칙상 당사자가 주장하지 아니한 사실을 기초로 법원이 판단할 수는 없는 것임에도 불구하고, 원심이 피고가 주장하지도 아니한 사실을 인정하여 이 사건 명의신탁계약의 해지가 정지조건부 법률행위에 해당한다는 취지로 판단한 것은 변론주의의 원칙을 위배한 위법을 범하였다고 할 것이다."라고 판시하고 있다.

III. 증명책임의 완화

증명이 곤란한 경우에 형평의 이념을 살리기 위해 불이익을 받는 당사자에 대한 증명책임을 완화시켜 줄 필요가 있다.

1. 법률상의 추정

추정이라 함은 어느 사실에서 다른 사실을 이끌어내는 것을 말한다. 사실상의 추정과 법률상의 추정이 있다. 사실상의 추정은 일반 경험법칙을 적용하여 행하는 추정을 말한다. 이 경우 추정의 번복은 추정사실이 진실인가에 대한 의심을 품게 하는 것으로 이루어진다. 부동산

---

141) 대법원 1993. 9. 28. 선고 93다20832 판결.

소유와 관련하여 등기필증이 어떠한 의미를 가지고 있는가를 살펴 볼 수 있는 판례가 있다.[142]

〈대법원 1990. 1. 12. 선고 89다카14363 판결〉

대법원은 "부동산의 실질적인 소유자가 어떤 사람인지를 확정함에 있어서는 그 부동산에 관한 등기필증을 누가 소지하고 있는지가 상당히 중요한 판단자료가 된다."라고 판시하고 있다.

　　법률상의 추정은 이미 법규화된 경험법칙을 적용하여 행하는 추정을 말한다. 이 경우의 번복은 추정사실이 진실이 아니라는 적극적인 반대사실의 증거가 필요하다. 법률상의 추정은 사실추정과 권리추정으로 구분된다. 사실추정의 예로는 동시사망의 추정을 들 수 있다. 대법원은 '동시사망의 추정을 번복하기 위한 입증책임의 내용 및 정도'에 대하여 판시하고 있다.[143]

〈대법원 2008. 8. 21. 선고 98다8974 판결〉

대법원은 "원심이 거시 증거에 의하여, 이 사건 사고차량에 동승하였던 소외 망 김창호 및 하재숙이 모두 이 사건 사고로 현장에서 사망하였거나 병원으로 후송되다가 병원에 도착하기 이전에 이미 사망한 사실을 인정한 다음, 위 망인들은 다른 특별한 사정이 없는 한 같은 교통사고로 인하여 동시에 사망하였다고 추정되고 이를 번복할 만한 증거가 없다고 판단하였는바, 기록에 의하면 원심의 이러한 조치는 수긍이 가고, 거기에 소론과 같은 채증법칙 위배 내지 심리미진 또는 동시사망 추정의 법리를 오인한 위법이 있다고 할 수 없다."고 하면서 "민법 제30조에 의하면, 2인 이상이 동일한 위난으로 사망한 경우에는 동시에 사망한 것으로 추정하도록 규정하고 있는바, 이 추정은 법률상 추정으로서 이를 번복하기 위하여는 동일한 위난으로 사망하였다는 전제사실에 대하여 법원의 확신을 흔들리게 하는 반증을 제출하거나 또는 각자 다른 시각에 사망하였다는 점에 대하여 법원에 확신을 줄 수 있는 본증을 제출하여야 하는데, 이 경우 사망의 선후에 의하여 관계인들의 법적 지위에 중대한 영향을 미치는 점을 감안할 때 충분하고도 명백한 입증이 없는 한 위 추정은 깨어지지 아니한다."고 하였다.

　　법률상의 권리추정으로는 명의자의 특유재산의 추정을 들 수 있다. 부부의 일방이 혼인 중

---

142) 대법원 1990. 1. 12. 선고 89다카14363 판결.
143) 대법원 1998. 8. 21. 선고 98다8974 판결.

단독 명의로 취득한 부동산에 대한 취득자금의 출처가 다른 일방 배우자인 사실이 밝혀진 경우, 추정되는 사실 및 그 반대사실의 증명책임자에 대한 대법원의 판결이 있다.[144]

〈대법원 2008. 9. 25. 선고 2006두8068 판결〉

대법원은 "과세요건사실의 존재에 대한 입증책임은 과세관청에게 있으나 경험칙에 비추어 과세요건사실이 추정되는 사실이 밝혀지면 상대방이 경험칙 적용의 대상이 되지 아니하는 사정을 입증하여야 하는바, 민법 제830조 제1항에 의하여 부부의 일방이 혼인 중 단독 명의로 취득한 부동산은 그 명의자의 특유재산으로 추정되므로 당해 부동산의 취득자금의 출처가 명의자가 아닌 다른 일방 배우자인 사실이 밝혀졌다면 일단 그 명의자가 배우자로부터 취득자금을 증여받은 것으로 추정할 수 있고, 이 경우 당해 부동산이 명의자의 특유재산이 아니고 다른 일방 배우자로부터 명의신탁된 것이기 때문에 그 취득자금을 증여받은 것으로 볼 수 없다는 점에 대하여는 납세자가 이를 주장·입증하여야 한다."면서, "민법 제830조 제1항에 정한 '특유재산의 추정'을 번복하기 위하여는 다른 일방 배우자가 실제로 당해 부동산의 대가를 부담하여 그 부동산을 자신이 실질적으로 소유하기 위해 취득하였음을 증명하여야 하므로, 단순히 다른 일방 배우자가 그 매수자금의 출처라는 사정만으로는 무조건 특유재산의 추정이 번복되어 당해 부동산에 관하여 명의신탁이 있었다고 볼 것은 아니고, 관련 증거들을 통하여 나타난 모든 사정을 종합하여 다른 일방 배우자가 당해 부동산을 실질적으로 소유하기 위하여 그 대가를 부담하였는지 여부를 개별적·구체적으로 가려 명의신탁 여부를 판단하여야 한다."고 판시하였다.

주주명부 기재의 추정력과 관련하여, 대법원은 "주주명부의 기재는 주주로 추정되기 때문에 그 주주권을 부인하는 측이 증명책임이 있다."고 한다.[145]

〈대법원 2010. 3. 11. 선고 2007다51505 판결〉

대법원은 "주주명부에 주주로 등재되어 있는 이는 그 회사의 주주로 추정되며 이를 번복하기 위하여는 그 주주권을 부인하는 측에 입증책임이 있다."라고 하면서, "주주명부에 주주로 등재되어 있는 이는 주주로서 주주총회에서 의결권을 행사할 자격이 있다고 추정되므로, 특별한 사정이 없는 한 주주명부상의 주주는 회사에 대한 관계에서 그 주식에 관한 의결권을 적법하게 행사할 수 있다.

---

144) 대법원 2008. 9. 25. 선고 2006두8068 판결.
145) 대법원 2010. 3. 11. 선고 2007다51505 판결.

따라서 한편 주주명부상의 주주임에도 불구하고 회사에 대한 관계에서 그 주식에 관한 의결권을 적법하게 행사할 수 없다고 인정하기 위하여는, 주주명부상의 주주가 아닌 제3자가 주식인수대금을 납입하였다는 사정만으로는 부족하고, 그 제3자와 주주명부상의 주주 사이의 내부관계, 주식인수와 주주명부 등재에 관한 경위 및 목적, 주주명부 등재 후 주주로서의 권리행사 내용 등에 비추어, 주주명부상의 주주는 순전히 당해 주식의 인수과정에서 명의만을 대여해 준 것일 뿐 회사에 대한 관계에서 주주명부상의 주주로서 의결권 등 주주로서의 권리를 행사할 권한이 주어지지 아니한 형식상의 주주에 지나지 않는다는 점이 증명되어야 한다."고 판시하였다.

대법원은 부동산이전등기는 권리의 추정력이 있으므로 이를 다투는 측에서 무효사유를 주장 및 입증하지 않는 한 그 등기를 무효라고 판정할 수 없다고 하여 권리추정으로 보고 있다. 소유권이전등기의 추정력이 전 소유자에 대하여도 미치는지에 대하여, 대법원은 무효사유를 주장하는 자가 입증해야 한다고 판시하고 있다.[146]

〈대법원 2013. 1. 10. 선고 2010다75044·75051 판결〉

대법원은 "부동산에 관하여 소유권이전등기가 마쳐져 있는 경우, 그 등기명의자는 제3자에 대하여서뿐만 아니라 그 전의 소유자에 대하여도 적법한 등기원인에 의하여 소유권을 취득한 것으로 추정되므로, 이를 다투는 측에서 그 무효사유를 주장·입증하여야 한다."[147]고 판시하고 있다.

지분이전등기의 추정력 및 입증책임과 관련하여, 대법원은 "그 등기의 위법성을 주장하는 자 상대방에게 그 추정에 대한 번복할 만한 반대사실을 입증해야 한다."고 판시한다.[148]

〈대법원 1992. 10. 27. 선고 92다30047 판결〉

대법원은 "현재 피고 명의로 이 사건 공유지분 4/22 지분에 관하여 지분이전등기가 마쳐져 있는 이상 그 등기는 적법하게 된 것으로서 진실한 권리상태를 공시하는 것이라고 추정되므로, 그 등기가 위법하게 된 것이라고 주장하는 원고에게 그 추정력을 번복할 만한 반대사실을 입증할 책임이

---

146) 대법원 2013. 1. 10. 선고 2010다75044·75051 판결.
147) 대법원 2011. 11. 10. 선고 2010다75648 판결.
148) 대법원 1992. 10. 27. 선고 92다30047 판결.

있는 것인바, 원심판결이 위 지분이전등기의 추정력을 번복하는 반대사실을 인정하는 데에 채용한 증거 중, 갑 제1, 2호증 및 같은 4호증의 1 내지 11은 등기부등본, 등기신청서, 위임장, 인감증명서 등으로서 원심인정사실을 직접 뒷받침하는 자료가 되지 못하고, 갑 제3호증의 1, 2는 피고가 부지라고 다투고 있을 뿐 아니라 녹취한 녹음이 대화자로 기재된 자들 사이의 대화내용을 정확히 녹취한 것인지도 확인할 자료가 없으며, 1심증인 박화자의 증언은 주로 피고가 상속등기에 필요하다고 원고의 도장을 가지고 가서 피고 앞으로 원고 지분을 넘겼다고 원고가 불평하는 것을 보았다는 것으로서 전문진술에 불과할 뿐 아니라 동인이 원고의 사실상 처인 점에 비추어 그 신빙성에 의심이 가는 증거라고 하지 않을 수 없다."라고 하면서 대법원은 원심이 신빙성에 의심이 가는 증거들만으로 지분이전등기의 추정력을 번복하는 반대사실을 인정함으로써 증거가치의 판단을 그르쳐 사실을 오인한 위법을 저질렀다 하여 원심판결을 파기하였다.

2. 일응의 추정

고도의 개연성이 있는 경험칙을 이용하여 간접사실로부터 주요사실을 추정하는 것을 일응의 추정이라고 한다. 사실상 추정의 하나에 해당한다. 추정된 사실은 거의 증명된 것이나 마찬가지이기 때문에 표현증명이라고도 한다. 공해소송에서 인과관계에 관한 증명책임의 분배와 관련하여 대법원은 "일반적으로 불법행위로 인한 손해배상청구사건에서 가해행위와 손해발생 간의 인과관계의 증명책임은 청구자인 피해자가 부담하나, 대기오염이나 수질오염에 의한 공해로 인한 손해배상을 청구하는 소송에서는 기업이 배출한 원인물질이 대기나 물을 매체로 하여 간접적으로 손해를 끼치는 수가 많고 공해문제에 관하여는 현재 과학수준으로도 해명할 수 없는 분야가 있기 때문에 가해행위와 손해 발생 사이의 인과관계를 구성하는 하나하나의 고리를 자연과학적으로 증명한다는 것이 매우 곤란하거나 불가능한 경우가 많다. 그러므로 이러한 공해소송에서 피해자에게 사실적인 인과관계의 존재에 관하여 과학적으로 엄밀한 증명을 요구한다는 것은 공해로 인한 사법적 구제를 사실상 거부하는 결과가 될 수 있는 반면에, 가해기업은 기술적·경제적으로 피해자보다 훨씬 원인조사가 용이한 경우가 많을 뿐만 아니라 원인을 은폐할 염려가 있기 때문에, 가해기업이 어떠한 유해한 원인물질을 배출하고 그것이 피해물건에 도달하여 손해가 발생하였다면 가해자 측에서 그것이 무해하다는 것을 증명하지 못하는 한 책임을 면할 수 없다고 보는 것이 사회형평의 관념에 적합하다."고 하면서 일응의 추정을 적용하고 있다.[149]

〈대법원 2012. 1. 12. 선고 2009다84608 판결〉

김포시 및 강화군 부근 해역에서 조업하던 어민 갑 등이 수도권매립지관리공사를 상대로 수질오염으로 인한 손해배상을 구한 사안에서, 대법원은 "감정인의 감정 결과 등에 의하면 공사가 운영하는 수도권매립지로부터 해양생물에 악영향을 미칠 수 있는 유해한 오염물질이 포함된 침출처리수가 배출되었고, 오염물질 중 일정 비율이 갑 등이 조업하는 어장 중 일부 해역에 도달하였으며, 그 후 어장 수질이 악화되고 해양생태계가 파괴되어 어획량이 감소하는 등의 피해가 발생한 사실이 증명되었다고 보이므로, 갑 등이 조업하는 어장에 발생한 피해는 공사가 배출한 침출처리수에 포함된 오염물질이 해양생물에 작용함으로써 발생하였다는 상당한 개연성이 있다고 할 것이어서 공사의 오염물질 배출과 어장에 발생한 해양생태계 악화 및 어획량 감소의 피해 사이에 인과관계가 일응 증명되었고, 공사가 인과관계를 부정하기 위해서는 반증으로 공사가 배출한 침출처리수에 어장 피해를 발생시킨 원인물질이 들어 있지 않거나 원인물질이 들어 있더라도 안전농도 범위 내에 속한다는 사실을 증명하거나 간접반증으로 어장에 발생한 피해는 공사가 배출한 침출처리수가 아닌 다른 원인이 전적으로 작용하여 발생한 것을 증명하여야 할 것이다."라고 판시하고 있다.

대법원은 의사의 척추 수술 직후에 하반신 완선마비 승세가 나타난 경우에 의사의 과실로 추정하고 있다.[150]

〈대법원 1993. 7. 27. 선고 92다15031 판결〉

대법원은 "원고 1의 하반신 완전마비증세가 위 소외 인의 이 사건 척추전방유합술 시술 직후에 나타난 것으로서 위 수술과 위 증세의 발현 사이에 다른 원인이 개재되었을 가능성은 찾아 볼 수 없고 오히려 수술준비과정이나 수술결과로 보아 다소 소홀한 면이 있지 않았나 짐작케 하는 사정들을 엿볼 수 있는데다가, 나아가 척추전방유합술의 시술과정에서 하반신마비가 생기는 원인들 중 허혈증으로 인한 경우는 전혀 보고된 사례가 없고 척추신경손상의 둘째, 셋째 및 넷째의 경우에는 위 원고처럼 급작스러운 하반신 완전마비가 오지 아니하는 것이라면, 결국 위 원고의 하반신 마비증세는 위 소외 인의 위 수술과정상의 잘못, 그중에서도 척추신경손상의 첫째 경우, 즉 집도의가 부주의로 척추신경을 수술칼로 끊거나 소파술 시 수술기구로 신경을 세게 압박한 잘못으로 인하여 초래된 것이라고 추정할 수밖에 없다고 할 것이다. 따라서 원심이 이러한 취지에서 위 소외인의 수술과정상 과실을 인정하고 피고에게 사용자로서의 책임이 있는 것으로 판단한 것은 정당하다."고 판시하고 있다.

---

149) 대법원 2012. 1. 12. 선고 2009다84608 판결.
150) 대법원 1993. 7. 27. 선고 92다15031 판결.

수술 과정에서 의료상 주의의무 위반으로 인한 것임을 추정할 수 있는 정도의 개연성이 담보되는 간접사실들이 증명됨으로써, 수술 직후 발생한 장애가 의료상 과실에 기한 것이라고 추정될 수 있는가에 대하여, 대법원은 이를 긍정하였다.[151]

〈대법원 2011. 7. 14. 선고 2009다54638 판결〉

대법원은 갑이 을 병원에서 척추측만증 교정술을 받고 수술 직후 하지마비 장애가 발생한 사안에서, "비록 척추측만증 교정술 과정에서 원인을 정확하게 알 수 없는 합병증으로 양하지 마비장애가 발생할 수 있는 가능성이 없는 것은 아니지만, 제반 사정을 종합하여 보면 갑에게 발생한 양하지 마비장애는 결국 척추측만증 교정술 후에 나타날 수 있는 하반신 마비의 원인 중에서 수술 중 고정기기나 수술기구에 의한 직접적인 신경손상이나 과도한 교정(신경견인)에 의한 신경손상에 의하여 초래된 것으로 추정할 수 있는 개연성이 충분하다."고 판시하였다.

3. 간접반증

일응의 추정이 발생한 경우에 그 추정의 전제사실과 양립되는 별개의 간접사실을 증명하여 일응의 추정을 번복하기 위한 증명활동을 간접반증이라 한다. 간접반증에 대한 이해를 돕기 위한 예로는 교통사고가 가장 적절하다.[152]

사례: 차도를 달리던 자동차가 인도에 진입한 사실이나 중앙선 침범의 사실이 확정되면, 그것만으로 운전자의 과실로 일응의 추정이 생겨 더 이상의 증명이 필요 없다. 그러나 피고 측이 인도에의 진입사실이나 중앙선 침범의 사실을 받아들이면서 갑자기 사람이 자동차 앞에 뛰어 든 결과였다는 특단의 사정을 증명하게 된다. 이 경우 운전자 과실의 추정은 뒤집어지게 되는 것이다. 여기서 특단의 사정을 간접반증이라고 한다. 불법행위에 있어서 특단의 사정의 주장이나 증명에 대한 책임은 가해자 측이 부담하는 것으로 하는 것이 판례의 입장이다.[153]

---

151) 대법원 2011. 7. 14. 선고 2009다54638 판결.
152) 이시윤, 신민사소송법, 박영사 제8판, 2014, 535면.
153) 대법원 1992. 1. 21. 선고 91다39306 판결.

> ⟨대법원 1992. 1. 21. 선고 91다39306 판결⟩
>
> 대법원은 "직장에서 종사하는 자가 직장에서 얻고 있던 수입보다 일반노동 임금이 많은 경우에는 일반노동에 종사하리라는 개연성이 농후하다고 할 것이므로 특별한 사정이 없는 한 변론종결 당시의 일반노동 임금이 노동력 상실 당시 현실로 얻은 수익보다 다액일 때에는 그 노동 임금을 선택하여 이를 기준으로 하여 그 일실수입을 산정하여야 할 것이다."라고 판시하고 있다.

공사장에서 배출되는 황토 등이 양식어장에 유입되어 농어가 폐사한 사건이 있다. 피고에 의하여 유해한 원인물질이 유출되었고, 원인물질이 피해물건에 도달하여 손해를 야기하였으며, 원인과 결과의 인과성이 인정되면 피고의 과실이 추정되는 것이다. 그러나 피고 측이 원인물질의 유해성이나 다른 원인이 존재한다는 등의 간접반증이 설득력을 얻게 되면 인과관계에 대한 일응의 추정은 배제되는 것이다. 공해소송에서 유사한 판결이 있다.[154]

> ⟨대법원 1997. 6. 27. 선고 95다2692 판결⟩
>
> 대법원은 "이 사건과 같이 오염물질인 폐수를 배출하는 등의 공해로 인한 손해배상을 청구하는 소송에 있어서는 기업이 배출한 원인물질이 물을 매체로 하여 간접적으로 손해를 끼치는 수가 많고 공해문제에 관하여는 현재의 과학수준으로도 해명할 수 없는 분야가 있기 때문에 가해행위와 손해의 발생 사이의 인과관계를 구성하는 하나 하나의 고리를 자연과학적으로 증명한다는 것은 극히 곤란하거나 불가능한 경우가 대부분이므로, 이러한 공해소송에 있어서 피해자인 원고에게 사실적인 인과관계의 존재에 관하여 과학적으로 엄밀한 증명을 요구한다는 것은 공해로 인한 사법적 구제를 사실상 거부하는 결과가 될 우려가 있는 반면에 가해기업은 기술적, 경제적으로 피해자보다 훨씬 원인조사가 용이한 경우가 많을 뿐만 아니라 그 원인을 은폐할 염려가 있고 가해기업이 어떠한 유해한 원인물질을 배출하고 그것이 피해물건에 도달하여 손해가 발생하였다면 가해자 측에서 그것이 무해하다는 것을 입증하지 못하는 한 책임을 면할 수 없다고 보는 것이 사회 형평의 관념에 적합하다고 할 것이라고 전제하고,[155] 따라서 수질오염으로 인한 손해배상을 구하는 이 사건에 있어서는 ㉠ 피고의 주행시험장 설치공사현장에서 농어 양식에 악영향을 줄 수 있는 황토와 폐수를 배출하고, ㉡ 그 황토 등 물질의 일부가 물을 통하여 이 사건 양식어장에 도달되었으며, ㉢ 그 후 양식 농어에 피해가 있었다는 사실이 각 모순 없이 증명되는 이상 피고의 위 황토와 폐수의 배출과

---

154) 대법원 1997. 6. 27. 선고 95다2692 판결.
155) 대법원 1984. 6. 12. 선고 81다558 판결.

원고가 양식하는 농어가 폐사하여 입은 손해와 사이에 일응 인과관계의 증명이 있다고 보아야 할 것이고, 이러한 사정 아래에서 황토와 폐수를 배출하는 피고로서는 ㉠ 피고의 공사현장에서 배출하는 황토와 폐수 중에는 양식 농어의 생육에 악영향을 끼칠 수 있는 원인물질이 들어 있지 않고, ㉡ 원인 물질이 들어 있다 하더라도 그 혼합률이 안정농도 범위 내에 속한다는 사실에 관하여 반증을 들어 인과관계를 부정하지 못하는 이상 그 불이익은 피고에게 돌려야 마땅할 것"이라고 하였다.

일반적으로 불법행위로 인한 손해배상청구사건에 있어서 가해행위와 손해발생 간의 인과관계의 입증책임은 청구자인 피해자가 부담한다. 그러나 대기오염이나 수질오염에 의한 공해로 인한 손해배상을 청구하는 소송에 있어서는 기업이 배출한 원인물질이 물을 매체로 하여 간접적으로 손해를 끼치는 수가 많고 공해문제에 관하여는 현재의 과학수준으로도 해명할 수 없는 분야가 있기 때문에 가해행위와 손해의 발생 사이의 인과관계를 구성하는 사항의 다양한 고리를 자연과학적으로 증명한다는 것은 극히 곤란하거나 불가능한 경우가 대부분일 것이다. 특히 공해소송에 있어서 피해자에게 사실적인 인과관계의 존재에 관하여 과학적으로 엄밀한 증명을 요구한다는 것은 공해로 인한 사법적 구제를 사실상 거부하는 결과가 될 우려가 있는 반면에, 가해기업은 기술적·경제적으로 피해자보다 훨씬 원인조사가 용이한 경우가 많을 뿐만 아니라, 그 원인을 은폐할 염려가 있고 가해기업이 어떠한 유해한 원인물질을 배출하고 그것이 피해물건에 도달하여 손해가 발생하였다면 가해자 측에서 그것이 무해하다는 것을 입증하지 못하는 한 책임을 면할 수 없다고 보는 것이 사회형평의 관념에 적합하다. 대법원은 공해 소송에 있어서 인과관계의 입증책임과 관련하여 다음과 같이 판시하였다.[156]

〈대법원 2002. 10. 22. 선고 2000다65666·65673 판결〉

대법원은 "불법행위로 인한 손해배상에 관하여 가해자와 피해자 사이에 피해자가 일정한 금액을 지급받으면서 향후 일체의 청구를 포기하기로 합의하였으나, 일반적으로 비록 합의서의 권리포기 조항이 문언상으로는 나머지 일체의 청구권을 포기한다고 되어 있다 할지라도, 당사자 쌍방 간에 있어 손해의 대체의 범위가 암묵리에 상정되어 있고, 후에 생긴 손해가 위 범위를 현저히 일탈할 정도로 중대하여 당초의 손해금과 비교할 때 심히 균형을 잃고 있으며, 합의의 경위, 내용, 시기 기타 일체의 사정을 고려하더라도 처음의 합의에 의하여 후의 손해 전부를 포함하도록 함이 당사

---

156) 대법원 2002. 10. 22. 선고 2000다65666·65673 판결.

자의 신의, 공평에 반한다고 인정되는 경우에는 먼저의 합의에 있어서 권리포기조항은 그 후에 발생한 손해에는 미치지 않는 것으로, 즉 합의 당시에 예측하였던 손해만을 포기한 것으로 한정적으로 해석함이 당사자의 합리적 의사에 합치한다고 보아 그 합의 당시 예상하지 못하였던 추가손해의 배상을 인정한 원심의 판단을 정당하다."고 판시하였다.

또 다른 판례에서 대법원은 "공해로 인한 손해배상청구소송에 있어서는 가해행위와 손해발생 사이의 인과관계의 고리를 모두 자연과학적으로 증명하는 것은 곤란 내지 불가능한 경우가 대부분이고, 가해기업은 기술적·경제적으로 피해자보다 원인조사가 용이할 뿐 아니라 자신이 배출하는 물질이 유해하지 않다는 것을 입증할 사회적 의무를 부담한다고 할 것이므로, 가해기업이 배출한 어떤 물질이 피해 물건에 도달하여 손해가 발생하였다면 가해자 측에서 그 무해함을 입증하지 못하는 한 책임을 면할 수 없다고 봄이 사회 형평의 관념에 적합하다."고 하면서 다음과 같이 판시하고 있다.[157]

〈대법원 2004. 11. 26. 선고 2003다2123 판결〉

대법원은 "여천공단 내 공장들의 폐수 배출과 재첩 양식장에 발생한 손해 사이에 인과관계가 일응 증명되었으므로, 위 공장들이 반증으로 그 폐수 중에 재첩 양식장에 피해를 발생시킨 원인물질이 들어 있지 않거나 원인물질이 들어 있다고 하더라도 재첩 양식에 피해를 일으킬 정도의 농도가 아니라는 사실을 증명하거나, 또는 재첩 양식장의 피해가 전적으로 다른 원인에 의한 것임을 증명하지 못하는 한 그 책임을 면할 수 없다."고 판시하였다.

4. 증명책임의 전환

피해자의 입증곤란에 대한 문제를 해결하기 위하여 독일의 판례는 입증책임을 전환하는 방법을 사용하고 있다. 의료소송의 경우 의료과오를 저지른 경우에 피해자가 입증을 하는 대신에 의사가 그 과실이 손해의 원인이 되지 않는다는 점을 증명하도록 한다. 제조업과 관련하여도 마찬가지이다. 제조업자가 과실이 없다는 점을 증명해야 하는 것이다. 반면 우리나라는 피해자의 증명책임을 완화하는 방법으로 문제를 해결하는 경향이 있다.[158]

---

157) 대법원 2004. 11. 26. 선고 2003다2123 판결.

<대법원 2004. 3. 12. 선고 2003다16771 판결>

대법원은 "물품을 제조·판매한 자에게 손해배상책임을 지우기 위하여서는 결함의 존재, 손해의 발생 및 결함과 손해의 발생과의 사이에 인과관계의 존재가 전제되어야 하는 것은 당연하지만, 고도의 기술이 집약되어 대량으로 생산되는 제품의 경우, 그 생산과정은 대개의 경우 소비자가 알 수 있는 부분이 거의 없고, 전문가인 제조업자만이 알 수 있을 뿐이며, 그 수리 또한 제조업자나 그의 위임을 받은 수리업자에 맡겨져 있기 때문에, 이러한 제품에 어떠한 결함이 존재하였는지, 나아가 그 결함으로 인하여 손해가 발생한 것인지 여부는 전문가인 제조업자가 아닌 보통인으로서는 도저히 밝혀 낼 수 없는 특수성이 있어서 소비자 측이 제품의 결함 및 그 결함과 손해의 발생과의 사이의 인과관계를 과학적·기술적으로 완벽하게 입증한다는 것은 지극히 어려우므로, 텔레비전이 정상적으로 수신하는 상태에서 발화·폭발한 경우에 있어서는, 소비자 측에서 그 사고가 제조업자의 배타적 지배하에 있는 영역에서 발생한 것임을 입증하고, 그러한 사고가 어떤 자의 과실 없이는 통상 발생하지 않는다고 하는 사정을 증명하면, 제조업자 측에서 그 사고가 제품의 결함이 아닌 다른 원인으로 말미암아 발생한 것임을 입증하지 못하는 이상, 위와 같은 제품은 이를 유통에 둔 단계에서 이미 그 이용 시의 제품의 성상이 사회통념상 당연히 구비하리라고 기대되는 합리적 안전성을 갖추지 못한 결함이 있었고, 이러한 결함으로 말미암아 사고가 발생하였다고 추정하여 손해배상책임을 지울 수 있도록 입증책임을 완화하는 것이 손해의 공평·타당한 부담을 그 지도원리로 하는 손해배상제도의 이상에 맞다."고 판시하고 있다.

바이러스에 감염된 환자가 제약회사를 상대로 바이러스에 오염된 혈액제제를 통하여 감염되었다는 것을 손해배상책임의 원인으로 주장하는 경우, 대법원은 환자의 증명에 대한 책임을 완화하는 방안을 모색하고 있다.[159]

<대법원 2011. 9. 29. 선고 2008다16776 판결>

대법원은 "의약품의 제조물책임에서 손해배상책임이 성립하기 위해서는 의약품의 결함 또는 제약회사의 과실과 손해 사이에 인과관계가 있어야 한다. 그러나 의약품 제조과정은 대개 제약회사 내부자만이 알 수 있을 뿐이고, 의약품 제조행위는 고도의 전문적 지식을 필요로 하는 분야로서 일반인들이 의약품의 결함이나 제약회사의 과실을 완벽하게 입증하는 것은 극히 어렵다. 따라서 환자

---

158) 대법원 2004. 3. 12. 선고 2003다16771 판결.
159) 대법원 2011. 9. 29. 선고 2008다16776 판결.

인피해자가 제약회사를 상대로 바이러스에 오염된 혈액제제를 통하여 감염되었다는 것을 손해배상책임의 원인으로 주장하는 경우, 제약회사가 제조한 혈액제제를 투여받기 전에는 감염을 의심할 만한 증상이 없었고, 혈액제제를 투여 받은 후 바이러스 감염이 확인되었으며, 혈액제제가 바이러스에 오염되었을 상당한 가능성이 있다는 점을 증명하면, 제약회사가 제조한 혈액제제 결함 또는 제약회사 과실과 피해자 감염 사이의 인과관계를 추정하여 손해배상책임을 지울 수 있도록 증명책임을 완화하는 것이 손해의 공평·타당한 부담을 지도 원리로 하는 손해배상제도의 이상에 부합한다."고 하면서, "바이러스에 오염되었을 상당한 가능성은, 자연과학적으로 명확한 증명이 없더라도 혈액제제의 사용과 감염의 시간적 근접성, 통계적 관련성, 혈액제제의 제조공정, 해당 바이러스 감염의 의학적 특성, 원료 혈액에 대한 바이러스 진단방법의 정확성 정도 등 여러 사정을 고려하여 판단할 수 있다."고 하였다.

결론적으로 대법원은 "제약회사는 자신이 제조한 혈액제제에 아무런 결함이 없다는 등 피해자의 감염원인이 자신이 제조한 혈액제제에서 비롯된 것이 아니라는 것을 증명하여 추정을 번복시킬 수 있으나, 단순히 피해자가 감염추정기간 동안 다른 회사가 제조한 혈액제제를 투여 받았거나 수혈을 받은 사정이 있었다는 것만으로는 추정이 번복되지 않는다."고 판단하였다.

원고 농장에서 처음에 주식회사 OOO이 제조한 예방백신을 사용하였던 기간 동안에는 송아지들이 출산 후 설사병으로 집단 폐사하지 아니하다가, 피고가 수입·판매하는 백신을 사용한 이후에는 출산 이후 단기간 내에 설사병으로 집단 폐사하자 손해배상을 청구한 사건에서, 대법원은 '소비자가 제조업자 측에게 민법상 일반 불법행위책임으로 손해배상을 청구하는 경우에 발생하는 증명책임의 분배'에 대하여 판시하였다.[160]

〈대법원 2013. 9. 26. 선고 2011다88870 판결〉

원고 농장에서 처음에 주식회사 코미팜이 제조한 로타바이러스 예방백신(이하 '코미팜 제품'이라 한다)을 사용하였던 기간 동안에는 송아지들이 출산 후 설사병으로 집단 폐사하지 아니하다가, 피고가 수입·판매하는 '칼프가드'라는 이름의 로타바이러스 예방백신(이하 '이 사건 백신'이라 한다)을 사용한 이후에는 출산 이후 단기간 내에 설사병으로 집단 폐사하였던 점 등을 들어, 원고 농장에서 출산된 송아지들이 로타바이러스 감염 또는 로타바이러스와 병원성 대장균 등의 복합감염으로 집단 폐사한 것은 이 사건 백신이 효능이 없었기 때문이라고 원심은 판단하였다. 원고는 피고가 수

---

160) 대법원 2013. 9. 26. 선고 2011다88870 판결.

입하여 국내에 유통시킨 이 사건 백신이 백신으로서의 효능이 없다는 이유로 제조물책임법이나 일반 불법행위에 의한 손해배상책임을 주장하였고, 이에 대하여 원심은 그중 일반 불법행위책임을 인정하여 원고의 청구를 일부 인용하였다.

그러나 대법원은 "로타바이러스 감염으로 집단 폐사하는 손해가 발생하였고, 폐사한 송아지의 어미소에게 접종한 이 사건 백신이 정상적인 효능을 갖추지 못한 하자가 있는 것이었음을 일응 추단하게 하는 사실이 먼저 증명되어야 하고, 그에 대한 증명책임은 원고에게 있다. 물론 거기에서 나아가 폐사한 송아지들이 로타바이러스 감염이 아니라 대장균 등 병원성 미생물에 감염되어 폐사하였다는 등 다른 손해발생 원인이 존재한다는 등의 반대사실은 제품을 수입·유통시킨 피고가 증명하여야 할 것이지만, 이는 제품의 하자 등 기본적인 전제사실이 증명된 다음의 문제이다. 이로써 볼 때 원심의 판단은 다음의 이유로 수긍하기 어렵다."고 판시하고 있다.

제4편

소송의 종료

제**1**장

The Civil Proceedings Act

소송종료의 유형

당사자의 행위에 의한 종료와 종국판결에 의한 종료 두 가지가 있다. 판결에 의하지 않고 소송이 종료되는 경우는 다음 세 가지이다. 소의 취하, 청구의 포기·인낙 및 재판상화해 이 외에 화해에 준하는 조정 등이 있다.

I. 당사자의 행위에 의한 종료

1. 소의 취하

1) 의의

소의 취하에 의하여 소송이 종료되는 경우가 높다. 원고가 제기한 소의 전부 또는 일부를 철회하는 법원에 대한 단독적 소송행위가 소의 취하이다. 소의 취하에 의하여 소송계속은 소 급적으로 소멸된다(민소법 제267조 제1항). 소의 취하는 판결에 의하지 않는 소송종료행위 이다.

2) 소 취하계약

소송 외에서 원고가 피고에 대하여 소를 취하하기로 하는 약정이 소 취하계약이다. 소취하합의라고도 한다. 갑 등이 을 등을 상대로 소송을 제기하면서 그들 모두를 위한 선정당사자로 병을 선정하여 소송을 수행하도록 하였는데, 병이 선정당사자 지위에서 을 등과 '을 등은 연대하여 병에게 500만 원을 지급하고, 병은 소송을 취하하며 민·형사상의 책임을 묻지 않겠다.'는 취지로 합의한 후 소를 취하한 사안에 대한 대법원 판결이 있었다.[1]

〈대법원 2012. 3. 15. 선고 2011다105966 판결〉

대법원은 "종전 소송의 원고 선정자들 모두를 위한 선정당사자로 선정된 소외 1이 선정당사자의 지위에서 종전 소송 도중 피고 선정자들과 한 위와 같은 합의는 종전 소송의 원고 선정자들 모두를 위하여 500만 원을 지급받는 대신 종전 소송을 취하하여 종료시킴과 아울러 피고 선정자들을 상대로 동일한 소송을 다시 제기하지 않겠다는 것, 즉 재소를 하지 않기로 한 것으로서, 이는 선정당사자가 할 수 있는 소송수행에 필요한 사법상의 행위에 해당하고, 그 효력은 이 사건의 원고 선정자들을 포함한 종전 소송의 원고 선정자들로부터 개별적인 동의를 받았는지 여부와 관계없이 그들 모두에게 미친다고 할 것이다. 따라서 이 사건 소송은 원고 선정자들이 위와 같은 재소금지합의에 반하여 제기한 것으로서 권리보호의 이익이 없다."고 판시하였다.

심결취소소송을 제기한 이후에 당사자 사이에 소를 취하하기로 하는 합의가 이루어졌다면 특별한 사정이 없는 한 소송을 계속 유지할 법률상의 이익이 소멸되어 당해 소는 각하되어야 한다.[2] 소취하 계약도 당사자 사이의 합의에 의하여 해제할 수 있음은 물론이고 계약의 합의해제는 명시적으로 이루어진 경우뿐만 아니라 묵시적으로 이루어질 수도 있는 것이다. 계약의 성립 후에 당사자 쌍방의 계약실현의사의 결여 또는 포기로 인하여 쌍방 모두 이행의 제공이나 최고에 이름이 없이 장기간 이를 방치하였다면, 그 계약은 당사자 쌍방이 계약을 실현하지 아니할 의사가 일치됨으로써 묵시적으로 합의해제되었다고 해석함이 상당하다.[3]

---

1) 대법원 2012. 3. 15. 선고 2011다105966 판결.
2) 대법원 1997. 9. 5. 선고 96후1743 판결.
3) 대법원 1994. 8. 26. 선고 93다28836 판결; 대법원 2007. 5. 11. 선고 2005후1202 판결.

〈대법원 2007. 5. 11. 선고 2005후1202 판결〉

대법원은 "원고 1 주식회사와 피고 등은 이 사건 소송이 대법원에 계속 중이던 2004. 6. 1. 원고 1 주식회사가 이 사건 소를 취하하기로 합의하였음에도 불구하고, 원고 1 주식회사는 소 취하서를 대법원에 제출하지 아니하고 피고도 소취하 합의서를 대법원에 제출하지 아니한 상태에서, 대법원은 2004. 12. 9. 원심판결을 파기하고 사건을 특허법원으로 환송한다는 이 사건 환송판결을 선고한 사실, 환송 후 특허법원에서 2005. 3. 11. 열린 제2차 변론기일에서도 원고 1 주식회사는 위 계약에 따라 소를 취하하지 않고 이를 그대로 유지하였고, 피고도 위 소송에서 그 변론종결일에 이르기까지 원고 1 주식회사와의 소취하 합의 사실을 주장하지 않은 채 본안에 관하여 변론하는 등 계속 응소한 사실을 알 수 있는바, 이러한 위 합의약정 후의 여러 가지 정황에 비추어 볼 때 원고 1 주식회사와 피고 등은 위 합의약정이 성립된 후 그 실현을 포기하려는 의사로 이를 방치하였다고 할 것이므로, 위 합의약정은 특별한 사정이 없는 한 묵시적으로 합의해제되었다고 봄이 상당하다."고 판시하였다.

소취하계약에 의하여 소가 각하된 뒤에는 원칙적으로 제소를 할 수 있다. 그러나 대법원은 "화해하고 소취하약정을 한 뒤에는 다시 소를 제기하거나 이를 유지할 이익이 없다."고 한다.[4]

〈대법원 1983. 3. 22. 선고 82누354 판결〉

대법원은 "경북지방 토지수용위원회는 기업자 풍산금속주식회사의 신청에 의하여 원고들 소유의 토지들에 대하여 제1차(본건 토지 아닌 것) 및 제2차(본건 토지)로 수용재결을 한 것이 발단이 되어 원고들은 이에 불복하여 피고 위원회에 각 이의신청을 한 끝에 위 제1차분 수용토지들에 관하여는 서울고등법원 80구537호의 행정소송이 계속되고 위 제2차분 수용토지에 관하여는 피고 위원회에 이의사건이 계속되고 한편 위 수용토지 전부에 관련하여 위 기업자를 상대한 손해배상청구의 민사소송사건이 대구고등법원 81나380호로 계속되고 있었는데 원고들은 1981. 4. 9. 기업자와의 사이에 위 각재결의 유무효 여부에 관계없이 위 1, 2차 수용재결을 둘러싼 그들간의 모든 쟁송을 일거에 종식시킨다는 합의 아래 (1) 위 수용토지들과 그 지상물의 대금 기타 배상금은 이미 한 공탁금을 포함하여 금 95,880,971원으로 하여 기업자는 공탁금을 제외한 금57,294,300원은 자기앞수표로 원고들에 지급하고 공탁금에 관하여는 공탁반대급부이행확인서를 발급한다. (2) 원고들은 위 행정소송 및 민사소송과 피고위원회에 계속 중인 이의쟁송을 취하하여 수용재결에 관련된 모든 쟁송을

---

4) 대법원 1983. 3. 22. 선고 82누354 판결.

아니한다. (3) 위 수용재산은 모두 1979.1.22자로 기업자의 소유로 속한 것으로 한다는 내용의 화해약정이 성립되어 원고는 위 기업자로부터 공탁반대급부이행확인서 3통을 교부받고 또 공탁금 해당액을 제외한 금 57,294,300원 상당의 자기앞수표 3매를 수령하고 위의 행정소송 및 민사소송을 취하하는 한편 피고 위원회에 대하여 본건 토지들에 관한 이의쟁송의 취하서를 제출한 사실을 인정하고 위 화해약정은 당시의 원고들 소송대리인들과 위 기업자의 소송대리인의 기망에 의하여 이루어졌다는 원고들의 주장을 배척하였는 바, 기록을 대조 검토하면 원심의 그 조치에 수긍이 가며 거기에 소론들과 같은 채증법칙 위배 등 위법사유가 있다고 할 수 없다."고 하면서, "원고들은 위 수용재결에 관하여는 민사소송이나 행정쟁송을 제기하거나 이를 유지 할 소의 이익이 없다."고 판단하였다.

3) 소취하의 요건

소 취하는 종국판결終局判決이 확정될 때까지는 언제든지 할 수 있다(민소법 제266조 제1항). 가사소송·행정소송·선거소송과 같이 직권탐지주의의 적용을 받는 소송물에 대해서도 자유롭게 소를 취하할 수 있다. 다만, 상대방이 본안에 관한 준비서면을 제출하거나 준비절차에서 진술하거나 변론을 한 후에는 상대방의 동의를 얻지 아니하면 그 효력이 없다(민소법 제266조 제2항). 또한 주주대표소송이나 증권관련 집단소송에서 소의 취하는 법원의 허가를 요한다(상법 제403조 제6항, 증권관련 집단소송법 제35조 제1항).

4) 소취하의 시기

원고의 소 제기 후 종국판결이 확정되기 전까지 언제든지 소 취하는 가능하다. 소송요건의 흠 등으로 적법한 소가 아니라도 이를 취하할 수 있다. 심급 사이에서 판결선고나 판결송달 후 상소의 제기 전에라도 할 수 있다.

5) 소취하의 방법

소의 취하는 서면으로 하는 것이 원칙이기 때문에 소송이 계속된 법원에 취하서를 제출하여야 하나, 변론 또는 준비절차에서는 구술로써 할 수도 있다(민소법 제266조 제3항). 소장 부본의 송달 후에는 소취하의 서면을 피고에게 송달해야 하며(민소법 제266조 제4항), 구술로서 소를 취하한 경우에 상대방이 결석한 때에는 취하의 진술을 기재한 조서의 등본을 상대방에게 송달하여야 한다(민소법 제266조 제5항). 소취하서가 취하권자가 아닌 상대방 당사자에 의하여 제출되었다는 사정만으로 취하의 효력을 부정할 수 있는지에 대하여 대법원은 이를 부정할 수 없다고 판시한다.[5]

〈대법원 2001. 10. 26. 선고 2001다37514 판결〉

대법원은 "민사소송법 제239조 제3항은 '소의 취하는 서면으로 하여야 한다.'고 규정하고 있을 뿐, 그 제출인이나 제출방법에 관하여는 따로 규정하는 바가 없고, 상대방이나 제3자에 의한 제출을 불허하는 규정도 찾아볼 수 없으므로, 당사자가 소취하서를 작성하여 제출할 경우 반드시 취하권자나 그 포괄승계인만이 이를 제출하여야 한다고 볼 수는 없고, 제3자에 의한 제출도 허용되며, 나아가 상대방에게 소취하서를 교부하여 그로 하여금 제출하게 하는 것도 상관없다."고 하면서, "소취하서상 원고의 표시가 정확한 명칭 그대로 기재되어 있지는 않지만, 그 외 소취하서에 기재된 사건번호, 원고의 대표자 이름, 피고의 표시 등이 모두 정확한 것에 비추어 보면, 소취하서에 원고로 표시된 '백운조합'은 원고의 정확한 명칭인 '광주직할시 무주택백운조합'의 약칭이라고 봄이 상당하다."고 판시하였다.

표시기관의 착오로 인한 소 취하의 효력이 있는가에 대한 사항과 적법한 소취하의 서면이 제출된 후 상대방에 송달 전후를 불문하고 임의로 철회할 수 있는가에 대하여, 대법원은 임의로 철회할 수 없다고 판시하고 있다.[6]

〈대법원 1997. 6. 27. 선고 97다6124 판결〉

대법원은 "소의 취하는 원고가 제기한 소를 철회하여 소송계속을 소멸시키는 원고의 법원에 대한 소송행위이고 소송행위는 일반 사법상의 행위와는 달리 내심의 의사보다 그 표시를 기준으로 하여 그 효력 유무를 판정할 수밖에 없는 것인바, 원고들 소송대리인으로부터 원고 중 1인에 대한 소 취하를 지시받은 사무원은 원고들 소송대리인의 표시기관에 해당되어 그의 착오는 원고들 소송대리인의 착오로 보아야 하므로, 그 사무원의 착오로 원고들 소송대리인의 의사에 반하여 원고들 전원의 소를 취하하였다 하더라도 이를 무효라 볼 수는 없고, 적법한 소 취하의 서면이 제출된 이상 그 서면이 상대방에게 송달되기 전·후를 묻지 않고 원고는 이를 임의로 철회할 수 없다."고 판시하고 있다.

---

5) 대법원 2001. 10. 26. 선고 2001다37514 판결.
6) 대법원 1997. 6. 27. 선고 97다6124 판결.

6) 소취하의 효과

소가 유효하게 취하되면 소송은 처음부터 없었던 것이 되며(민소법 제267조 제1항), 따라서 그때까지의 소송행위는 효력을 잃게 된다. 그러나 소송비용은 원고가 부담하게 되며, 신청에 의하여 결정으로 재판한다(민소법 제114조 1항). 소의 취하에 의하여 소송사건은 판결에 의하지 않고 끝나게 되는데, 본안 판결이 있은 후에 소를 취하하게 되면, 원고는 장래 동일한 소를 다시 제기할 수 없다(민소법 제267조 제2항).

7) 소의 취하간주

제1심의 구술변론기일에 당사자 쌍방이 결석하거나 출석을 하고도 변론을 하지 않을 때에는 재판장은 직권으로 다시 기일을 정하게 되고, 그 기일에도 쌍방이 출석하지 않거나 변론을 하지 않을 때 1개월 이내에 기일지정의 신청을 하지 않으면 소가 취하된 것으로 본다(민소법 제268조 제1항 내지 제3항). 피고의 경정의 경우는 구피고에 대한 소는 취하한 것으로 보며(민소법 제261조 제4항), 증권관련 집단소송에서 소송절차의 중단 후 1년 이내에 소송수계신청이 없으면 소가 취하된 것으로 본다(증권관련 집단소송법 제24조 제2항).

2. 청구의 포기·인낙

1) 의의

변론 또는 변론준비기일에서 원고가 자기의 소송상의 청구가 이유 없음을 자인하는 법원에 대한 일방적 의사표시를 청구의 포기라 한다. 원고가 소송물인 권리관계의 존부에 관한 자기주장을 부인하고 청구가 이유 없음을 자인하는 법원에 대한 소송상 진술이 바로 청구의 포기이다. 그러므로 대법원은 "소송 외에서 상대방 당사자나 제3자에 대해 청구의 포기·인낙과 같은 내용의 진술을 하여도 실체법상의 권리의 포기, 채무의 승인 따위의 사법의 법률행위에 지나지 않고, 소송법상의 효과가 발생하는 청구의 포기나 인낙이라고 볼 수 없다."고 판시한다.[7]

---

7) 대법원 1972. 8. 22. 선고 72다1075 판결.

대법원은 "원고는 1971.9.3 피고조합에 대하여 본건 소송상의 청구를 포기한다는 포기서를 작성하여 주었다가 이를 다시 취소한 사실을 인정할 수 있는바 소송상의 청구의 포기는 원고가 자기의 청구가 이유 없다는 것을 법원에 대하여 표현하는 일방적 소송행위로서 변론 또는 준비절차에서 이를 조서에 기재하면 확정판결과 동일한 효력이 있는 것이므로, 원고가 소송외에서 소송 상대방에 대하여 소송상의 청구를 포기한다는 의사표시를 하여도 이로서 청구의 포기라고 할 수 없으며 그것을 가지고 채무를 면제한다는 뜻의 실체상의 청구권 포기의 의사표시로도 볼 수 없다고 할 것이므로, 위 포기서는 법률상 아무런 효력이 없는 것이라고 판단하였다." 그러나 대법원은 "소송계속 중이라 할지라도 소송 당사자는 소송외에서 그 소송에서 청구하고 있는 권리를 그 상대방에게 포기할 수 있다 할 것이니 소송 외에서 당사자가 그 소송에 관한 청구권을 포기한 것이라고 주장하였다면 그것이 실체적 권리의 포기에 해당하는 것인지의 여부를 심리 판단하여야 할 것이다."라고 판시하고 있다.

반면 피고가 원고의 소송상 청구가 이유 있음을 자인하는 법원에 대한 일방적 의사표시가 청구의 인낙이다. 이것이 변론조서나 변론준비기일조서에 기재가 되면 확정판결과 같은 효력이 발생하고 소송은 종료된다. 청구의 포기와 인낙은 소송상의 청구에 대한 직접적이고 무조건의 불리한 진술에 해당한다.

2) 시기

청구의 포기나 인낙은 소송계속 중이면 언제든지 가능하다. 항소심은 물론 상고심에서도 허용된다. 또한 종국판결 선고 이후라도 아직 확정 전이라고 한다면 청구의 포기나 인낙을 위한 기일지정신청을 허용하여야 한다.

3) 효과

소의 취하가 심리 및 판결의 요구 그 자체를 철회하는 진술인 데 대하여, 청구의 포기는 자신의 권리주장이 실체법상 근거가 없다는 것을 자인하는 것이다. 이것을 조서에 기재하면 청구기각의 판결을 받아 그것이 확정된 것과 동일한 결과가 된다. 따라서 이 청구에 대해서는 기판력이 생긴다. 다만, 청구포기의 조서에 재심사유가 있는 경우에는(민소법 제451조

제1항) 제451조 내지 제461조의 규정에 준한 재심에 의해 구제가 가능하다.

3. 재판상 화해

1) 의의

소송제기 전에 지방법원 단독판사 앞에서 하는 제소전화해(민소법 제385조 제1항)와 소송계속 후 수소법원 앞에서 하는 소송상화해를 재판상화해라고 한다. 소송상화해는 소송계속 중 양쪽 당사자가 소송물인 권리관계의 주장을 서로 양보하여 소송을 종료시키기로 하는 기일에 있어서의 합의를 의미하고, 제소전화해는 일반 민사분쟁이 소송으로 발전하는 것을 방지하기 위하여 소제기 전에 지방법원 단독판사 앞에서 화해신청을 하여 해결하는 절차이다.

2) 소송상화해

소송제기 후에 수소법원, 수명법관 또는 수탁판사 앞에서 당사자가 서로 합의한 결과로 소송의 전부 또는 일부에 관해서 다툼을 종료하는 소송상 합의를 뜻한다. 법원은 소송의 정도 여하를 불문하고 화해를 권고할 수 있고(민소법 제145조 제1항), 당사자도 소송계속 중에는 언제라도 화해할 수 있으며, 이에 기초하여 작성된 화해조서는 확정판결과 동일한 효력이 있다(민소법 제220조).

3) 제소전화해

소송계속을 전제로 하지 않는 점에서 소송상의 화해와 다르다. 법원에서 행하여지므로 집행권원으로서의 효력이 부여된다. 소송방지의 화해라고도 하며, 이 화해의 신청은 당사자가 청구의 취지·원인과 다투는 사정을 명시明示하여 상대방의 보통재판적 소재지의 지방법원에 제출해야 한다(민소법 제385조 제1항). 화해가 성립되면 화해조서를 작성하게 되며(민소법 제386조), 이것은 확정판결과 동일한 효력이 있다(민소법 제220조). 또 화해가 성립되지 아니한 때 또는 당사자의 불출석으로 화해가 성립되지 않는 것으로 간주되는 때에, 당사자가 제소신청을 하면 화해신청한 때에 소가 제기된 것으로 간주된다(민소법 제387조, 제388조).

II. 종국판결에 의한 종료

소송사건의 해결을 위해 법원이 하는 종국판결과 같은 의미로 쓰이지만, 재판기관의 판단 또는 의사표시로서 이에 의해 소송법상 일정한 효과가 발생하는 법원의 소송행위이다.

1. 구분

1) 판결, 결정 및 명령

(1) 주체

판결과 결정은 법원의 재판이다. 명령은 재판장, 수명법관 또는 수탁판사 등 법관의 재판이다.

(2) 심리

판결은 신중을 기하기 위하여 원칙적으로 필요적 변론을 요한다(민소법 제134조 제1항 본문, 예외도 있다). 결정과 명령은 간이, 신속을 요하기 때문에 원칙적으로 임의적 변론, 즉 법원의 재량에 따른다.

(3) 알리는 방법

판결의 경우는 판결서를 작성하여 그에 기하여 선고에 의한다. 반면, 결정이나 명령은 상당한 방법에 의하여 고지하면 되고(민소법 제221조), 재판서를 작성하지 않고 조서의 기재로 대용할 수도 있다(민소법 제154조 제5호). 판결서에는 반드시 법관의 서명날인이 있어야 되지만(민소법 제208조), 결정과 명령은 기명날인이면 된다(민소법 제224조 제1항 단서). 판결은 선고 시에 성립되나, 결정과 명령은 그 원본이 법원사무관 등에게 교부되었을 때에 성립된다. 결정, 명령의 성립시기와 관련하여 대법원은 다음과 같이 판시하고 있다.[8]

---

8) 대법원 1974. 3. 30. 자 73마894 결정.

(4) 불복방법

판결에 대하여는 항소와 상고이고, 결정과 명령에 대하여는 이의 또는 항고와 재항고이다.

(5) 대상

판결은 중요사항을 판단한다. 소송에 대한 종국적, 중간적 판단을 할 때에 한다. 결정과 명령은 소송절차의 부수파생된 사항, 강제집행사항, 가압류 가처분 사건, 비송사건을 판단한다.

(6) 기속력

판결의 경우에 법원은 자기의 판결에 기속된다(민소법 제205조). 판결이 일단 선고되어 성립되면, 판결을 한 법원 자신도 이에 구속되며 스스로 판결을 철회하거나 변경이 허용되지 않는다. 선고하고 나서 오판임을 알아도 내용을 바꿀 수가 없다. 이를 자기구속력이라고도 한다. 반면, 결정과 명령은 원칙적으로 기속되지 아니한다. 취소변경이 가능하다(민소법 제222조).

(7) 기타사항

판결서와 달리 결정서에는 이유기재를 생략할 수 있고, 결정과 명령으로 완결된 재판에서

---

9) 대법원 1964. 5. 14 고지 64사2 결정; 대법원 1969. 12. 12 고지 69마703 결정.

는 대립적 구조가 아니므로 소송비용부담자를 정할 필요가 없다.

2) 종국적 재판과 중간적 재판

종국적 재판은 사건에 대하여 종국적 판단을 하고, 그 심급을 끝내고 이탈시키는 재판이다. 중간적 재판은 심리 중에 문제가 된 사항에 대하여 판단하여 종국적 재판의 준비로 하는 재판이다.

2. 판결의 종류

1) 중간판결

중간판결이란 종국판결을 하기에 앞서 소송의 진행 중 당사자 간의 중간쟁점을 미리 정리·판단을 하여 종국판결을 쉽게 하고 이를 준비하는 판결을 말한다. 중간확인의 소에 대하여 답하는 중간확인판결과는 다르다.

2) 종국판결

소나 상소에 의하여 계속된 사건의 전부나 일부를 그 심급에서 완결하는 판결이 종국판결이다(민소법 제198조). 본안판결이나 소각하판결이 그 예이다. 종국판결은 사건을 완결시키는 범위에 의하여 전부판결, 일부판결 및 추가판결로 구분된다.

(1) 전부판결

같은 소송절차에서 심판되는 사건의 전부를 동시에 완결시키는 종국판결을 말한다. 법원은 사건의 전부에 대하여 심리를 완료한 때에는 전부판결을 하지 않으면 아니 되도록 하고 있다(민소법 제198조).

(2) 일부판결

사건의 일부에 대하여 먼저 끝내는 종국판결이다. 같은 소송절차에 의해 심판되는 사건의 일부를 다른 부분에서 분리하여 그것을 먼저 완결시키는 판결을 말한다(민소법 제200조 제1항). 복잡한 소송을 간략히 하는 장점과 드러난 부분만이라도 신속하게 해결할 수 있다는 면

이 있다.

(3) 추가판결

법원이 청구의 전부에 대하여 재판할 의사가 있었지만, 본의 아니게 실수로 청구의 일부에 대하여 재판을 빠뜨렸을 때에 뒤에 그 부분에 대해 하는 종국판결을 말한다(민소법 제212조).

제**2**장

The Civil Proceedings Act

판결의 효과

I. 판결의 성립

판결의 성립절차는 다음과 같다. '판결내용의 확정'이 이루어지고, '판결서(판결원본)의 작성' 후 '선고'되고 마지막으로 '송달'의 순서로 진행된다. 선고된 판결은 그 정본이 당사자에게 송달된다.

1. 판결내용의 확정

심리가 판결하기에 성숙한 때에는 변론을 종결하고 판결내용의 확정에 들어가게 된다. 단독제의 경우는 해당 법관의 의견에 의하여 정해지게 되고, 합의제의 경우는 합의체의 구성법관의 합의에 의하여 정해지게 된다. 합의제는 재판장이 주재하여, 비공개로 이루어진다.

2. 판결서의 작성

판결내용은 서면으로 작성되어야 한다. 이를 판결서, 판결원본이라고 한다. 판결선고를 하기 전에 판결서는 작성되어야 한다(민소법 제206조).

3. 기재사항

1) 필요적 기재사항

당사자와 법정대리인이 표시되어야 한다. 특정을 위하여 성명과 주소를 기재하는 것이 일반적이다. 대법원은 법정대리인 표시를 누락한 판결이 위법한지에 대하여, 이를 위법한 것으로 보지 않았다.[10]

〈대법원 1995. 4. 14. 선고 94다58148 판결〉

대법원은 "소외 망 박정선이 이 사건 소제기 후 사망함으로 원심에서 미성년자인 박용기, 박용만의 법정대리인 모 김선자를 미성년자들의 법정대리인으로 하여 소송수계가 되어 있고, 그가 소송대리인까지 적법하게 선임하였음이 분명하므로, 원심판결의 당사자 표시에 법정대리인 표시를 누락한 것은 단순한 오기에 불과하고, 거기에 판결에 영향을 미친 위법이 있다고 할 수 없다."고 판시하였다.

당사자의 주소와 다른 등기부상의 주소지를 판결에 명시하지 아니한 것이 판결경정 사유인 명백한 오류인지에 대하여, 대법원은 이를 오류라고 판단하지 않고 있다.[11]

〈대법원 1990. 1. 11. 자 89그18 결정〉

대법원은 "소유권이전등기의 이행을 명하는 판결을 함에 있어 그 의무자인 피고의 주소를 표시하면서 이와 다른 등기부상의 주소를 명시하지 아니하였다 하여 그 판결에 명백한 오류가 있다 할 수는 없고, 또 이 사건에 있어서와 같이, 문제의 부동산의 면적이 토지대장상 430평방미터 0인데도 등기부상 이와 다르게 340평방미터 0으로 잘못 기재된 것이라면, 이 사건 판결에 그 부동산의 면적이 등기부상의 기재와 다르게 430평방미터 0으로 표시되어 있다 하여 거기에 명백한 오류가 있다 할 수도 없다."고 하였다.

2) 주문

판결주문은 본안에 관한 사항, 소송비용에 관한 사항 및 가집행에 관한 사항 등 세 가지로

---

10) 대법원 1995. 4. 14. 선고 94다58148 판결.
11) 대법원 1990. 1. 11. 자 89그18 결정.

이루어진다. 본안주문은 판결의 결론부분으로서 종국판결의 경우에는 소의 청구의 취지나 상소의 취지에 대한 응답이 표시된다. 판결주문은 간결하고 명확해야 한다. 일정액의 과세표준액을 초과하는 부분에 대응하는 과세에 관한 부분을 취소한다는 주문표시의 적부에 대하여, 대법원은 다음과 같이 판시하고 있다.[12]

〈대법원 1983. 3. 8. 선고 82누294 판결〉

대법원은 "판결주문은 그 내용이 특정되어 있고 그 주문자체에서 특정할 수 있어야 하는바, 위에서 본 원심판결의 주문에 따라도 취소되는 부분이 특정되어 있다고 할 수 없을 뿐 아니라 특정할 수도 없다고 할 것이다. 위 판결주문은 부과한 세금 중에서 어느 범위의 액을 취소한다고 구체적으로 명시되어 있지 아니하고, 다만 과세표준액 금 28,564,000원을 초과하는 부분에 대응하는 증여세 및 방위세에 관한 부분을 취소한다 할 뿐이라 하여 그 과세표준액에 대하여 어떤 기준에 의하여 세액이 산출될 것인지 분명치 아니하므로 이로써는 취소되는 부분이 특정되었거나 특정할 수도 없다고 할 것이기 때문이다."라고 판시하고 있다.

판결 주문이 갖추어야 할 명확성의 정도에 대하여, 대법원은 "판결 주문의 내용이 모호하면 기판력의 객관적 범위가 불분명해질 뿐만 아니라 집행력·형성력 등의 내용도 불확실하게 되어 새로운 분쟁을 일으킬 위험이 있으므로 판결 주문에서는 청구를 인용하고 배척하는 범위를 명확하게 특정하여야 한다."고 판시하고 있다.[13]

〈대법원 1989. 7. 11. 선고 88다카18597 판결〉

대법원은 "판결의 주문은 그 내용이 특정되어야 하고 또 그 주문자체에서 특정할 수 있어야 하는 것인바, 이 사건 판결의 주문에서 원고에게 하자보수공사를 명하면서 그 하자의 내역으로 '별지 (2) 건물지하층, 다방 방부분 누수, 별지(3) 건물지하실 누수, 별지(3) 건물 2층 화장실 및 체육관의 천정이 처지고 화장실의 천정누수'라고 표시한 것은 하자의 범위와 정도가 특정되었다고 볼 수 없고 또 하자보수의 완성 여부에 대하여도 객관적으로 명백한 기준이 없어 앞으로 당사자 간에 분쟁의 여지가 남겨져 있다고 보여지므로 결국 이와 같은 주문의 표시는 부적법하다고 하지 않을 수 없다."고 판시하고 있다.

---

12) 대법원 1983. 3. 8. 선고 82누294 판결.
13) 대법원 2012. 12. 13. 선고 2011다89910 판결; 대법원 1989. 7. 11. 선고 88다카18597 판결.

화해조서의 기재내용이 특정되지 않아 강제집행이 불가능한 경우, 재소의 이익이 있는가에 대하여 대법원은 이를 긍정적으로 판단하고 있다.[14]

> **〈대법원 1995. 5. 12. 선고 94다25216 판결〉**
>
> 대법원은 "재판상의 화해를 조서에 기재한 때에는 그 조서는 확정판결과 동일한 효력이 있고 당사자 사이에 기판력이 생겨 재심의 소에 의한 취소 또는 변경이 없는 한 당사자는 그 취지에 반하는 주장을 할 수 없음이 원칙이나, 화해조서에 기재된 내용이 특정되지 아니하여 강제집행을 할 수 없는 경우에는 동일한 청구를 제기할 소의 이익이 있다."고 판시하였다.

소송판결을 할 때에는 '이 사건 소를 각하한다.'라고 주문에 기재하고, 원고청구의 기각판결을 할 때에는 '원고의 청구를 기각한다.'고 기재한다. 원고청구의 인용판결의 경우에는 소장에 기재된 '청구의 취지'에 따라 이행판결의 경우에는 '금원을 지급하라.'로, 확인판결이면 '원고의 소유임을 확인한다.'로, 형성판결이면 '원고와 피고는 이혼한다.'로 표기한다.

3) 청구의 취지

제1심판결의 경우에는 소장기재의 청구의 취지, 상소심판결에 있어서는 상소장기재의 상소의 취지도 표시하게 되어 있다. 청구의 취지는 원고가 전부승소하는 경우의 판결주문에 대응하므로, 원고전부승소의 경우에는 '주문과 같다.'라고 기재하면 된다.

4) 이유

주문이 정당하다는 것을 인정할 수 있을 정도로 당사자의 주장, 그 밖의 공격방어방법에 관한 판단을 표시한다(민소법 제208조 제2항). 원고의 청구원인과 피고의 항변을 종합하여 사실을 확정하고, 이 사실에 법률을 적용하여 주문에 도달한 경로를 명확히 하여야 한다. 대법원은 제1심판결에 대하여 쌍방이 항소한 경우 항소심판결의 주문형식에 대하여 판시하고 있다.[15]

---

14) 대법원 1995. 5. 12. 선고 94다25216 판결.
15) 대법원 1992. 11. 24. 선고 92다15987 판결.

<대법원 1992. 11. 24. 선고 92다15987 판결>

원·피고 사이의 제1심판결의 주문은, "피고는 원고에게 금 516,583,106원 및 이에 대한 1989. 8. 14.부터 1991. 8. 16.까지는 연 5푼의, 그 다음날부터 완제일까지는 연 2할 5푼의 비율에 의한 금원을 지급하고, 원고의 나머지 청구는 기각한다."는 것이고, 이에 대하여 원고와 피고가 모두 항소하였는데 원고의 항소취지는 "제1심판결 중 원고 패소부분을 취소하고, 피고는 원고에게 금 122,521,166원 및 이에 대한 1989. 8. 14.부터 원심판결 선고일까지는 연 5푼, 그 다음 날로부터 완제일까지는 연 2할 5푼의 비율에 의한 금원을 지급하라."는 것이고, 피고의 항소취지는 "제1심판결의 피고패소부분중 금 253,640,935원 및 이에 대한 1989. 8. 14.부터 완제일까지 연 5푼의 비율에 의한 금원을 초과하여 지급을 명한 부분을 취소하고 그 부분에 대한 원고의 청구를 기각한다."는 것이다. 이에 대하여 대법원은 "원심으로서는 쌍방의 불복범위 안에서 원고의 청구의 당부를 판단하여 항소가 이유 있는 범위 안에서 제1심판결을 취소하여 그 부분의 원고의 청구를 인용하거나 기각하고, 이유 없는 범위의 항소는 기각하는 것이 원칙이나, 이와 같은 방식에 의할 경우 주문이 복잡하게 되는 것을 피하고 주문의 내용을 알기 쉽게 하기 위하여 위와 같은 방식에 갈음하여 제1심판결을 변경하는 판결을 하는 것도 허용된다고 할 것이며, 이와 같이 제1심판결을 변경하는 판결은 제1심판결을 일부 취소하는 판결의 한 형태라고 보아야 할 것이다."[16]라고 판시하였다.

5) 변론에 종결한 날짜

결심한 날짜를 의미한다. 기판력의 시적 범위의 표준시이기 때문에 이를 명백히 하는 의미를 가지고 있다.

6) 법원

판결서에 서명날인하는 법관이 소속한 관서로서의 법원을 의미한다. 합의체의 경우에는 소속부까지 기재한다.

7) 법관의 서명날인

판결을 한 법관의 서명날인이 있어야 한다(민소법 제208조 제1항). 법관의 서명만 있고 날인이 없다고 한다면 판결원본이라고 할 수 없고, 판결원본에 의한 판결선고가 아니기 때문에 선고의 효력이 없다는 것이 법원의 입장이다.

---

16) 대법원 1983. 2. 22. 선고 80다2566 판결.

4. 선고기일

선고기일은 변론종결일로부터 2주 이내에 하여야 하고, 예외적인 경우라 하더라도 4주일을 초과하지 못하도록 하고 있다(민소법 제207조 제1항). 선고기일은 재판장이 이를 미리 지정하고 당사자에게 고지해야 한다. 대법원은 '적법한 변론기일에서 판결선고기일을 고지한 경우 재정하지 아니한 당사자에 대한 판결선고의 효력에 대하여, 이를 긍정하고 있다.[17]

〈대법원 2003. 4. 25. 선고 2002다72514 판결〉

대법원은 "판결의 선고는 당사자가 재정하지 아니하는 경우에도 할 수 있는 것이므로 법원이 적법하게 변론을 진행한 후 이를 종결하고 판결선고기일을 고지한 때에는 재정하지 아니한 당사자에게도 그 효력이 있는 것이고, 그 당사자에 대하여 판결선고기일 소환장을 송달하지 아니하였다 하여도 이를 위법이라고 할 수 없다."고 판시하고 있다.

미리 선고기일을 지정하지 아니하고 변론기일에 선고된 판결은 위법이라는 대법원 판결이 있다.[18]

〈대법원 1996. 5. 28. 선고 96누2699 판결〉

대법원은 "소액사건심판법의 적용을 받지 아니하는 일반 민사사건에 있어서 판결로 소를 각하하기 위하여는, 법원이 변론을 연 경우에는 물론이며, 변론 없이 하는 경우에도 반드시 선고기일을 지정하여(변론을 연 경우에는 변론을 종결하고) 당사자를 소환하고 그 지정된 선고기일에 소각하의 종국판결을 선고하여야 할 것이므로, 위와 같은 절차를 거침이 없이 변론기일에 선고된 판결은 위법하다."고 판시하였다.

5. 선고방법

선고는 공개된 법정에서 재판장이 판결원본에 의하여 주문을 낭독함으로써 행하게 된다(민소법 제206조). 이유의 간략한 설명은 필요한 때에 한한다. 선고하기 전에 판결원본을 반

---

17) 대법원 2003. 4. 25. 선고 2002다72514 판결.
18) 대법원 1996. 5. 28. 선고 96누2699 판결.

드시 작성하여야 한다. 판결원본을 작성하지 않고 하는 선고는 민사소송법 제417조의 판결절차가 법률에 위배된 때에 해당하게 된다. 제1심 판결의 절차가 법률에 어긋나는 경우의 항소심의 조치에 대하여, 대법원은 다음과 같이 판시하고 있다.[19]

〈대법원 2004. 10. 15. 선고 2004다11988 판결〉

대법원은 "제1심법원은 피고에게 소장 부본만을 제대로 송달하였을 뿐 최초의 변론기일소환장은 물론 제8차에 걸친 변론기일소환장 전부를 전혀 적법하게 송달하지 아니한 셈이 되는데, 변론기일소환장을 피고에게 제대로 송달하지 않고 피고가 출석하지도 아니한 상태에서 변론기일을 진행하였으므로 적법하게 변론을 진행한 것이라고 볼 수 없고, 부적법하게 진행된 변론기일에 변론을 종결하고 판결선고기일을 지정·고지한 만큼 그 지정·고지의 효력이 피고에게 미친다고 할 수도 없으며, 판결선고기일소환장은 아예 송달하지도 아니하였으므로, 제1심의 중대한 소송절차가 법률에 어긋난 경우에 해당하여 제1심판결은 부당하다고 아니할 수 없고, 제1심의 판결절차(판결의 선고절차) 역시 법률에 어긋난 것으로 보지 않을 수 없다. 따라서 원심은 민사소송법 제416조, 제417조에 의하여 제1심판결 전부를 일단 취소하고 소장의 진술을 비롯하여 소송서류의 송달과 증거의 제출 등 모든 변론절차를 새로 진행한 다음 본안에 대하여 다시 판단하여야 한다."고 판시하였다.

6. 판결의 송달

판결선고 후 재판장은 판결원본을 법원사무관 등에게 즉시 교부하도록 한다(민소법 제209조). 법원사무관 등은 판결정본을 작성하여, 이를 영수한 날부터 2주 내에 당사자에게 송달하여야 한다(민소법 제210조).

---

19) 대법원 2004. 10. 15. 선고 2004다11988 판결.

[판결문의 예]

서울남부지방법원

판 결

사　　건　2014가소777　손해배상

원　　고　이천만 (671115-1022114)

　　　　　서울 서초구 서초동 진흥아파트 10동 101호

피　　고　이호민

　　　　　서울 영등포구 여의도동 1 국회의원회관 1004호

　　　　　담당변호사 정혁진

변론종결　2014. 12. 11.

판결선고　2015. 1. 9.

주 문

1. 원고의 청구를 기각한다.
2. 소송비용은 원고가 부담한다.

청구취지

　피고는 원고에게 20,000,000원 및 이에 대하여 이 사건 소장 부본 송달 다음 날로부터 판결선고일까지는 연 5%, 그 다음 날로부터 다 갚는 날까지는 연 20%의 각 비율로 계산한 돈을 지급하라.

이 유

　원고와 피고의 사회적 지위 및 영향력, 이 사건 표현의 성격 및 경위, 대상 사안의 공공성 등 제반 사정에 비추어 볼 때, 이 사건 표현에 위법성이 있다고 보기는 어려우므로 주문과 같이 판결한다.

판 사　　이 용 훈

II. 판결의 효력

1. 기속력

1) 원칙

판결의 기속력이 발생한다. 판결이 일단 선고되어 성립되면 스스로 판결을 철회하거나 변경이 허용되지 않고, 법원 자신도 그것에 기속된다. 선고와 동시에 그 효력은 발생한다(민소법 제205조).

2) 예외

(1) 법률 규정

기속력은 예외적으로 배제되는 경우가 발생한다. 결정이나 명령은 주로 소송절차의 파생적·부수적 사항에 관한 재판이므로 항고 시에 원심법원이 재도再度의 고안(항고가 제기되었을 때에 항고의 대상이 된 재판을 한 법원이 스스로 그 재판의 옳고 그름을 다시 검토하는 일)에 의하여 취소 또는 변경할 수 있다(민소법 제446조). 또한 소송지휘에 관한 결정·명령은 편의적이기 때문에 어느 때나 취소·변경을 할 수 있어 기속력이 배제된다(민소법 제222조).

(2) 판결경정

일정한 경우 판결경정을 통하여 판결에 대한 기속력을 완화하고 있다. 판결경정이라 함은 판결내용을 실질적으로 변경하지 않는 범위 내에서, 판결서에 표현상의 잘못이나 계산의 착오 등 오류가 생겼을 때에 판결법원 스스로 이를 고치는 것을 의미한다(민소법 제211조). 대법원에 따르면, 판결경정제도는 "판결에 위산, 오기 기타 이에 유사한 오류가 있는 것이 명백한 때 행하여지는 판결의 경정은, 일단 선고된 판결에 대하여 그 내용을 실질적으로 변경하지 않는 범위 내에서 판결의 표현상의 기재 잘못이나 계산의 착오 또는 이와 유사한 오류를 법원 스스로가 결정으로써 정정 또는 보충하여 강제집행이나 호적의 정정 또는 등기의 기재 등 이른바 광의의 집행에 지장이 없도록 하자는 데 그 취지가 있다."고 판시하고 있다.[20]

법원이 토지의 공유물분할에 관한 조정조서에 측량·수로조사 및 지적에 관한 법률의 규정에 반하여 제곱미터 미만의 단수를 표시하여 위치와 면적을 기재함으로써 조정조서 집행이

---

20) 대법원 2001. 12. 4. 자 2001그112 결정.

곤란해진 경우, 당사자 일방이 그 소유로 될 토지의 지적에 표시된 제곱미터 미만의 단수를 포기하여 조정조서 집행을 가능하게 하는 취지로 신청한 조정조서 경정의 허가에 대하여, 대법원은 이를 긍정하고 있다.[21]

〈대법원 2012. 2. 10. 자 2011마2177 결정〉

대법원은 "법원이 토지의 공유물분할을 내용으로 하는 조정조서를 작성하는 경우, 그 토지가 측량·수로조사 및 지적에 관한 법률 시행령 제60조 제1항 제1호에 의하여 지적을 정하는 토지라면 제곱미터 미만의 단수 표시 때문에 조정조서 집행이 곤란하게 되는 결과가 생기지 않도록 하여야 하는데, 조정조서에 측량·수로조사 및 지적에 관한 법률 규정에 반하여 제곱미터 미만의 단수를 표시하여 위치와 면적을 표시하였다면, 당사자 일방이 그 소유로 될 토지의 지적에 표시된 제곱미터 미만의 단수를 포기하고 그 포기한 부분을 상대방의 소유로 될 토지의 지적에 표시된 단수와 합산하여 단수 이하를 없앰으로써 조정조서의 실질적 내용을 변경하지 아니하면서 조정조서 집행을 가능하게 하는 취지의 조정조서 경정 신청을 한 경우에는 민사소송법 제211조의 '잘못된 계산이나 기재, 그 밖에 이와 비슷한 잘못이 있음이 분명한 때'에 해당하는 것으로 보아 조정조서 경정을 허가하여야 한다."고 판시하였다.

2. 형식적 확정력

법원이 한 종국판결에 대하여 당사자의 불복상소로도 취소할 수 없게 된 상태를 판결이 형식적으로 확정되었다고 한다. 이 취소불가능성을 형식적 확정력이라 한다. 판결의 형식적 확정은 판결정본이 적법하게 송달되었을 것을 전제로 한다. 대법원이 이 점을 명확히 밝히고 있다.[22]

〈대법원 1997. 5. 30. 선고 97다10345 판결〉

대법원은 "1심 판결정본이 적법하게 송달된 바 없으면 그 판결에 대한 항소기간은 진행되지 아니하므로 그 판결은 형식적으로도 확정되었다고 볼 수 없고, 따라서 소송행위 추완의 문제는 나올 수 없으며 그 판결에 대한 항소는 1심 판결정본 송달 전에 제기된 것으로서 적법하다 할 것이다."[23]고

---

21) 대법원 2012. 2. 10. 자 2011마2177 결정.
22) 대법원 1997. 5. 30. 선고 97다10345 판결.

판시하였다.

대법원은 "원심은 원고의 남편인 원심 증인 정시양의 증언에 의하여, 이화정밀공업사의 경리사원 김정쾌가 1994. 5. 10. 피고를 수송달자로 한 이 사건 소장 부본, 제1차 변론기일소환장을 수령한 다음 소장 부본 등을 피고의 책상 위에 두었고, 피고는 위 서류들을 보고 원고가 피고를 상대로 이 사건 소를 제기한 사실을 알게 되었으며, 원고에게 찾아가 제1차 변론기일소환장을 전달까지 하여 원고도 제1차 변론기일을 알게 된 사실을 인정하고 있으나, 원심이 배척하지 아니한 갑 제21호증의 8의 기재에 의하면, 위 정시양은 유성공업 주식회사가 1994. 4. 30.경 피고가 대표로 있던 이화정밀공업사를 인수하였고 피고를 공장장으로 채용하였으나 아무런 말도 없이 출근하지 않았다고도 진술하고 있는바, 그렇다면 원심으로서는 피고가 이화정밀공업사 경영을 그만둔 것이 언제인지, 1994. 4. 30.에 그만둔 것이라면 그 뒤에도 위 장소가 피고의 영업소나 사무소이고 김정쾌가 피고의 사무원이라고 볼 수 있는지를 심리하여 제1심 판결정본이 피고에게 적법하게 송달되었는지 여부를 판단하였어야 할 것이다."라고 하였다.

판결이 확정되면 소송당사자는 그 판결에 기하여 기판력을 주장하거나 가족관계등록신고, 등기신청 등을 할 수 있다. 당사자는 소송기록을 보관하고 있는 법원에 신청하여 판결확정증명서를 교부받게 된다. 판결이 형식적으로 확정되면 소송은 종결된다. 확정에 의하여 판결의 내용에 따른 효력인 기판력, 집행력 및 형성력 등이 발생한다.

3. 기판력

1) 의의

확정판결의 판단에 부여되는 구속력을 기판력 또는 실체적 확정력이라고 한다. 확정된 판결내용은 당사자와 법원을 규율하는 새로운 규준으로서 구속력을 갖게 되며, 후에 동일사항이 문제되면 당사자는 그에 반하여 되풀이하여 다투는 소송이 허용되지 아니한다(불가쟁).

2) 불가반

확정된 종국판결에 있어서 청구에 대한 판결은 어느 법원도 다시 재심사하여 그와 모순되거나 저촉되는 판단을 해서는 아니 된다. 대법원은 기판력의 의의와 효과 및 기판력의 객관

---

23) 대법원 1994. 12. 22. 선고 94다45449 판결.

적 범위에 대한 다음과 같이 판시하고 있다.[24]

〈대법원 1987. 6. 9. 선고 86다카2756 판결〉

대법원은 "무릇 확정판결의 기판력이라 함은 확정판결의 주문에 포함된 법률적 판단의 내용은 이후 그 소송당사자의 관계를 규율하는 새로운 기준이 되는 것이므로 동일한 사항이 소송상문제가 되었을때 당사자는 이에 저촉되는 주장을 할 수 없고 법원도 이에 저촉되는 판단을 할 수 없는 기속력을 의미하는 것이고, 이 경우 적극당사자(원고)가 되어 주장하는 경우는 물론이고 소극당사자(피고)로서 항변하는 경우에도 그 기판력에 저촉되는 주장은 할 수 없는 것이다. 물론 기판력의 객관적 범위는 그 판결의 주문에 포함되는 것 즉 소송물로 주장된 법률관계의 존부에 관한 판단의 결론 그 자체에만 미치는 것이고 판결이유에 설시된 그 전제가 되는 법률관계의 존부에 까지 미치는 것이 아니라 할 것임은 소론과 같다."고 하였다.

대법원은 "원심이 확정한 바에 의하면, 피고가 종래 원고를 상대로 하여 이 사건 건물에 대한 전세금반환청구의 소(대전지방법원 85가합70호)를 제기하였다가 원고에게 대항할 전세금반환청구권을 인정할 수 없다는 이유로 청구기각의 판결을 받고 이것이 확정되었다는 것이므로 위 확정판결의 기판력은 원피고 간의 위 전세금반환청구권의 존부에 미치는 것이다. 그런데 피고가 이 사건에서 위 확정판결에서 부정된 바로 그 전세금반환청구권을 내세워 동시이행의 항변을 한다면 이는 위 확정판결의 기판력에 저촉되는 주장이어서 허용될 수 없다 할 것이다."라고 판시하고 있다.

　시효중단 등 특별한 사정이 있어 예외적으로 확정된 승소판결과 동일한 소송물에 기한 신소가 허용되는 경우, 피고가 후소에서 전소의 확정된 권리관계를 다투려면 먼저 적법한 추완항소를 제기하여 전소 확정판결의 기판력을 소멸시켜야 하는지 여부 및 이는 전소의 소장부본 등이 공시송달로 송달되어 피고가 책임질 수 없는 사유로 전소에 응소할 수 없었더라도 마찬가지인지 여부에 대하여, 대법원은 양자 모두 긍정적으로 보고 있다.[25]

〈대법원 2013. 4. 11. 선고 2012다111340 판결〉

대법원은 "시효중단 등 특별한 사정이 있어 예외적으로 확정된 승소판결과 동일한 소송물에 기한 신소가 허용되는 경우라 하더라도 신소의 판결이 전소의 승소 확정판결의 내용에 저촉되어서는 아

---

24) 대법원 1987. 6. 9. 선고 86다카2756 판결.
25) 대법원 2013. 4. 11. 선고 2012다111340 판결.

니 되므로, 후소 법원으로서는 그 확정된 권리를 주장할 수 있는 요건이 구비되어 있는지에 관하여 다시 심리할 수 없다. 따라서 피고가 후소에서 전소의 확정된 권리관계를 다투기 위하여는 먼저 전소의 승소 확정판결에 대하여 적법한 추완항소를 제기함으로써 그 기판력을 소멸시켜야 할 것인데, 이는 전소의 소장부본과 판결정본 등이 공시송달의 방법에 의하여 송달되어 피고가 그 책임질 수 없는 사유로 전소에 응소할 수 없었던 경우라고 하여 달리 볼 것이 아니다."라고 판시하고 있다.

4. 그 밖의 효력

1) 집행력

협의의 집행력이란 판결로 명한 이행의무를 강제집행절차에 의하여 실현할 수 있는 효력을 말한다. 이러한 집행력은 확정된 이행판결에 인정되는 것이나 가집행선고에 의하여 판결확정 전에도 부여된다. 광의의 집행력이라 함은 강제집행 이외의 방법에 의하여 판결의 내용에 적합한 상태를 실현할 수 있는 효력을 포함한다. 확정판결에 의하여 가족관계등록부에 기재나 정정, 등기의 말소나 변경신청 등이 그 예이다.

2) 형성력

형성의 소를 인용하는 형성판결이 확정됨으로써 판결내용대로 새로운 법률관계의 발생이나 종래의 법률관계의 변경이나 소멸을 야기하는 효력을 형성력이라고 한다. 형성력은 당사자뿐만 아니라 일반 제3자에게도 효력이 미친다.

III. 종국판결의 부수적 재판

판결의 본안 주문 다음에는 이행판결의 경우에 이에 부수적으로 소송비용 재판과 가집행선고가 뒤따른다.

1. 소송비용의 재판

1) 소송비용

소송비용은 소송당사자가 현실적으로 소송에서 지출한 비용 중 법령에 정한 범위에 속하는 비용을 말한다. 소송비용의 범위, 액수와 예납에 관하여는 민사소송비용법, 민사소송등인지법, 변호사보수의 소송비용산입에 관한 규칙과 민사소송규칙 등에 규정이 있다. 소송비용은 소, 항소 및 상고의 비용을 말한다. 재판비용과 당사자비용으로 구분된다.

부동산 임대인이 임차인을 상대로 차임연체로 인한 임대차계약의 해지를 원인으로 임대차목적물인 부동산의 인도 및 연체차임의 지급을 구하는 소송을 제기한 경우, 그 소송비용을 반환할 임대차보증금에서 당연히 공제할 수 있는지에 대하여, 대법원은 이를 긍정하고 있다.[26]

〈대법원 2012. 9. 27. 선고 2012다49490 판결〉

대법원은 "부동산임대차에서 임차인이 임대인에게 지급하는 임대차보증금은 임대차관계가 종료되어 목적물을 반환하는 때까지 임대차관계에서 발생하는 임차인의 모든 채무를 담보하는 것으로서, 임대인이 임차인을 상대로 차임연체로 인한 임대차계약의 해지를 원인으로 임대차목적물인 부동산의 인도 및 연체차임의 지급을 구하는 소송비용은 임차인이 부담할 원상복구비용 및 차임지급의무 불이행으로 인한 것이어서 임대차관계에서 발생하는 임차인의 채무에 해당하므로 이를 반환할 임대차보증금에서 당연히 공제할 수 있다."고 판시하고 있다.

(1) 재판비용

당사자가 국고에 납입하는 비용이다. 재판수수료인 인지대와 재판 등을 위해 지출하는 그 밖의 비용이다. 후자에 해당사항으로는 송달료, 공고비, 증인이나 감정인 또는 통역인과 번역인 등에 지급하는 여비, 일당, 감정료, 숙박료 등이 있다. 법관과 법원사무관 등의 검증 때의 출장일당, 여비, 숙박료 등을 들 수 있다.

(2) 당사자비용

당사자가 소송을 위해 자신이 지출하는 비용이다. 소장 등 소송서류의 작성료가 해당된다. 서기료, 당사자나 대리인이 기일에 출석하기 위한 여비 및 일당, 숙박료와 대법원규칙이 정하는 범위에서 소송대리인인 변호사에게 지급하거나 지급할 보수 등이다.

---

26) 대법원 2012. 9. 27. 선고 2012다49490 판결.

(3) 변호사 보수

주요 선진법제는 변호사보수를 소송비용에 산입하여 승소당사자는 패소자로부터 이를 직접 받아낼 수 있도록 하고 있는 반면에, 우리나라는 소송비용에 산입하지 않는 법제를 가지고 있다. 피해자가 법원의 감정명령에 따라 신체감정을 받으면서 지출한 감정비용을 별도로 소구할 이익이 있는지에 대하여, 대법원은 이를 부정적으로 보고 있다.[27]

〈대법원 2000. 5. 12. 선고 99다68577 판결〉

대법원은 "원고가 이 사건 소송에서 법원의 감정명령에 따라 신체감정을 받으면서 그 감정을 위한 제반 검사비용으로 지출하였다는 금액은 예납의 절차에 의하지 않고 직접 지출하였다 하더라도 감정비용에 포함되는 것으로서 이 사건 소송을 위한 소송비용에 해당하는 것이고, 소송비용으로 지출한 금액은 소송비용 확정의 절차를 거쳐 상환 받을 수 있는 것이어서 이를 별도로 소구할 이익이 없으므로,[28] 같은 취지의 원심 판단에 소송비용에 관한 법리오해는 없다."고 판시하고 있다.

2) 패소자 부담주의

소송비용은 당사자 중 패소자의 부담을 원칙으로 하고 있다(민소법 제98조). 패소의 이유, 패소자의 고의나 과실과 관계없이 비용을 부담하기 때문에 결과책임이라고 볼 수 있다. 일부 패소의 경우, 소송비용 부담의 결정 방법에 대하여 대법원은 다음과 같이 밝히고 있다.[29]

〈대법원 2007. 7. 12. 선고 2005다38324 판결〉

대법원은 "일부 패소의 경우에 각 당사자가 부담할 소송비용은 법원이 제반 사정을 종합하여 재량에 의해 정할 수 있는 것이고, 반드시 청구액과 인용액의 비율만으로 정해야 하는 것은 아니다."라고 판시하고 있다.

은닉국유재산을 신고한 자에 대한 신고보상금 산정 방법 및 이때 당사자가 신고보상금 기준이 되는 재산가격의 산정에 관하여 감정신청을 하지 않는 경우 법원이 취해야 할 조치에

---

27) 대법원 2000. 5. 12. 선고 99다68577 판결.
28) 대법원 1987. 6. 9. 선고 86다카2200 판결; 대법원 1995. 11. 7. 선고 95다35722 판결.
29) 대법원 2007. 7. 12. 선고 2005다38324 판결.

대하여, 대법원이 다음과 같이 밝히고 있다.[30]

〈대법원 2012. 7. 26. 선고 2010다60479 판결〉

대법원은 "은닉국유재산을 신고한 사람의 국가에 대한 보상금청구권은 그 신고에 의하여 국유재산으로 확정되는 것을 정지조건으로 하여 발생하는 것으로서, 그 신고보상금은 국가귀속이 확정된 당시의 재산가격에 보상률을 곱한 금액이 된다고 할 것이다. 그리고 여기서의 '재산가격'의 결정에 관하여 구 국유재산법 시행령 제58조 제5항은 제37조 제1항을 준용하도록 정하고 있는데, 구 국유재산법 제37조 제1항은 원칙적으로 '시가를 참작하여 당해 재산의 예정가격을 결정'하도록 하되, 예외적으로 예정가격이 500만 원(특별시 등에서는 1,500만 원) 이상으로 추정되는 재산에 대하여는 '2개 이상의 감정평가법인에게 평가를 의뢰하고, 그 평가액을 산술평균한 금액을 예정가격으로 한다.'고 정한다. 한편 법원은 은닉국유재산을 신고한 사람이 국가에 대하여 보상금청구권을 가지는 것으로 인정되는 경우에 신고보상금 액수에 관한 당사자의 주장과 증명이 미흡하다면 석명권 등을 행사하여 증명을 촉구하여야 할 때가 있을 것이다. 그러나 원고가 재산가격의 산정에 관하여 자신 나름의 주장을 근거로 실제로 그 감정신청을 하지 아니하는 때에는, 법원이 적극적으로 원고에게 감정신청을 촉구하거나 직권으로 감정을 의뢰할 필요는 없고, 기록을 통하여 확인할 수 있는 객관적이고 합리적인 재산가격을 기초로 신고보상금을 산정하면 족하다고 할 것이다."라고 판시하였다.

일부 패소의 경우 소송비용 부담에 대하여는 민사소송법 제101조가 규정하고 있다. 일부 패소의 경우에 당사자들이 부담할 소송비용은 법원이 정한다. 다만, 사정에 따라 한 쪽 당사자에게 소송비용의 전부를 부담하게 할 수 있다. 동 규정을 근거로 하여, 법원은 각 당사자가 부담할 소송비용에 대하여 재량으로 정할 수 있다고 하겠다. 대법원 역시 이 같은 점을 밝히고 있다.[31]

---

30) 대법원 2012. 7. 26. 선고 2010다60479 판결.
31) 대법원 1996. 10. 25. 선고 95다56996 판결.

> 〈대법원 1996. 10. 25. 선고 95다56996 판결〉
>
> 대법원은 "민사소송법 제92조는 '일부 패소의 경우에 각 당사자가 부담할 소송비용은 법원이 정한다. 다만, 사정에 따라 당사자의 일방에게 소송비용의 전부를 부담하게 할 수 있다.'고 규정하고 있는바, 그 규정의 취지에 비추어 보면 일부 패소의 경우에 각 당사자가 부담할 소송비용은 법원이 그 재량에 의하여 정할 수 있다."고 판시하고 있다.

3) 소송비용의 담보

원고가 우리나라에 주소나 사무소, 영업소를 두지 아니한 경우에는 법원은 원고에게 소송비용의 담보제공을 명하도록 하고 있다(민소법 제117조). 원고가 패소하는 경우 소송비용을 부담하게 되는 경우에 피고의 이익을 위하여 마련한 제도이다. 이를 통하여 피고는 소송비용 상환청구권을 용이하게 실현할 수 있게 된다. 다만, 원고가 소송비용담보제공신청을 할 수 있는가에 대하여, 대법원은 이를 부정하고 있다.

> 〈대법원 2012. 9. 13. 자 2012카허15 결정〉
>
> 대법원은 "상표등록무효심판은 특허심판원에서의 행정절차이며 그 심결은 행정처분에 해당하고, 그에 대한 불복 소송인 심결취소소송은 행정소송에 해당하며, 행정소송법 제8조 제2항에 의하여 준용되는 민사소송법 제117조 제1항은 '원고'가 대한민국에 주소·사무소와 영업소를 두지 아니한 때 또는 소장·준비서면, 그 밖의 소송기록에 의하여 청구가 이유 없음이 명백한 때 등 소송비용에 대한 담보제공이 필요하다고 판단되는 경우에 피고의 신청이 있으면 법원은 원고에게 소송비용에 대한 담보를 제공하도록 명하여야 한다고 규정하고 있다. 따라서 특허법원의 심결취소소송에서도 소송비용 담보제공 신청권은 피고에게 있을 뿐 원고가 위와 같은 담보제공 신청을 할 수는 없고, 이 점은 심결취소소송의 피고가 당해 심결취소소송의 불복 대상이 된 특허심판원 심결이 내려진 상표등록무효심판절차의 청구인이라고 하더라도 마찬가지이다."라고 판시하고 있다.

2. 가집행선고

1) 의의

미확정의 종국판결에 확정된 경우와 마찬가지로 미리 집행력을 주는 형성적 재판이 가집행선고Vorläufige Vollstreckbarkeit이다. 판결의 확정 전에 미리 강제 집행할 수 있어 승소자의 신속한 권리의 실현에 이바지하게 된다. 또한 패소자가 강제집행의 지연만을 노려 남상소 하는 것을 억제하는 기능을 부여하게 된다.

2) 요건

가집행선고의 대상으로는 재산권의 청구에 관한 판결로 널리 집행할 수 있는 것이어야 한다(민소법 제213조).

(1) 종국판결

가집행선고는 종국판결에 한하는 것이 원칙이다. 가압류나 가처분을 비롯하여 결정이나 명령은 원칙적으로 즉시 집행력이 발생하므로(민소법 제448조) 가집행선고를 붙일 수 없다.

(2) 재산권에 관련된 청구

재산권의 청구에 관한 판결에는 상당한 이유가 없는 한, 당사자의 신청 유무를 불문하고 직권으로 가집행을 할 수 있다는 것을 선고하여야 한다. 그러므로 이혼청구 등의 신분상의 청구에 대하여는 가집행선고를 할 수 없다. 이혼소송과 병합하여 재산분할청구를 하여 법원이 이혼과 동시에 재산분할을 명하는 경우, 가집행선고를 붙일 수 있는지에 대하여 대법원을 이를 부정적으로 보고 있다.[32]

〈대법원 1998. 11. 13. 선고 98므1193 판결〉

대법원은 "민법상의 재산분할청구권은 이혼을 한 당사자의 일방이 다른 일방에 대하여 재산분할을 청구할 수 있는 권리로서 이혼이 성립한 때에 그 법적 효과로서 비로소 발생하는 것이므로, 당사자가 이혼이 성립하기 전에 이혼소송과 병합하여 재산분할의 청구를 하고, 법원이 이혼과 동시에 재산분할을 명하는 판결을 하는 경우에도 이혼판결은 확정되지 아니한 상태이므로, 그 시점에서 가집행을 허용할 수는 없다."고 판시하고 있다.

---

32) 대법원 1998. 11. 13. 선고 98므1193 판결.

(3) 집행 가능한 판결

이행판결의 경우에 가집행선고를 할 수 있는 것은 다툼이 없지만, 형성판결이나 확인판결은 다툼이 발생할 수 있다. 민사소송법 제213조 제1항 본문이 이행판결에 한정하여 규정하고 있지 않기 때문에, 양자 모두 가집행선고를 할 수 있다고 보아야 할 것이다.

3) 기능

판결주문에서 "판결을 가집행을 할 수 있다."고 선고한 때에는 그것에 기초하여 강제집행을 할 수 있다. 패소자가 강제집행의 지연만을 목적으로 상소의 제기를 남용하는 것을 억제하는 역할을 할 뿐만 아니라 가집행선고에 따라 즉시 집행 당하는 것을 피하기 위하여 제1심에서 모든 소송자료를 제출하게 되기 때문에 심리가 제1심에 집중되는 효과를 거둘 수 있다.

제5편

상소심

제1장

The Civil Proceedings Act

총설

I. 의의

재판이 확정되기 전에 상급법원에 대하여 그 재판의 취소나 변경을 요구하는 불복신청방법을 상소라고 한다. 항소, 상고, 항고 세 종류가 있다. 항소와 상고는 판결에 대한 불복방법이고, 항고는 결정이나 명령에 대한 불복방법에 해당한다. 재판이 확정되기 전의 불복방법이 상소라고 한다면, 확정된 판결의 취소나 변경을 구하는 불복방법이 재심이다. 또한 상소는 상급법원에 불복하는 방법인 반면에 이의신청은 같은 심급 안에서 재판에 대한 불복신청을 하는 것을 말한다.

II. 목적

1. 불이익 구제

상소는 당사자가 원심법원의 재판이 위법 내지 부당함을 주장하여 자신이 입은 불이익을 구제하고자 하는 목적이 있다.

2. 법령의 통일적 해석

법원마다 달라질 수 있는 법령의 해석을 소수의 상급법원, 최종적으로 대법원에 의하여 통일하는 목적이 있다.

III. 요건

상급심에서 본안의 심리를 받기 위하여 갖추어야 할 요건을 상소요건이라 한다. 상소요건은 직권조사사항으로서 흠이 있으면 부적법 각하된다. 상소 일반에 적용되는 일반적 요건은 다음과 같다.

1. 상소 대상적격

원심재판이 불복할 수 있는 재판이어야 한다. 중간판결 등 중간적 재판은 상소심에서 종국적 재판과 함께 심리를 받게 된다(제392조, 제425조). 그러므로 이들만 독립적인 상소를 할 수 없다.

2. 적식 상소제기

상소는 필수적 기재사항을 적은 상소장을 원심법원에 제출하여야 한다(제397조, 제398조, 제425조). 상소장 기재사항에 흠이 있거나 인지를 붙이지 않은 경우, 원심재판장은 보정명령을 내리게 된다(제399조 제1항). 흠이 보정되지 않거나 상소기간을 넘긴 상소에 대해서, 원심재판장은 상소장각하명령을 내린다(제399조 제2항).

3. 기간 준수

상소장은 일정한 기간 안에 제출해야 한다(제396조, 제444조, 제449조 제2항).

4. 상소권 포기

상소권은 포기할 수 있다(제394조). 상소권을 포기하려면, 상소제기 전에는 원심법원에, 상소제기 후에는 상소법원에 포기서를 제출해야 한다(제395조 제1항). 상소제기 후 상소권 포기는 상소취하의 효력이 있다(제395조 제3항). 상소권의 포기가 있으면 법원은 상소를 각하한다.

5. 불상소 합의

심급을 제1심에 한정하는 당사자의 합의를 불상소합의라고 한다. 불상소합의는 일정한 법률관계로 말미암은 소에 관한 합의여야 하고, 서면으로 해야 한다(제390조 제2항, 제29조). 불상소합의가 있으면 상소의 이익이 없어지고, 상소요건에 흠이 생기게 된다.

6. 상소의 이익

상소는 상소심에서 심판을 받을 만한 이익, 즉 상소의 이익이 있을 때에 허용된다. 원심의 재판이 당사자의 신청보다 불리한 경우에 상소의 이익이 있다고 본다(통설, 판례). 따라서 전부승소한 당사자는 원칙적으로 상소의 이익이 없다. 그리고 전부승소한 원고가 소의 변경이나 청구취지의 확정을 위해 상소하거나, 전부승소한 피고가 반소제기를 위해 상소하는 것도 허용되지 않는다.

IV. 효력

1. 확정차단의 효력

상소가 제기되면 원재판의 확정이 차단된다. 이를 확정차단의 효력이라 한다(제498조). 즉, 상소제기로 인하여 확장차단의 효력과 이심의 효력이 발생하게 되는 것이다.

2. 이심의 효력

상소가 제기되면 당해 사건은 상급심으로 이심되어 계속된다. 이를 이심의 효력이라 한다. 상소가 제기되면 가집행선고가 있는 경우와 정기금판결변경의 소(제252조 제1항)가 제기된 경우를 제외하고는 집행정지의 효력이 생긴다(제501조). 그러나 통상항고를 한 경우에는 당해 사건은 상급심으로 이심되고, 집행정지의 효력은 생기지 않지만, 즉시항고의 경우에는 집행정지의 효력이 생긴다(제447조).

3. 상소불가분의 원칙

1) 원칙

상소의 확정차단의 효력과 이심의 효력은 원칙적으로 상소인의 불복신청범위에 상관없이 원판결 전부에 대하여 불가분적으로 생긴다. 이를 상소불가분의 원칙이라 한다. 그러나 상소심에서는 불복신청한 부분에 대해서만 심리하는 것이 원칙이므로(민소법 제407조), 상소심의 심판대상이 확정차단 내지 이심된 부분과 일치하지 않는 경우가 있을 수 있다.

2) 예외

원재판의 일부에 대해서만 불복하고 나머지 부분에 대해서는 상소권의 포기 내지 불상소합의를 한 경우에는, 불복하지 않은 부분은 가분적으로 확정이 된다.

제2장
The Civil Proceedings Act

항소

I. 의의

제1심의 종국판결에 대하여 보다 유리한 판결을 얻기 위하여 상급법원에 불복신청하는 상소를 항소라 한다(제390조). 신청인을 항소인이라 하고, 상대방을 피항소인이라 한다.

II. 구조

각국의 입법례를 보면, 복심제, 사후심제 및 속심제 등이 있다. 복심제는 항소심에서 제1심과 별도로 소송자료를 수집하고 이를 기초로 재판을 하는 구조이다. 사후심제는 항소심에서 새로운 소송자료의 제출을 제한하고 제1심에 제출된 소송자료만을 기초로 재판하는 구조이다. 속심제는 복심제와 사후심제의 중간형태로서, 제1심에 제출된 소송자료를 기초로 심리를 하되, 여기에 새로운 소송자료의 제출을 허용하여 재판하는 구조이다. 우리나라 항소심은 속심제를 채택하고 있다.

III. 제기

1. 방식

항소장을 원심인 제1심법원에 제출해야 한다(제397조 제1항). 당사자와 법정대리인, 제1심판결의 표시와 그 판결에 대한 항소의 취지는 항소장의 필수적 기재사항이다(제397조 제2항). 불복신청의 범위와 항소이유는 변론에서 주장할 수 있는 임의적 기재사항이다.

2. 항소장 심사권

1) 원심재판장의 항소장심사권

항소장이 원심법원에 제출되면 원심재판장은 항소장의 필수적 기재사항에 흠이 있거나 인지를 붙이지 아니한 경우에, 항소인에게 상당한 기간을 정하여 그 기간 이내에 흠을 보정하도록 보정명령을 내려야 한다(제399조 제1항). 제399조 제2항, 제3항 참조.

2) 항소심재판장의 항소장심사권

항소장이 항소심으로 송부되면 항소심재판장은 다시 항소장을 심사한다. 이 때 항소장에 필수적 기재사항이 흠결되거나 인지를 붙이지 않았음에도 원심재판장이 보정명령을 하지 않았거나, 항소장의 부본을 송달할 수 없는 경우에는 항소심재판장은 항소인에게 상당한 기간을 정하여 그 기간 이내에 흠을 보정하도록 한 번 더 보정명령을 내려야 한다(제402조 제1항). 제402조 제2항, 제3항 참조.

3. 항소의 취하

항소신청을 철회하는 소송행위이다. 소의 취하는 소 자체를 철회하는 것인데 대하여 항소취하는 항소만 철회시키므로 제1심판결에는 아무런 영향이 없다. 또한 소취하는 종국판결의 확정시까지 할 수 있지만(제266조 제1항), 항소취하는 항소심의 종국판결이 있을 때까지 할 수 있다(제393조 제1항). 이러한 차이는 피항소인이 부대항소를 하여 항소인이 제1심판결보다 불리한 판결을 받았을 경우, 이를 항소취하함으로써 항소심판결을 무용화시키는 것을 방지하기 위함이다.[1]

IV. 종국판결

1. 항소장 각하

항소장의 방식위반(제397조), 항소기간의 도과, 항소장의 송달불능 등의 경우에는 재판장은 항소장 각하명령을 내린다(제402조).

2. 항소각하

항소요건에 흠이 있으면 보정을 명하고, 보정이 되지 아니하거나 보정할 수 없으면 변론 없이 항소각하판결을 할 수 있다(제413조).

3. 항소기각

제1심 판결이 정당한 경우에는 항소법원은 항소기각의 판결을 한다. 제1심 판결의 이유가 정당하지 아니한 경우에도 다른 이유에 따라 그 판결이 정당하다고 인정되는 때에는 항소기각의 판결을 한다(제414조).

4. 항소인용

1) 원판결의 취소

항소법원은 제1심 판결을 정당하지 아니하다고 인정한 때(제416조), 제1심 판결의 절차가 법률에 어긋날 때(제417조)에는 제1심 판결을 취소해야 한다. 원판결을 취소한 뒤에는 다음의 세 가지 유형의 재판을 한다.

(1) 자판

항소법원이 제1심에 갈음하여 스스로 소에 대한 재판을 하는 경우이다. 항소인용의 경우 자판이 원칙이다.

---

1) 부대항소 : 피항소인이 항소심절차에서 자기에게 유리하도록 항소심의 심판범위를 확장시키는 공격적인 신청을 말한다.

(2) 환송

소의 부적법을 이유로 각하한 제1심 판결을 취소하는 경우에는 제1심의 본안심리가 없었으므로 심급유지를 위하여 항소법원은 사건을 제1심 법원에 환송해야 한다(제418조 본문). 이를 필수적 환송이라 한다. 또한 제418조 단서 참조.

(3) 이송

관할위반을 이유로 제1심 판결을 취소한 때에는 항소법원은 판결로 사건을 관할법원에 이송해야 한다(제419조).

제3장

The Civil Proceedings Act

상고

I. 의의

1. 개념

종국판결에 대한 법률심에의 상소로서, 원판결이 법령의 해석이나 적용면에서 오류가 있음을 이유로 하는 불복신청이 바로 상고이다. 원칙적으로 상고는 항소심의 종국판결에 대한 상소에 해당한다. 상고제도는 '최고법원에 의한 법령해석의 통일'과 '당사자의 권리보호'라는 목적이 있다.

2. 의미

상고심은 원판결의 당부를 법령의 해석이나 적용에서 심사하므로, 항소심과 달리 사후심이다. 상고심은 스스로 사실인정을 하는 것이 아니라 원심의 사실인정을 바탕으로 재판한다. 즉, 원심이 적법하게 확정한 사실은 상고심을 기속한다(제432조). 당사자는 새로운 사실관계의 주장이나 새로운 증거제출을 할 수 없는 것이 원칙이다. 그러나 소송요건이나 상소요건 등 직권조사사항에 관해서는 상고심에서도 새로운 주장이나 입증이 가능하다.

II. 상고이유

1. 일반적 상고이유

상고는 판결에 영향을 미친 법령위반이 있을 때에만 할 수 있다. 이를 일반적 상고이유라고 한다. 제423조가 그 예이다. 헌법, 법률, 명령 또는 규칙을 들고 있다. 하지만 널리 재판규범으로 볼 수 있는 것은 여기의 법령에 해당한다.

2. 절대적 상고이유

일반적 상고이유와 달리 판결의 결과에 영향이 없더라도 절대적으로 상고이유가 되는 경우가 있다. '위법한 법원의 구성', '위법한 법관의 관여', '전속관할위반', '대리권의 흠', '변론의 비공개', '판결이유의 불명시 및 이유모순 등을 들 수 있다.

3. 기타사유

재심사유로도 상고를 할 수 있다(제451조 제1항).

III. 절차

1. 상고의 제기

상고는 판결서를 송달받은 날부터 2주 이내에 상고장을 원심법원에 제출함으로써 한다(제425조, 제396조, 제397조). 상고장이 제출되면 원심재판장은 상고장의 필수적 기재사항과 인지의 납부가 제대로 되어 있는지를 심사하여, 흠이 있으면 보정명령을 하고 보정이 되지 않으면 상고장각하명령을 한다(제425조, 제399조 제2항). 상고기간을 넘겨서 상고한 경우에도 같이 처리한다. 제425조, 제402조 참조.

상고장에 흠이 없으면 원심법원의 사무관 등은 상고장이 원심법원에 제출된 날부터 2주

이내에 상고기록에 상고장을 붙여 상고법원으로 보내야 한다(제425조, 제400조). 상고법원의 사무관 등은 소송기록을 받으면 바로 그 사유를 당사자에게 통지해야 한다.

상고인이 상고장에 상고이유를 적지 아니한 때에는 상고심 사무관 등으로부터 기록접수의 통지를 받은 날부터 20일 이내에 상고이유서를 제출해야 한다(제427조). 상고인이 상고이유서를 제출하지 아니하면, 직권조사사항이 있는 때에 제외하고, 상고법원은 변론 없이 상고기각판결을 해야 한다(제429조).

2. 심리불속행제도

1) 개념

1994년부터 상고심절차에 관한 특례법상 상고의 남용을 방지하기 위해 심리불속행제도를 시행하고 있다. 상고이유가 있더라도 일정한 심리속행사유가 없으면 본안심리를 속행하지 않고 상고기각판결을 하도록 하고 있는데, 이를 심리불속행제도라 한다.

2) 심리 속행 사유

① 헌법에 위반되거나 헌법을 부당하게 해석한 경우, ② 명령, 규칙 또는 처분의 법률위반 여부에 대하여 부당하게 판단한 경우, ③ 법률, 명령, 규칙 또는 처분에 대하여 대법원 판례와 상반되게 해석한 경우 등이다.

또한 ④ 법률, 명령, 규칙 또는 처분에 대한 해석에 관하여 대법원 판례가 없거나 대법원 판례를 변경할 필요가 있는 경우, ⑤ 중대한 법령위반에 관한 사항이 있는 경우, ⑥ 이유불명시 및 이유모순을 제외한 절대적 상고이유가 있는 경우도 심리속행이유에 해당한다.

3. 본안심리

상고이유서가 제출되면 상고법원은 그 부본이나 등본을 피상고인에게 송달해야 한다(제428조 제1항). 피상고인이 송달받은 날로부터 10일 이내에 답변서를 제출할 수 있고(동조 제2항), 답변서의 부본이나 등본을 상고인에게 송달해야 한다(제3항).

상고심은 법률심이므로 새로운 소송자료의 수집이나 사실인정을 할 수 없다. 직권조사사항을 제외하고는 원심이 확정한 사실은 상고법원을 기속한다(제432조). 사실인정은 원심법관의 전권에 속하는 것이다.

4. 상고심의 종료

상고심도 소의 취하, 청구의 포기나 인낙, 화해와 종국적 재판에 의해 종료된다. 심리불속행사유로 인한 상고기각판결은 소송기록을 송부 받은 날로부터 4개월 이내에, 그 밖의 상고심판결은 5개월 이내에 해야 한다(제199조 단서). 상고심재판은 판결이 원칙이나 명령에 의할 경우도 있다. 상고심판결은 선고와 동시에 확정된다.

1) 상고장 각하판결

상고장에 흠이 있고 보정이 되지 않으면 상고심재판장은 상고장각하명령을 내린다(제425조, 제402조)

2) 상고각하판결

부적법한 상고로 흠을 보정할 수 없으면 상고각하판결을 한다(제425조, 제413조).

3) 상고기각판결

상고가 이유 없다고 인정되면, 상고기각의 본안판결을 한다(제425조, 제414조 제1항). 상고이유가 정당하다고 하더라도 다른 이유로 원심판결이 정당하다고 인정되면 역시 상고기각판결을 한다(제425조, 제414조 제2항).

4) 상고인용판결(원심판결의 파기)

상고가 이유 있거나 직권조사사항(소송요건의 흠, 절대적 상고이유 등)에 관한 원판결이 부당한 때에는 상고법원은 원판결을 파기한다.

(1) 환송 또는 이송

상고법원은 상고에 정당한 이유가 있다고 인정할 때에는 원심판결을 파기하고 사건을 원심법원에 환송하거나, 동등한 다른 법원에 이송해야 한다(제436조).

(2) 환송 뒤의 심리절차

환송 또는 이송판결로 사건은 환송 또는 이송을 받은 법원에 계속되므로, 법원은 다시 변론을 거쳐 재판해야 한다(제436조 제2항 전문). 환송 후 항소심의 소송절차는 환송 전 항소심의 속행이므로 당사자는 원칙적으로 새로운 사실과 증거를 제출할 수 있다.

소의 변경, 부대항소의 제기 이외에 청구의 확장 등 그 심급에서 허용되는 모든 소송행위를 할 수 있고, 환송 전의 판결보다 상고인에 불리한 결과가 생길 수도 있다. 불이익변경금지원칙에 대한 일종의 예외인 셈이다. 민소법 제407조는 '변론은 당사자가 제1심 판결의 변경을 청구하는 한도 안에서 한다.'고 하면서 변론의 범위를 규정하고 있고, 민소법 제415조는 '제1심 판결은 그 불복의 한도 안에서 바꿀 수 있다.'고 하면서 항소심이 원판결을 취소하고 항소인용함에 있어서 심판범위와 관련하여 지켜야 할 준칙을 규정하고 있다. 즉, 항소의 제기에 의하여 사건은 전부 이심되지만, 항소법원은 제1심 판결의 당부에 대한 심판을 항소 또는 부대항소한 당사자의 불복신청의 한도 안에 국한되며, 제1심 판결 중 누구도 불복신청하지 아니한 부분에 대하여는 불이익도 이익으로도 바꿀 수 없음을 의미한다.

항고

I. 의의

항고란 판결 이외의 재판인 결정이나 명령에 대한 상소방법이다. 모든 결정이나 명령에 항고할 수 있는 것이 아니라 법률의 규정이 있는 경우에 한하여 항고가 인정된다.

II. 종류

1. 통상항고와 즉시항고

항고제기기간에 제한이 없는 항고가 통상항고이다. 항고의 이익이 있는 한 언제든지 할 수 있는 항고에 해당한다. 즉시항고는 1주일의 불변기간 안에 제기해야 하는 항고이다(제444조). 특히 신속을 요하는 경우에 명문으로 정하고 있다. 통상항고가 원칙적인 것이고, 즉시항고는 집행정지의 효력이 있다(제447조).

2. 최초항고와 재항고

심급에 따른 분류이다. 최초항고는 제1심의 결정이나 명령에 대한 항고에 해당한다. 재항고는 최초항고에 대한 항고법원의 결정, 고등법원이나 항소법원의 결정·명령에 대한 항고이다.

최초항고에는 항소에 관한 규정이, 재항고에는 상고에 관한 규정이 준용된다(제443조).

3. 준항고

수명법관이나 수탁판사의 재판에 불복하는 당사자는 수소법원에 이의신청을 할 수 있다. 이 이의신청에 대한 재판에 대하여 할 수 있는 항고를 준항고라 한다(제441조).

4. 특별항고

민소법 제449조 제1항, 제2항, 제3항 참조.

III. 적용범위

1. 항고할 수 있는 재판

1) 소송절차에 관한 신청을 기각한 결정이나 명령(제439조)

소송절차에 관한 신청이라 함은 본안에 직접 관련이 없는 사항으로서, 소송절차에 관한 법원의 재판이나 소송행위의 신청을 말한다. 예) 관할지정신청(제28조), 소송인수(제82조) 등.

2) 방식위반의 결정이나 명령(제440조)

판결로 재판해야 할 사항을 결정이나 명령으로 재판한 경우와 같이, 재판의 방식에 위반한 경우에는 항고할 수 있다.

3) 즉시항고가 허용되는 경우

민사집행절차에 관하여 즉시항고할 수 있음을 명문으로 규정한 경우(민집법 제15조)와 그 밖에 법률상 개별적으로 항고를 허용하고 있는 경우 등을 들 수 있다. 그 예로는 이송결정 및 이송신청기각 결정(제39조), 제척·기피신청각하결정(제47조 제2항) 등을 들 수 있다.

2. 항고할 수 없는 재판

1) 불복신청이 금지되어 있는 경우

관할지정결정(제28조 제2항), 제척·기피결정(제47조 제1항) 등을 들 수 있다.

2) 항고 이외의 불복방법이 인정된 재판

지급명령에 대한 이의신청(제469조 제2항), 가압류·가처분에 대한 이의신청(민집법 제283조 제1항) 등의 경우에는 항고 이외에 불복방법을 두고 있다 그러므로 항고할 수 없다.

3) 수명법관, 수탁판사의 재판

수명법관, 수탁판사의 재판에 대해서는 수소법원에 먼저 이의신청을 한 다음, 이의신청에 대한 재판에 준항고를 할 수 있다(제441조).

4) 대법원의 재판

대법원은 최종심으로 그 재판에 대해 항고를 할 수 없다.

IV. 절차

1. 당사자

원재판으로 불이익을 받은 당사자나 제3자는 항고를 제기할 수 있다. 항고는 편면적 불복절차로서, 판결절차와 같이 반드시 대립하는 당사자가 있어야 할 필요는 없다. 그러나 예외도 있다. 변론을 열지 않는 항고절차에서도 법원은 필요한 경우에 반대의 이해관계인을 지정하여 심문할 수 있다(제134조 제1항).

2. 항고의 제기

항고는 항고장을 원심법원에 제출함으로써 한다(제445조). 항고장에는 필수적 기재사항으로 당사자 및 법정대리인, 원재판의 표시, 항고의 취지를 적어야 한다(제443조 제1항, 제397조).

3. 항고의 효력

1) 재판의 경정

항고가 제기되면 원재판의 기속력이 배제되어, 원심법원이 항고에 정당한 이유가 있다고 인정하는 때에는 스스로 그 재판을 경정해야 한다(제446조). 간이·신속한 처리를 위한 제도이나, 실무상 잘 이용되지 않고 있다.

2) 집행정지

민소법상 즉시항고는 집행을 정지시키는 효력을 가진다(제447조). 그러나 통상항고는 집행이 당연히 정지되는 것은 아니다. 항고법원 또는 원심법원이나 판사가 항고에 대한 결정을 할 때까지 원심재판의 집행을 정지하거나 그 밖의 필요한 처분을 할 수 있을 뿐이다(제448조).

4. 심리, 재판

항고절차에는 항소심절차가 준용된다(제443조 제1항). 항고법원은 불복신청의 범위에 한하여 심리하지만, 항고인은 항고재판이 있을 때까지 그 범위를 확장 또는 변경할 수 있다.

항고심도 항소심과 마찬가지로 속심제이다. 따라서 새로운 주장이나 증거를 제출할 수 있다.

V. 재항고

재항고는 항고법원, 고등법원, 항소법원의 결정이나 명령에 대하여 대법원에 하는 항고이다. 재항고는 재판에 영향을 미친 헌법, 법률, 명령 또는 규칙의 위반을 이유로 드는 때에 한하여 인정되는 불복방법이다(제442조). 재항고와 이에 관한 소송절차는 상고절차에 관한 규정이 준용된다(제443조 제2항).

제6편

재심

제1장

The Civil Proceedings Act

재심

I. 의의

　재심이라 함은 확정된 종국판결에 중대한 흠이 있는 경우에, 그 판결의 취소와 사건의 재심리를 구하는 비상적인 불복신청방법을 말한다. 종국판결은 법적 안정성을 위해서 될 수 있으면 유지되어야 하는 것이 원칙이다. 그러나 그 판결에 절차상 중대한 흠이나 판결의 기초자료에 중대한 흠이 있을 때에는 판결을 취소하고 다시 심리할 필요가 있다. 재심의 목적이 바로 여기에 있다.

II. 적법요건

1. 의의

　재심이 적법하기 위해서는 당사자 적격, 대상적격, 재심기간의 준수, 재심사유의 주장 등이 있어야 한다. 종국판결의 기판력으로 불이익을 받은 사람이 재심원고가 되고, 이익을 받은 사람이 재심피고가 된다(원칙).

2. 대상

재심의 대상은 확정된 종국판결이다. 종국판결인 이상 전부판결, 일부판결, 본안판결, 소송판결을 불문한다. 확정판결과 동일한 효력이 있는 청구의 포기·인낙조서, 화해조서, 또는 불복할 수 있는 결정이나 명령이 확정된 경우에 재심사유가 있으면 준재심이 인정된다(제461조).

3. 기간

민소법 제456조 제1항, 제2항, 제3항. 다만, 대리권의 흠 또는 기판력의 저촉을 재심사유로 드는 경우에는 앞의 재심기간의 제한이 없다(제457조).

III. 재심사유

1. 재심의 보충성

민소법 제451조에서 열거한 재심사유가 있을 때에만 재심의 소를 제기할 수 있다. 제451조 참조. 재심사유는 당연히 상고이유가 되지만, 상고심에서 배척되었거나 알고도 주장하지 않은 경우에는 재심의 소를 제기할 수 없도록 제한을 가하고 있는데, 이를 재심의 보충성이라고 한다.

2. 적법요건으로서 재심사유의 주장

재심사유의 주장은 재심의 소의 적법요건의 하나이다. 따라서 재심사유를 주장하기 않거나, 주장사유가 재심사유에 해당하지 않으면, 재심의 소는 부적법 각하된다. 재심사유가 존재하지 않으면 재심의 소는 각하되고, 재심사유가 존재하면 재심판결을 한다.

3. 재심사유

제451조 제1항 각호

IV. 절차

1. 관할법원

재심은 심급에 관계없이 재심을 제기할 판결을 한 법원의 전속관할로 한다. 제453조 제1항, 제2항 본문, 단서 참조.

2. 소의 제기

재심의 소도 원칙적으로 소장을 제출해야 한다(제455조, 제248조). 그러나 소액사건에 대한 재심은 구두로도 할 수 있다(소심 제4조). 재심소장에 대하여는 제458조 참조.

3. 심리

재심의 소장이 방식에 적합하면 '소의 적법요건', '재심사유', '본안심리'의 단계로 심리가 진행된다. 소의 적법요건 및 재심사유의 유무에 관한 심리 및 재판을 본안에 관한 심리 및 재판과 분리하여 먼저 시행할 수 있다(제454조 제1항). 이 경우 재심사유가 있다고 인정한 때에는 그 취지의 중간판결을 한 뒤 본안에 관하여 심리·재판한다(제454조 제2항).

4. 재판

재심사유가 있다고 인정되면 원심판결의 당부에 대한 심리에 들어간다. 본안의 변론과 재판은 재심청구이유의 범위 안에서 해야 한다(제459조 제1항).

심리를 한 결과 원판결이 부당하다고 인정되면, 불복주장의 한도에서 이를 취소하고 이에 갈음하는 판결을 한다. 원판결이 정당하다고 인정되면 재심사유가 있는 경우라도 재심청구를 기각한다(제460조).

제2장
The Civil Proceedings Act

준재심

화해조서, 청구의 포기·인낙조서와 같이 확정판결과 동일한 효력이 있는 조서와 즉시항고로 불복할 수 있는 결정이나 명령이 확정된 경우에 재심사유가 있는 때에는 재심의 소에 준하여 준재심을 제기할 수 있다(제461조).

참고문헌

강대성, 민사소송법, 삼영사, 2012.

강현중, 민사소송법 제6판, 박영사, 2004.

김홍엽, 민사소송법 제4판, 박영사, 2013.

송상현/박익환, 민사소송법, 박영사, 2008.

이시윤, 신민사소송법 제8판, 박영사, 2014.

정동윤/유병현, 민사소송법 제3판, 법문사, 2010.

정영환, 신민사소송법, 세창출판사, 2010.

호문혁, 민사소송법, 법문사 제12판, 2014.

민사실무 I(법률실무과목), 사법연수원, 2014.

민사실무 II(법률실무과목), 사법연구원, 2014.

찾아보기

저자 약력

정혁진 변호사

법무법인 정진 대표변호사
서울대학교 서양사학과 졸업
서울대학교 공법학과 졸업
Northwestern 대학교 법학석사
서울대학교 법학과 법학박사 수료
전) 연금보험공사 근무
전) 삼성화재해상보험(주) 선임변호사
전) 숭실대학교 법과대학 조교수
전) 예금보험공사 변호사
국방부 주한미군기지이전사업단 법무실장
대한상사중재원 중재인
가습기살균제 피해 특별규제계정 운용위원회 위원
환경오염피해구제심의회 위원
예금보험공사 법률자문위원
금융위원회 법률자문위원
국방시설본부 법률자문위원

유주선 교수

고려대학교 법과대학 졸업
독일 마부르크 대학 법학석사
독일 마부르크 대학 법학박사
사)보험법학회 보험법연구 편집위원장
사)상사법학회 총무이사
사)경영법률학회 연구이사
사)비교사법학회 연구이사
사)금융법학회 총무이사
사)기업법학회 연구이사
사)상사판례학회 편집이사
사)보험학회 이사
보험개발원 보험정보망운영위원회 위원
국토교통부 자동차손해배상보자사업채권정리위원회 위원
금융감독원 분쟁조정위원회 전문위원

민사소송법(제2판)

초판발행 2016년 3월 2일
2 판 1 쇄 2018년 3월 2일
2 판 2 쇄 2020년 2월 25일

저 자 정혁진, 유주선
펴 낸 이 김성배
펴 낸 곳 도서출판 씨아이알

책임편집 박영지
디 자 인 김나리, 윤미경
제작책임 이헌상

등록번호 제2-3285호
등 록 일 2001년 3월 19일
주 소 (04626) 서울특별시 중구 필동로8길 43(예장동 1-151)
전화번호 02-2275-8603(대표)
팩스번호 02-2265-9394
홈페이지 www.circom.co.kr

I S B N 979-11-5610-367-7 93360
정 가 22,000원